新版 北海道 登山口情報 400

全国登山口調査会 編

北海道新聞社

「登山口の駐車場は台数に限りがあって休日には朝早くから満車になる…なんてことはないのかな？」「アクセス道路は未舗装の林道のようだが、車高の低い自分の車でも支障なく通行できるだろうか？」「登山口にトイレはあるらしい。でも汚いトイレだったら使いたくないが、どんなトイレなんだろうか？」

登山計画を練るときに、そんな不安を感じたことはありませんか。登山ガイドブックでもインターネットでも、これらの疑問にすべて答えてくれるものはありません。そこで実際に道内の登山口に足を運んで現地の状況を調べ上げ、簡単に登山口情報を得られる本にまとめてみました。

本書は登山ガイドブックの一種ですが、実は肝心の登山コース情報はまったく入っていません。登山道に一歩足を踏み入れる手前の登山口情報に特化したガイドブックです。でもその分、道内の登山口は可能な限り網羅し、登山者なら誰しも知りたい情報が満載されています。さらには登山口ばかりでなく、原生花園や自然公園、湿原、海岸遊歩道、滝の入り口なども取り上げましたので、その数は428カ所（P377「本文で紹介しなかった登山口」を含む）にもなりました。

お手元の登山ガイドブックと併せてご利用いただければ、今度の週末計画に早速役立つことは間違いありません。

◆新版刊行にあたって

　2014年に刊行した「北海道登山口情報350」は、おかげさまで道内外の登山者のみなさまから大変ご好評をいただきました。その後、現地の状況に変化が生じてきたことや、特に2016年の豪雨災害により、アクセス道路や登山道に甚大な被害が発生したことを踏まえ、その後の復旧状況や最新情報を反映させた新版を作ることになりました。

　まず地元の各市町村役場、観光協会、森林管理署など、関係機関に旧版からの変化のチェックをお願いし、大きな変化が生じているところをピックアップ。それに変化の有無にかかわらず主要登山口を加えた約110カ所を再取材しました。残りの登山口に関しては、関係機関のチェック結果を新版に反映させてあります。

　ただ、地元の関係機関であっても登山口のすべての情報をリアルタイムかつ正確に把握しているわけではなく、見落とし等も避けられません。この点をご了承いただき、各自で最新情報をご確認のうえ、お出かけください。また、登山口を訪れたところ、林道が通行止めになっていた、トイレが新設されていた、など掲載情報と変わっている点がありましたら、全国登山口調査会にメールで情報をお寄せください。メールアドレスなどは本会公式サイトをご覧ください。

　なお、今回、48カ所の新規登山口を加え、掲載登山口は計428カ所になりました（P377「本文で紹介しなかった登山口」を含む）。カーナビの目的地設定に便利なマップコードも新たに掲載し、さらに便利になりました。本書「新版 北海道登山口情報400」を山行計画にぜひご活用ください。

◆本書の使い方

1．登山口の掲載順

　本書では、基本的には山名のあいうえお順になっています。一方、大雪山系やニセコ山系のように複数の山から構成される大きな山塊の場合は、ひとつの登山口が複数の山の起点になることも多いので、山系名ごとの、登山口名のあいうえお順になっています。ただ、ニセコ山系では、新見峠〜五色温泉間の山々を除いて、岩内岳や目国内岳、ニセコアンヌプリ等に関しては、縦走よりもそれぞれの山だけに登ることの方が多いと思われますので、ニセコ山系の登山口としてではなく、別途、各山の登山口として取り上げました。同様に日高山脈は、各登山口が登山道でほとんどつながっておらず、各山ごとに登山口があって、その山にしか登れない（登らない）ことも多いので、やはり各山ごとの登山口として取り上

げました。このように本書では、あくまで登山口と山の関係性と利便性を優先してタイトルを立てており、実際にどの山系に属するかということとは必ずしも関係しませんので、ご注意ください。

山系等の単位で分類しているのは、**下図**のエリアです。

山系等の全域図はP18〜22にあります。

２．登山口の調べ方

前記の山脈や山系にある登山口の場合は、全域図から目的の登山口を探して掲載ページへ。それ以外の登山口の場合は、P10〜17の北海道広域図から目的の山を見つけるか、あるいは辞書を使うような感覚で、そのまま本文から山名のあいうえお順で探します。

具体例として「羊蹄山・倶知安ひらふコース登山口」と「富良野岳・原始ヶ原登山口」を調べる場合で説明しておきましょう。「羊蹄山・倶知安ひらふコース登山口」を調べたい時は、本文の「よ」の中から羊蹄山のページを開き、あいうえお順で並んでいる羊蹄山の複数の登山口から「倶知安ひらふコース登山口」を見つけるのが一番簡単です。ほかに北海道広域図から「羊蹄山」の掲載ページを確認する方法もあります。次に原始ヶ原登山口を調べたい場合ですが、原始ヶ原登山口は十勝連峰にある登山口ですから、十勝連峰の全域図、もしくは本文の「と」の中から十勝連峰のページを開き、その中から「原始ヶ原登山口」を探してください。

３．情報要素

・**山域名、山名、登山口名**／山域名や山名、コース名の表記と読みは、『北海道夏山ガイド①〜⑥』（北海道新聞社）に合わせ、さらに『日本山名事典』（三省堂）や地元行政のウェブサイトなども参考にしました。一方、登山口名は、複数の呼び方が存在することも多いので、なるべくコース名と重なる名称にするなど、最も分かりやすいと思われる名称を便宜的に採用しました。また呼び方が複数ある「○○登山口」という名称よりも、登山口にある山小屋や公共施設名などの方が分かりやすい場合は、その名称を便宜上、登山口名として採用したり、カッコで併記しました。

・**地籍と標高**／どちらも山頂のものではなく、登山口の地籍と標高です。標高は国土地理院地図から読み取ったものなので、正確な数値ではありません。

・**登山口概要**／例えば「○○岳の北東側」というように山と登山口との大雑把な位置関係を示しました。方位は北、北東、東、南東、南、南西、西、北西の８方向だけにしましたので、北東側といっても、実際には北北東〜東北東の誤差を含んでいます。「△△コースを経由する□□山の起点」「△△山荘がある」といった説明を読んで、調べたい登山口かどうか、確認してください。

・**緯度経度**／登山口の駐車場や駐車スペースの緯度・経度で、世界測地系の60進数［dd°mm′ss″］形式で表示してあります。これにより地図上の位置をピンポイントで特定したり、カーナビに目的地として設定することができます（未対応のカーナビもあります）。地理院地図 http://maps.gsi.go.jp のサイトで、緯度と経度を入力すると、地図上に表示されます。ただ、日本測地系や10進数を採用している地図サイトでは、ネット上の計算サイトで変換する必要があります。前記のサイトも世界測地系を採用していますので、変換作業は必要ありません。フリーソフトのカシミール３Ｄをご利用の際は、「地図表示」の「表示測地系」を「WGS84」に変更してから［ジャンプ］→［緯度・経度へ］で数値を入力してください。

・**マップコード**／数値化した緯度経度情報です。マップコードに対応したカーナビであれば、その6〜12桁の数値を入力することで、簡単に登山口を目的地設定できます。カーナビの目的地設定画面からマップコードを選択。入力画面で半角スペースは無視し、マップコードの数値と＊をそのまま続けて入力すればＯＫです（機種によって異なる場合があります。詳しくはカーナビの説明書をご確認ください）。ただ、カーナビによっては、高精度マップコード（＊以下の数値）に対応していない機種もあります。対応していても目的地の位置にわずかなズレが生じたり（ほとんどは支障ないレベルです）、山間の林道や農道等が、最短ルートとして採用されないことがありますので、入力ミスも含めて注意が必要です。

入力後、念のため正しい場所が目的地として設定されているか、アクセスルートが適切か、必ずご確認ください。カーナビの案内でドライブ中も、カーナビが正しいルートを選択しているか、時々、確認しましょう。なお「マップコード」および「MAPCODE」は（株）デンソーの登録商標です。

・**アクセス**／最寄りのIC（インターチェンジ）、もしくは札幌市や函館市などの大都市市街地からのアクセスです。国道と道道以外の道路は、現地に標識がなければ市町村道と舗装林道（舗装農道等）の区別は困難です。従って便宜上、仮に市町村道にした場合もあります。一部調べたところ、実際には舗装されていても林道だったり、未舗装であるにも関わらず市道や町道だったこともありました。所要時間は、実走調査の折に計測した数値と、地図上の距離から算出したものが混じっています。どちらも実際の時間とは差が生じることもありますので、参考情報とお考えください。また未舗装林道では、路面評価も掲載しました。実際に走ってみた取材者の感想で、4段階評価になっています。

　　　★★★★＝揺れも少なく快適な道。

　　　★★★＝ある程度の凹凸があって揺れるが、普通車でも支障なく走れる道。

　　　★★＝四輪駆動車なら支障はないが、普通車の走行は注意を要する。

　　　★＝ひどい悪路。四輪駆動車でも注意を要する。

　「注意を要する」とは主に車体底部が路面の石に接触する危険を感じた場合ですが、それ以外の要素（道幅や落石など）も含まれています。また取材者は四輪駆動車で実走調査しましたが、路面状態は雪解けや豪雨などで悪化することもありますので、どんな路面評価でも慎重な運転をお願いします。★★★〜★★とあるのは、★★★評価の区間と★★評価の区間が混在しているという意味です。道道の開通期間（冬期閉鎖期間以外）は、積雪状況次第で変わります。これも参考情報とお考えください。また一部、林道の開通期間も記載しましたが、すべての林道の開通期間を調べるのは困難なので、記載がないからといって通年通行が可能なわけではありません。

・**駐車場**／有料の場合はその旨記載し、料金等を示しました。記載がなければ無料です。公共施設や民間施設の駐車場については、すべて登山者の利用が可能であることを確認してあります。駐車場の大きさは、簡単な計測機器で測って○×○m（正確な数値ではありません）と表示しましたが、その形状は長方形とは限らず半円形や三角形ということもあります。区画がない駐車場における駐車可能台数は、車の置き方によっても違ってきますので、あくまで概算です（一部、公表されている駐車可能台数に従ったものもあります）。また駐車スペースは、取材時の印象から特に車を停めても問題はないと感じたものに限りましたが、駐車可否や安全面な

ど、すべて厳密に確認しているわけではありません（地元行政に駐車可の確認がとれたところもあります）。その前提で各自の責任のもと停めるか停めないかご判断ください。ただし、林道ゲート前に駐車したり、車両通行の邪魔になる置き方はNGです。行政の判断で駐車禁止になることもありますのでご注意ください。

・**駐車場混雑情報**／各市町村役場、森林管理署、観光協会などから得た情報をもとに、特定の時期に駐車場が混雑する、満車になるなどの情報を記載しました。

・**トイレ**／水洗、簡易水洗、非水洗（汲み取り式）、バイオ式、水道とTP（トイレットペーパー）の有無、トイレの評価をまとめました。トイレットペーパーは、取材時になければ「なし」としましたが、普段は常備されているのに、たまたま切れていた場合もあるかもしれません。評価はトイレに入ってみた時に取材者が感じた印象で、これもあくまで取材時の状態をもとにしていますから、普段とは違う可能性もあります。評価は次の3段階です。

　　　☆☆☆＝掃除も行き届き、新しくきれいな印象。快適に利用できるトイレ。
　　　☆☆＝登山口のトイレとしては普通。快適でもなければ不快でもない。
　　　☆＝管理されておらず不快。できれば使いたくないトイレ。

簡易トイレは、その旨記載し、☆☆＝簡易トイレとして普通に使える。☆＝管理が悪く使いたくない、の2段階評価としました。☆☆☆～☆☆というのは、両者の中間という意味です。取材時に閉鎖されるなどして確認できなかったトイレもあります。

・**携帯電話**（スマホ）／ドコモ、au、ソフトバンクの各携帯電話を現地で実際にかけて通話ができるかどうか調査した結果ですが、旧版取材時と本書新版取材時のものが混じっているため、一部現状と異なる可能性もあります。また携帯電話の電波状況は、気象条件等の要因にも影響されるので、通話可とあっても通話を保証するものではありません。あくまで参考情報とお考えください。ただ登山口は、山麓に近い分、山頂や稜線上と比べると、電波状況にムラは少ないようです。通話できない場合は、駐車場の反対側などに移動してみると通話できることがあります。交通不便な下山口でタクシーを呼ぶなど、万一通話ができなかったときに問題が生じるようなことには情報として利用しないでください。

・**公衆電話**／カード・コイン式、コイン式、ISDNの区別も含めて、公衆電話があれば記載しました。

・**ドリンク自販機**／山行用のドリンクを登山口で調達する人はいないと思いますが、追加で購入したい場合、下山後に購入したい場合を考えて調べておきました。特にペットボトルは登山にもそのまま持参できるので、（PBも）としました。記載がなければペットボトルは500mlボトルのことです。

・**水場・水道設備**／トイレの手洗い場とは別に水道や水場があれば記載しました。

・**登山届入れ**／登山口に登山届入れがあれば記載しました。入林届出箱、登山者名簿など、形態も名称もいろいろですが、一部を除いて、その区別はしていません。ポスト形式の登山届入れの場合は、登山届は自宅で作成しておく方が確実、かつ時間の節約にもなるのでお勧めです。念のため控えを留守番をする家族にも渡しておきましょう。

・**その他**／案内板やバス停（バス会社）、熊出没注意看板、車上荒らし注意看板など、上記以外のものがあれば、ここにまとめました。施設の入館料は記載がなければ無料です。

・**立ち寄り湯**／最寄りの立ち寄り湯です。定休日や営業時間、入浴料などのデータは、2017年8月～2018年2月現在のものです。変更されることもありますので、ご注意ください。また営業終了時間よりも受付終了時間が30分程度早めに設定してある施設や無休でも年末年始は休みという施設もあります。おおまかな位置は北海道広域図を参考にしてください。温泉までのアクセスは、登山のあとに立ち寄ることを前提に記載しました。うっかり往路の説明として読むと位置関係が変わってきますのでご注意ください。

・**取材メモ**／花や紅葉の見ごろなど、上記以外のお役立ち情報や取材時に入手した情報、気づいた点などをまとめました。開花時期で取り上げた花は、該当登山コースでは見られない場合もあります。

・**問合先**（「問い合わせ先」を略記）／各市町村役場の観光担当課、観光協会、森林管理署等の連絡先ですが、いくら地元に詳しい関係機関であっても、山や登山口に関するあらゆる情報に精通しているわけではありません。登山者からの問い合わせは多岐にわたり、すべて対応できるようにしておくのも無理な話です。中には一般的な観光情報にしか対応できないところや、国有林のため市町村役場の管轄外だったり、国有林を管理する森林管理署でも林道は管理していても登山口や登山道は管理していなかったり、あるいは民有地のために管理している公的機関が存在しなかったり、事情は登山口ごとに異なります。昨今は、こうした事情に思慮が働かない登山初心者からの非常識な問い合わせや過度な要求も増えているようです。このようなことは厳に慎みたいものです。

・**登山口詳細図**／施設や道路・遊歩道の配置がわかりにくい登山口では、詳細図も掲載しました。

４．ご注意いただきたいこと

・登山口と登山道入口の違い／本書では、登山道が始まる始点を「登山道入口」（本書では以下「入り口」をすべて「入口」と略記しています）とし、登山道入口も含め、周辺にある駐車場やトイレなどの諸施設がある一帯を「登山口」として使い分けています。

・登山口の選定／主に『夏山ガイド①～⑥』（北海道新聞社）掲載の登山口から選び、さらに北海道庁生物多様性保全課選定「観察ポイント100」の中から原生花園や自然公園などの入口もピックアップしました。災害や工事による通行止めのため取材できなかった登山口は、本文未掲載です。その理由については、P377の「本文で紹介しなかった登山口」をご覧ください。

・林道の名称／現地に林道標識がない場合は、可能な範囲で調べておきました。従って、本書掲載の林道名を表示した標識が現地にない場合もあります。また作業道や施業道とは、国有林や道有林における林道よりも格下の道路のことで、一般には林道と同じ未舗装道という認識で差し支えありません。道路の所管が分からない場合は、単に「舗装道」「未舗装道」とした場合もあります。

・林道走行に対する注意／未舗装林道の走行には、舗装道路にはないさまざまなリスクがあります。従って林道の情報提供はしますが、当日の天候や路面状況などを総合的に考慮して、通行するか否か各自ご判断の上、通行する場合は、自己責任のもとで通行してください。これは自然の中を歩く登山道の歩行についても同じことがいえます。万一、何らかの問題が生じても本書は一切責任をもちません。また施錠ゲートがある林道も入林申請すれば通行できる場合があります。申請の方法についてはP380をご参照ください。

・地元住民に対する配慮を／本書で紹介する駐車場の中には、別の目的がある駐車場を管理する方々のご好意によって登山者の駐車も認めていただいている場合があります。当然、本来の目的があるわけですから邪魔にならないように駐車には十分配慮してください。グループで何台もの車でやってきて駐車場を占拠したり、早朝や夜間のアイドリングはＮＧです。一部のマナー欠如によって「登山者の駐車禁止」ともなれば、多くの登山者の不便につながることを考えましょう。

・ペット連れ込み禁止看板について／ペット（犬）連れ込み禁止看板が設置された登山口や遊歩道入口もありましたが、「その他」の欄で記載はしませんでした。記載することによって逆にそれ以外の山は連れ込んでも構わないと認識されるのは好ましくないと判断したのが理由です。ワクチンは特定の病気が発症しないように犬を守ることはできますが、感染を完全に防ぐことはできません。加えて病原体の感受性は動物によって異なるため、犬では問題なくても野生動物では死に

至る可能性もあります。そのため野生動物の感染症の専門家からは、健康管理されていても犬が潜在的に保有する病原体により野生動物の大量死や希少野生動物が絶滅に至るほどの重大な結果に及ぶ可能性や、逆に野生動物から犬に危険な病原体が感染する可能性も指摘されています。最も懸念されるジステンパーウィルスは飛沫接触感染するので、ふんを処理しても感染の危険性が消えるわけではありません。特に北海道の場合は犬が野ネズミを補食することによって犬から飼い主にエキノコックスが感染する危険性や、犬が吠えることでヒグマを刺激する危険性も懸念されます。またペット連れ込み禁止看板がない山であっても地元行政が調査検討した上で問題ないとして設置していないのではなく、ほとんどの山は未調査・未検討のグレーゾーン（将来、黒で終わる可能性もある）ということでしかないのです。野生動物と犬の双方にとってリスクがある行為を続けることは、自然愛好家を名乗る資格もなければ、愛犬家を名乗る資格もありません。本当に自然を大切にしたいと思っているのであれば禁止看板がなくても自粛をお願いします。

・**本書の調査期間**／旧版にあたる『北海道登山口情報350』は、2013年6〜8月と10月。本書（新版）の再取材は、2017年9〜10月。また各市町村役場、観光協会、森林管理署に旧版記事の校閲を頂いたのは、2017年7〜9月です。タイミングによっては、現地の変化をすべて反映し切れていない可能性もあります。さらに今後、時間が経つにつれて状況は、必ず変わりますし、自然災害によるアクセス道路や登山道の通行止、マイカー規制内容の変更、ロープウェイ等の営業時間や運賃の変更、あるいは立ち寄り湯の営業時間や入浴料の変更等もあり得ます。各関係機関にご確認の上、お出かけください。

北海道広域図①

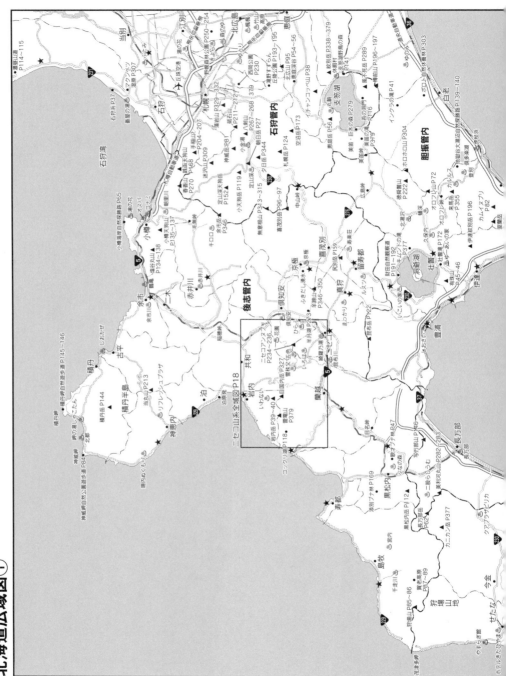

★＝道の駅。♨＝本文中で紹介した温泉もしくは温泉施設（沸かし湯も含む）

桧山管内

渡島管内

渡島半島

亀田半島

松前半島

内浦湾（噴火湾）

至長万部海岸線P320
地球岬P199
至室蘭

ホテル恵風
恵山♨山P52・53・377
恵山
♨水無海浜温泉
椴法華
川汲温泉
鹿部
砂原岳P378
駒ヶ岳P120・378
横津岳P256・378
三森山P311
袴腰岳P90
霊場の湯
大沼森林公園♨
大沼
ちゃっぷ林間♨P66
七飯
湯の川温泉
五稜郭駅
函館
赤川温泉♨
森
函館山P260・266
立待岬
函館空港
瀬戸
北斗
♨函館
汐首岬
桂岳P377
毛無山P113
茂辺地自然観察教育林P379
当別丸山P212
木古内
せせらぎ♨
中山峠
渡島大野駅
二股岳P289
梅辺地峠
福稲峠
知内
瀬石温泉♨
湯ノ岱
土橋自然観察教育林P379
八幡岳P123
知内丸山P157
知内
渡島半島
小鶉岳P69
乙部岳P68
うずう
富山P123
シラ岳P378
福島
継枝森林公園P59
元山P336
五勝手岳P123
大千軒岳P188・189
福島大神
♨福島
和の湯♨
八雲
温泉神社
松前
厚沢部
江差
五国
遊楽部岳P345
白水岳P379
ヤンカ山P379
雲石峠
あやびら山荘♨
大館越峠
大館岳P378

11

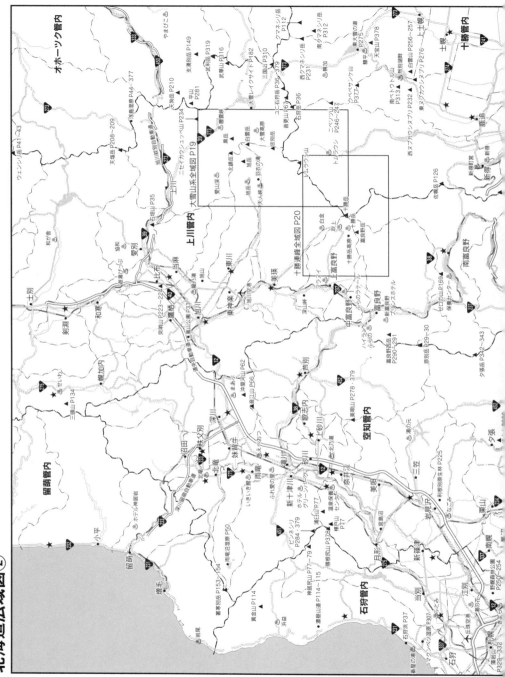

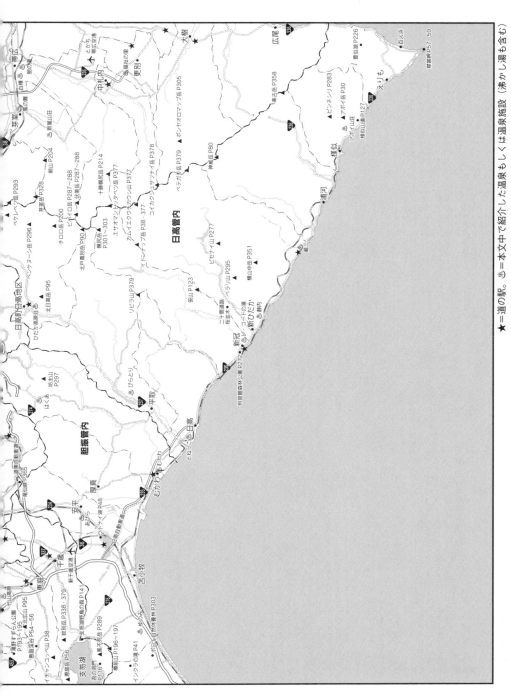

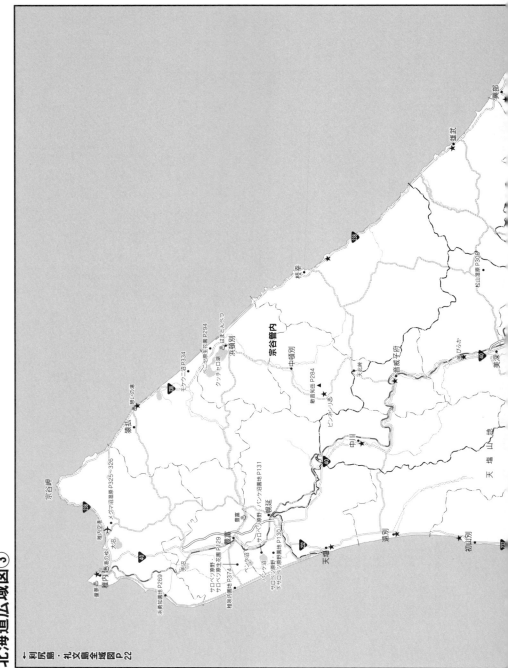

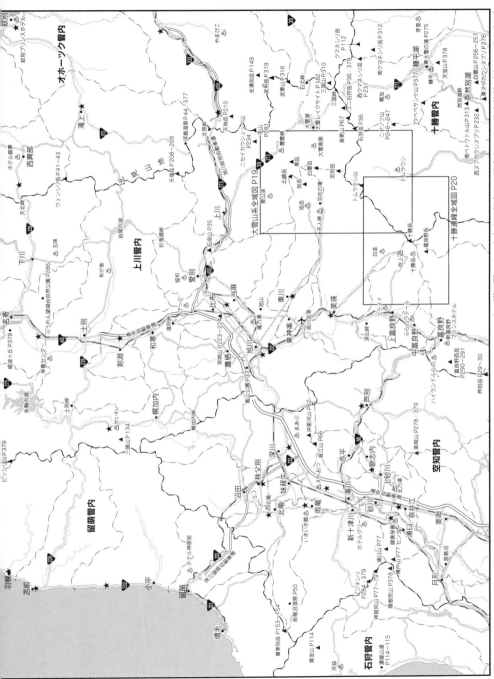

★＝道の駅　♨＝本文中で紹介した温泉もしくは温泉施設（沸かし湯も含む）

北海道広域図④

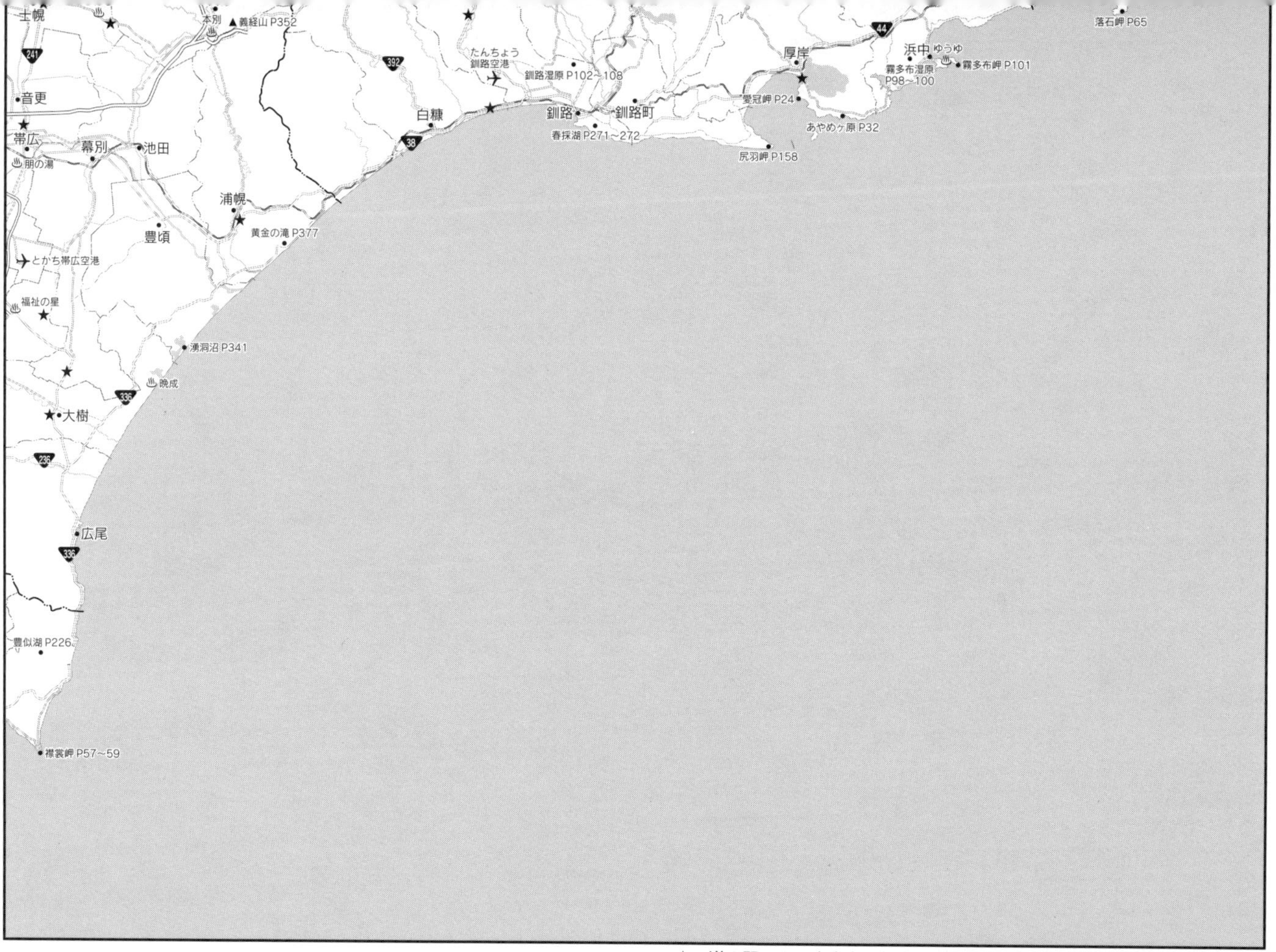
士幌
本別
義経山 P352
241
音更
帯広
朋の湯
幕別
池田
392
たんちょう
釧路空港
釧路湿原 P102～108
白糠
38
釧路
釧路町
春採湖 P271～272
厚岸
愛冠岬 P24
あやめヶ原 P32
尻羽岬 P158
44
浜中
ゆうゆ
霧多布湿原
P98～100
霧多布岬 P101
落石岬 P65
浦幌
黄金の滝 P377
豊頃
とかち帯広空港
福祉の星
湧洞沼 P341
晩成
336
大樹
236
広尾
336
豊似湖 P226
襟裳岬 P57～59

★＝道の駅。♨＝本文中で紹介した温泉もしくは温泉施設（沸かし湯も含む）

ニセコ山系全域図

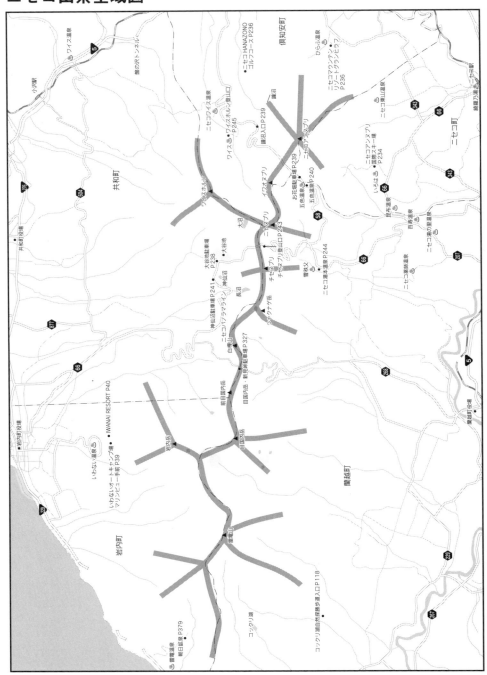

大雪山系全域図

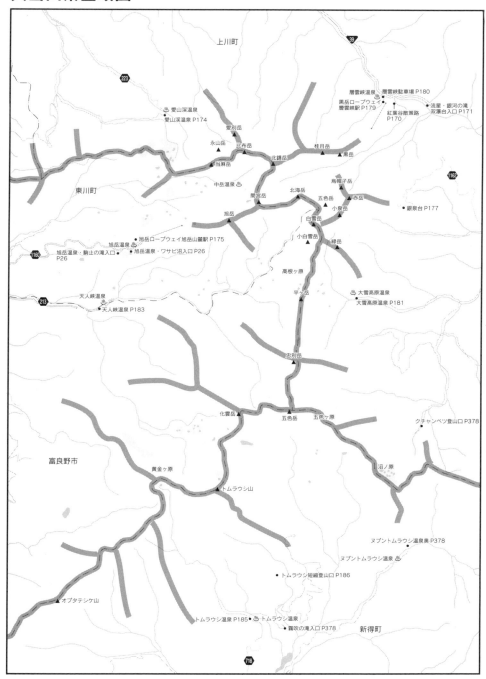

十勝連峰全域図

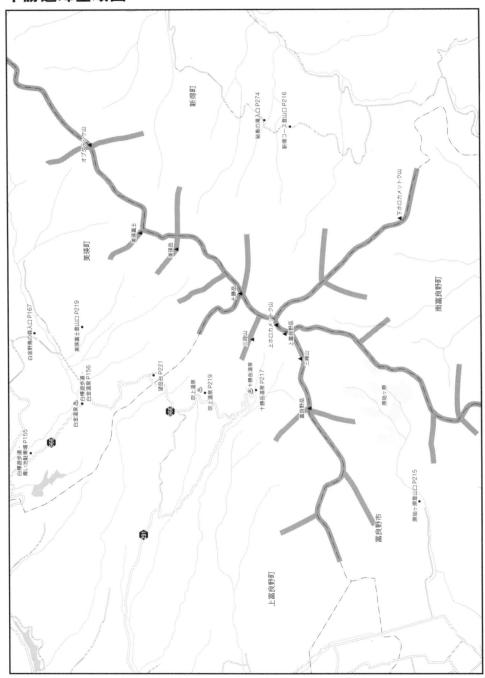

知床連山全域図

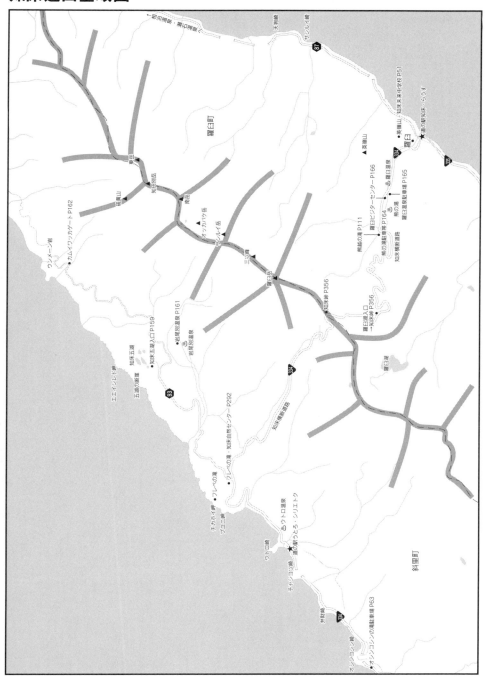

利尻島・礼文島全域図

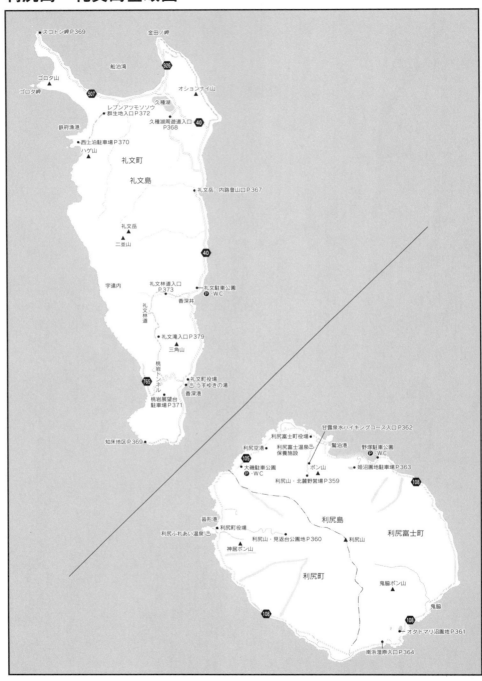

MEMO

あ行

愛冠／愛冠駐車場

愛冠岬・愛冠駐車場
あいかっぷみさき・あいかっぷちゅうしゃじょう

釧路管内厚岸町　標高75m

登山口概要／愛冠岬の北東側、町道終点。愛冠岬に続く遊歩道の起点。
緯度経度／〔43°01′10″〕〔144°50′31″〕
マップコード／637 071 076*57
アクセス／道東道阿寒ICから国道240、38、391、44号、道道123号、町道経由で75km、約1時間30分。厚岸大橋を渡った先の交差点を直進すると、愛冠駐車場がある。
駐車場／50台＋大型・52×40m・舗装・区画あり。
トイレ／駐車場にある。非水洗。水道あり。TPあり。評価☆☆。
携帯電話／ドコモ 通話可、au 通話可、SB圏外。
その他／愛冠観光サービスセンター＝5月1日〜10月31日・月曜休・10〜15時・☎0153-52-2185。愛冠自然史博物館＝厚岸臨海実験所が運営する鳥類の剥製などが充実した展示施設。5月1日〜10月31日・月、火曜休・9時〜16時30分・☎0153-52-2056。
問合先／厚岸観光協会（厚岸町まちづくり推進課観光係）☎0153-52-3131

愛冠／同駐車場のトイレ

愛冠／同トイレ内部

愛冠／遊歩道入口

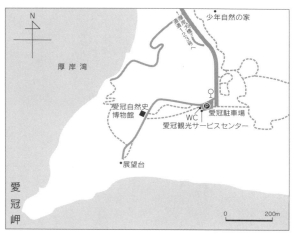

愛冠／博物館に続く道路

愛別岳→P174 大雪山系・愛山渓温泉

赤岩山→P65 小樽海岸自然探勝路入口

赤岳→P177 大雪山系・銀泉台

阿寒湖・ボッケ遊歩道入口(阿寒湖畔第1駐車場)
あかんこ・ぼっけゆうほどういりぐち（あかんこはんだいいちちゅうしゃじょう）

釧路市　標高437m

阿寒／阿寒湖畔第1駐車場

登山口概要／阿寒湖温泉街の東端、国道240号沿い。ボッケ遊歩道の起点。
緯度経度／［43°26′00″］［144°06′08″］
マップコード／739 342 622*41
アクセス／道東道足寄ICから国道242、241、240号経由で58km、約1時間27分。
駐車場／自然公園財団が運営する駐車場がある。有料1日410円（11月下旬～4月中旬は無料）・9～17時（時間外も駐車は可能。出る時に料金を払えばよい）。阿寒湖畔第1駐車場＝約100台・100×52m・舗装・区画あり。阿寒湖畔第2駐車場＝約100台・110×90m・舗装・区画あり。
駐車場混雑情報／年間を通して混雑することはない。
トイレ／第1駐車場のトイレ＝水洗。水道・TPあり。評価☆☆☆。2018年にリニューアル予定。第2駐車場のトイレ＝水洗。水道・TPあり。評価☆☆。
阿寒湖畔エコミュージアムセンター／阿寒湖周辺の自然を紹介する施設。火曜休（祝日の場合は翌日）・9～17時（6月中旬～9月下旬は～19時）・☎0154-67-4100。
携帯電話／ドコモ📶通話可、au📶通話可、SB📶通話可。
ドリンク自販機／温泉街にある（PBも）。
その他／松浦武四郎句碑、森のこみち案内板、阿寒湖畔エコミュージアムセンター周辺案内板。
取材メモ／ボッケ遊歩道は阿寒湖畔エコミュージアムセンターからのびる遊歩道で、「湖のこみち」と「森のこみち」があり、どちらも40分～1時間で一巡できる。ボッケとは、アイヌ語で「煮え立つ」という意味があり、火山ガスや水蒸気が熱い泥とともに吹き出している泥火山のこと。なおボッケ遊歩道のミズバショウは5月上旬～中旬、ニリンソ

阿寒／同駐車場のトイレ（改築予定）

阿寒／阿寒湖畔第2駐車場

阿寒／森のこみち入口

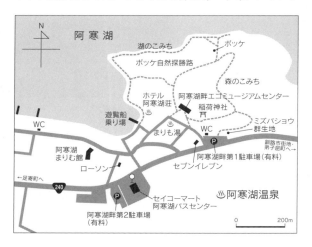

阿寒／阿寒湖畔エコミュージアムセンター

ウは5月中旬〜6月下旬、エゾオオサクラソウは5月下旬〜6月中旬、紅葉は10月上旬〜中旬が見ごろ。
立ち寄り湯／①近くの阿寒湖温泉に共同浴場の「まりも湯」がある。無休（冬期は第2、4水曜休）・9〜21時・入浴料500円・☎0154-67-2305。②ほか「ホテル阿寒湖荘」＝不定休・13〜15時・入浴料1000円・☎0154-67-2231など。
問合先／阿寒湖畔エコミュージアムセンター☎0154-67-4100、阿寒観光協会☎0154-67-3200、釧路市阿寒観光振興課☎0154-67-2505

旭岳→P175 大雪山系・旭岳ロープウェイ旭岳山麓駅

阿寒／同センター内の展示

旭岳温泉・駒止の滝入口
あさひだけおんせん・こまどめのたきいりぐち

上川管内東川町　標高1020m

登山口概要／旭岳温泉の西側、道道1160号沿い。駒止の滝の起点。詳細図は次項参照。
緯度経度／［43°38′49″］［142°47′14″］
マップコード／796 829 357*70
アクセス／道央道旭川鷹栖ICから道道146号、国道12号、道道90、1160、213、1160号経由で54km、約1時間21分。または道央道旭川北ICから道道37、1160、213、1160号経由で48km、約1時間12分。
駐車場／道道沿いに駐車帯がある。10〜13台・80×14m・舗装・区画なし。
携帯電話／ドコモ📶通話可、au📶通話可、SB📶通話可。
取材メモ／駒止の滝は、駐車帯から徒歩約5分。
立ち寄り湯／旭岳温泉の各宿で可能。例えば①「湯元　湧駒荘（ゆこまんそう）別館」＝不定休・12〜20時・入浴料800円・☎0166-97-2101。②「大雪山白樺荘」＝不定休・13〜20時・入浴料800円・☎0166-97-2246。③旭岳温泉のほかの宿でも可能（入浴料500〜1500円）。
問合先／旭岳ビジターセンター☎0166-97-2153、東川町産業振興課商工観光振興室☎0166-82-2111

阿寒／ボッケ

駒止／道道沿いの駐車帯

旭岳温泉自然探勝路
　　→（次項）旭岳温泉・ワサビ沼入口
　　→P175 大雪山系・旭岳ロープウェイ旭岳山麓駅

旭岳温泉・ワサビ沼入口
あさひだけおんせん・わさびぬまいりぐち

上川管内東川町　標高1067m

登山口概要／ワサビ沼の北西側、道道1160号沿い。ワサビ沼に続く湿原探勝路や天人峡温泉連絡道、旭岳温泉自然探勝路の起点。

駒止／滝入口の標識

ワサビ／駐車場入口

緯度経度／［43°38′53″］［142°47′40″］
マップコード／796 830 473*63
アクセス／道央道旭川鷹栖ICから道道146号、国道12号、道道90、1160、213、1160号経由で55km、約1時間21分。または道央道旭川北ICから道道37、1160、213、1160号経由で49km、約1時間12分。
駐車場／道道沿いや少し入ったところに駐車場があり、登山者やハイカーの利用可。計210台・36×30m、138×22mなど4面・舗装・区画あり。入口に「保安林・国有林」と「クロスカントリーコース」の標識等が立っている。約16台・40×8mなど2面・小石+砂利・区画なし。さらに奥のキャンプ場管理棟前はキャンプ場利用者用。
駐車場混雑情報／臨時駐車場として利用されることもある。
携帯電話／ドコモ📶通話可、au📶通話可、SB📶通話可。
その他／キャンプ場前バス停（旭川電気軌道バス）、旭岳温泉案内板。
取材メモ／ワサビ沼は厳冬期でも凍らない沼で、畔には湿原が発達している。
立ち寄り湯／旭岳温泉の各宿で可能。例えば①「湯元　湧駒荘（ゆこまんそう）別館」＝不定休・12〜20時・入浴料800円・☎0166-97-2101。②「大雪山白樺荘」＝不定休・13〜20時・入浴料800円・☎0166-97-2246。③旭岳温泉のほかの宿でも可能（入浴料500〜1500円）。
問合先／旭岳ビジターセンター☎0166-97-2153、東川町産業振興課商工観光振興室☎0166-82-2111

ワサビ／道道沿いの駐車場

ワサビ／手前の駐車場

ワサビ／奥の駐車場

ワサビ／旭岳温泉案内板

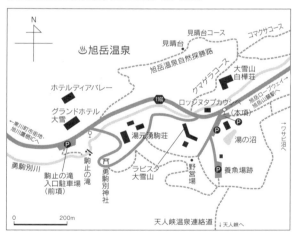

朝日岳・豊林荘跡
あさひだけ・ほうりんそうあと
札幌市南区　標高295m

登山口概要／朝日岳の南側、左岸林道ゲート横。旧豊林荘

ワサビ／湧駒荘別館露天風呂

コースを経由する朝日岳の起点。
緯度経度／［42°57′42″］［141°09′17″］
マップコード／708 754 090*48
アクセス／札幌市街地（道庁前）から国道230号、市道経由で28km、約42分。定山渓温泉街を抜けた先で右斜め前方に緩く下る道に入るが、この交差点には標識はない（写真参照）。いこい橋を渡った先の三叉路はどちらを通っても豊林荘の広場に着く。ただし三叉路を左にとると未舗装（路面評価★★★★）。
駐車場／豊林荘跡の広場が利用できる。約15台・42×26m・砂利＋砂＋草・区画なし。
トイレ／国道230号を中山峠方面にさらに500m進むと定山渓パーキングにトイレがある。自動ドア。水洗。水道・TPあり。評価☆☆☆。
携帯電話／ドコモ通話可、au通話可、SB通話可。
登山届入れ／うすべつ左岸林道ゲート横にある。
その他／熊出没注意看板、定山渓の動植物解説板。
立ち寄り湯／定山渓温泉の温泉宿で立ち寄り湯ができる。①「湯の花・定山渓殿」＝無休・10～22時・入浴料850円・☎011-598-4444。②「ホテル鹿の湯」＝休前・祝前日は立ち寄り湯は休み・15～20時（日曜・祝日は～17時）・入浴料820円・☎011-598-2311。③「ホテル山水」＝不定休・正午～19時（休前日は～15時）・入浴料640円・☎011-598-2301。④「悠久の宿・白糸」＝無休・正午～19時（休前日は～15時）・入浴料600円・☎011-598-3351。⑤ほかの多くの宿でも立ち寄り湯は可能（入浴料700～1500円）。
問合先／石狩森林管理署☎011-563-6111または☎050-3160-5710、石狩森林管理署定山渓森林事務所☎011-598-4351、定山渓温泉観光協会☎011-598-2012、定山渓まちづくりセンター☎011-598-2191

豊林荘／国道からこの道に入る

豊林荘／豊林荘跡の広場

豊林荘／うすべつ左岸林道ゲート

豊林荘／定山渓の動植物解説板

豊林荘／ホテル鹿の湯・内湯

芦別岳・旧道コース登山口
あしべつだけ・きゅうどうこーすとざんぐち

富良野市　標高395m

旧道／太陽の里前の十字路

登山口概要／芦別岳（日本二百名山）の東側、ユーフレ作業道終点。旧道コースを経由する芦別岳の起点。
緯度経度／〔43°15′03″〕〔142°19′34″〕
マップコード／919 281 049*13
アクセス／道東道占冠ICから国道237、38号、道道706号、市道、ユーフレ作業道（路面評価★★★★）経由で42km、約1時間3分。または道央道滝川ICから国道38号、道道706号、市道、ユーフレ作業道（上と同じ）経由で72km、約1時間48分。太陽の里を通り抜けると、駐車場の先から未舗装のユーフレ作業道（表示なし）となり、すぐエゾシカゲートがある。開けたら必ず閉めておくこと。その1km、約2分先が作業道終点。ちなみに作業道とは、国有林における林道よりも格下の未舗装道路のことで、一般には林道と同様の認識でよい。

旧道／エゾシカゲート

駐車場／作業道終点に駐車スペースがある。計5台・砂利・区画なし。
トイレ／近くの山部自然公園太陽の里にある。簡易水洗。水道・TPあり。評価☆☆。
携帯電話／ドコモ通話可、au通話可、SB圏外。
水場・水道設備／山部自然公園太陽の里に炊事台がある。ほか水場もある。
登山届入れ／登山道入口にある。エゾシカゲート前にある入林届箱は「遊々の森」専用。
その他／太陽の里ふれあいの森案内板、熊出没注意看板、登山者の皆様へ、芦別岳概念図。
立ち寄り湯／①道道985号を北上すると「新富良野プリンスホテル」に「紫彩の湯」がある。無休・13時〜深夜0時・入浴料1540円・☎0167-22-1111。②芦別市との市境寄りに

旧道／登山口に続くユーフレ作業道

旧道／作業道終点の駐車スペース

旧道／旧道コース入口

「ラベンダーの森・ハイランドふらの」がある。無休（メンテナンス休あり）・6～23時・入浴料510円・☎0167-22-5700。③中富良野町の国道237号沿いにある「スパ＆ホテルリゾート・ふらのラテール」でも可能。無休・10～22時・入浴料980円・☎0167-39-3100。
問合先／富良野市商工観光課☎0167-39-2312、ふらの観光協会・富良野美瑛広域観光センター☎0167-23-3388

旧道／太陽の里のトイレ

芦別岳・新道コース登山口

あしべつだけ・しんどうこーすとざんぐち

富良野市　標高320m

登山口概要／芦別岳（日本二百名山）の東側、市道沿い。新道コースを経由する芦別岳の起点。詳細図は前項参照。
緯度経度／〔43°14′41″〕〔142°20′36″〕
マップコード／919 279 737*75
アクセス／道東道占冠ICから国道237、38号、道道706号、市道経由で40km、約1時間。または道央道滝川ICから国道38号、道道706号、市道経由で70km、約1時間45分。
駐車場／登山道入口前に駐車スペースがある。25～30台・74×16m・砂＋草・区画なし。
トイレ／近くの山部自然公園太陽の里にある。簡易水洗。水道・TPあり。評価☆☆。
携帯電話／ドコモ📶通話可、au📶通話可、SB📶通話可。
水場・水道設備／近くの山部自然公園太陽の里の炊事台がある。ほか水場もある。
登山届入れ／登山道入口にある。
その他／遭難慰霊碑、熊出没注意看板、芦別岳概要図、登山される方へ看板。
立ち寄り湯／①道道985号を北上すると「新富良野プリンスホテル」に「紫彩の湯」がある。13時～深夜0時・入浴料1540円・☎0167-22-1111。②芦別市との市境寄りに「ラベンダーの森・ハイランドふらの」がある。無休（メンテナンス休あり）・6～23時・入浴料510円・☎0167-22-5700。③中富良野町の国道237号沿いにある「スパ＆ホテルリゾート・ふらのラテール」でも可能。無休・10～22時・入浴料980円・☎0167-39-3100。
問合先／富良野市商工観光課☎0167-39-2312、ふらの観光協会・富良野美瑛広域観光センター☎0167-23-3388

新道／登山口の駐車スペース

新道／遭難慰霊碑

新道／新道コース入口

アポイ岳・アポイ岳ジオパークビジターセンター(山麓公園登山口)

あぽいだけ・あぽいだけじおぱーくびじたーせんたー（さんろくこうえんとざんぐち）

日高管内様似町　標高74m

登山口概要／アポイ岳（花の百名山・新花の百名山）の西側、町道終点。冬島旧道コースを経由するアポイ岳の起点。
緯度経度／〔42°06′42″〕〔142°59′18″〕

アポイ／ビジターセンター前駐車場

マップコード／712 404 031*87
アクセス／日高道日高門別ICから道道351号、国道235、336号、町道経由で96km、約2時間24分。国道の「アポイ岳ジオパーク」の標識に従って左折し、ここから1.5km、約2分。
駐車場／アポイ岳ジオパークビジターセンター前やその奥に登山者用の駐車場がある。ビジターセンター前駐車場も登山者の利用可。ビジターセンター前駐車場＝37台・50×40m・舗装・区画あり。登山者用駐車場＝約50台以上（区画は16台のみ）・116×22m・舗装・区画あり（区画なし）。
※駐車場での車中泊は禁止。車中泊したい人は手前のキャンプ場駐車場を利用すること。
駐車場混雑情報／満車になったのはビジターセンターができて以降、フラワーシーズンの普通の週末に1度あっただけだそうだ。
アポイ岳ジオパークビジターセンター／アポイ岳ジオパークの情報提供・展示施設。4月1日～11月30日・期間中無休・9～17時・☎0146-36-3601。
トイレ／登山者用駐車場の入口にある。水洗。水道・TPあり。評価☆☆☆。
携帯電話／ドコモ📶通話可、au📶通話可、SB📶通話可。
ドリンク自販機／ビジターセンター前駐車場にある（PBも）。
登山届入れ／登山道入口にある。
その他／アポイ山麓ファミリーパーク案内板、熊出没注意看板、テーブル・ベンチ、砂防モデル事業案内板。
取材メモ／アポイ岳のアポイキンバイは5月上旬～下旬、アポイタチツボスミレとサマニユキワリは5月上旬～6月上旬、アポイアズマギクは5月上旬～6月下旬、ヒダカイワザクラは5月中旬～下旬、アポイクワガタは6月上旬～下旬、アポイマンテマは7月中旬～8月上旬、ヒダカミセバヤは8月下旬～9月下旬が見ごろ。
立ち寄り湯／沸かし湯だが、すぐ近くの「アポイ山荘」で入浴できる。無休・5時～8時30分＋10～22時（第2火曜は17時～）・入浴料500円・☎0146-36-5211。

アポイ／ジオパークビジターセンター

アポイ／同センター内の展示

アポイ／登山者用駐車場

アポイ／同駐車場のトイレ

アポイ／登山道方面に続く道

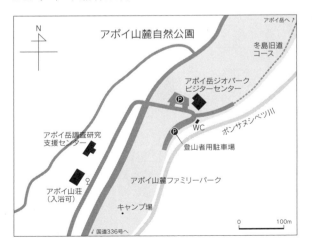

問合先／アポイ岳ジオパークビジターセンター☎0146-36-3601、様似町商工観光課☎0146-36-2119

あやめヶ原入口
あやめがはらいりぐち

釧路管内厚岸町　標高101m

あやめ／あやめヶ原第2駐車場

登山口概要／あやめヶ原の北側、道道123号沿いや町道終点。あやめヶ原を一巡する遊歩道の起点。
緯度経度／［42°59′21″］［144°55′22″］（第2駐車場）
マップコード／973 261 337*36（第2駐車場）
アクセス／道東道阿寒ICから国道240、38、391、44号、道道123号、町道経由で80km、約1時間40分。道道に「あやめヶ原」の標識あり。
駐車場／町道終点に第2駐車場、手前の道道交差点に第1駐車場がある。第2駐車場＝67台・62×32m・舗装・区画あり。第1駐車場＝11台＋大型・28×26m・舗装・区画あり。
駐車場混雑情報／ヒオウギアヤメシーズン中の休日は、どちらの駐車場も満車になる。誘導員が整理にあたるが、町道路肩に車が並ぶほどに混雑する。
トイレ／第2と第1駐車場にそれぞれある。第2駐車場のトイレ＝簡易水洗。水道（飲用不可）・TPあり。評価☆☆☆。第1駐車場のトイレ＝簡易水洗。水道（飲用不可）・TPあり。評価☆☆☆〜☆☆。
携帯電話／第2駐車場＝ドコモ📶通話可、au📶通話可、SB圏外。第1駐車場＝ドコモ📶〜📶通話可、au📶通話可、SB圏外。
その他／第2駐車場＝観光サービスセンター、厚岸観光案内板。第1駐車場＝あずまや、ベンチ、厚岸観光案内板、あやめヶ原バス停（くしろバス）。
取材メモ／あやめヶ原は約100haに及ぶヒオウギアヤメ群

あやめ／同駐車場のトイレ

あやめ／同トイレ内部

あやめ／あやめヶ原入口

あやめ／あやめヶ原に続く遊歩道

32

生地として知られ、見ごろは6月下旬～7月上旬。
問合先／厚岸観光協会（厚岸町まちづくり推進課観光係）
☎0153-52-3131

嵐山公園（嵐山神居自然休養林）・展望台駐車場
あらしやまこうえん（あらしやまかむいしぜんきゅうようりん）・てんぼうだいちゅうしゃじょう

上川管内鷹栖町　標高230m

登山口概要／嵐山公園の公園道路終点。嵐山公園の遊歩道の起点。嵐山展望台の入口。詳細図は、次項参照。
緯度経度／［43°47′39″］［142°18′07″］
マップコード／79 456 020*82
アクセス／道央道旭川鷹栖ICから道道1125号（途中から未舗装。路面評価★★★★）、公園道路（路面評価★★★★）経由で4km、約5分。
駐車場／公園道路終点に駐車場がある。25～30台・32×30m・舗装・区画なし。また手前の三叉路にも5～6台分の駐車スペースがある。
駐車場混雑情報／GWは混雑する。
トイレ／駐車場にある。非水洗。水道・TPあり。評価☆☆。
携帯電話／ドコモ 通話可、au 通話可、SB 通話可。
その他／嵐山史跡案内板。
取材メモ／公園の大半は鷹栖町にあるが、旭川市公園緑地協会が管理している。また駐車場のすぐ上にある嵐山展望台からは旭川市街地を一望できる。
立ち寄り湯／①国道12号を南下すると、国道12号の三叉路1km東側の高砂台に「万葉の湯」がある。無休・10時～翌朝9時・入浴料1000円（土・日曜、祝日は1500円。ほかにも深夜や早朝の料金設定あり）・☎0166-62-8910。②少し離れているが、東旭川駅前に「龍乃湯温泉（たつのゆおんせん）」もある。無休（お盆は休み）・9～22時・入浴料550円・☎0166-36-1562。
問合先／嵐山公園センター☎0166-55-9779、旭川市公園緑地協会☎0166-52-1934、旭川観光コンベンション協会☎0166-23-0090、旭川総合観光情報センター（あさテラス）☎0166-27-7777、旭川市観光課☎0166-25-7168、鷹栖町総務企画課企画広報係☎0166-87-2111

嵐山公園（嵐山神居自然休養林）・北邦野草園入口
あらしやまこうえん（あらしやまかむいしぜんきゅうようりん）・ほっぽうやそうえんいりぐち

上川管内鷹栖町　標高98m

登山口概要／嵐山公園の南東側、市道（町道）終点。嵐山公園の遊歩道の起点。北邦野草園の入口。
緯度経度／［43°47′34″］［142°18′30″］
マップコード／79 427 764*84
アクセス／道央道旭川鷹栖ICから道道1125号、市道（町道）

展望台／展望台駐車場とトイレ

展望台／同駐車場のトイレ

展望台／展望台に続く遊歩道入口

北邦／北邦野草園入口の駐車場

北邦／嵐山公園センター

経由で2km、約2分。付近の市道に「北邦野草園→」の標識がある。

駐車場／北邦野草園入口に広い駐車場がある。40～50台・140×16m・舗装＋砂利・区画なし。

駐車場混雑情報／カタクリが咲くＧＷは混雑する。

北邦野草園（嵐山公園センター）／北方系植物を中心に600種類もの野草を観察できる植物園。通年・無休（11～3月は第2、4月曜休、祝日の場合は翌日・9～17時（入園は16時30分まで）・☎0166-55-9779。

トイレ／嵐山公園センター内と少し離れた別棟がある。別棟トイレ＝泡式水洗。水道(飲用不可)・TPあり・評価☆☆☆。

携帯電話／北邦野草園入口駐車場＝ドコモ📶通話可、au📶通話可、SB📶通話可。

ドリンク自販機／嵐山公園センターにある（PBも）。

その他／旭川嵐山ビジターセンター＝北邦野草園駐車場の手前にある民営施設。4月末～10月末・月曜～水曜休（ほかに臨時休あり）・10～16時・☎0166-53-2200、野草園案内図、嵐山史跡案内板。

取材メモ／公園の大半は鷹栖町にあるが、旭川市公園緑地協会が管理している。なお北邦野草園のフクジュソウは4月上旬～5月上旬、カタクリは4月中旬～5月中旬、シラネアオイは5月中旬～6月上旬、クリンソウは6月上旬～下旬が見ごろ。旭川市公園緑地協会の公式サイト内に北邦野草園の詳しい花暦が掲載されている。トップページ→主な公園のご案内→嵐山公園ページ参照。

http://www.asahikawa-park.or.jp/

立ち寄り湯／①国道12号を南下すると、国道12号の三叉路1km東側の高砂台に「万葉の湯」がある。無休・10時～翌朝9時・入浴料1000円（土・日曜、祝日は1500円。ほかにも深夜や早朝の料金設定あり）・☎0166-62-8910。②少し離れているが、東旭川駅前に「龍乃湯温泉（たつのゆおんせん）」もある。無休（お盆は休み）・9～22時・入浴料550円・☎0166-36-1562。

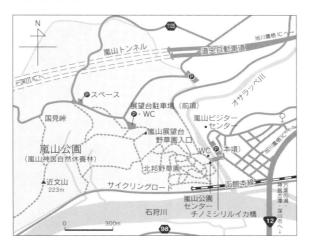

北邦／同センター内の展示

北邦／別棟トイレ

北邦／同トイレ内部

北邦／野草園案内図

北邦／野草園内の遊歩道

問合先／嵐山公園センター☎0166-55-9779、旭川市公園緑地協会☎0166-52-1934、旭川観光コンベンション協会☎0166-23-0090、旭川総合観光情報センター（あさテラス）☎0166-27-7777、旭川市観光課☎0166-25-7168、鷹栖町総務企画課企画広報係☎0166-87-2111

硫黄山→P162 知床連山・カムイワッカゲート（カムイワッカ湯の滝入口）

北邦／展望台からの眺め

以久科原生花園入口
いくしなげんせいかえんいりぐち
オホーツク管内斜里町 標高4ｍ

登山口概要／以久科原生花園の西側、町道沿い。以久科原生花園に続く遊歩道の起点。
緯度経度／［43°55′02″］［144°42′01″］
マップコード／642 579 705*26
アクセス／道東道足寄ICから国道242号、道道51号、国道240、334号、町道経由で151km、約3時間46分。または旭川紋別道（国道450号）瀬戸瀬ICから国道333、39、334号、町道経由で130km、約3時間15分。
駐車場／町道沿いに駐車場がある。12～13台・34×24ｍ・舗装・区画なし。
駐車場混雑情報／9月は釣り客の利用が多いが、フラワーシーズンに混雑することはない。
トイレ／近くの斜里町市街地に「道の駅しゃり」がある。
携帯電話／ドコモ📶通話可、au📶通話可、SB📶通話可。
その他／以久科原生花園解説板、以久科海岸道自然環境保全地域案内板。
取材メモ／以久科原生花園のエゾスカシユリは6月下旬～7月下旬が見ごろ。
立ち寄り湯／知床斜里駅の川の対岸付近、道道769号とＪＲ釧網本線の間に「斜里温泉・湯元館」がある。無休・7～20時・入浴料400円・☎0152-23-3486。
問合先／知床斜里町観光協会☎0152-22-2125、斜里町環境課☎0152-23-3131

以久科／町道沿いの駐車場

以久科／原生花園標識

以久科／原生花園の遊歩道

石垣山・中愛別登山口（愛別発電所）
いしがきやま・なかあいべつとざんぐち（あいべつはつでんしょ）
上川管内愛別町 標高255ｍ

登山口概要／石垣山の東側、町道終点。中愛別コースを経由する石垣山の起点。
緯度経度／［43°53′01″］［142°39′32″］
マップコード／589 169 645*13
アクセス／旭川紋別道（国道450号）愛別ICから道道140号、国道39号、町道経由で12km、約18分。国道に立つ「石垣山

石垣山／国道に立つ標識

登山口」の標識に従って右折。あいべつオートキャンプ場を過ぎて約800m。
駐車場／発電所前の登山道入口に駐車スペースがある。約5台・22×10m・草・区画なし。
携帯電話／ドコモ📶通話可、au📶通話可、SB📶通話可。
その他／北海道電力愛別発電所。
立ち寄り湯／愛別ダムに向かうと、その手前に「あいべつ協和温泉」がある。無休・7〜22時・入浴料500円・☎01658-6-5815。
問合先／愛別町産業振興課商工観光係☎01658-6-5111

石垣山／発電所前の駐車スペース

石狩岳・シュナイダーコース登山口
いしかりだけ・しゅないだーこーすとざんぐち

十勝管内上士幌町　標高803m

> アクセス道路通行止

石狩岳／1.4km先の林道三叉路は右へ

登山口概要／石狩岳（日本二百名山）の南東側、音更川本流林道の途中。シュナイダーコースを経由する石狩岳や音更山（おとふけやま）の起点。※2016年の豪雨災害のため、音更川本流林道は通行止。復旧の見通しは立っていないが、今後、開通した時のために2013年の取材結果を参考までに掲載しておく。
緯度経度／〔43°31′44″〕〔143°03′48″〕
マップコード／743 098 153*05
アクセス／道東道音更帯広ICから国道241、273号、音更川本流林道（路面評価★★★★・所々★★★・水たまりあり）経由で81km、約2時間。または旭川紋別道（国道450号）上川層雲峡ICから国道39、273号、音更川本流林道（上と同じ）経由で75km、約1時間51分。国道273号から「音更山・ニペソツ山・石狩岳・ユニ石狩岳」の標識に従って音更川本流林道へ。1.4km、3分先の三叉路は右へ（標識あり）。手前の音更山・十石峠コース登山口（P67）の2km先の橋手前を右に入ってすぐ。国道から9.4km、約18分。

石狩岳／登山口に続く音更川本流林道

駐車場／約10台・42×20m・砂利＋草・区画なし。
トイレ／駐車場にある。非水洗。TPなし。評価☆。中に携帯トイレ回収箱がある。
携帯電話／ドコモ圏外、au圏外、SB圏外。
登山届入れ／音更川本流林道入口にある。
立ち寄り湯／①幌加温泉の「湯元鹿の谷（かのや）」で可能。通年営業・無休・9〜20時・入浴料600円・☎01564-4-2163。あるいはぬかびら源泉郷の各宿でも可能。例えば②「湯元館」＝不定休・8〜20時（冬期は〜19時）・入浴料500円・☎01564-4-2121。③「糠平温泉ホテル」＝不定休・9〜21時・入浴料500円・☎01564-4-2001。④ほかの宿でも立ち寄り湯はほとんど可能（入浴料400〜1000円）。⑤一方、上川方面では層雲峡温泉に公共の立ち寄り湯「黒岳の湯」がある。無休（11〜4月は水曜休、祝日の場合は営業）・10〜21時30分・入浴料600円・☎01658-5-3333。

石狩岳／登山口の駐車場

石狩岳／同駐車場のトイレ

問合先／上士幌町観光協会☎01564-7-7272、上士幌町商工観光課☎01564-2-4291

石狩浜・はまなすの丘公園入口
いしかりはま・はまなすのおかこうえんいりぐち

石狩市　標高5m

登山口概要／石狩川河口付近、市道沿い。はまなすの丘公園を一巡する桟道や遊歩道の起点。
緯度経度／［43°15′22″］［141°21′35″］
マップコード／514 313 438*57
アクセス／札樽道札幌北ICから国道231号、道道225号、市道経由で20km、約30分。
駐車場／はまなすの丘公園ヴィジターセンター前にある。計約30台・52×18mなど2面・舗装・区画あり。
駐車場混雑情報／取材した2013年7月13日は、海の日連休最初の日で晴れていたこともあってか、到着した14時半の時点で9割近く埋まっていた。
トイレ／ヴィジターセンター内にある。
携帯電話／ドコモ📶通話可、au📶通話可、SB📶通話可。
ドリンク自販機／ヴィジターセンターの玄関にある（PBも）。
その他／はまなすの丘公園ヴィジターセンター（公園管理棟）＝売店・休憩。4月29日〜11月3日・期間中無休・9〜18時（9月1日〜は〜17時）・☎0133-62-3450。はまなすの丘公園案内板、石狩灯台。
取材メモ／石狩浜のイソスミレは5月上旬〜下旬、ハマナスは5月下旬〜7月上旬、エゾスカシユリ6月上旬〜下旬、ハマヒルガオは6月中旬〜7月中旬が見ごろ。
立ち寄り湯／道道225号へ向けて1.5kmほど戻り右折すると「石狩温泉・番屋の湯」がある。無休・10〜24時・入浴料650円・☎0133-62-5000。

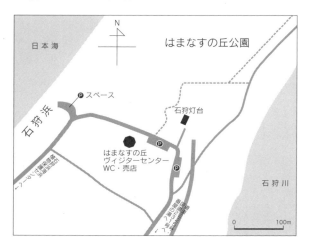

石狩浜／ヴィジターセンター前駐車場

石狩浜／ヴィジターセンター

石狩浜／同センター内

石狩浜／遊歩道入口と石狩灯台

石狩浜／石狩浜に続く遊歩道

問合先／はまなすの丘公園ヴィジターセンター☎0133-62-3450、石狩観光協会☎0133-62-4611、石狩市商工労働観光課観光担当☎0133-72-3167

イチャン／国道沿い駐車場

イチャンコッペ山・ポロピナイコース登山口
いちゃんこっぺやま・ぽろぴないこーすとざんぐち

千歳市　標高370m

登山口概要／イチャンコッペ山の南西側、国道453号沿い。ポロピナイコースを経由するイチャンコッペ山の起点。
緯度経度／［42°48′17″］［141°19′33″］
マップコード／708 204 256*46
アクセス／札幌市街地（道庁前）から国道230号、真駒内通、国道453号経由で39km、約1時間。または道央道千歳ICから道道77号、国道36号、道道16号、国道453号経由で36km、約53分。
駐車場／登山道入口付近の国道沿いに駐車場がある。12台・84×12m・舗装・区画なし。
携帯電話／ドコモ📶通話可、au📶通話可、SB📶だが通話可。
登山届入れ／登山道入口にある。
その他／展望台。
立ち寄り湯／①近くの「丸駒温泉旅館」で可能。無休・10～15時・入浴料1000円・☎0123-25-2341。②支笏湖温泉の「休暇村支笏湖」でも可能。無休・11～16時（火、水曜は13時～）・入浴料720円・☎0123-25-2201。
問合先／千歳市観光事業課☎0123-24-0366、千歳駅観光案内所☎0123-24-8818

イチャン／駐車場から望む支笏湖

イチャン／登山道入口

イドンナップ岳・サツナイ沢西尾根コース登山口
札内右股作業道入口
いどんなっぷだけ・さつないさわにしおねこーすとざんぐち
さつないみぎまたさぎょうどういりぐち

日高管内新冠町　標高445m

登山口概要／イドンナップ岳の西側、新冠林道と札内右股作業道（札内林道）の交差点（札内橋）。サツナイ沢・西尾根コースを経由するイドンナップ岳の起点。通常、札内右股作業道（札内林道）は閉鎖されている。
緯度経度／［42°38′27″］［142°34′40″］
マップコード／1010 189 564*05
アクセス／日高道日高門別ICから国道237、235号、道道209、71号、町道（途中から未舗装。路面評価★★★★）、新冠林道（路面評価★★★★。一部★★。新冠ダムからの終盤は★★★★～★★★。一部★★）経由で77km、約1時間58分。道道から35.5km、約57分。新冠林道は年に何度か通行止めになることがある。

イドン／新冠ダム

イドン／登山口に続く新冠林道

駐車場／札内右股作業道（札内林道）入口前や手前の路肩に駐車スペースがある。計約13台・54×10mなど3面・砂利＋草・区画なし。
携帯電話／ドコモ圏外、au圏外、SB圏外。
登山届入れ／札内右股作業道入口に入林届箱がある。
その他／国有林からのお願い看板。
立ち寄り湯／①新冠町市街地の東側に「新冠温泉レ・コードの湯」がある。国道から少し入る。不定休・5～8時＋10～22時・入浴料500円・☎0146-47-2100。②日高町の国道235号沿いに「門別温泉・とねっこの湯」がある。第3月曜休（祝日の場合は翌日）・10～22時・入浴料500円・☎01456-3-4126。
問合先／日高南部森林管理署（林道情報のみ）☎0146-42-1615、新冠ポロシリ山岳会（電子メールのみ対応）tu-hide-zipang@north.hokkai.net）

イワオヌプリ
　→P238 ニセコ山系・大谷地駐車場
　→P240 ニセコ山系・五色温泉
　→P241 ニセコ山系・神仙沼駐車場
　→P243 ニセコ山系・チセヌプリ登山口

岩内岳・いわないオートキャンプ場マリンビュー手前
いわないだけ・いわないおーときゃんぷじょうまりんびゅーてまえ

後志管内岩内町　標高216m

登山口概要／岩内岳の北側、町道沿い。スキー場コース（第2ルート）を経由する岩内岳の起点。第1ルートの起点「IWANAI RESORT」は次項参照。
緯度経度／［42°56′49″］［140°30′42″］
マップコード／398 691 356*55

イドン／作業道入口の駐車スペース

イドン／札内右股作業道入口

オート／駐車スペース入口

オート／登山道入口の駐車スペース

オート／キャンプ場センターハウス

アクセス／道央道黒松内JCTから黒松内新道（国道5号）、国道5号、道道265、9号、国道229号、道道66、840号、町道経由で58km、約1時間26分。または札樽道小樽ICから国道5、276号、道道66、840号、町道経由で67km、約1時間40分。いわないオートキャンプ場マリンビュー手前で左に入ると駐車スペースがある。入口に標識はない。
駐車場／登山道入口に駐車スペースがある。約8台・28×18m・草・区画あり。
駐車場混雑情報／混雑することはない。
トイレ／公共施設のいわないオートキャンプ場マリンビューのトイレは登山者の利用可。駐車場のすぐ下にある。水洗。水道・TPあり。評価☆☆☆。
携帯電話／ドコモ通話可、au通話可、SB通話可。
立ち寄り湯／すぐ下の「いわない温泉」の各宿で可能。①「いわない温泉別館おかえりなさい」＝第2火曜休（月により第4火曜休）・6時30分〜23時・入浴料800円・☎0135-61-4111。②「ホテルグリーンパークいわない」＝無休・8時30分〜20時・入浴料500円・☎0135-62-8841。③ほか「いわない高原ホテル」（入浴料1000円）などでも可能。
問合先／岩内町企画産業課☎0135-67-7096

オート／キャンプ場トイレ

オート／同トイレ内部

岩内岳・IWANAI RESORT
いわないだけ・いわないりぞーと

後志管内岩内町　標高193m

登山口概要／岩内岳の北側、町道から少し入った場所。IWANAI RESORT（スキー場）から続く第1ルートを経由する岩内岳の起点。第2ルートの起点「いわないオートキャンプ場マリンビュー手前」、および詳細図は前項参照。
緯度経度／［42°56′53″］［140°30′55″］
マップコード／398 692 427*30
アクセス／道央道黒松内JCTから黒松内新道（国道5号）、国道5号、道道265、9号、国道229号、道道66、840号、町道経由で58km、約1時間26分。または札樽道小樽ICから国道5、276号、道道66、840号、町道経由で67km、約1時間40分。「駐車場入口」の標識（写真参照）あり。
駐車場／スキー場に広い駐車場がある。50台以上・92×38m・砂利・草・区画あり。
駐車場混雑情報／混雑することはない。
携帯電話／ドコモ通話可、au通話可、SB通話可。
立ち寄り湯／すぐ下の「いわない温泉」の各温泉宿で可能。①「いわない温泉別館おかえりなさい」＝第2火曜休（月により第4火曜休）・6時30分〜23時・入浴料800円・☎0135-61-4111。②「ホテルグリーンパークいわない」＝無休・8時30分〜20時・入浴料500円・☎0135-62-8841。③ほか「いわない高原ホテル」（入浴料1000円）などでも可能。
問合先／岩内町企画産業課☎0135-67-7096

IWANAI／スキー場入口

IWANAI／スキー場駐車場

IWANAI／登山道入口

インクラの滝入口
いんくらのたきいりぐち

胆振管内白老町　標高110m

インクラ／国道の標識

登山口概要／インクラの滝（日本の滝百選）の南東側、社台林道の途中と、その奥の社台横断林道ゲート前。インクラの滝見晴らし台に続く歩道の起点。
緯度経度／［42°37′44″］［141°20′29″］（駐車場）
マップコード／545 461 161*81（駐車場）
アクセス／道央道白老ICから道道86号、国道36号、町道、社台林道（路面評価★★★★。所々★★★）経由で19km、約26分。または道央道苫小牧西ICから道道141号、国道36号、町道、社台林道（上と同じ）経由で22km、約31分。国道から「インクラの滝」標識に従って町道へ入り、続く三叉路も標識に従う。道央自動車道の下をくぐってから未舗装となり、あとは道なり。国道から9.7km、約13分。
駐車場／手前に駐車場、その200m奥にある社台横断林道ゲート前の歩道入口に駐車スペースがある。駐車場＝約15台・28×16m・砂利・区画なし。駐車スペース＝4〜5台・砂＋細砂利＋草・区画なし。
トイレ／駐車場にある。非水洗。水道なし。TPあり。評価☆☆。
携帯電話／ドコモ圏外、au📶だが通話可、SB圏外。
その他／あずまや、テーブル・ベンチ
取材メモ／インクラの滝は落差45m。歩道入口から見晴らし台まで徒歩約10分。
立ち寄り湯／①国道36号を室蘭方向に進むと、登別市街地に入る手前左手に「虎杖浜温泉ホテル」がある。無休・6〜23時・入浴料600円・☎0144-82-8267。②同じ虎杖浜温泉の「ホテルいずみ」でも可能。無休・12〜22時（日曜と木曜は10時〜。土曜と祝前日は12〜17時。繁忙期は変更になることも）・入浴料530円・☎0144-87-2621。
問合先／白老観光協会☎0144-82-2216、白老町経済振興課観光振興グループ☎0144-82-8214

インクラ／手前の駐車場とトイレ

インクラ／歩道入口の駐車スペース

ウェンシリ岳・ウェンシリキャンプ場
うぇんしりだけ・うぇんしりきゃんぷじょう

オホーツク管内西興部村　標高347m

登山口概要／ウェンシリ岳の東側、ウェンシリ林道の途中。ガレ場コースを経由するウェンシリ岳の起点。
緯度経度／［44°14′24″］［142°54′25″］
マップコード／741 559 428*02
アクセス／道央道士別剣淵ICから国道40号、道道61、137号、村道、札滑（さっこつ）ウェンシリ林道（全線舗装）、ウェンシリ林道（全線舗装）経由で80.5km、約2時間。道道から「ウェンシリ岳中央登山口」の標識に従って左折。その5.2km、約6分先の三叉路は左へ。そこから1.2km、約2分。

キャンプ場／5.2km先の三叉路

キャンプ場／キャンプ場の駐車場

道道から6.4km、約8分。

駐車場／キャンプ場に駐車場がある。15台以上（キャンプ場と駐車場の境界が不明瞭なので正確な台数は不明）・砂利＋草・区画なし。

駐車場混雑情報／「氷のトンネル1日開放」が行われる7月最終日曜日には混雑するが、満車になって停められないことはない。

トイレ／キャンプ場にある。非水洗。水道なし。TPなし。評価☆☆～☆。

携帯電話／ドコモ▲通話可、au▲～▲通話可、SB▲～▲通話可。

登山届入れ／登山道入口にある。

その他／ウェンシリ岳案内図、熊出没注意看板、小屋、テーブル・ベンチ。

取材メモ／氷のトンネルは立ち入り禁止になっているが、7月最終日曜日の10～14時に「氷のトンネル1日開放」が行われ、本項キャンプ場から氷のトンネルまでワゴンバスが運行される。バス乗車5分、バスを降りて氷のトンネルまでは徒歩5分ほど。

立ち寄り湯／道道137号で西興部市街地に向かうと「ホテル森夢（リム）」があり、日帰り入浴ができる。無休・11～23時・入浴料400円・☎0158-87-2000。

問合先／西興部村産業建設課林務商工係☎0158-87-2111

キャンプ場／キャンプ場トイレ

キャンプ場／登山道入口

ウェンシリ岳・下川登山口
うぇんしりだけ・しもかわとざんぐち

上川管内下川町　標高405m

登山口概要／ウェンシリ岳の北西側、ホロナイップ林道終点。下川コースを経由するウェンシリ岳の起点。

緯度経度／［44°14′55″］［142°50′33″］

マップコード／741 581 497*12

入林申請／名寄林道とホロナイップ林道のゲートは施錠されているので、あらかじめ上川北部森林管理署に入林申請し許可をもらう。申請の方法についてはP382参照。ゲートの鍵ナンバーが書かれた用紙を忘れずに持参すること。問い合わせは、上川北部森林管理署☎01655-4-2551へ。

アクセス／道央道士別剣淵ICから国道40号、市道、国道239号、名寄林道（路面評価★★★★・所々★★★）、ホロナイップ林道（路面評価★★★・部分的に★★★★）経由で64km、約1時間38分。下川市街地から国道239号を13km東進し、一の橋を渡る手前で斜め右に続く名寄林道へ（標識なし）。500m、約1分先にゲートがあり、入手した鍵ナンバーで解錠し開けたら閉めておくこと。国道から7.7km、約12分先の三叉路は左のホロナイップ林道に進み、すぐのチェーンゲートを同じく解錠して開けたら閉めておく。国道から11.2km、約20分。

駐車場／登山道入口の100m先、林道終点に駐車スペースがある。3～5台・草・区画なし。

下川／鳥居沢林道入口

下川／鳥居沢林道ゲート

下川／7.7km先の三叉路

携帯電話／ドコモ圏外、au圏外、SB圏外。
その他／ウェンシリ岳周辺概念図。
立ち寄り湯／下川町市街地から町道を南下すると「五味温泉」がある。月1回月曜日・10～22時・入浴料400円・☎01655-4-3311。
問合先／上川北部森林管理署☎01655-4-2551または☎050-3160-5735、下川町環境未来都市推進課環境未来都市推進グループ商工観光担当☎01655-4-2511、しもかわ観光協会☎01655-4-2718

下川／林道終点の駐車スペース

ウェンシリ岳・中央登山口
うぇんしりだけ・ちゅうおうとざんぐち

オホーツク管内西興部村　標高549m

登山口概要／ウェンシリ岳の北東側、札滑（さっこつ）ウェンシリ林道の途中。北尾根コースを経由するウェンシリ岳の起点。
緯度経度／［44°15′25″］［142°53′32″］
マップコード／741 617 526*08
アクセス／道央道士別剣淵ICから国道40号、道道61、137号、村道、札滑ウェンシリ林道（全線舗装）経由で89km、約2時間12分。道道から「ウェンシリ岳中央登山口」の標識に従って左折。その5.2km、約6分先の三叉路は右へ。道道から9.8km、約13分。
駐車場／登山道入口に駐車スペースがある。12～13台・50×12～3m・舗装・区画なし。500m手前左側にも5台分の駐車スペースがある。
駐車場混雑情報／混雑することはない。
携帯電話／ドコモ📶通話可、au📶～📶通話可、SB📶～📶通話可。
その他／ウェンシリ岳案内図。
立ち寄り湯／道道137号で西興部市街地に向かうと「ホテル森夢（リム）」があり、日帰り入浴ができる。無休・11～23時・入浴料400円・☎0158-87-2000。
問合先／西興部村産業建設課林務商工係☎0158-87-2111

中央／道道からこの道へ

中央／登山口の駐車場

中央／ウェンシリ岳案内板

浮島公園入口
うきしまこうえんいりぐち

檜山管内せたな町　標高9m

登山口概要／浮島公園・うぐい沼の北東側、町道終点。浮島公園を一巡する遊歩道の起点。
緯度経度／［42°23′58″］［139°53′53″］
マップコード／467 513 575*70
アクセス／道央道国縫ICから国道230、229号、道道232号、町道経由で44km、約1時間6分。または道央道八雲ICから国道277号、道道42号、国道229号、道道232号、町道経由で

公園／公園入口の駐車場

43

47km、約1時間10分。道道と町道交差点に「浮島公園入口」の標識あり。
駐車場／公園入口に駐車場がある。85台・50×42m・舗装・区画あり。
トイレ／駐車場にある。センサーライト付き。水洗。水道・TPあり。評価☆☆☆。
携帯電話／ドコモ通話可、au通話可、SB通話可。
水道設備／トイレ前にある。
その他／浮島環境緑地保護地区案内板、浮島公園概要解説板、あずまや。
取材メモ／うぐい沼には大小十数個の浮島が浮かび、園内には一巡約20分の遊歩道がある。春にはミズバショウも咲く。
立ち寄り湯／①せたな町役場近くに公共温泉宿の「温泉ホテルきたひやま」でも立ち寄り湯ができる。無休（10月上旬に2日間休あり）・11〜21時・入浴料400円・☎0137-84-4120。②せたな総合支所近くに町営の立ち寄り湯施設「やすらぎ館」がある。第1、3月曜休・10〜21時・入浴料400円・☎0137-87-3841。③国道229号をさらに南下すると、「湯とぴあ臼別温泉」や「国民宿舎あわび山荘」でも可能。
問合先／せたな観光協会北檜山支部☎0137-84-5406、せたな観光協会☎0137-84-6205、せたな町まちづくり推進課商工労働観光係☎0137-84-5111

公園／同駐車場のトイレ

公園／うぐい沼と浮島

浮島湿原・上川側入口
うきしましつげん・かみかわがわいりぐち

上川管内上川町　標高826m

登山口概要／浮島湿原の南東側、町道終点（道路は林道となってさらに奥に続いている）。浮島湿原（浮島湿原いこいの森）の起点。
緯度経度／［43°55′43″］［142°58′54″］
マップコード／911 027 745*01
アクセス／旭川紋別道（国道450号）浮島ICから国道273号、町道（未舗装。路面評価★★★）経由で6km、約10分。国道273号の「浮島湿原入口3km」の標識に従って町道に入り、2km先の三叉路でゲートがある林道を左に見送る。国道から2.4km、約6分。
駐車場／登山道入口に駐車場がある。25〜30台・54×20mなど2面・砂利・区画なし。
トイレ／駐車場に簡易トイレが2基ある（夏期のみ設置）。TPあり。評価☆☆。
携帯電話／ドコモ圏外、au圏外、SB圏外。
登山届入れ／登山道入口にある。
その他／国有林からのお願い看板、浮島湿原いこいの森案内板、熊出没注意看板。
取材メモ／浮島湿原は700ｈａの高層湿原で池塘が点在し、その間を縫うように木道が整備されている。滝上側入口からのコースは現在通行禁止になっている。

浮島／国道から町道へ

浮島／未舗装の町道

浮島／登山道入口の駐車場と簡易トイレ

立ち寄り湯／①層雲峡温泉に公共の立ち寄り湯「黒岳の湯」がある。無休（11～4月は水曜休、祝日の場合は営業）・10～21時30分・入浴料600円・☎01658-5-3333。②ほか層雲峡温泉の各宿でも可能（入浴料600～1000円）。③沸かし湯だが、滝上町に向かうと「童話村プラザ」に「プラザの湯」がある。水曜休・13～22時・入浴料440円・☎0158-29-2420。
問合先／上川中部森林管理署☎0166-61-0206 または☎050-3160-5745、上川町産業経済課☎01658-2-4058

浮島／登山道入口

浮島／浮島湿原

浮島湿原・滝上側入口→P377

ウグイス谷遊歩道→P156 白樺遊歩道・白金温泉

有珠山・有珠登山口
うすざん・うすとざんぐち
伊達市　標高62m

登山口概要／有珠山の南西側、道央道のガード手前の市道沿い。有珠コースを経由する有珠山の起点。
緯度経度／［42°31′36″］［140°48′08″］
マップコード／321 366 830*11
アクセス／道央道虻田洞爺湖ICから国道230、37号、市道経由で10km、約15分。または道央道伊達ICから道道145号、国道37号、市道経由で13km、約20分。
駐車場／道央道のガード手前左手に登山者用の駐車場がある。12～15台・60×8m・砂＋砂利＋草・区画なし。
トイレ／駐車場に簡易トイレがある。評価☆☆。
携帯電話／ドコモ▮▮通話可、au▮▮通話可、SB▮▮通話可。
問合先／伊達市商工観光課商工観光係☎0142-23-3331、だて観光協会☎0142-25-5567　　　　※詳細図次頁

有珠／登山者用駐車場

有珠／同駐車場のトイレ

有珠／同トイレ内部

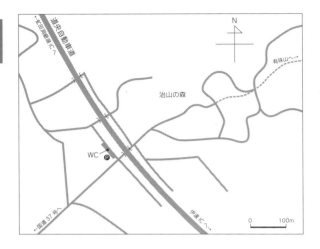

有珠山・昭和新山駐車場
（有珠山ロープウェイ昭和新山山麓駅）
うすざん・しょうわしんざんちゅうしゃじょう（うすざんろーぷうぇいしょうわしんざんさんろくえき）

胆振管内壮瞥町　標高187m

登山口概要／有珠山の東側、道道703号から少し入った道路沿い。有珠山ロープウェイを昭和新山園地の起点。
緯度経度／［42°32′26″］［140°51′33″］（第2駐車場）
マップコード／321 433 467*25（第2駐車場）
アクセス／道央道伊達ICから道道519、981、703号経由で9km、約15分。または道央道虻田洞爺湖ICから国道230号、道道2、703号経由で10km、約20分。道道に「昭和新山

有珠／道央道ガード

新山／昭和新山駐車場（第2）

新山／昭和新山パークサービスセンター

新山／同センター横トイレ

新山／同トイレ内部

の標識あり。

駐車場／4月1日〜11月末・有料1日500円（冬期は大型バス以外は無料）。8時30分〜17時30分。時間外も駐車可。400台＋大型・160×32mなど5面・舗装・区画あり。

駐車場混雑情報／5月のGWとお盆休みは5〜10分程度の駐車待ちが発生することもある。

トイレ／昭和新山パークサービスセンター隣と第5駐車場にある。水洗。水道・TPあり。評価☆☆☆〜☆☆。また有珠山ロープウェイ昭和新山山麓駅と有珠山頂駅にもある。

携帯電話／ドコモ📶通話可、au📶通話可、SB📶通話可。

公衆電話／昭和新山パークサービスセンター前にISDN公衆電話ボックスがある。

ドリンク自販機／付近の土産物屋前などにある（PBも）。

昭和新山パークサービスセンター／昭和新山や有珠山の生い立ちなどを紹介する施設。無休・9〜17時、冬期は〜16時・☎0142-75-2241。

有珠山ロープウェイ／夏期は無休・8時15分〜17時45分（月によって変動）・15分間隔・所要6分・往復1500円・☎0142-75-2401。

その他／昭和新山駐車場＝三松正夫記念館（無休。冬期は不定休・8〜16時・入館料300円・☎0142-75-2365）、昭和新山熊牧場、昭和新山ガラス館、土産物屋、カフェレストラン、洞爺湖周辺案内板など。昭和新山山麓駅「火山村」＝レストラン、売店、洞爺湖有珠山ジオパーク火山村情報館、噴火体験室など。有珠山頂駅＝防災シアター、売店（夏期のみ）、展望台。

立ち寄り湯／壮瞥町役場方面に向かうと「ゆ〜あいの家」がある。無休（臨時休あり）・10時〜21時15分・入浴料420円・☎0142-66-2310。

問合先／有珠山ロープウェイ☎0142-75-2401、昭和新山パークサービスセンター☎0142-75-2241、壮瞥町商工観光課商工観光係（そうべつ情報館 i）☎0142-66-4200

新山／ロープウェイ山麓駅

新山／三松正夫記念館

新山／ゆ〜あいの家

歌才ブナ林・歌才ブナ林駐車公園
うたさいぶなりん・うたさいぶなりんちゅうしゃこうえん

後志管内黒松内町　標高28m

登山口概要／歌才ブナ林の北西側、道道266号沿い。歌才ブナ林に続く遊歩道の起点。

緯度経度／［42°39′35″］［140°19′07″］

マップコード／521 548 769*31

アクセス／道央道長万部ICから国道5号、道道9、266号経由で20km、約30分。または道央道黒松内JCTから黒松内新道（国道5号）、国道5号、道道266号経由で15km、約23分。「歌才ブナ林駐車公園」の看板が目印。

駐車場／コース入口向かいに歌才ブナ林駐車公園がある。11台＋大型・50×5mなど2面・舗装・区画あり。

駐車場混雑情報／混雑することはない。

トイレ／歌才ブナ林駐車公園にある。水洗。水道・TPあり。

歌才／歌才駐車公園

歌才／同駐車公園のトイレ

評価☆☆☆。
携帯電話／ドコモ通話可、au通話可、SBだが通話可。
水道設備／トイレの前にある。
登山届入れ／駐車公園から800m入った歌才ブナ林入口に入林届箱がある。
その他／ブナ林解説板、周辺案内板、テーブル・ベンチ、あずまや。
取材メモ／歌才ブナ林の芽吹きは5月10日前後、紅葉の見ごろは10月20日過ぎ。歌才ブナ林は片道45分。また近くには黒松内町ブナセンターがあり、歌才ブナ林やブナに関する展示がある。月曜と火曜休（祝日の場合は開館）・9時30分～17時（木曜は～21時）・入館無料（工房利用は有料）・☎0136-72-4411。
立ち寄り湯／道道9号に出て左折すると「黒松内温泉・ぶなの森」で立ち寄り湯ができる。第1水曜休（11～3月は第1、3水曜休）・11時～21時30分（11～3月は～21時）・入浴料500円・☎0136-72-4566。
問合先／黒松内町ブナセンター☎0136-72-4411、黒松内町産業課☎0136-72-3835

ウトナイ湖・ウトナイ湖野生鳥獣保護センター
うとないこ・うとないこやせいちょうじゅうほごせんたー

苫小牧市　標高3m

登山口概要／ウトナイ湖の西岸、国道36号から少し入った場所。ウトナイ湖自然観察歩道の起点。
緯度経度／［42°42′04″］［141°41′41″］
マップコード／113 413 745*34
アクセス／道央道苫小牧東ICから道道91号、国道36号経由で4km、約5分。
駐車場／ウトナイ湖野生鳥獣保護センター前に駐車場があ

歌才／同トイレ内部

歌才／歌才ブナ林のコース入口

歌才／その800m奥の歌才ブナ林入口

歌才／歌才ブナ林

歌才／黒松内温泉・ぶなの森

る。66台＋大型＋身障者用・84×46m・舗装・区画あり。また隣接して道の駅ウトナイ湖もある。

ウトナイ湖野生鳥獣保護センター／国指定のウトナイ湖鳥獣保護区の管理と自然教育のための施設で、展示ホールや休憩室などがある。月曜休（祝日の場合は翌日）・9〜17時・☎0144-58-2231。

トイレ／ウトナイ湖野生鳥獣保護センター内にある。水洗。水道・TPあり。評価☆☆☆。また隣接して道の駅ウトナイ湖もある。

携帯電話／ドコモ📶通話可、au📶通話可、SB📶通話可。
公衆電話／道の駅ウトナイ湖にある。
ドリンク自販機／道の駅ウトナイ湖にある（PBも）。
取材メモ／ウトナイ湖畔のエゾノコリンゴは5月下旬〜6月下旬、エゾキスゲは6月中旬〜7月上旬、エゾスカシユリは6月中旬〜7月上旬、エゾミソハギは7月中旬〜8月下旬、サワギキョウは8月中旬〜9月下旬が見ごろ。

立ち寄り湯／国道36号と道道10号で安平町に向かうと、安平町市街地に入る手前右側に「鶴の湯温泉」がある。入口に大きな看板あり。水曜休（祝日の場合は翌日）・10〜21時・入浴料500円・☎0145-26-2211。

問合先／ウトナイ湖野生鳥獣保護センター☎0144-58-2231、苫小牧市観光振興課☎0144-32-6448、苫小牧観光協会☎0144-34-7050

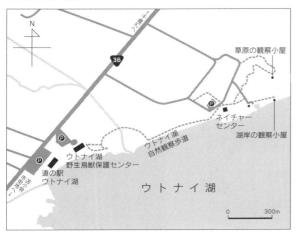

卯原内園地→P255 能取湖・卯原内園地

ウペペサンケ山・菅野温泉西コース登山口→P377

ウペペサンケ山・菅野温泉東コース登山口→P377

ウペペサンケ山・糠平登山口→P377

浦臼山→P77 樺戸山・浦臼登山口

ウトナイ／野生鳥獣保護センター前駐車場

ウトナイ／野生鳥獣保護センター

ウトナイ／同センター内の展示

ウトナイ／同センターのトイレ

ウトナイ／歩道のテラスとウトナイ湖

雨竜沼湿原・雨竜沼湿原ゲートパーク（南暑寒荘）

うりりゅうぬましつげん・うりゅうぬましつげんげーとぱーく（みなみしょかんそう）

空知管内雨竜町　標高530m

登山口概要／暑寒別岳（日本二百名山・新花の百名山）の東側、町道終点。ペンケペタン川コースを経由する雨竜沼湿原（花の百名山）、南暑寒岳、暑寒別岳の起点。
緯度経度／［43°41′59″］［141°38′49″］
マップコード／763 393 606*54
アクセス／道央道滝川ICから国道38、451、275号、道道432号、町道（路面評価★★★★～★★★の未舗装区間と2車線もしくは1車線のアスファルト舗装区間の繰り返し）経由で42km、約55分。尾白利加（おしらりか）ダムを渡って14km、約27分。道道432号の開通期間は6月初旬～10月末。町道の開通期間は6月中旬～10月中旬。
駐車場／終点に第1駐車場、250m手前に第2駐車場がある。第1駐車場＝73台・88×28m・舗装・区画あり。第2駐車場＝76台・100×25mなど2面・舗装・区画あり。
駐車場混雑情報／満車になることはない。
トイレ／ゲートパークにある。水洗。水道・TPあり。評価☆☆☆～☆☆。
携帯電話／ドコモ📶～📶だが通話可、au📶通話可、SB圏外。
ドリンク自販機／野営場休憩舎（管理棟）にある（PBも）。
登山届入れ／野営場休憩舎（管理棟）に提出できる。
その他／野営場休憩舎（シーズン中は管理人常駐）、南暑寒荘（素泊まり。野営場休憩舎で受付。予約不可）、キャンプ場、炊事場、暑寒別天売焼尻国定公園案内板、治山案内図、熊出没注意看板、お願い看板、ラムサール条約湿地雨竜沼湿原解説板、雨竜沼湿原自然情報伝言板。
取材メモ／登山可能なのは6月中旬～10月中旬。それ以外の時期は吊り橋を撤去するため通行不可。入山届受付の際に協力がお願いされている雨竜沼湿原環境美化整備等協力

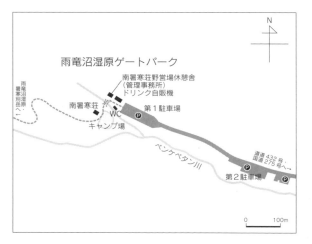

雨竜沼／第1駐車場

雨竜沼／野営場休憩舎（管理棟）

雨竜沼／トイレ

雨竜沼／同トイレ内部

雨竜沼／南暑寒荘

金（一人500円。高校生以下無料）は、なるべく協力したい。また7月の土、日曜・祝日は大変混雑するためツアー自粛が呼びかけられている。なお雨竜沼湿原のミズバショウは6月上旬～下旬、ワタスゲ果穂は6月下旬～7月中旬、コバイケイソウは7月上旬～下旬、ウリュウコウホネは7月中旬～8月下旬、エゾベニヒツジグサは7月中旬～8月上旬、タチギボウシは7月下旬～8月下旬が見ごろ。

立ち寄り湯／①沸かし湯だが、雨竜町役場の国道を挟んだ向かい側の町道沿いにある「いきいき元気村」の「いきいき館」で可能。第4月曜休・11～21時・入浴料400円・☎0125-77-2241。②滝川市の江部乙駅前に「えべおつ温泉」がある。無休・9時30分～23時（月曜は15時～）・入浴料500円・☎0125-75-2555。③滝川市街地に向かうと陸上自衛隊滝川駐屯地の西側、池の前水上公園に「滝川ふれ愛の里」がある。無休（月により休館日あり）・10～22時・入浴料620円・☎0125-26-2000。④一方、北竜町に行くと、国道275号沿いにホテルや道の駅サンフラワー北竜などが整備された複合施設「サンフラワーパーク北竜温泉」内に「北竜温泉」がある。無休・9時30分～22時・入浴料500円・☎0164-34-3321。
問合先／雨竜町観光協会（商工会館）☎0125-77-2673、雨竜町産業建設課商工担当☎0125-77-2248

雨竜沼／雨竜沼湿原

雨竜沼／雨竜沼湿原展望台

英嶺山・知床未来中学校（旧・羅臼中学校）
えいれいざん・しれとこみらいちゅうがっこう（きゅう・らうすちゅうがっこう）

根室管内羅臼町　標高75m

> 登山者の駐車可否未定

登山口概要／英嶺山の南側、町道終点。羅臼コースを経由する英嶺山の起点。※校舎を新しく建て替えて、2018年に開校予定だが、登山者の駐車が可能となるかどうかは未定。参考までに2013年に取材した旧・羅臼中学校の写真はそのまま掲載しておく。
緯度経度／［44°01′29″］［145°11′29″］
マップコード／757 383 613*74
アクセス／道東道足寄ICから国道242、241、240、243号、道道13号、国道272、244、335号、町道経由で212km、約5時間18分。
トイレ／近くの国道沿いに「道の駅知床・らうす」がある。
携帯電話／ドコモ▮▮通話可、au▮▮通話可、SB▮▮通話可。
立ち寄り湯／①羅臼ビジターセンターの先に無料の露天風呂「羅臼温泉・熊の湯」がある。無休・24時間可（毎朝5～7時の清掃時間除く）・入浴料無料・問い合わせは羅臼町産業課☎0153-87-2126へ。またその手前の温泉宿でも可能。②「らうす第一ホテル」＝無休・13～21時・入浴料500円・☎0153-87-2259。③「ホテル峰の湯」＝無休・13～21時・入浴料500円・☎0153-87-3001。④少し離れているが、道道87号終点付近には、無料の露天風呂「セセキ温泉」と「相泊温泉」もある。
問合先／知床羅臼町観光協会☎0153-87-3360、羅臼町産業課☎0153-87-2126

雨竜沼／いきいき館

英嶺／羅臼中学校。校舎前を右手奥へ

英嶺／中学校裏手の駐車スペース

エサオマントッタベツ岳・6号堰堤→P377

恵山・火口原駐車場（賽ノ河原駐車場）
えさん・かこうげんちゅうしゃじょう（さいのかわらちゅうしゃじょう）

函館市　標高326m

火口原／登山口に続く恵山登山道（市道）

登山口概要／恵山の西側、市道（恵山登山道）の終点。権現堂登山コースを経由する恵山の起点。海向山（かいこうざん）周遊コースや恵山展望台コースなどの起点。
緯度経度／［41°48′26″］［141°09′10″］
マップコード／875 183 504*01
アクセス／函館市街地（函館駅前）から国道278号、道道635号、市道（恵山登山道）経由で48km、約1時間12分。または道央道大沼公園ICから道道149号、国道5号、函館新道（国道5号）、函館新外環状道路（国道278号）、道道347、100、83号、国道278号、道道635号、市道（恵山登山道）経由で77km、約1時間34分。
駐車場／50台以上・100×56m・舗装・区画なし。
トイレ／登山道入口にある。簡易水洗。水道（飲用不可）・TPあり。評価☆☆。また恵山温泉旅館手前の恵山つつじ公園駐車場にもある。水洗。水道・TPあり。評価☆☆。
携帯電話／ドコモ圏外、au📶だが通話可、SB📶つながらず。
その他／恵山自然休養林案内図、恵山地区生活環境保全林案内板、あずまや。
立ち寄り湯／道道に出る手前にある恵山温泉で可能。①「恵山温泉旅館」＝5月上旬〜11月上旬・不定休・6〜20時・入浴料300円・☎0138-85-2041。②「函館市恵山福祉センター（函館市恵山市民センター）」＝月曜休（祝日の場合は翌日）・10〜21時・入浴料300円・☎0138-85-2800。
問合先／恵山観光協会（函館市恵山支所産業課）☎0138-85-2331

火口原／火口原駐車場

火口原／同駐車場のトイレ

火口原／同トイレ内部

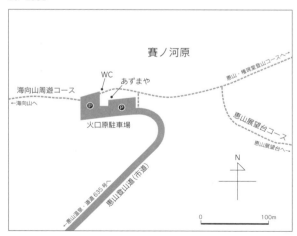
恵山・高原コース登山口→P377

火口原／恵山と遊歩道

恵山・森林浴コース登山口→（次々項）恵山・ホテル恵風

恵山・八幡川登山口
えさん・はちまんがわとざんぐち

函館市　標高160m

八幡川／林道入口。ここを入る

登山口概要／恵山の北西側、未舗装林道終点。八幡川コースを経由する恵山の起点。
緯度経度／［41°49′11″］［141°08′34″］
マップコード／875 242 077*82
アクセス／函館市街地（函館駅前）から国道278号、市道、未舗装林道（路面評価前半★★★、後半★★）経由で48km、約1時間16分。または道央道大沼公園ICから道道149号、国道5号、函館新道（国道5号）、国道5号、道道100、83、41号、国道278号、市道、未舗装林道（上と同じ）経由で75km、約1時間56分。「恵山登山道・八幡川コース」の標識に従って未舗装林道に入り300m先の三叉路は左へ（標識なし）。600m先から路面評価★★の砂利道になる。市道から1.1km、約6分。
駐車場／林道終点に駐車スペースがある。約5台・30×10m・砂利＋土・区画なし。また100m手前右側、八幡川3号砂防ダム下に4〜5台の駐車スペースがある。
携帯電話／ドコモ📶通話可、au📶通話可、SB📶通話可。
その他／熊出没注意看板。
立ち寄り湯／①道道231号で恵山岬に向かうと「ホテル恵風（けいぷ）」に日帰り温泉施設「湯ったり館・とどぽっくる」がある。無休（2月に休館日あり）・10〜21時・入浴料400円・☎0138-86-2121。②またすぐ近くの海辺に「水無海浜温泉」もある。無休・潮の干満によって入浴可能時間は日々変動する（詳しくは函館市椴法華支所のサイト参照）・入浴料無料・問い合わせは函館市椴法華支所産業建設課☎0138-86-2111へ。③国道278号で函館市街地に戻る途中、道道970号を少し入ると函館市戸井ウォーターパークに「ふれあい湯遊館」がある。月曜休（祝日の場合は翌日）・10〜21時・入浴料360円・☎0138-82-2001。一方、恵山を挟んだ反対側の恵山温泉でも可能。④「恵山温泉旅館」＝5月上旬〜11月上旬・不定休・6〜20時・入浴料300円・☎0138-85-2041。⑤「函館市恵山福祉センター（函館市恵山市民センター）」＝月曜休（祝日の場合は翌日）・10〜21時・入浴料300円・☎0138-85-2800。
問合先／函館市椴法華支所産業建設課☎0138-86-2111

八幡川／300m先の三叉路は左に

八幡川／登山口に続く未舗装林道

八幡川／林道終点の駐車スペース

恵山・ホテル恵風（森林浴コース登山口）
えさん・ほてるけいぷ（しんりんよくこーすとざんぐち）

函館市　標高43m

登山口概要／恵山の北東側、道道231号沿い。森林浴コースや十三曲コースを経由する恵山の起点。
緯度経度／［41°48′49″］［141°10′54″］

恵風／ホテル恵風向かいの駐車場

マップコード／875 217 308*18

アクセス／函館市街地（函館駅前）から国道278号、道道231号経由で52km、約1時間17分。または道央道大沼公園ICから道道149号、国道5号、函館新道（国道5号）、国道5号、道道100、83、41号、国道278号、道道231号経由で78km、約1時間57分。

駐車場／ホテル恵風の駐車場は登山者の利用可とのこと。65台・50×50m・舗装・区画あり。またホテルの向かい側にも駐車場がある。40～50台・80×30m・砂利・区画なし。

トイレ／隣接する公園にある。水洗。水道・TPあり。評価☆☆。

携帯電話／ドコモ通話可、au通話可、SB通話可。

その他／椴法華（とどほっけ）観光案内図、公園、あずまや。

立ち寄り湯／①「ホテル恵風」の日帰り温泉施設「ゆったり館・とどぽっくる」で可能。無休（2月に休館日あり）・10～21時・入浴料400円・☎0138-86-2121。②またすぐ近くの海辺に「水無海浜温泉」もある。無休・潮の干満によって入浴可能時間は日々変動する（詳しくは函館市椴法華支所のサイト参照）・入浴料無料・問い合わせは函館市椴法華支所産業建設課☎0138-86-2111へ。③国道278号で函館市街地に戻る途中、道道970号を少し入ると函館市戸井ウォーターパークに「ふれあい湯遊館」がある。月曜休（祝日の場合は翌日）・10～21時・入浴料360円・☎0138-82-2001。

問合先／函館市椴法華支所産業建設課☎0138-86-2111

恵風／隣接する公園トイレ

恵風／同トイレ内部

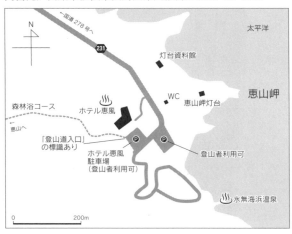

恵風／ホテル恵風前の登山道入口

恵風／ホテル恵風

恵庭渓谷・白扇の滝駐車場
えにわけいこく・はくせんのたきちゅうしゃじょう

恵庭市　標高225m

登山口概要／白扇の滝の北西側、道道117号沿い。白扇の滝に続く遊歩道の起点。

緯度経度／［42°52′01″］［141°24′04″］

白扇／白扇の滝駐車場

マップコード／867 393 677*68
アクセス／道央道恵庭ICから道道117号経由で16km、約25分。
駐車場／12台＋大型・146×12m・舗装・区画あり。
トイレ／駐車場から下りたところにある。詳細不明。利用可能なのは10～17時。季節によって変動。
携帯電話／ドコモ📶～📶 通話可、au圏外、SB圏外。
その他／ばんじり897（売店。冬期休・10時～16時30分）、恵庭市観光案内マップ、白扇の滝・滝見広場案内図、ラルマナイ自然公園散策MAP、あずまや、ベンチ、車上荒らし注意看板。
取材メモ／白扇の滝は、落差15m、幅18mの優美な滝で、恵庭渓谷一番の景勝。駐車場から徒歩1～2分。一帯は、ラルマナイ自然公園と呼ばれる。
問合先／恵庭観光協会☎0123-37-8787、恵庭市花と緑・観光課☎0123-33-3131

白扇／トイレ

白扇／売店の「ばんじり897」

白扇／白扇の滝

森林公園／駐車場

恵庭渓谷・緑のふるさと森林公園
えにわけいこく・みどりのふるさとしんりんこうえん

恵庭市　標高225m

登山口概要／えにわ湖の南側、道道117号沿いに広がる森林公園。園内にのびる自然観察道の起点。
緯度経度／［42°50′25″］［141°26′26″］
マップコード／867 308 489*68
アクセス／道央道恵庭ICから道道117号、市道経由で11km、約17分。
緑のふるさと森林公園／4月29日～11月3日・期間中無休・9～17時・森林公園管理棟☎0123-33-0401。
駐車場／管理棟前にある。36台＋大型・100×30m・砂利＋草・区画あり（ヨコラインのみのエリアもあり）。
トイレ／駐車場や園内に3カ所ある。詳細不明。

森林公園／管理棟

携帯電話／ドコモ📶～圏外つながらず、au📶途切れる、SB圏外。
公衆電話／管理棟にある。
ドリンク自販機／管理棟にある。
その他／駐車場＝管理棟（管理人常駐）。園内＝野鳥観察舎、森林センター（展示室・休憩スペース・トイレ）、森のステージ、いきがいセンター。
取材メモ／恵庭渓谷沿いに広がる面積37.8ヘクタールの森で、園内には全長4kmの自然観察道が整備されている。
問合先／恵庭観光協会☎0123-37-8787、恵庭市花と緑・観光課☎0123-33-3131

森林公園／自然観察道入口

恵庭渓谷・ラルマナイの滝駐車場
えにわけいこく・らるまないのたきちゅうしゃじょう

恵庭市　標高205m

登山口概要／ラルマナイの滝の南西側、道道117号沿い。ラルマナイの滝に続く遊歩道の起点。詳細図は前々項参照。
緯度経度／［42°51′56″］［141°24′26″］
マップコード／867 394 519*68
アクセス／道央道恵庭ICから道道117号経由で15km、約23分。
駐車場／ラルマナイの滝駐車場（駐車公園）がある。13台＋大型・66×15m・舗装・区画あり。
トイレ／ラルマナイの滝駐車場にある。水洗。水道・TPあり。評価☆☆☆。
携帯電話／ドコモ圏外、au圏外、SB圏外。
その他／恵庭渓谷からの観光めぐりマップ、あずまや。
取材メモ／ラルマナイの滝は、落差10mの渓流瀑。駐車場から徒歩約2分。一帯は、ラルマナイ自然公園と呼ばれる。
問合先／恵庭観光協会☎0123-37-8787、恵庭市花と緑・観光課☎0123-33-3131

ラル／ラルマナイの滝駐車場

ラル／同駐車場のトイレ

恵庭岳・ポロピナイ登山口（丸駒橋）
えにわだけ・ほろぴないとざんぐち（まるこまばし）

千歳市　標高310m

登山口概要／恵庭岳の東側、国道453号沿い。ポロピナイコースを経由する恵庭岳の起点。
緯度経度／［42°48′00″］［141°19′05″］
マップコード／708 173 648*44
アクセス／札幌市街地（道庁前）から国道230号、真駒内通、国道453号経由で40km、約1時間。または道央道千歳ICから道道77号、国道36号、道道16号、国道453号経由で35km、約53分。
駐車場／国道から少し入った広場に駐車スペースがある。
駐車場混雑情報／休日は満車になる可能性が高い。
携帯電話／ドコモ📶通話可、au📶通話可、SB📶通話可。
登山届入れ／登山道入口にある。

恵庭岳／登山口標識

恵庭岳／駐車スペース入口

その他／車上荒らし注意看板、ベンチ。
取材メモ／山頂付近で落石があるため、8合目の見晴らし台までしか登れない。
立ち寄り湯／①近くの「丸駒温泉旅館」で可能。無休・10～15時・入浴料1000円・☎0123-25-2341。②支笏湖温泉の「休暇村支笏湖」でも可能。無休・11～16時（火、水曜日13時～）・入浴料720円・☎0123-25-2201。
問合先／千歳市観光事業課☎0123-24-0366、千歳駅観光案内所☎0123-24-8818

恵庭岳／駐車スペース

襟裳岬・襟裳岬駐車場
えりもみさき・えりもみさきちゅうしゃじょう
日高管内えりも町　標高50m

登山口概要／襟裳岬（日本の渚百選）の北西側、道道34号沿い。襟裳岬に続く遊歩道の起点。
緯度経度／［41°55′38″］［143°14′36″］
マップコード／765 044 020*31
アクセス／日高道日高門別ICから国道237、235、336号、道道34号経由で128.5km、約2時間33分。
駐車場／襟裳岬入口に広い駐車場がある。約140台・104×70m・舗装・区画あり。また近くに約50台分の駐車場もある。※風が強い場所なので、車のドアを開ける際に風圧で隣の車に接触する可能性がある。注意したい。
駐車場混雑情報／混雑することはない。
トイレ／風の館入口向かって左側にある。水洗。水道・TPあり。評価☆☆☆。
携帯電話／ドコモ📶通話可、au📶通話可、SB📶通話可。
ドリンク自販機／駐車場の観光センターにある（PBも）。
その他／風の館＝風をテーマにした情報展示館。3～11月・期間中無休・9～17時（5～8月は～18時）・入館料300円・

襟裳岬／襟裳岬駐車場

襟裳岬／同駐車場のトイレ

襟裳岬／同トイレ内部

襟裳岬／風の館

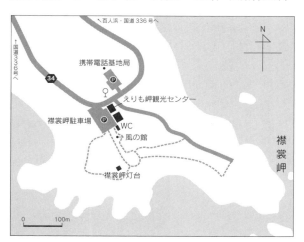

☎01466-3-1133。えりも岬観光センター（食堂・売店）、えりも岬国有林緑化事業案内板、携帯電話基地局、襟裳岬灯台。
問合先／えりも観光協会☎01466-2-2241、えりも町産業振興課商工観光係☎01466-2-4626

襟裳岬・第1展望台入口（えりも緑化資料館みどり館）
えりもみさき・だいいちてんぼうだいいりぐち（えりもりょっかしりょうかんみどりかん）

日高管内えりも町　標高22m

襟裳岬／襟裳岬の遊歩道突端

登山口概要／襟裳岬（日本の渚百選）の北側、道道34号沿い。第1展望台を経由する遊歩道の起点。
緯度経度／［41°56′19″］［143°14′20″］
マップコード／765 074 304*58
アクセス／日高道日高門別ICから国道237、235、336号、道道34号、町道、道道34号経由で130km、約2時間30分。
駐車場／えりも緑化資料館みどり館前の広場のうち遊歩道入口付近が散策者用スペースとして用意されている。約5台・砂利＋草・区画なし。

第1／みどり館前の駐車場

携帯電話／ドコモ📶通話可、au📶通話可、SB📶通話可。
その他／えりも緑化資料館みどり館（えりも町林業総合センター）＝襟裳岬の緑化事業に関する展示施設。12月～2月休館・9～16時・問い合わせは、えりも町役場産業振興課林務係☎01466-2-4623へ。
取材メモ／遊歩道は第1展望台を経て上の道道34号まで続いており、ハマナスやチシマセンブリなどが咲く。道道34号側入口には駐車スペースはほとんどないので、本項駐車場を起点にする方がよい。片道約15分。

第1／えりも緑化資料館みどり館

問合先／えりも町産業振興課商工観光係☎01466-2-4626、えりも観光協会☎01466-2-2241

第1／第1展望台入口

第1／第1展望台を経由する遊歩道

襟裳岬・第2展望台入口
えりもみさき・だいにてんぼうだいいりぐち

日高管内えりも町　標高28m

登山口概要／襟裳岬（日本の渚百選）の北側、道道34号沿い。第2展望台を経由する遊歩道の起点。
緯度経度／［41°57′22″］［143°14′14″］
マップコード／765 133 417*07
アクセス／日高道日高門別ICから国道237、235、336号、道道34号、町道、道道34号経由で130km、約2時間30分。駐車スペース入口に「第2展望台入口」の標識が立っている。
駐車場／入口に駐車スペースがある。約10台・22×22m・草・区画なし。
携帯電話／ドコモ通話可、au通話可、SB通話可。
その他／第2展望台遊歩道案内板。
取材メモ／遊歩道は、第2展望台を経て付近の丘陵地を一巡する約1.6kmのコース。一巡所要約30分。
問合先／えりも町産業振興課商工観光係☎01466-2-4626、えりも観光協会☎01466-2-2241

第2／駐車スペース

第2／第2展望台入口

縁桂森林公園入口
えんかつらしんりんこうえんいりぐち

檜山管内乙部町　標高140m

登山口概要／縁桂森林公園の南西側、町道終点付近。縁桂（カツラの巨木。森の巨人たち百選）に続く遊歩道の起点。
緯度経度／［42°00′44″］［140°12′45″］
マップコード／892 040 178*23
アクセス／道央道八雲ICから国道277、229、道道1061号、町道（最後の400mは未舗装。路面評価★★★★〜★★★）経由で58km、約1時間27分。または函館市街地（函館駅前）から国道5、227、229号、道道460号、町道、道道1061号、町道（上と同じ）経由で83km、約2時間5分。道道に立つ「縁桂森林公園」の看板に従って、そこから2.3km、約4分。
駐車場／町道終点の100m手前に駐車場がある。約15台・52×18m・泥＋草・区画なし。また町道終点にも5台分の駐車スペースがある。
トイレ／町道終点にある。非水洗。水道なし。TPなし。評価☆☆〜☆。
携帯電話／ドコモ〜だが通話可、au〜通話可、SB〜かなり途切れる。
その他／あずまや、縁桂地区生活環境保全林案内板、入林にあたってのお願い。
取材メモ／縁桂は、幹周り6m10cmのカツラの巨木で、地上7mのところで2本の幹が枝によって結合しており、「縁結びの木」とされる。林野庁選定森の巨人たち百選にも選ばれている。駐車場から徒歩約20分。
立ち寄り湯／乙部町市街地に「おとべ温泉・いこいの湯」

縁桂／町道終点の駐車スペース

縁桂／あずまや

縁桂／同駐車スペースのトイレ

がある。隣接する「光林荘」から入館する。月曜休・11〜21時・入浴料400円・☎0139-62-3264。
問合先／乙部町産業課商工労働観光係☎0139-62-2311、乙部町観光協会☎0139-62-2920

遠藤山→P134 塩谷丸山・穴滝登山口
　　　→P135 塩谷丸山・おたる自然の村入口

雄阿寒岳・阿寒湖登山口（滝口）
おあかんだけ・あかんことざんぐち（たきぐち）

釧路市　標高410m

登山口概要／雄阿寒岳の南西側、国道240号から未舗装道を少し入った場所。阿寒湖畔コースを経由する雄阿寒岳の起点。太郎湖と次郎湖の入口。
緯度経度／［43°25′54″］［144°08′10″］
マップコード／739 346 505*70
アクセス／道東道足寄ICから国道242、241、240号、未舗装道（路面評価★★★★。一部★★）経由で61km、約1時間32分。
駐車場／登山道入口に2面の駐車スペースがある。計約12台・砂利＋草＋石・区画なし。ほか未舗装道入口に2台分の駐車スペース、その500m東側国道沿いには18台＋大型の駐車場がある。
駐車場混雑情報／登山道入口の駐車スペースは駐車可能台数が限られるので、休日は満車になりやすい。満車の場合は上記の500m東側国道沿い駐車場を利用。
トイレ／登山道入口の駐車スペースにある。非水洗。水道なし。TPなし。評価☆☆〜☆。
携帯電話／ドコモ📶通話可、au📶通話可、SB📶通話可。
登山届入れ／登山道入口に入林届箱がある。
その他／熊出没注意看板、マリモ盗掘禁止看板、滝口水位計、

縁桂／いこいの湯・露天風呂

雄阿寒／国道の駐車スペース入口

雄阿寒／最奥の駐車スペース

雄阿寒／手前駐車スペースのトイレ

雄阿寒／阿寒湖と滝口水位計の桟道

石仏、滝口バス停（阿寒バス）。
取材メモ／人目につかない場所だけに年に1〜2件、車上荒らし被害が報告されている。特に道外ナンバー車両（車に貴重品がある可能性が高い）は要注意。雌阿寒岳・フレベツ白水林道登山口より被害件数は少なく、警察の巡回も行われているが、不安な人は人目につきやすい500m東側国道沿い駐車場を利用するとよい。
立ち寄り湯／①近くの阿寒湖温泉に共同浴場の「まりも湯」がある。無休（冬期は第2、4水曜休）・9〜21時・入浴料500円・☎0154-67-2305。②ほか「ホテル阿寒湖荘」＝不定休・13〜15時・入浴料1000円・☎0154-67-2231など。
問合先／阿寒観光協会☎0154-67-3200、釧路市阿寒観光振興課☎0154-67-2505

雄阿寒／水門と登山道入口

雄阿寒岳・滝口→（前項）雄阿寒岳・阿寒湖登山口

黄金の滝入口→P377

雄阿寒／500m東側国道沿い駐車場

大沼森林公園入口
おおぬましんりんこうえんいりぐち

渡島管内七飯町　標高133m

登山口概要／大沼湖の北西岸、道道338号沿い。大沼森林公園を一巡する遊歩道の起点。
緯度経度／[41°59′52″][140°40′00″]
マップコード／86 875 343*88
アクセス／道央道大沼公園ICから道道149号、国道5号、道道43、338号経由で6.5km、約9分。または函館市街地（函館駅前）から国道5号、函館新道（国道5号）、道道338、43、338号経由で31km、約46分。
大沼森林公園／開園期間11月末〜3月末（冬期も一部コースは開放）・期間中は休園日なし・9〜17時。
駐車場／公園入口に駐車場がある。100台＋大型・64×45m、50×18m・舗装・区画あり（区画なしの駐車場も）。
トイレ／センターロッジ「杉風館」と大沼国際セミナーハウス内にある（センターロッジのトイレは4月末〜11月中旬のみ利用可）。詳細不明。
携帯電話／ドコモ通話可、au通話可、SB～通話可。
ドリンク自販機／大沼国際セミナーハウス内にある（PBも）。
その他／大沼森林公園案内板、センターロッジ「杉風館」、和風研修棟、バウワウハウス、大沼国際セミナーハウス。
取材メモ／大沼森林公園には自然林の中に3.3kmの遊歩道が整備され、クマゲラやカワセミ、エゾリスなども棲息。
立ち寄り湯／①道道43号の駒ヶ岳登山道付近（大沼森林公園の北西側）に「駒ヶ峯温泉・ちゃっぷ林館（ちゃっぷりんかん）」がある。不定休・10〜21時・入浴料430円・☎01374-5-2880。②大沼東岸の約2km北西側に「東大沼温泉・旅館留の湯（とめのゆ）」もある。第2、4水曜休・9〜20時・入浴料400円・☎0138-67-3345。

大沼／森林公園駐車場

大沼／公園案内板

大沼／大沼国際セミナーハウス

問合先／大沼森林公園（北海道大沼国際交流協会）☎0138-67-3950、七飯町商工観光課観光係☎0138-65-2517

沖里河山・イルムケップスカイライン終点
おきりかわやま・いるむけっぷすかいらいんしゅうてん

深川市　標高775m

沖里河／スカイライン入口

登山口概要／沖里河山山頂の北東側直下、イルムケップスカイラインの終点。音江連山登山コースを経由する沖里河山や音江山の起点。
緯度経度／［43°39′18″］［142°06′26″］
マップコード／179 568 309*68
アクセス／道央道深川ICから道道79号、イルムケップスカイライン（最初の300mは舗装。以降は未舗装。路面評価★★★）経由で9km、約20分。道道から「イルムケップスカイライン」「音江連山登山コース」の標識に従って斜め右の道へ（写真参照）。イルムケップスカイラインを進み、山頂直下の三叉路を左に。すぐに終点の駐車スペースに着く。道道から5km、15分。一方、沖里河温泉側からイルムケップスカイラインに進入すると、温泉跡の三叉路から4.6km、約15分。こちらも未舗装で路面評価★★★。終盤は部分的に★★。
駐車場／イルムケップスカイライン終点に駐車スペースがある。約20台・56×10m・石・区画なし。※駐車スペースの路面は石だらけなので注意。
トイレ／道道79号のトトロ峠の駐車公園にある。循環式水洗。水道（飲用不可）・TPあり。評価☆☆☆。
携帯電話／ドコモ📶通話可、au📶通話可、SB📶～📶通話可（2回つながらず）。
登山届入れ／登山道入口にあるが、用紙等は一切なし。機能していない。
その他／音江山などの解説板、祠。
立ち寄り湯／深川IC手前にある「アグリ工房まあぶ」で可能。無休・9～22時・入館料500円・☎0164-26-3333。※山麓の沖里河温泉は廃業している。
問合先／深川市商工労政課☎0164-26-2264

沖里河／山頂直下の三叉路

沖里河／終点の駐車スペース

沖里河／アグリ工房まあぶ

長万部岳・鉱山跡コース登山口
おしゃまんべだけ・こうざんあとこーすとざんぐち

渡島管内長万部町　標高230m

登山口概要／長万部岳の東側、作業道ゲート前。鉱山跡コースの起点。
緯度経度／［42°35′05″］［140°13′25″］
マップコード／981 297 758*40
アクセス／道央道長万部ICから国道5号、道道842号、町道、二股川林道、作業道（どちらも路面評価★★★。一部★★★★）経由で18km、約30分。または道央道黒松内JCTから

長万部／登山口に続く二股川林道

黒松内新道（国道5号）、国道5号、道道842号、町道、二股川林道、作業道（上と同じ）経由で30km、約48分。道道はほとんど2車線だが、1車線区間もある。三叉路になった作業道の起点に「長万部岳」の標識があり、これに従って左に進む。そこから1km、約4分。国道から8.8km、約16分。ちなみに作業道とは国有林における林道よりも格下の未舗装道路のことで、一般には林道と同様の認識でよい。
駐車場／林道ゲート前に駐車スペースがある。約5台・14×7m、12×4m・土＋草・区画なし。
駐車場混雑情報／5月最終日曜日に行われる山開きの日は、混雑する。
携帯電話／ドコモ圏外、au圏外、SB圏外。
登山届入れ／ゲート左側にある。
立ち寄り湯／①すぐ手前の「二股らぢうむ温泉」で可能。通年営業・無休・7〜21時（受付は〜19時）・入浴料1100円・☎01377-2-4383。②長万部駅近くの長万部温泉の各宿でも立ち寄り湯が可能。例えば、「長万部温泉ホテル」＝第2、4火曜休・6〜21時・入浴料440円・☎01377-2-2079。
問合先／長万部観光協会☎01377-6-7331、長万部町産業振興課商工観光係☎01377-2-2455

長万部／作業道との三叉路

長万部／林道ゲート前の駐車スペース

オシンコシンの滝駐車場
おしんこしんのたきちゅうしゃじょう

オホーツク管内斜里町　標高15m

登山口概要／チャラッセナイ川下流に懸かるオシンコシンの滝（日本の滝百選）の南西側、国道334号沿い。オシンコシンの滝の観瀑台入口。
緯度経度／［44°02′13″］［144°56′01″］
マップコード／894 727 226*03
アクセス／道東道足寄ICから国道242号、道道51号、国道240、334号経由で176km、約4時間24分。または旭川紋別道（国道450号）瀬戸瀬ICから国道333、39、334号経由で155km、約3時間57分。
駐車場／国道沿いにオシンコシンの滝駐車場がある。36台・200×12m・舗装・区画あり。
駐車場混雑情報／夏や秋の休日は混雑し、特に7月中旬〜お盆休みは満車になる可能性が高いが、回転は早いので、あまり待たずに停められる。
トイレ／駐車場にある。水洗。水道（飲用不可）・TPあり。評価☆☆☆。
携帯電話／ドコモ▮▮通話可、au▮▮通話可、SB▮だが通話可。
公衆電話／オシンコシン館とトイレの間にカード・コイン式公衆電話ボックスがある。
ドリンク自販機／オシンコシン館前にある（PBも）。
その他／オシンコシン館（冬期休業。売店）、オシンコシンの滝解説板、オシンコシンの滝バス停（斜里バス）。
取材メモ／オシンコシンの滝は、落差80mの滝。駐車場か

オシン／オシンコシンの滝駐車場

オシン／同駐車場のトイレ

オシン／同トイレ内部

ら少し上がると観瀑できる。
立ち寄り湯／①ウトロ温泉に「夕陽台の湯」がある。6月1日～10月31日・期間中無休・14～20時・入浴料500円・☎0152-24-2811。ウトロ温泉の各宿でも可能。例えば②「ホテル知床」=4月下旬～10月末・期間中無休・15～20時・入浴料800円・☎0152-24-2131。③「知床第一ホテル」=通年・無休・14～17時・入浴料1200円・☎0152-24-2334。④「夕映えの宿・国民宿舎桂田」=4月下旬～10月・期間中無休・12～21時・入浴料500円・☎0152-24-2752。※以上②～④は、時期によって入浴できないこともある。
問合先／知床斜里町観光協会 ☎0152-22-2125

オシン／オシンコシンの滝

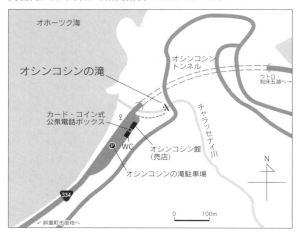

オダッシュ／登山者用駐車場

オダッシュ／登山届入れとガード

オダッシュ山・安田川コース登山口
おだっしゅやま・やすだがわこーすとざんぐち

十勝管内新得町　標高433m

登山口概要／オダッシュ山の北東側、町道沿い。安田川コースを経由するオダッシュ山の起点。
緯度経度／[43°03′44″][142°46′33″]
マップコード／608 528 166*70
アクセス／道東道十勝清水ICから国道274、38号、道道136号、町道（途中から未舗装。路面評価★★★★。最後の三叉路以降は路面評価★★★★～★★★）経由で19km、約30分。国道から6km、約10分。
駐車場／道東自動車道のガード手前にオダッシュ山登山者用駐車場がある。約10台・80×3m・砂利・区画なし。
トイレ／手前の畜産試験場駐車場にある。水洗。水道・TPあり。評価☆☆☆。
携帯電話／ドコモ📶通話可、au📶通話可、SB📶～📶通話可。
登山届入れ／駐車スペースにある。
立ち寄り湯／①JR新得駅前に「新得町営浴場」がある。

オダッシュ／畜産試験場駐車場のトイレ

無休・14～22時・入浴料420円・☎0156-64-4156。②また新得町市街地の佐幌川対岸には「新得温泉ホテル」がある。無休・正午～22時・入浴料350円・☎0156-64-5837。
問合先／新得町観光協会（新得町産業課）☎0156-64-0522

小樽海岸自然探勝路入口
おたるかいがんしぜんたんしょうろいりぐち

小樽市　標高180m

小樽海岸／探勝路入口に続く市道

登山口概要／赤岩山の東側、市道終点。小樽海岸自然探勝路や赤岩山の起点。
緯度経度／［43°14′09″］［140°59′30″］
マップコード／164 869 012*16
アクセス／札樽道小樽ICから道道17、454号、市道（簡易アスファルト舗装されているが凹凸多し）経由で7.5km、約12分。
駐車場／市道終点付近に駐車スペースがある。約7台・26×5m・砂＋草・区画なし。
トイレ／駐車スペース横にある。非水洗。水道なし。TPなし。評価☆。
携帯電話／ドコモ📶～📶通話可、au📶通話可、SB📶～📶通話可（2017年の再調査では圏外）。
その他／赤岩山鳥瞰図、小樽海岸自然探勝路赤岩オモタイ線歩道案内板、車上荒らし注意看板。
取材メモ／小樽海岸自然探勝路は、赤岩海岸とオモタイ海岸を結ぶ遊歩道。

小樽海岸／市道終点の駐車スペース

立ち寄り湯／①小樽フェリーターミナル近くには、「小樽温泉・オスパ」がある。無休・24時間（清掃時間7時50分～9時30分を除く）・入浴料850円・☎0134-25-5959。②小樽港の北側、手宮公園に近くに「小樽天然温泉・湯の花　手宮殿」がある。無休・9時～深夜0時・入浴料650円・☎0134-31-4444。③またJR小樽築港駅近くのウィングベイ小樽2番街4階にある「コナミスポーツクラブ小樽」でも立ち寄り湯ができる。火曜休・10時～21時45分（土・日曜、祝日は～19時45分）・入浴料760円・☎0134-24-7777。
問合先／小樽市観光振興室☎0134-32-4111

小樽海岸／同スペースのトイレ

小樽天狗山→P135 塩谷丸山・おたる自然の村入口
　　　　　→P136 塩谷丸山・小樽天狗山山頂駐車場
　　　　　→P137 塩谷丸山・小樽天狗山ロープウェイ山麓駅

小樽海岸／同トイレ内部

落石岬入口
おちいしみさきいりぐち

根室市　標高48m

登山口概要／落石岬の北東側、未舗装道終点。落石岬湿原を抜ける遊歩道と木道の起点。
緯度経度／［43°10′23″］［145°30′22″］

小樽海岸／歩道案内板

マップコード／423 001 456*28
アクセス／道東道阿寒ICから国道240、38、44号、道道1127、142、1123号、市道、未舗装道路（路面評価★★★★～★★★。水たまりあり）経由で147km、約2時間38分。落石漁港付近から「落石灯台」の標識（写真参照）に従い左折。最初は舗装だが、路面はガタガタ。のちに未舗装になる。
駐車場／市道終点に駐車スペースがある。4～5台・砂利・区画なし。
駐車場混雑情報／サカイツツジが咲く頃は混雑するが、停められないことはない。
トイレ／駐車スペースにある。バイオ式。水タンクあり。TPあり。評価☆☆。
携帯電話／ドコモ📶通話可、au📶通話可、SB📶通話可。
取材メモ／落石岬湿原のサカイツツジは国の天然記念物に指定され、見ごろは5月中旬～6月中旬。
問合先／根室市観光協会☎0153-24-3104、根室市商工観光課☎0153-23-6111

落石／落石漁港付近に立つ灯台標識

落石／市道終点の駐車スペース

落石／同駐車スペースのトイレ

落石／同トイレ内部

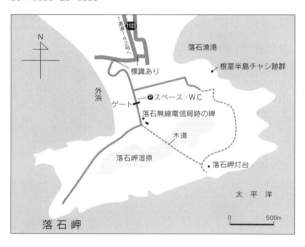

落石／落石岬湿原に続く木道

音江山・沖里河温泉登山口
おとえやま・おきりかわおんせんとざんぐち

深川市　標高265m

登山口概要／音江山の北側、イルムケップスカイライン入口手前。沖里河温泉コースを経由する音江山の起点。
緯度経度／[43°39′53″] [142°04′47″]
マップコード／179 595 450*76
アクセス／道央道深川ICから道道79号、市道経由で5.5km、約5分。
駐車場／登山道入口や付近の路肩に駐車スペースがある。計7～8台・草・区画なし。また少し先のイルムケップス

カイライン入口の三叉路にも駐車スペースがある。
携帯電話／ドコモ📶～📶通話可、au📶通話可、SB📶～📶通話可。
その他／音江山登山コース案内板。
立ち寄り湯／①深川IC近くの「アグリ工房まあぶ」で可能。無休・9～22時・入館料500円・☎0164-26-3333。②滝川市の江部乙駅前に「えべおつ温泉」がある。無休・9時30分～23時（月曜は15時～）・入浴料500円・☎0125-75-2555。※すぐ近くの沖里河温泉は廃業している。
問合先／深川市商工労政課☎0164-26-2264

音江山／登山道入口の駐車スペース

音江山／登山コース入口の標識

音更山・十石峠コース登山口

おとふけやま・じっこくとうげこーすとざんぐち

十勝管内上士幌町　標高768m

登山口概要／音更山の南東側、音更川本流林道の途中。十石峠コースを経由する音更山やユニ石狩岳の起点。※音更川本流林道は、しばらく通行止だったが、2017年8月より開通している。
緯度経度／［43°31′45″］［143°05′11″］
マップコード／743 100 205*28
アクセス／道東道音更帯広ICから国道241、273号、音更川本流林道（路面評価★★★★。所々★★★。水たまりあり）経由で79km、約2時間。または旭川紋別道（国道450号）上川層雲峡ICから国道39、273号、音更川本流林道（上と同じ）経由で73km、約1時間41分。国道273号から「音更山・ニペソツ山・石狩岳・ユニ石狩岳」の標識に従って音更川本流林道へ。1.4km、3分先の三叉路は右へ（標識あり）。国道から7.4km、約13分。
駐車場／登山道入口に駐車スペースがある。3～4台・14×7m・砂利・区画なし。
携帯電話／ドコモ圏外、au圏外、SB圏外。
その他／大雪山国立公園案内板。
立ち寄り湯／①幌加温泉の「湯元鹿の谷（かのや）」で可能。通年営業・無休・9～20時・入浴料600円・☎01564-4-2163。あるいは、ぬかびら源泉郷の各宿でも可能。例えば②「湯元館」＝不定休・8～20時（冬期は～19時）・入浴料500円・☎01564-4-2121。③「糠平温泉ホテル」＝不定休・9～21時・入浴料500円・☎01564-4-2001。④ほかの宿もほとんど可能（入浴料400～700円）。⑤一方、上川方面では層雲峡温泉に公共の立ち寄り湯「黒岳の湯」がある。無休（11～4月は水曜休、祝日の場合は営業）・10時～21時30分・入浴料600円・☎01658-5-3333。⑥「層雲閣グランドホテル」＝無休・12～16時・入浴料1000円・☎01658-5-3111。⑦ほか層雲峡温泉の各宿でも可能（入浴料600～1000円）。
問合先／上士幌町観光協会☎01564-7-7272、上士幌町商工観光課☎01564-2-4291

音更山／国道から音更川本流林道へ

音更山／登山口に続く音更川本流林道

音更山／登山道入口の駐車スペース

乙部岳・尾根コース登山口

おとべだけ・おねこーすとざんぐち

檜山管内乙部町　標高223m

登山口概要／乙部岳の南西側、姫川林道の途中。尾根コースを経由する乙部岳の起点。
緯度経度／［42°02′01″］［140°14′20″］
マップコード／892 104 631*14
アクセス／道央道八雲ICから国道277、229号、道道1061号、姫川林道（路面評価★★★★。所々★★。終盤★★★）経由で64km、約1時間34分。または函館市街地（函館駅前）から国道5、227、229号、道道460号、町道、道道1061号、姫川林道（上と同じ）経由で86km、約2時間9分。国道から13.5km、約22分。道道1061号の開通期間は4月下旬～12月上旬。
駐車場／登山道入口前に駐車スペースがある。7～8台・泥＋砂利＋草・区画なし。また60m手前左側にも3台分の駐車スペースがある。
トイレ／60m手前の駐車スペースにある。非水洗。水道なし。TPあり（ボックスティシュ1箱）。評価☆☆～☆。
携帯電話／ドコモ圏外、au圏外、SB圏外。
登山届入れ／登山道入口にある。
その他／九郎嶽社解説板。
取材メモ／登山道入口には赤い鳥居が立っている。
立ち寄り湯／乙部町市街地に「おとべ温泉・いこいの湯」がある。隣接する「光林荘」から入館する。月曜休・11～21時・入浴料400円・☎0139-62-3264。
問合先／乙部町産業課商工労働観光係☎0139-62-2311、乙部町観光協会☎0139-62-2920

尾根／登山道入口前の駐車場

尾根／60m手前のトイレと駐車スペース

尾根／赤い鳥居が立つ登山道入口

乙部岳・沢コース登山口

おとべだけ・さわこーすとざんぐち

檜山管内乙部町　標高199m

登山口概要／乙部岳の南西側、姫川林道の途中。沢コースを経由する乙部岳の起点。
緯度経度／［42°01′45″］［140°14′18″］
マップコード／892 104 181*80
アクセス／道央道八雲ICから国道277、229号、道道1061号、姫川林道（路面評価★★★★。所々★★。終盤★★★）経由で63km、約1時間34分。または函館市街地（函館駅前）から国道5、227、229号、道道460号、町道、道道1061号、姫川林道（上と同じ）経由で85km、約2時間9分。国道から13.5km、約22分。道道1061号の開通期間は4月下旬～12月上旬。
駐車場／登山道入口の50m先、林道の左右路肩に駐車スペースがある。5～6台・砂利＋草・区画なし。
トイレ／さらに林道を奥に入ると尾根コース登山口の60m手前の駐車スペースにある。非水洗。水道なし。TPあり（ボッ

沢／50m先の駐車スペース

沢／登山道入口の標識

クスティシュ1箱）。評価☆☆〜☆。
携帯電話／ドコモ圏外、au圏外、SB圏外。
登山届入れ／登山道入口にある。
取材メモ／登山道入口には「乙部岳登山道入口」の標識が立っているが、取材時は草に隠れ気味だった。
立ち寄り湯／乙部町市街地に「おとべ温泉・いこいの湯」がある。隣接する「光林荘」から入館する。月曜休・11〜21時・入浴料400円・☎0139-62-3264。
問合先／乙部町産業課商工労働観光係☎0139-62-2311、乙部町観光協会☎0139-62-2920

オプタテシケ山
　→P185　大雪山系・トムラウシ温泉
　→P186　大雪山系・トムラウシ短縮登山口
　→P219　十勝連峰・美瑛富士登山口

小鉾岳・野田追登山口
おほこだけ（こほこだけ）・のだおいとざんぐち

渡島管内八雲町　標高218m

登山口概要／小鉾岳の北東側、未舗装道の途中。野田追コースを経由する小鉾岳の起点。
緯度経度／［42°07′11″］［140°15′52″］
マップコード／687 122 065*87
アクセス／道央道落部ICから国道5号、道道573号、野田生中二股林道（路面評価★★★）、未舗装道（路面評価★★★）経由で19km、約29分。道道573号のゲート手前から「野田生中二股林道」の標識を目印に右折。600mほどの三叉路を左の未舗装道に入る。牧草地を抜け、三叉路から100mほどで駐車スペースがある。道道から700m、約2分。道道573号の開通期間は5月中旬〜11月中旬。
駐車場／登山道入口の20m手前に駐車スペースがある。約2台・砂利＋草・区画なし。
携帯電話／ドコモ圏外、au圏外、SB圏外。
立ち寄り湯／①国道5号に出て八雲町市街地に向けて約7km進むと「温泉ホテル八雲遊楽亭」がある。無休・7〜23時・入浴料500円・☎0137-63-4126。②八雲IC近くには「天然温泉銭湯・和の湯（やわらぎのゆ）」もある。八雲ICの北西2kmほどの場所にあり、国道277号に看板が立っている。年始休・第2、4火曜休（祝日の場合は翌日）・12時30分〜21時30分・入浴料440円・☎0137-64-2626。※道道573号沿いにあった「桜野温泉・熊嶺荘」は閉館した。
問合先／渡島森林管理署☎0137-63-2141

沢／登山道入口

沢／いこいの湯・浴場

小鉾岳／野田生中二股林道入口

小鉾岳／20m手前の駐車スペース

小鉾岳／登山道入口

雄鉾岳・八雲ワンダーフォーゲルコース登山口（オボコ山の家）
おほこだけ・やくもわんだーふぉーげるこーすとざんぐち（おぼこやまのいえ）

渡島管内八雲町　標高266m

登山口概要／雄鉾岳の北東側、町道終点付近。八雲ワンダーフォーゲルコースを経由する雄鉾岳、八雲高校山岳部コース（満願展望台コース）を経由する満願展望台の起点。※おぼこ沢の手前（登山口から約1km付近）に崩落があり、ルートをしっかり確認し、注意して登山すること。今後も崩落する危険がある。

緯度経度／［42°10′21″］［140°07′50″］
マップコード／892 601 362*12
アクセス／道央道八雲ICから国道277号、町道（途中から未舗装。路面評価★★★）経由で19km、約32分。国道に立つ「八雲温泉おぼこ荘・小牧荘」の看板を目印に町道に左折。おぼこ荘を過ぎると未舗装になる。
駐車場／三叉路や登山道入口、オボコ山の家入口に駐車スペースがある。計14〜16台・20×7mなど4面・砂利+草・区画なし。
トイレ／三叉路にある。非水洗。水道なし。TPなし。評価☆☆〜☆。
携帯電話／ドコモ圏外、au かなり不安定、SB圏外。
水場／オボコ山の家前にある。
その他／オボコ山の家（無人小屋。宿泊有料。予約連絡し小屋の鍵を借りる。問い合わせは八雲ワンダーフォーゲル☎0137-63-2221）、雄鉾岳登山案内板、八雲高校山岳部コース（満願展望台コース）解説板、雄鉾岳登山者のみなさまへ。
取材メモ／雄鉾岳登山道は、八雲ワンダーフォーゲルが手作業で2年かけて切り開いたコースで、登山道の状況などについても問い合わせ対応してくれるとのことだ。一方、雄鉾岳を望む満願展望台までは徒歩約1時間。
立ち寄り湯／①国道に出る手前に「八雲温泉・おぼこ荘」

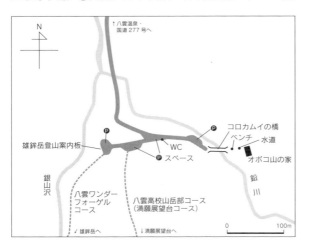

雄鉾岳／未舗装の町道

雄鉾岳／登山道入口の駐車スペース

雄鉾岳／三叉路にあるトイレ

雄鉾岳／オボコ山の家

雄鉾岳／満願展望台コース入口

がある。不定休・11〜21時（12〜3月は〜20時）・入浴料500円・☎0137-63-3123。②また八雲IC近くには「天然温泉銭湯・和の湯（やわらぎのゆ）」もある。国道に看板がある。年始休・第2、4火曜日休（祝日の場合は翌日）・13時〜21時30分・入浴料440円・☎0137-64-2626。
問合先／八雲ワンダーフォーゲル（すずき金物）☎0137-63-2221、八雲町商工観光労政課商工観光係☎0137-62-2116

雄鉾岳／八雲温泉・おぼこ荘

オムサロ原生花園入口
おむさろげんせいかえんいりぐち

紋別市　標高5m

登山口概要／オムサロ原生花園の北西側、国道238号沿い。オムサロ原生花園を一巡する遊歩道の起点。
緯度経度／［44°23′33″］［143°17′29″］
マップコード／401 500 820*21
アクセス／道央道士別剣淵ICから国道40、239、238号経由で112km、約2時間48分。※岩尾内湖を経由する道道61号で滝上に出るよりも若干距離が短い。
駐車場／47台・60×30m・舗装・区画あり。
駐車場混雑情報／6〜7月の休日は混雑することもあるが、満車にはならない。
トイレ／オムサロ・ネイチャー・ビューハウス内と駐車場にある。センター内のトイレ＝温水洗浄便座付き水洗。水道・TPあり。評価☆☆☆。
携帯電話／ドコモ📶通話可、au📶通話可、SB📶通話可。
公衆電話／駐車場にカード・コイン式公衆電話ボックス。
ドリンク自販機／駐車場のトイレ前にある（PBも）。
その他／オムサロ・ネイチャー・ビューハウス＝休憩コーナー・売店・展望室。無休・10〜18時・☎0158-23-4231。紋別市周辺観光案内板。

オムサロ／原生花園駐車場

オムサロ／ネイチャー・ビューハウス

オムサロ／同ハウスのトイレ内部

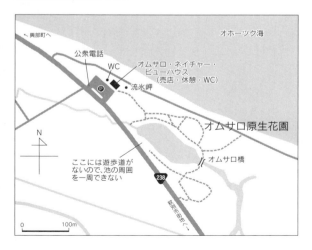

オムサロ／原生花園の遊歩道入口

取材メモ／オムサロ原生花園のエゾスカシユリは6月上旬～7月上旬、ハマナスは6月上旬～9月中旬、エゾカンゾウ（ゼンテイカ）は7月上旬～8月下旬が見ごろ。

立ち寄り湯／①湧別町市街地に向かうと「道の駅かみゆうべつ温泉チューリップの湯」がある。無休・10～22時・入浴料500円・☎01586-4-1126。②紋別方面では、紋別港近くの「紋別プリンスホテル」で可能。無休・15～24時・入浴料926円・☎0158-23-5811。

問合先／オムサロ・ネイチャー・ビューハウス☎0158-23-4231、紋別観光協会☎0158-24-3900、紋別市観光交流推進室観光振興担当☎0158-27-5181

オムサロ／オムサロ橋

オロフレ山・オロフレ峠
おろふれやま・おろふれとうげ

胆振管内壮瞥町・登別市　標高925m

登山口概要／オロフレ山（新花の百名山）の南西側、道道2号（旧道）終点。オロフレ峠コースを経由するオロフレ山や来馬岳（らいばだけ）の起点。

緯度経度／〔42°33′07″〕〔141°04′33″〕

マップコード／603 459 826*80

アクセス／道央道伊達ICから道道519、981号、国道453号、道道2号、道道2号（旧道）経由で35km、約53分。オロフレトンネル手前で「オロフレ展望台」標識に従って右折。または道央道登別東ICから道道2号、道道2号（旧道）経由で23km、約35分。オロフレトンネルを抜けた先で「オロフレ展望台」標識に従って左折。道道2号は11月下旬～4月下旬の17～9時の夜間は通行止になる。道道2号（旧道）の開通期間は6月中旬～11月上旬だが、積雪状況による。

駐車場／峠に駐車場がある。35台・70×36m・舗装・区画あり。

駐車場混雑情報／シラネアオイが満開を迎える6月中旬は、

オロフレ／峠の駐車場

オロフレ／同駐車場のトイレ

オロフレ／同トイレ内部

オロフレ／駐車場から望む雲海と羊蹄山

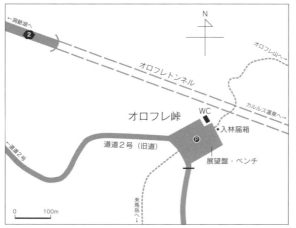

昼頃に満車となる場合がある。
トイレ／駐車場にある。非水洗。水道なし。TPなし。評価☆☆。
携帯電話／ドコモ📶通話可、au📶通話可、SB圏外。
登山届入れ／オロフレ山登山道入口にある。
その他／テーブル・ベンチ、展望盤。
取材メモ／駐車場からは羊蹄山の眺めがよい。
立ち寄り湯／①壮瞥町側に下ると、国道453号に出る手前に「久保内ふれあいセンター」がある。水曜休（ほかに臨時休あり）・10時〜20時30分・入浴料420円・☎0142-65-2010。②国道453号を左折すると壮瞥町役場近くに「ゆーあいの家」がある。無休（臨時休あり）・10時〜21時15分・入浴料390円・☎0142-66-2310。③また国道453号を右折すると「蟠渓ふれあいセンター（ばんけいふれあいせんたー）」がある。火曜休（ほかに臨時休あり）・13〜19時・入浴料390円・☎0142-65-2004。一方、登別市側に下るとカルルス温泉の各温泉宿で可能。例えば④「ホテル岩井」＝無休・11時30分〜19時30分・入浴料500円・☎0143-84-2281。⑤「鈴木旅館」＝無休・13〜20時・入浴料500円・☎0143-84-2285。ほか⑥「湯元オロフレ荘」（入浴料500円）、⑦「森の湯山静館」（入浴料600円）でも立ち寄り湯はできる。
問合先／壮瞥町商工観光課商工観光係（そうべつ情報館ⅰ）☎0142-66-4200、登別観光協会☎0143-84-3311、登別市観光振興グループ☎0143-84-2018

オロフレ／オロフレ山登山道入口

オロフレ／久保内ふれあいセンター

オンネトー・展望台北登口
おんねとー・てんぼうだいきたのぼりぐち

十勝管内足寄町　標高638m

登山口概要／オンネトーの西岸、道道664号沿い。展望台に続く遊歩道の北側登り口。詳細図はP322「雌阿寒岳・オンネトー野営場」の項参照。
緯度経度／［43°23′08″］［143°58′01″］
マップコード／783 761 885*25
アクセス／道東道足寄ICから国道242、241号、道道664号経由で49km、約1時間14分。道道664号の開通期間は4月中旬〜12月中旬。
駐車場／道道664号沿いに駐車場がある。7台・48×12m・舗装・区画あり。
トイレ／登山道入口にある。非水洗。水道（飲用不可）あり。TPなし。評価☆☆。
携帯電話／ドコモ圏外、au📶〜📶だが通話可、SB圏外。
その他／オンネトー展望テラス、オンネトー周辺案内板、オンネトー解説板、展望台案内板、熊出没注意看板。
取材メモ／オンネトーのハクサンシャクナゲは6月中旬〜7月中旬、エゾトリカブトは7月下旬〜9月中旬が見ごろ。
立ち寄り湯／①近くの雌阿寒温泉「山の宿野中温泉」（旧別館）で可能。不定休・9〜20時・入浴料350円・☎0156-29-7321。②「野中温泉」でも可能。不定休・7〜19時（秋と冬は8〜17時）・入浴料200円・☎0156-29-7454。③近くの阿寒湖温泉には共同浴場の「まりも湯」がある。無休（冬期は第2、4水曜休）・9〜

北登口／道道沿いの駐車場

北登口／オンネトー展望テラス

北登口／登山道入口のトイレ

21時・入浴料500円・☎0154-67-2305。※「景福」は休業中。
問合先／あしょろ観光協会☎0156-25-6131、足寄町林業商工観光室☎0156-25-2141

オンネトー・展望台南登口
おんねとー・てんぼうだいみなみのぼりぐち

十勝管内足寄町　標高635m

南登口／遊歩道入口の駐車スペース

登山口概要／オンネトーの南岸、道道664号沿い。展望台に続く遊歩道の南側登り口。詳細図はP322「雌阿寒岳・オンネトー野営場」の項参照。
緯度経度／［43°22′48″］［143°58′12″］
マップコード／783 761 296*33
アクセス／道東道足寄ICから国道242、241号、道道664号経由で50km、約1時間15分。道道664号の開通期間は4月中旬〜12月中旬。
駐車場／遊歩道入口に駐車スペースがある。3台・細砂利・区画なし。
携帯電話／ドコモ圏外、au 途切れて圏外になることも、SB圏外。
その他／展望台案内板、熊出没注意看板、倒木や枝落下注意看板、オンネトー茶屋。

南登口／遊歩道入口

取材メモ／オンネトーのハクサンシャクナゲは6月中旬〜7月中旬、エゾトリカブトは7月下旬〜9月中旬が見ごろ。
立ち寄り湯／①近くの雌阿寒温泉「山の宿野中温泉」（旧別館）で可能。不定休・9〜20時・入浴料350円・☎0156-29-7321。②また隣接する「野中温泉」でも可能。不定休・7〜19時（秋と冬は8〜17時）・入浴料200円・☎0156-29-7454。③近くの阿寒湖温泉には共同浴場の「まりも湯」がある。無休（冬期は第2、4水曜休）・9〜21時・入浴料500円・☎0154-67-2305。※「景福」は休業中。
問合先／あしょろ観光協会☎0156-25-6131、足寄町林業商工観光室☎0156-25-2141

南登口／展望台標識と案内板

オンネトー・東湖岸コース入口
おんねとー・ひがしこがんこーすいりぐち

十勝管内足寄町　標高635m

東湖岸／コース入口の駐車スペース

登山口概要／オンネトーの北岸、道道664号沿い。オンネトーの東岸を抜けてキャンプ場に続くオンネトー東湖岸コース（周遊コース）の起点。詳細図はP322「雌阿寒岳・オンネトー野営場」の項参照。
緯度経度／［43°23′18″］［143°58′09″］
マップコード／783 791 292*16
アクセス／道東道足寄ICから国道242、241号、道道664号経由で49km、約1時間14分。道道664号の開通期間は4月中旬〜12月中旬。

東湖岸／東湖岸コース入口

駐車場／コース入口に駐車スペースがある。約15台・62×10m・舗装+砂利・区画なし。
携帯電話／ドコモ圏外、au📶だが通話可、SB圏外。
その他／案内板。
取材メモ／オンネトーのハクサンシャクナゲは6月中旬〜7月中旬、エゾトリカブトは7月下旬〜9月中旬が見ごろ。
立ち寄り湯／①近くの雌阿寒温泉「山の宿野中温泉」（旧別館）で可能。不定休・9〜20時・入浴料350円・☎0156-29-7321。②また隣接する「野中温泉」でも可能。不定休・7〜19時（秋と冬は8〜17時）・入浴料200円・☎0156-29-7454。③近くの阿寒湖温泉には共同浴場の「まりも湯」がある。無休（冬期は第2、4水曜休）・9〜21時・入浴料500円・☎0154-67-2305。※「景福」は休業中。
問合先／あしょろ観光協会☎0156-25-6131、足寄町林業商工観光室☎0156-25-2141

東湖岸／東湖岸コースから見たオンネトー

オンネトー湯の滝入口
おんねとーゆのたきいりぐち

十勝管内足寄町　標高633m

登山口概要／オンネトーの南岸、道道664号沿い。オンネトー野営場のすぐそば。オンネトー湯の滝に続く「湯の滝コース」の起点。詳細図はP322「雌阿寒岳・オンネトー野営場」の項参照。
緯度経度／［43°22′43″］［143°58′14″］
マップコード／783 761 148*20
アクセス／道東道足寄ICから国道242、241号、道道664号経由で50km、約1時間15分。道道664号の開通期間は4月中旬〜12月中旬。
駐車場／湯の滝入口に駐車場がある。約30台・82×25〜10m・砂+砂利・区画なし。
駐車場混雑情報／紅葉シーズンは混雑する。
トイレ／駐車場にある。センサーライト付き。バイオ式。水道なし。TPあり。評価☆☆。
携帯電話／ドコモ圏外、au圏外、SB圏外。
その他／オンネトー周辺案内板、車上荒らし注意看板、熊出没注意看板、倒木や枝落下注意看板。
取材メモ／オンネトー湯の滝は、上流から湧き出す温泉水が作る落差約20mの滝。かつては湯溜まりで入浴していたが、現在は禁止されている。駐車場から徒歩約30分。付近の紅葉は10月初旬〜中旬が見ごろ。
立ち寄り湯／①近くの雌阿寒温泉「山の宿野中温泉」（旧別館）で可能。不定休・9〜20時・入浴料350円・☎0156-29-7321。②また隣接する「野中温泉」でも可能。不定休・7〜19時（秋と冬は8〜17時）・入浴料200円・☎0156-29-7454。③近くの阿寒湖温泉には共同浴場の「まりも湯」がある。無休（冬期は第2、4水曜休）・9〜21時・入浴料500円・☎0154-67-2305。※「景福」は休業中。
問合先／あしょろ観光協会☎0156-25-6131、足寄町林業商工観光室☎0156-25-2141

湯の滝／湯の滝入口の駐車場

湯の滝／駐車場のトイレ

湯の滝／同トイレ内部

湯の滝／湯の滝コースの入口

か行

海向山・火口原駐車場
　　→P52 恵山・火口原駐車場（賽の河原駐車場）

化雲岳→P183 大雪山系・天人峡温泉
　　　→P185 大雪山系・トムラウシ温泉
　　　→P186 大雪山系・トムラウシ短縮登山口

桂岳・亀川登山口→P377

カニカン岳・南東尾根コース登山口→P377

鹿の子沢風景林入口
かのこざわふうけいりんいりぐち

オホーツク管内置戸町　標高390m

鹿の子／風景林入口に続く作業道

登山口概要／鹿の子沢風景林の南側、作業道終点。鹿の子沢風景林に続く遊歩道の起点。三本桂（カツラの巨木。森の巨人たち百選）入口。
緯度経度／〔43°38′00″〕〔143°26′50″〕
マップコード／745 474 634*74
アクセス／旭川紋別道（国道450号）上川層雲峡ICから国道39号、道道88、1050号、作業道（路面評価★★★★）経由で87km、約2時間13分。または道東道足寄ICから国道242号、道道211、1050号、作業道（上と同じ）経由で81km、約2時間3分。道道1050号の「鹿の子沢入口」の標識に従って作業道へ。途中「あと○m」の表示あり。道道から0.8km、約3分。道道88号の開通期間は4月下旬～11月末。道道1050号の開通期間は6月初旬～11月末。ちなみに作業道とは、国有林における林道よりも格下の未舗装道路のことで、一般には林道と同様の認識でよい。

鹿の子／作業道終点の駐車場

駐車場／作業道終点に駐車場がある。18～20台・28×15mなど2面・砂利＋草・区画なし。
トイレ／駐車場にある。非水洗。水道なし。TPあり。評価☆☆☆～☆☆。

鹿の子／同駐車場のトイレ

携帯電話／ドコモ 📶～📶 通話可、au 📶～📶 だが通話可、SB圏外。
登山届入れ／遊歩道入口にある。
その他／鹿の子沢風景林散策マップ。
取材メモ／林内には、林野庁選定森の巨人たち百選に選ばれた幹周3m、推定樹齢200～300年のカツラの巨木「三本桂」がある。最奥の展望台まで往復約1時間30分。

鹿の子／同トイレ内部

立ち寄り湯／道道1050号で置戸町市街地方面に向かうと、4km先に「おけと勝山温泉ゆうゆ」がある。無休・10時30分～22時・入浴料500円・☎0157-54-2211。
問合先／網走中部森林管理署☎0157-52-3011 または☎050-3160-5770、置戸町産業振興課商工観光係☎0157-52-3313

鹿の子／風景林に続く遊歩道入口

樺戸山・浦臼登山口
かばとやま・うらうすとざんぐち
空知管内浦臼町　標高242m

> アクセス道路通行止

登山口概要／樺戸山の東側、未舗装道終点。浦臼コースを経由する浦臼山と樺戸山の起点。※現在、登山道入口までの町道は、崖崩れや破損があるため、車両通行禁止。登山道も崖崩れや破損があるため、自己責任で入山すること。
緯度経度／［43°27′48″］［141°46′32″］
マップコード／360 153 285*64
アクセス／道央道奈井江砂川ICから道道114号、国道12号、道道139、278号、国道275号、町道、未舗装道（路面評価★★★★～★★★）経由で17km、約26分。国道の「樺戸連山登山道入口」の大きな標柱（写真参照）を目印に町道へ。そこから5.4km、約9分。
駐車場／未舗装道終点の砂防ダム前に駐車スペースがある。12～13台・28×16m・砂利＋小石＋草・区画なし。
携帯電話／ドコモ通話可、au通話可、SB通話可。
登山届入れ／駐車スペースにある。
その他／熊出没注意看板。
立ち寄り湯／浦臼町市街地に戻ると、国道275号沿いの鶴沼公園内に「浦臼町温泉保養センター」がある。不定休・10～21時・入浴料410円・☎0125-68-2727。
問合先／浦臼町産業振興課商工観光係☎0125-68-2111

上ホロカメットク山→P219 十勝連峰・吹上温泉

カムイエクウチカウシ岳・コイカクシュサツナイ沢南尾根コース登山口→P377

樺戸山／国道に立つ大きな標柱

樺戸山／登山口に続く未舗装道

樺戸山／未舗装道終点の駐車スペース

神居尻山・道民の森① 第1駐車場
かむいしりやま・どうみんのもり　だいいちちゅうしゃじょう
石狩管内当別町　標高254m

登山口概要／神居尻山の西側、道民の森連絡道路終点。道民の森遊歩道を経由する神居尻山の起点。園内の「はつらつコース」の起点。
緯度経度／［43°30′27″］［141°37′46″］
マップコード／963 000 569*16
アクセス／道央道江別西ICから道道110、128号、国道275号、道道28号、道民の森連絡道路経由で55km、約1時間23分。または道央道滝川ICから国道38、451号、道道28号、道民の森連絡道路経由で44km、約1時間6分。
道民の森／5月1日～10月末・期間中無休・9時30分～16時30分・☎0133-22-3911。
駐車場／案内所前に第1駐車場がある。147台・114×42m・

第1／国道に立つ「道民の森」標識

第1／第1駐車場と案内所

舗装・区画あり。※利用可能なのは、9時30分～16時30分。
駐車場混雑情報／土・日曜、祝日、7～8月は混雑するが、満車になることはない。
トイレ／駐車場のそばにある。水洗。水道・TPあり。評価☆☆。
携帯電話／ドコモ📶通話可、au📶通話可、SB📶通話可。
ドリンク自販機／案内所前にある（PBも）。
その他／案内所、神居尻地区案内板、熊出没注意看板。
立ち寄り湯／①当別町市街地に向かうと札沼線石狩太美駅近くに「ふとみ銘泉・万葉の湯」がある。無休・10時～翌朝9時・入浴料1000円（土・日曜、祝日は1200円・☎0133-26-2130。②一方、新十津川町方面では、ふるさと公園にある「新十津川温泉・ホテルグリーンパークしんとつかわ」で可能。無休・8～20時・入浴料500円・☎0125-76-4000。
問合先／道民の森管理事務所☎0133-22-3911、道民の森神居尻地区現地案内所☎0133-28-2431、当別町観光協会（当別町商工課）☎0133-23-3129

第1／同駐車場のトイレ

第1／案内所

第1／神居尻地区案内板

A起点／A起点付近の駐車場

神居尻山・道民の森② 登山道A起点
かむいしりやま・どうみんのもり とざんどうえーきてん

石狩管内当別町　標高260m

登山口概要／神居尻山の西側、道民の森連絡道路の途中。登山道Aコースを経由する神居尻山の起点。園内の「はつらつコース」の起点。詳細図は前項参照。
緯度経度／［43°30′11″］［141°37′59″］
マップコード／ 963 001 072*01
アクセス／道央道江別西ICから道道110、128号、国道275号、道28号、道民の森連絡道路経由で55.5km、約1時間23分。または道央道滝川ICから国道38、451号、道道28号、道民の

A起点／登山道Aコース入口

森連絡道路経由で44.5km、約1時間6分。
道民の森／5月1日～10月末・期間中無休・9時30分～16時30分・☎0133-22-3911。
駐車場／登山道A起点付近に駐車場がある。約10台・72×5m・舗装・区画なし。開園時間外もゲートで閉鎖されるわけではないので、登山者が早朝に駐車場を利用するのは可能とのこと。
駐車場混雑情報／土・日曜、祝日、7～8月は混雑するが、満車になることはない。
トイレ／第1駐車場のそばにある。水洗。水道・TPあり。評価☆☆。
携帯電話／ドコモ📶通話可、au📶通話可、SB圏外。
登山届入れ／登山道入口にある。
その他／散策コース案内板、登山道案内板、熊出没注意看板。
立ち寄り湯／①当別町市街地に向かうと札沼線石狩太美駅近くに「ふとみ銘泉・万葉の湯」がある。無休・10時～翌朝9時・入浴料1000円（土・日曜、祝日は1200円）・☎0133-26-2130。②一方、新十津川町方面では、ふるさと公園にある「新十津川温泉・ホテルグリーンパークしんとつかわ」で可能。無休・8～20時・入浴料500円・☎0125-76-4000。
問合先／道民の森管理事務所☎0133-22-3911、道民の森神居尻地区現地案内所☎0133-28-2431、当別町観光協会（当別町商工課）☎0133-23-3129

A起点／はつらつコース入口

B起点／B起点先の駐車場

神居尻山・道民の森③　登山道B起点
かむいしりやま・どうみんのもり　とざんどうBーきてん

石狩管内当別町　標高293m

登山口概要／神居尻山の西側、道民の森連絡道路途中。登山道Bコース、登山道Cコースを経由する神居尻山の起点。詳細図は前々項参照。
緯度経度／［43°30′10″］［141°38′19″］
マップコード／963 002 032*01
アクセス／道央道江別西ICから道道110、128号、国道275号、道道28号、道民の森連絡道路経由で56.5km、約1時間25分。または道央道滝川ICから国道38、451号、道道28号、道民の森連絡道路経由で45.5km、約1時間10分。
道民の森／5月1日～10月末・期間中無休・9時30分～16時30分・☎0133-22-3911。
駐車場／登山道B起点の少し先に駐車場がある。約15台・36×30m・砂利＋砂・区画なし。開園時間外もゲートで閉鎖されるわけではないので、登山者が早朝に駐車場を利用するのは可能とのこと。※登山道Bコース入口付近に駐車スペースはない。
駐車場混雑情報／土・日曜、祝日、7～8月は混雑するが、満車になることはない。
トイレ／駐車場のそばにある。簡易水洗。水道（飲用不可）・TPあり。評価☆☆☆。

B起点／同駐車場のトイレ

B起点／同トイレ内部

B起点／登山道Bコース入口

携帯電話／ドコモ通話可、au だが通話可（再取材時は圏外になった）、SB圏外。
登山届入れ／登山道入口にある。
その他／登山道入口＝登山案内板、熊出没注意看板。
立ち寄り湯／①当別町市街地に向かうと札沼線石狩太美駅近くに「ふとみ銘泉・万葉の湯」がある。無休・10時～翌朝9時・入浴料1000円（土・日曜、祝日は1200円）・☎0133-26-2130。②一方、新十津川町方面では、ふるさと公園にある「新十津川温泉・ホテルグリーンパークしんとつかわ」で可能。無休・8～20時・入浴料500円・☎0125-76-4000。
問合先／道民の森管理事務所☎0133-22-3911、道民の森神居尻地区現地案内所☎0133-28-2431、当別町観光協会（当別町商工課）☎0133-23-3129

山荘／登山口に続く元浦川林道

神威岳・神威山荘
かむいだけ・かむいさんそう

日高管内浦河町　標高387m

登山口概要／神威岳（日本三百名山）の西側、元浦川林道終点。ニシュオマナイ川コースを経由する神威岳、ペテガリ山荘と西尾根コースを経由するペテガリ岳の起点。
緯度経度／［42°26′23″］［142°51′24″］
マップコード／985 088 097*48
アクセス／日高道日高門別ICから国道237、235号、道道348号、元浦川林道（路面評価★★★★～★★★。後半は★★★の割合が多くなる）経由で97km、約2時間38分。元浦川林道の途中にゲートがあるが、通常は開放されている。道道終点から19.6km、約42分。
駐車場／神威山荘前に駐車場がある。約12台・22×22m・細砂利・区画なし。その手前の林道路肩にも点々と駐車スペースがある。
トイレ／神威山荘にある。非水洗。水道なし。TPなし。評価☆☆～☆。入口は外側にある。
携帯電話／ドコモ圏外、au圏外、SB圏外。
登山届入れ／途中の林道ゲートと神威山荘入口にある。
その他／神威山荘（無人小屋。宿泊自由・無料。問い合わせは浦河町ファミリースポーツセンター☎0146-22-3953）、国有林からのお願い看板。
立ち寄り湯／①国道235号で新ひだか町に向かうと「道の駅みついし」に隣接して「みついし昆布温泉・蔵三（くらぞう）」がある。無休・10～22時・入浴料440円・☎0146-34-2300。②またその先、静内浦和地区で右折すると「静内温泉」がある。月曜休（祝日の場合は翌日）・10～22時・入浴料500円・☎0146-44-2111。③日高町の国道235号沿いに「門別温泉・とねっこの湯」がある。第3月曜休（祝日の場合は翌日）・10～22時・入浴料500円・☎01456-3-4126。
問合先／日高南部森林管理署☎0146-42-1615、浦河町ファミリースポーツセンター☎0146-22-3953

山荘／神威山荘と駐車スペース

山荘／神威山荘

山荘／同山荘内部

山荘／同山荘トイレ

神威岳・百松沢林道ゲート前
かむいだけ・ひゃくまつさわりんどうげーとまえ

札幌市南区　標高250m

登山口概要／神威岳の南側、百松沢林道ゲート前。百松沢林道コースを経由する神威岳や烏帽子岳の起点。
緯度経度／［42°58′16″］［141°12′08″］
マップコード／708 789 232*78
アクセス／札幌市街地（道庁前）から国道230号、市道経由で24km、約35分。または道央道虻田洞爺湖ICから国道230号、市道経由で80km、約2時間。国道に立つ「百松橋出入口」の標識が目印。
駐車場／ゲート前に駐車スペースがある。約15台・22×20m・砂＋草・区画なし。手前の百松沢小屋周辺にも約5台分の駐車スペースがある。
携帯電話／ドコモ📶通話可、au📶通話可、SB📶通話可。
登山届入れ／手前の百松沢小屋にある。
その他／百松沢小屋。
立ち寄り湯／①国道で札幌市街地に向かい、1.5km先で左に入ると、「小金湯（こがねゆ）温泉・湯元小金湯」がある。無休（メンテナンス休あり）・10〜23時・入浴料750円・☎011-596-2111。また国道を右折すると定山渓温泉の温泉宿で立ち寄り湯ができる。②「ホテル鹿の湯」＝休前、祝前日は立ち寄り湯は休み・15〜20時（日曜、祝日は〜17時）・入浴料820円・☎011-598-2311。③「ホテル山水」＝不定休・正午〜19時（休前日は〜15時）・入浴料640円・☎011-598-2301。④「悠久の宿・白糸」＝無休・正午〜19時（休前日は〜15時）・入浴料600円・☎011-598-3351。⑤ほかの多くの宿でも立ち寄り湯は可能（入浴料700〜1500円）。
問合先／石狩森林管理署☎011-563-6111または☎050-3160-5710、石狩森林管理署簾舞（みすまい）森林事務所☎011-596-2509、定山渓まちづくりセンター☎011-598-2191

百松沢／国道の「百松橋」標識

百松沢／百松橋

百松沢／百松沢小屋の駐車スペース

百松沢／百松沢小屋

百松沢／湯元・小金湯の露天風呂

カムイヌプリ（室蘭）・だんパラ公園
→P321 室蘭岳・だんパラ公園

カムイヌプリ・幌別ダム登山口（三合目登山口）
かむいぬぷり・ほろべつだむとざんぐち（さんごうめとざんぐち）

登別市　標高220m

幌別／トラウシナイ林道入口

登山口概要／カムイヌプリの東側、トラウシナイ林道ゲート前。幌別ダムコースを経由するカムイヌプリや室蘭岳の起点。
緯度経度／〔42°25′38″〕〔141°03′26″〕
マップコード／159 622 879*56
アクセス／道央道登別室蘭ICから道道144号、市道、道道327号、トラウシナイ林道（路面評価前半★★★★～★★★。後半★★★～★★）経由で7km、約14分。道道327号に立つ「カムイヌプリ登山道入口」の標識を見てトラウシナイ林道へ。そこから2.1km、約7分。

幌別／ゲート前の駐車スペース

駐車場／ゲート前に駐車スペースがある。約8台・砂利＋草・区画なし。また林道入口の路肩にも約10台分の駐車スペースがある。
トイレ／手前の川上公園にある。水洗。水道あり。TPなし。評価☆☆。
携帯電話／林道入口＝ドコモ📶～📶 通話可、au📶通話可、SB📶通話可。ゲート前＝ドコモ📶だが通話可、au📶通話可、SB📶～圏外つながらず。
登山届入れ／登山道入口にある。
その他／登山案内板、熊出没注意看板、沢水を飲まないように注意を促す看板。

幌別／登山道入口

立ち寄り湯／登別温泉の温泉宿で可能。例えば①「登別石水亭」＝無休・11～19時・入浴料800円・☎0143-84-2255。②「花鐘亭はなや」＝無休・11～19時・入浴料850円・☎0143-84-2521。③また隣の室蘭市に行くと道の駅みたら室蘭近くに「むろらん温泉ゆらら」がある。第3木曜休・11～22時・入浴料600円・☎0143-27-4126。
問合先／登別観光協会☎0143-84-3311、登別市観光振興グループ☎0143-84-2018

摩周／摩周第一展望台駐車場

カムイヌプリ・摩周第一展望台
かむいぬぷり・ましゅうだいいちてんぼうだい

釧路管内弟子屈町　標高550m

登山口概要／カムイヌプリ（摩周岳）の南西側、道道52号沿い。第一展望台コースを経由するカムイヌプリの起点。北根室ランチウェイ（KIRAWAY）第6ステージの起点。
緯度経度／〔43°33′20″〕〔144°30′25″〕
マップコード／613 781 339*61
アクセス／道東道阿寒ICから国道240、274号、道道53号、

摩周／摩周湖レストハウス

国道243号、道道52号経由で82km、約2時間3分。道道52号の弟子屈町跡佐登〜摩周第一展望台区間の開通期間は4月下旬〜10月末。冬期は川湯温泉から摩周第三展望台を経由して摩周第一展望台には行けないので注意。弟子屈市街地側からは第一展望台まで行ける。

駐車場／有料1日1回500円。8〜17時。時間外と11月下旬〜4月上旬の冬期は無料。140台（うち登山者用は13台だが、満車になった場合はそれ以外の区画に停めてもよい）・230×30m・舗装・区画あり。※駐車場を利用した場合、駐車場領収券を提示すると2日間は硫黄山駐車場も1回利用できる。

駐車場混雑情報／GW、お盆休み、9月中旬と10月中旬の日曜日は、5〜10分程度の駐車待ちが発生する。

トイレ／駐車場と休憩舎内にある。駐車場トイレ＝水洗。水道・TPあり。評価☆☆☆。

携帯電話／ドコモ📶通話可、au📶通話可、SB📶通話可。

公衆電話／摩周湖レストハウスの外にカード・コイン式公衆電話がある。

ドリンク自販機／休憩舎内にある（PBも）。

登山届入れ／登山道入口にある。

その他／摩周湖レストハウス（摩周第一展望台休憩舎）＝食堂・売店・展望台。通年営業・無休・8〜18時（10月下旬〜4月下旬は〜17時）・☎015-482-1530。登山案内板、国有林からのお願い、テーブル・ベンチ、WiFi。

立ち寄り湯／川湯温泉の温泉宿で可能。例えば①「名湯の森ホテル・きたふくろう」＝不定休・14〜18時・入浴料800円・☎015-483-2960。②「お宿・欣喜湯（きんきゆ）」＝無休・13〜20時・入浴料700円・☎015-483-2211。一方、摩周温泉側に下ると、例えば③「亀の湯」＝共同浴場。毎月5、15、25日休・7〜20時・入浴料300円・☎015-482-2233。④「泉の湯」＝共同浴場。火曜休・13〜21時・入浴料200円・☎015-482-2623。⑤ほか「ホテル摩周」や「ペンションBirao」などでも可能。

摩周／同駐車場のトイレ

摩周／同トイレ内部

摩周／摩周第一展望台

摩周／第一展望台から望む摩周湖

摩周／登山道入口

問合先／摩周湖観光協会☎015-482-2200

神威岬自然公園遊歩道入口
かむいみさきしぜんこうえんゆうほどういりぐち

後志管内積丹町　標高70m

登山口概要／神威岬の南東側、町道終点。神威岬自然公園遊歩道・チャレンカの小道の起点。
緯度経度／［43°19′40″］［140°21′24″］
マップコード／932 583 037*80
アクセス／札樽道小樽ICから国道5、229号、町道経由で70km、約1時間44分。または道央道長万部JCTから黒松内新道（国道5号）、国道5号、道道9、265号、国道229号、町道経由で104km、約2時間36分。
駐車場／町道終点に駐車場がある。約100台＋大型・60×60mなど2面・舗装・区画あり。
駐車場混雑情報／夏の土・日曜、祝日、お盆休みは混雑することもある。取材した2013年10月14日は三連休最終日ということもあってか、到着した午後1時半の時点で、9割程度埋まっていた。曇天だったが、観光客で賑わっていた。
トイレ／駐車場にある。水洗。水道・TPあり。評価☆☆。
携帯電話／ドコモ📶通話可、au📶通話可、SB📶通話可。
ドリンク自販機／トイレ横とカムイ番屋にある（PBも）。
水道設備／トイレ横にある。
神威岬自然公園遊歩道／8～17時（夏場は日没時間に合わせて延長。冬期は10～16時）悪天候時と時間外は閉鎖。
その他／カムイ番屋＝売店・レストラン。4月中旬～10月末・10～17時（レストランは11時～）・☎0135-46-5730。神威岬案内図、自然環境保全協力金（一人100円以上）のお願いと募金箱、低潮線区域内での行為規制解説板、神威岬自然公園遊歩道案内板、熊出没注意看板、神威岬バス亭（中央バス）。

神威岬／町道終点の駐車場

神威岬／同駐車場のトイレ

神威岬／同トイレ内部

神威岬／休憩広場

神威岬／チャレンカの小道

取材メモ／神威岬のエゾカンゾウ（ゼンテイカ）は6月下旬～7月中旬が見ごろ。
立ち寄り湯／①国道を6km東進すると「積丹温泉旅館北都」で立ち寄り湯ができる。4月中旬～10月末・期間中無休・15～20時（7～8月は13時～）・入浴料500円・☎0135-46-5800。②さらに国道を東進すると「岬の湯しゃこたん」がある。水曜休（祝日の場合と7～8月は営業。冬期は水・木曜休）・10～21時・入浴料610円・☎0135-47-2050。③一方、国道を南下すると神恵内村に「珊内ぬくもり温泉」がある。月曜と木曜休・13～20時・入浴料500円・☎0135-77-6131。
問合先／積丹町商工観光課☎0135-44-3381、積丹観光協会☎0135-44-3715

神威岬／カムイ番屋

神威岬／積丹温泉旅館北都

狩場山・千走新道登山口
かりばやま・ちはせしんどうとざんぐち

後志管内島牧村　標高700m

登山口概要／狩場山（日本三百名山）の南東側、賀老林道（真駒内千走林道）のゲート手前。千走新道コースを経由する狩場山の起点。
緯度経度／［42°35′43″］［139°57′22″］
マップコード／924 055 124*73
アクセス／道央道黒松内JCTから黒松内新道（国道5号）、国道5号、道道265、9、523号、国道229号、村道、賀老林道（真駒内千走林道。ほとんど舗装されているが、最後の300mは未舗装。路面評価★★★）経由で65km、約1時間39分。または道央道長万部ICから国道5号、道道9、523号、国道229号、村道、賀老林道（上と同じ）経由で73km、約1時間48分。賀老高原キャンプ場駐車場を過ぎた4.5km先。国道から18.5km、約29分。キャンプ場の少し先まで続く村道の開通期間は6月上旬～10月下旬。賀老林道の開通期間は7月上旬～10月下旬。
駐車場／登山道入口の90m手前に駐車スペースがある。5～6台・22×8m・砂利＋草・区画なし。また100m手前左側に4台分の駐車スペースがある。
トイレ／手前の賀老高原駐車場（P87）にある。簡易水洗。水道・TPあり。評価☆☆☆～☆☆。
携帯電話／ドコモ圏外、au▼～圏外つながらず、SB圏外。
登山届入れ／登山道入口にある。
その他／入山者カウンター、狩場山登山の注意事項、自然を守りましょう看板。
立ち寄り湯／①国道に下る途中、「千走川温泉旅館（ちはせがわおんせんりょかん）」がある。無休・13～21時・入浴料500円・☎0136-74-5409。②島牧村市街地から道道836号を3kmほど南下すると「宮内温泉旅館（ぐうないおんせんりょかん）」がある。不定休・10～20時・入浴料500円・☎0136-75-6320。
問合先／島牧村企画課商工観光係☎0136-75-6212

千走／登山口に続く賀老林道

千走／90m手前の駐車スペース

千走／登山道入口

狩場山・真駒内登山口（熊戻休憩所）
かりばやま・まこまないとざんぐち（くまもどりきゅうけいしょ）

檜山管内せたな町　標高256m

登山口概要／狩場山（日本三百名山）の南側、真駒内林道ゲート前。真駒内コースを経由する狩場山の起点。
緯度経度／［42°33′22″］［139°56′59″］
マップコード／809 804 401*73
アクセス／道央道国縫ICから国道230、229号、道道345号、真駒内林道（路面評価★★★★～★★★）経由で61km、約1時間33分。真駒内ダムの少し先から未舗装となる。国道から18.6km、約30分。道道345号の開通期間は6月下旬～10月末。
駐車場／真駒内林道ゲート前に駐車場がある。約15台・40×24m・草・区画なし。
駐車場混雑情報／混雑することはない。
トイレ／熊戻休憩所内にある。非水洗。水道なし。TPなし。評価☆☆。
携帯電話／ドコモ圏外、au圏外、SB圏外。
水道設備／野営場の炊事棟にある。
登山届入れ／吊り橋のたもとにある。
その他／熊戻休憩所（休憩所という名前だが、無人の山小屋。宿泊自由・無料。問い合わせは、せたな町まちづくり推進課商工労働観光係☎0137-84-5111へ）、熊戻野営場、狩場山地須築川源流部生態系保護地域案内板。
立ち寄り湯／①せたな総合支所近くに町営の立ち寄り湯施設「やすらぎ館」がある。第1、3月曜休・10～21時・入浴料400円・☎0137-87-3841。②せたな町役場近くに公共温泉宿の「温泉ホテルきたひやま」でも立ち寄り湯ができる。無休（10月上旬に2日間休あり）・11～21時・入浴料400円・☎0137-84-4120。③国道229号をさらに南下すると、「湯とぴあ臼別温泉」や「国民宿舎あわび山荘」でも可能。
問合先／せたな町まちづくり推進課商工労働観光係☎0137-84-5111、せたな観光協会☎0137-84-6205

真駒内／登山口に続く真駒内林道

真駒内／ゲート前の駐車場

真駒内／熊戻休憩所

真駒内／同休憩所内部

狩場山・茂津多登山口
かりばやま・もつたとざんぐち

檜山管内せたな町　標高240m

登山口概要／狩場山（日本三百名山）の西側、茂津多林道の途中。茂津多コースを経由する狩場山、教育の森（狩場茂津多道立自然公園）に続く散策路の起点。
緯度経度／［42°36′34″］［139°49′51″］
マップコード／924 070 753*73
アクセス／道央道国縫ICから国道230、229号、茂津多林道（全線舗装）経由で68km、約1時間43分。茂津多トンネル南口手前で、「日本一高い茂津多岬灯台入口」の標識に従って茂津多林道へ。そこから2.1km、約4分。茂津多林道の開通期間は、例年4月中旬～10月下旬（年により変動）。

真駒内／同休憩所のトイレ

駐車場／登山道入口前に駐車場がある。14〜15台・40×18mなど2面・舗装＋草＋砂利・区画なし。
トイレ／林道入口南側の国道沿い駐車場にある。水洗。水道・TPあり。評価☆☆☆。
携帯電話／ドコモ📶通話可、au📶〜📶通話可、SB圏外。
登山届入れ／登山道入口にある。
その他／狩場山地須築川源流部生態系保護地域案内板、狩場茂津多道立自然公園案内板、狩場山茂津多岬灯台周辺の自然解説板。
立ち寄り湯／①せたな総合支所近くに町営の立ち寄り湯施設「やすらぎ館」がある。第1、3月曜休・10〜21時・入浴料400円・☎0137-87-3841。②せたな町役場近くに公共温泉宿の「温泉ホテルきたひやま」でも立ち寄り湯ができる。無休（10月上旬に2日間休あり）・11〜21時・入浴料400円・☎0137-84-4120。③国道229号をさらに南下すると、「湯とぴあ臼別温泉」や「国民宿舎あわび山荘」でも可能。④一方、島牧村市街地から道道836号を3kmほど南下すると「宮内温泉旅館（ぐうないおんせんりょかん）」がある。不定休・10〜20時・入浴料450円・☎0136-75-6320。
問合先／せたな町まちづくり推進課商工労働観光係☎0137-84-5111、せたな観光協会☎0137-84-6205

茂津多／茂津多トンネル手前を左折

茂津多／登山道入口前の駐車場

茂津多／登山道入口

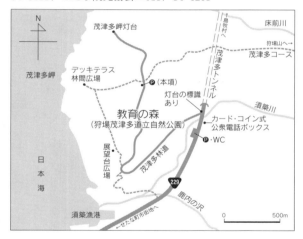

茂津多／国道沿い駐車場のトイレ

賀老高原・賀老の滝第1展望台入口
がろうこうげん・がろうのたきだいいちてんぼうだいいりぐち

後志管内島牧村　標高512m

登山口概要／賀老の滝（日本の滝百選）の北東側、村道沿い。賀老の滝第1展望台に続く遊歩道「滝見道路」、瞑想の道の起点。第2展望台入口は次項参照。
緯度経度／［42°36′19″］［139°59′58″］
マップコード／797 060 310*73

茂津多／同トイレ内部

アクセス／道央道黒松内JCTから黒松内新道（国道5号）、国道5号、道道265、9、523号、国道229号、村道経由で61km、約1時間30分。国道から14km、約21分。村道の開通期間は6月上旬〜10月下旬。
駐車場／滝入口の村道両側に駐車場がある。計117台＋大型・62×30m、90×32m・舗装・区画あり。
トイレ／駐車場にある。簡易水洗。水道・TPあり。評価☆☆☆〜☆☆。また第1展望台へ向かう途中、滝見道路入口向かいの「ログハウス広場」にもある。簡易水洗。水道なし。TPなし。評価☆☆。
携帯電話／ドコモ圏外、au圏外、SB圏外。※トイレ内に役場、警察、消防にかけられる非常電話あり。
水道設備／駐車場のあずまやとキャンプ場の炊事棟にある。
その他／あずまや、自然環境保全協力金募金箱、賀老高原周辺案内図、キャンプ場、炊事棟。
取材メモ／賀老の滝は、高さ70m、幅35mの豪快な滝。駐車場から第1展望台まで徒歩約30分。賀老の滝や賀老高原の紅葉は10月上旬〜中旬が見ごろ。
立ち寄り湯／①国道に下る途中、「千走川温泉旅館（ちはせがわおんせんりょかん）」がある。不定休・13〜21時・入浴料500円・☎0136-74-5409。②島牧村市街地から道道836号を3kmほど南下すると「宮内温泉旅館（ぐうないおんせんりょかん）」がある。不定休・10〜20時・入浴料500円・☎0136-75-6320。
問合先／島牧村企画課商工観光係☎0136-75-6212

賀老の滝／滝入口の駐車場

賀老の滝／同駐車場のトイレ

賀老の滝／同トイレ内部

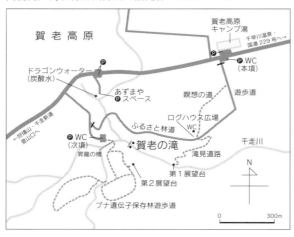

賀老の滝／第1展望台から望む賀老の滝

賀老高原・ブナ遺伝子保存林入口
がろうこうげん・ぶないでんしほぞんりんいりぐち

後志管内島牧村　標高493m

登山口概要／賀老の滝（日本の滝百選）の西側、村道終点。

賀老の滝第2展望台もあるブナ遺伝子保存林の遊歩道起点。第1展望台入口、および詳細図は前項参照。
緯度経度／［42°35′59″］［139°59′27″］
マップコード／924 059 609*73
アクセス／道央道黒松内JCTから黒松内新道（国道5号）、国道5号、道道265、9、523号、国道229号、村道経由で62.5km、約1時間33分。国道から15.5km、約23分。賀老高原キャンプ場駐車場を過ぎて約1km先を左折。400mで駐車場に着く。村道の開通期間は6月上旬～10月下旬。
駐車場／村道終点に駐車場がある。10台・24×22m・舗装・区画あり。
トイレ／駐車場にある。簡易水洗。水道・TPあり。評価☆☆☆～☆☆。
携帯電話／ドコモ圏外、au📶～📶だが通話可（若干不安定）、SB圏外。※賀老高原駐車場前のトイレ内に役場、警察、消防にかけられる非常電話あり。
水道設備／あずまやの前にある。
その他／あずまや、熊出没注意看板。
取材メモ／ブナ遺伝子保存林は、手軽なブナ林散策に適しているが、第2展望台からは木に邪魔されて賀老の滝の全景はあまり見えない。賀老の滝を見るのなら第1展望台の方がおすすめ。駐車場から第2展望台まで徒歩約15分。ブナ遺伝子保存林は一巡約30分～約1時間30分。賀老の滝や賀老高原の紅葉は10月上旬～中旬が見ごろ。
立ち寄り湯／①国道に下る途中、「千走川温泉旅館（ちはせがわおんせんりょかん）」がある。不定休・13～21時・入浴料500円・☎0136-74-5409。②島牧村市街地から道道836号を3kmほど南下すると「宮内温泉旅館（ぐうないおんせんりょかん）」がある。不定休・10～20時・入浴料500円・☎0136-75-6320。
問合先／島牧村企画課商工観光係☎0136-75-6212

保存林／村道終点の駐車場

保存林／同駐車場のトイレ

保存林／同トイレ内部

賀老高原・ブナ原生林遊歩道入口
がろうこうげん・ぶなげんせいりんゆうほどういりぐち

後志管内島牧村　標高544m

登山口概要／賀老の滝（日本の滝百選）の西側、賀老林道の途中。ブナ原生林遊歩道の起点。※コースはやや荒れているので注意。
緯度経度／［42°35′53″］［139°58′36″］
マップコード／924 057 438*73
アクセス／道央道黒松内JCTから黒松内新道（国道5号）、国道5号、道道265、9、523号、国道229号、村道、賀老林道（全線舗装）経由で63km、約1時間33分。国道から16km、約24分。賀老高原キャンプ場駐車場を過ぎた約2km先左側。駐車スペース入口に標識はない。村道の開通期間は6月上旬～10月下旬。賀老林道の開通期間は7月上旬～10月下旬。
駐車場／賀老林道沿いの遊歩道入口に駐車スペースがある。

保存林／保存林入口にかかる昇龍の橋

原生林／遊歩道入口の駐車スペース

6〜8台・砂利＋砂・区画なし。
トイレ／手前の賀老高原駐車場(前々項)にある。簡易水洗。水道・TPあり。評価☆☆〜☆☆。
携帯電話／ドコモ圏外、au圏外、SB圏外。※賀老高原駐車場前のトイレ内に役場、警察、消防にかけられる非常電話あり。
その他／ブナ原生林遊歩道案内板。
取材メモ／ブナ原生林遊歩道は730mのAコースと1268mのBコースからなり、一巡30〜45分。賀老の滝や賀老高原の紅葉は10月上旬〜中旬が見ごろ。
立ち寄り湯／①国道に下る途中、「千走川温泉旅館（ちはせがわおんせんりょかん）」がある。不定休・13〜21時・入浴料500円・☎0136-74-5409。②島牧村市街地から道道836号を3kmほど南下すると「宮内温泉旅館（ぐうないおんせんりょかん）」がある。不定休・10〜20時・入浴料500円・☎0136-75-6320。
問合先／島牧村企画課商工観光係☎0136-75-6212

観音岩山→P267 八剣山・中央口
　　　　→P268 八剣山・南口

原生林／原生林遊歩道案内板

原生林／千走川旅館

雁皮山・旧陣川温泉奥
がんぴやま・きゅうじんかわおんせんおく
函館市　標高198m

登山口概要／雁皮山の南西側、未舗装道沿い。陣川温泉コースを経由する雁皮山の起点。
緯度経度／[41°50′23″][140°47′40″]
マップコード／86 320 412*41
アクセス／函館市街地（函館駅前）から国道5号、道道347号、市道、未舗装道経由で10km、約15分。または道央道大沼公園から道道149号、国道5号、函館新道（国道5号）、国道5号、道道100、347号、市道、未舗装道経由で31km、約46分。砂利道の市道を進み、左手に「こぶし座」を見送る。雨の溝も刻まれた未舗装道を少し上がると、登山口の目印・クリの大木がある。
駐車場／クリの大木の奥、あずまやの前後に駐車スペースがある。計約5台・草＋泥・区画なし。
携帯電話／ドコモ通話可、au通話可、SB通話可。
その他／クリの大木、あずまや、熊出没注意看板。
取材メモ／陣川温泉は閉館した。
問合先／函館市観光振興課☎0138-21-3327、函館国際観光コンベンション協会☎0138-27-3535

雁皮山／クリ大木

雁皮山／駐車スペース

北戸蔦別岳・二岐沢出合
きたとったべつだけ・ふたまたさわであい
日高管内日高町　標高630m

雁皮山／登山道に続く未舗装道

アクセス道路通行止

登山口概要／北戸蔦別岳の北西側、チロロ林道の途中。二岐沢コースを経由する北戸蔦別岳、ヌカビラ岳、戸蔦別岳などの起点。※2016年の豪雨災害のため、チロロ林道は通行止。今後、開通した時のために2013年の取材結果を参考までに掲載しておく。
緯度経度／［42°47′30″］［142°38′00″］
マップコード／1010 736 643*76
入林申請／チロロ林道のゲートは、狩猟期間に入ると施錠されるので、あらかじめ森林管理署に入林申請し許可をもらう。申請の方法はP383参照。問い合わせは、日高北部森林管理署☎01457-6-3151 または☎050-3160-5705へ。
アクセス／道東道占冠ICから国道237、274号、町道、チロロ林道（路面評価★★★★～★★★）経由で39km、約1時間3分。「チロロ峡」と「北トッタベツ岳」の標識に従って町道へ。7.3km、約10分先から未舗装となり、さらに進むとチロロ林道ゲート（通常開放）がある。国道から17.5km、約30分。
駐車場／二岐沢出合に駐車スペースがある。計約16台・32×10～5m、18×8mなど3面・草＋細砂利・区画なし。
トイレ／駐車スペースに簡易トイレが1基ある。TPなし。評価☆☆。
携帯電話／ドコモ圏外、au圏外、SB圏外。
登山届入れ／チロロ林道入口にある。
立ち寄り湯／道道に戻る途中に「沙流川温泉・ひだか高原荘」がある。無休・6～9時＋10～21時（月曜は13～21時）・入浴料500円・☎01457-6-2258。
問合先／日高北部森林管理署☎01457-6-3151 または☎050-3160-5705、日高総合支所地域経済課観光・農林グループ☎01457-6-2008、日高町観光協会☎01457-6-2211

北戸蔦／国道から町道へ入る

北戸蔦／登山口に続くチロロ林道

北戸蔦／二岐沢出合の駐車スペース

北戸蔦／同スペースのトイレ内部

北根室ランチウェイ・開陽台

根室管内中標津町　標高260m

登山口概要／北根室ランチウェイ（KIRAWAY）第2ステージの起点。
緯度経度／［43°36′44″］［144°52′14″］
マップコード／976 104 178*75
アクセス／道東道足寄ICから国道242、241、243号、道道885、150号、町道経由で141km、約3時間32分。
駐車場／開陽台に駐車場がある。53台・50×42m・舗装・区画あり。
駐車場混雑情報／満車になることはないが、連休やお盆休みは混雑することがある。
トイレ／駐車場と開陽台、および開陽台裏手のキャンプ場にある。駐車場のトイレ＝水洗。水道・TPあり。評価☆☆☆～☆☆。開陽台とキャンプ場のトイレは詳細不明。

開陽／開陽台の駐車場

携帯電話／ドコモ 📶 通話可、au 📶 〜 📶 通話可、SB 📶 〜 📶 通話可。
ドリンク自販機／駐車場にある（PBも）。
その他／開陽台（展望台・カフェ・売店。9時〜17時30分。10月は〜16時30分）、幸せの鐘、キャンプ場、乳牛の像、二等三角点。
取材メモ／北根室ランチウェイを歩く際は、ランチウェイのルールは必ず守りたい。また旅行会社がツアーを企画する場合は、観光協会に事前に問い合わせること。
立ち寄り湯／養老牛温泉の各宿で可能。①「ホテル養老牛」＝無休・正午〜21時・入浴料500円・☎0153-78-2224。②「湯宿だいいち」＝無休・13〜15時・入浴料600円・☎0153-78-2131。
問合先／なかしべつ観光協会 ☎0153-77-9733

開陽／同駐車場のトイレ

開陽／同トイレ内部

開陽／開陽台

開陽／駐車場のランチウェイ入口

北根室ランチウェイ・中標津町交通センター
きたねむろらんちうぇい・なかしべつちょうこうつうせんたー

根室管内中標津町　標高30m

登山口概要／北根室ランチウェイ（KIRAWAY）第1ステージの起点。中標津町市街地にある。
緯度経度／［43°32′52″］［144°58′37″］
マップコード／429 777 411*75
アクセス／道東道足寄ICから国道242、241、243号、道道13号、国道272号経由で144km、約3時間36分。
駐車場／中標津町交通センター近くに公共駐車場があり、北根室ランチウェイ利用者が車を停めてもよい。116台・62×44m・舗装・区画あり。※8月第2土・日曜日に開催される「夏祭り」の日は閉鎖され利用不可。ほか中標津町総合文化会館しるべっとの駐車場も利用可。
駐車場混雑情報／タイミングによっては満車になる。文化

センター／付近の公共駐車場

会館の駐車場は、イベントがあると満車になる。
トイレ／駐車場に隣接。自動ドア。水洗。水道・TPあり。評価☆☆☆。中標津町交通センター内にもある。水洗。水道・TPあり。評価☆☆☆。
携帯電話／ドコモ通話可、au通話可、SB通話可。
ドリンク自販機／バスターミナルなどにある（PBも）。
その他／中標津町交通センター、中標津バスターミナル（阿寒バス、根室交通バス）、中標津経済センター。
取材メモ／北根室ランチウェイを歩く際は、ランチウェイのルールは必ず守りたい。また旅行会社がツアーを企画する場合は、観光協会に事前に問い合わせること。
問合先／なかしべつ観光協会☎0153-77-9733

センター／同駐車場のトイレ

センター／同トイレ内部

センター／中標津町交通センター

北根室ランチウェイ・西別小屋
　→P233 西別岳・西別登山口

北根室ランチウェイ・摩周第一展望台
　→P82 カムイヌプリ・摩周第一展望台

北根室ランチウェイ・養老牛温泉
きたねむろらんちうぇい・ようろううしおんせん
根室管内中標津町　標高205m

登山口概要／北根室ランチウェイ（KIRAWAY）第4ステージの起点。
緯度経度／［43°35′11″］［144°43′25″］
マップコード／910 027 069*67
アクセス／道東道足寄ICから国道242、241、243号、道道885、150、505号経由で130km、約3時間16分。
駐車場／養老牛温泉に広い公共駐車場がある。135台・140×28m・舗装・区画あり。

養老牛／養老牛温泉公共駐車場

養老牛／KIRAWAY 憩の広場

駐車場混雑情報／満車になることはない。
携帯電話／ドコモ通話可、au通話可、SB通話可。
その他／憩の広場、養老牛温泉百年記念石碑、養老牛温泉の歴史解説板。
取材メモ／北根室ランチウェイを歩く際は、ランチウェイのルールは必ず守りたい。また旅行会社がツアーを企画する場合は、観光協会に事前に問い合わせること。
立ち寄り湯／養老牛温泉の各宿で可能。①「ホテル養老牛」＝無休・正午〜21時・入浴料500円・☎0153-78-2224。②「湯宿だいいち」＝無休・13〜15時・入浴料600円・☎0153-78-2131。
問合先／なかしべつ観光協会☎0153-77-9733

養老牛／ランチウェイ道標

牧舎／レストラン牧舎

牧舎／マンサードホール前駐車場

北根室ランチウェイ・レストラン牧舎（佐伯農場）
きたねむろらんちうぇい・れすとらんぼくしゃ（さえきのうじょう）

根室管内中標津町　標高185m

登山口概要／北根室ランチウェイ（KIRAWAY）第3ステージの起点。
緯度経度／〔43°35′07″〕〔144°47′56″〕
マップコード／ 429 876 850*67
アクセス／道東道足寄ICから国道242、241、243号、道道885、150号経由で131km、約3時間17分。
駐車場／佐伯農場内のマンサードホール前などにある。約15台・砂＋草・区画なし。
駐車場混雑情報／満車になることはない。
トイレ／マンサードホール内にある。水洗。水道・TPあり。評価☆☆☆。
携帯電話／ドコモ通話可、au通話可、SB通話可。
その他／レストラン牧舎（4月下旬〜10月下旬・木曜休・10〜17時）、帰農館、荒川版画美術館、KIRAWAY事務所、

牧舎／マンサードホール

牧舎／同ホール内のトイレ

マンサードホール（宿泊所・シャワー室）、トレーラーハウス（宿泊所）、キャンプ場。
取材メモ／北根室ランチウェイを歩く際は、ランチウェイのルールは必ず守りたい。また旅行会社がツアーを企画する場合は、観光協会に事前に問い合わせること。
立ち寄り湯／養老牛温泉の各宿で可能。①「ホテル養老牛」＝無休・正午〜21時・入浴料500円・☎0153-78-2224。②「湯宿だいいち」＝無休・13〜15時・入浴料600円・☎0153-78-2131。
問合先／なかしべつ観光協会☎0153-77-9733

牧舎／佐伯農場の先にある橋

北日高岳・岡春部沢コース登山口（ホロナイ林道入口）
きたひだかだけ・おかしゅんべさわこーすとざんぐち（ほろないりんどういりぐち）

日高管内日高町　標高270m

登山口概要／北日高岳の北西側、町道沿い。岡春部沢コースや林道コースを経由する北日高岳、さんご渓谷コースの起点。
緯度経度／［42°52′27″］［142°27′10″］
マップコード／694 129 563*75
アクセス／道東道占冠ICから国道237号、道道847号、町道経由で15km、約22分。道道847号に入り、右左府橋を渡って「国立日高青少年自然の家」の標識に従って左折。ひだか高原荘前を過ぎた少し先。
駐車場／岡春部沢コースや林道コースに通じるホロナイ林道入口に駐車スペースがある。8〜10台・32×18m・砂利・区画なし。
トイレ／日高地区市街地に「道の駅樹海ロード日高」がある。
携帯電話／ドコモ通話可、au通話可、SB通話可。
登山届入れ／ホロナイ林道入口にある。
その他／日高森林ウォーク案内板、国有林からのお願い看板、沙流川流送発祥の地解説板。
立ち寄り湯／道道に戻る途中に「沙流川温泉・ひだか高原荘」がある。無休・6〜9時＋10〜21時（月曜は13〜21時）・入浴料500円・☎01457-6-2258。
問合先／日高総合支所地域経済課観光・農林グループ☎01457-6-2008、日高北部森林管理署☎01457-6-3151、日高町観光協会☎01457-6-2211

北日高／林道入口の駐車スペース

北日高／ホロナイ林道入口

北日高／ひだか高原荘・大浴場

北広山・林道三別沢線ゲート前
きたひろやま・りんどうさんべつさわせんげーとまえ

北広島市　標高279m

登山口概要／北広山（島松山・しままつやま）の北側、林道三別沢線ゲート（開放）前。仁井別川コースを経由する北広山の起点。
緯度経度／［42°54′36″］［141°25′31″］

北広山／ゲート手前の駐車場

マップコード／867 546 824*68
アクセス／道央道北広島ICから国道36号、道道790号、市道（未舗装。路面評価前半★★★★。後半★★★）経由で9km、約14分。市道はペットクラブ公園の入口から未舗装となり、同公園を抜けて1.7km、約4分。
駐車場／開放ゲート手前に駐車スペースがある。約8台・30×18m・細砂利＋土・区画なし。また開放ゲートのすぐ先、登山道入口前にも2台分の駐車スペースがある。
携帯電話／ドコモ📶通話可、au📶通話可、SB📶通話可。
立ち寄り湯／①道央道輪厚スマートICの東約1kmに「竹山高原温泉」がある。第2、4月曜休、10〜23時（冬期は〜22時）・入浴料700円（平日600円）・☎011-373-2827。②また道央道輪厚スマートICから北広島駅方面へ約10分行くと北広島クラッセホテルに「天然温泉　楓楓」がある。無休、10〜22時・入浴料700円・☎011-373-3800。
問合先／北広島市観光振興課☎011-372-3311

キムンドの滝入口→P377

北広山／登山道入口

喜茂別岳・黒川コース短縮登山口
きもべつだけ・くろかわこーすたんしゅくとざんぐち

後志管内喜茂別町　標高726m

登山口概要／喜茂別岳の南西側、民有林林道中岳線の途中。黒川コース登山口よりもさらに上部にある短縮コースを経由する喜茂別岳の起点。
緯度経度／［42°52′04″］［141°02′06″］
マップコード／759 694 769*54
アクセス／札幌市街地（道庁前）から国道230号、民有林林道中岳線（路面評価★★★★。砂利道と舗装の繰り返し。最後の1.4kmは舗装）経由で58km、約1時間30分。または札樽道朝里ICから道道1号、国道230号、民有林林道中岳線（上と同じ）経由で68km、約1時間44分。あるいは道央道虻田洞爺湖ICから国道230号、民有林林道中岳線（上と同じ）経由で52km、約1時間20分。「民有林林道中岳線」の看板を目印に国道から林道へ進入。民有林林道中岳線の途中には何度か林道の支線が分岐しているが、道なりに進めばよい。国道から3.7km、約8分。
駐車場／登山道入口前に駐車スペースがある。3〜4台・10×5m・砂利＋草・区画なし。また50m先にも5〜6台分の駐車スペースがある。
携帯電話／ドコモ📶〜📶通話可、au📶通話可、SB📶通話可。
取材メモ／国道から約2.3kmのヘアピンカーブ地点から林道の支線に入ると、本来の黒川コース登山口がある。林道終点に若干の駐車スペースがある。緯度経度は［42°51′52″］［141°02′33″］。マップコードは759 695 406*54。
立ち寄り湯／札幌方面では定山渓温泉の温泉宿で立ち寄り湯ができる。①「ホテル鹿の湯」＝休前、祝前日は立ち寄り湯は休み・15〜20時（日曜、祝日は〜17時）・入浴料820円・

黒川／国道から林道へ

黒川／登山口に続く民有林林道中岳線

黒川／登山道入口前の駐車スペース

黒川／登山道入口

☎011-598-2311。②「ホテル山水」＝不定休・正午～19時（休前日は～15時）・入浴料640円・☎011-598-2301。③「悠久の宿・白糸」＝無休・正午～19時（休前日は～15時）・入浴料600円・☎011-598-3351。④ほかの多くの宿でも立ち寄り湯は可能（入浴料700～1500円）。
問合先／なし

黒川／ホテル鹿の湯・露天風呂

喜茂別岳・中山峠（道の駅望羊中山）
きもべつだけ・なかやまとうげ（みちのえきぼうようなかやま）
札幌市南区・後志管内喜茂別町　標高836m

登山口概要／喜茂別岳の南東側、国道230号沿い。中山峠コースを経由する喜茂別岳の起点。
緯度経度／［42°51′22″］［141°05′50″］
マップコード／759 672 393*54
アクセス／札幌市街地（道庁前）から国道230号経由で45km、約1時間8分。または札樽道朝里ICから道道1号、国道230号経由で55km、約1時間13分。あるいは道央道虻田洞爺湖ICから国道230号経由で57km、約1時間26分。
道の駅望羊中山／食堂、軽食、売店、観光案内所、パノラマ展望休憩所、森の美術館。無休・8時30分～17時30分（食堂は10時～）・☎0136-33-2671。
駐車場／林道入口左手に駐車スペースがあるが、利用可否は不明。約40台・58×18m・砂利・区画あり。また道の駅望羊中山と北海道開発局の駐車場もある。どちらも登山者の利用可。道の駅＝190台・150×60m・舗装・区画あり。北海道開発局駐車場＝約40台・38×38m・舗装・区画なし。
駐車場混雑情報／道の駅駐車場は、ＧＷ、夏休み、お盆休み、紅葉シーズンの休日は10～15時は満車になる。
トイレ／道の駅望羊中山と北海道開発局の駐車場にある。道の駅のトイレ＝8時30分～18時のみ利用可。時間外は別

中山峠／北海道開発局の駐車場

中山峠／大きな案内看板

中山峠／道の駅駐車場

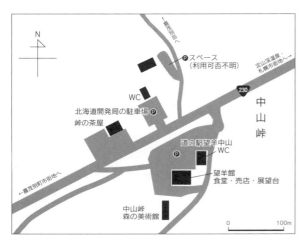

中山峠／道の駅望羊館

の夜間専用トイレを利用する。水洗。水道・TPあり。評価
☆☆☆。北海道開発局駐車場のトイレ＝水洗。水道・TPあ
り。評価☆☆☆。
携帯電話／ドコモ📶通話可、au📶通話可、SB📶通話可。
公衆電話／道の駅にISDN公衆電話ボックスがある。
ドリンク自販機／道の駅にある（PBも）。
立ち寄り湯／札幌方面では定山渓温泉の温泉宿で立ち寄り湯ができる。①「ホテル鹿の湯」＝休前、祝前日は立ち寄り湯は休み・15 〜 20時（日曜、祝日は〜 17時）・入浴料820円・☎011-598-2311。②「ホテル山水」＝不定休・正午〜 19時（休前日は〜 15時）・入浴料640円・☎011-598-2301。③「悠久の宿・白糸」＝無休・正午〜 19時（休前日は〜 15時）・入浴料600円・☎011-598-3351。④ほかの多くの宿でも立ち寄り湯は可能（入浴料700 〜 1500円）。
問合先／道の駅望羊中山☎0136-33-2671（道の駅に関してのみ）

中山峠／道の駅トイレ

中山峠／同トイレ内部

久山岳→P204 剣山・剣山神社

霧多布湿原・奥琵琶瀬野鳥公園入口
きりたっぷしつげん・おくびわせやちょうこうえんいりぐち

釧路管内浜中町　標高3 m

登山口概要／霧多布湿原の南側、道道123号から少し入った町道沿い。奥琵琶瀬野鳥公園の奥琵琶木道入口。詳細図はP100「霧多布湿原・琵琶瀬木道入口」の項参照。
緯度経度／〔43°03′21″〕〔145°04′23″〕
マップコード／614 489 337*31
アクセス／道東道阿寒ICから国道240、38、391、44号、道道506、599、808、123号、町道経由で107km、約1時間47分。琵琶瀬橋を渡って「奥琵琶瀬野鳥公園」の標識に従って右折する（厚岸大橋を経由して道道123号でアクセスする場合は、琵琶瀬橋手前を左折）。
駐車場／奥琵琶木道入口に船置き場があり、その一部が野鳥公園の駐車場として用意されている。約8台・32×8 〜 5 m・砂利・区画なし。
駐車場混雑情報／満車になることはない。
携帯電話／ドコモ📶通話可、au📶通話可、SB📶通話可。
取材メモ／霧多布湿原のクロユリは6月中旬〜7月中旬、ワタスゲ果穂は6月下旬〜7月中旬、エゾカンゾウは7月上旬〜下旬、タチギボウシは8月上旬〜下旬が見ごろ。
立ち寄り湯／霧多布岬方面に向かうと「霧多布温泉ゆうゆ」がある。第1月曜休（祝日の場合は翌日）・10 〜 22時・入浴料500円・☎0153-62-3726。
問合先／霧多布湿原センター☎0153-65-2779、浜中町観光協会（浜中町商工観光課観光係）☎0153-62-2111

中山峠／喜茂別岳に続く林道入口

奥琵琶瀬／船置き場（駐車場）

奥琵琶瀬／奥琵琶瀬木道入口

霧多布湿原・霧多布湿原センター（四番沢駐車公園）
きりたっぷしつげん・きりたっぷしつげんせんたー（よんばんさわちゅうしゃこうえん）

釧路管内浜中町　標高5m

登山口概要／霧多布湿原の西側、道道808号沿い。霧多布湿原の「やちほうず木道」やM・Gロードの起点。
緯度経度／〔43°05′11″〕〔145°03′40″〕
マップコード／614 607 054*31
アクセス／道東道阿寒ICから国道240、38、391、44号、道道506、599、808号経由で101km、約1時間40分。
駐車場／四番沢駐車公園＝25台・52×32m・舗装・区画あり。寿磯橋たもとの駐車帯＝約20台・74×12m・舗装・区画なし。霧多布湿原センター前の駐車場＝約20台・58×32m・舗装・区画なし。
駐車場混雑情報／湿原センターのイベント日は満車になる。
霧多布湿原センター／霧多布湿原の自然情報提供施設。2月上旬～12月下旬と年末年始（それ以外は休館）・無休（10～4月は火曜休）・9～17時・☎0153-65-2779。
トイレ／四番沢駐車公園の上にある。水洗。水道・TPあり。評価☆☆☆。
携帯電話／ドコモ📶通話可、au📶通話可、SB📶通話可。
その他／霧多布湿原解説板、MGロード解説板。
取材メモ／霧多布湿原のクロユリは6月中旬～7月中旬、ワタスゲ果穂は6月下旬～7月中旬、エゾカンゾウは7月上旬～下旬、タチギボウシは8月上旬～下旬が見ごろ。
立ち寄り湯／霧多布岬方面に向かうと「霧多布温泉ゆうゆ」がある。第1月曜休（祝日の場合は翌日）・10～22時・入浴料500円・☎0153-62-3726。
問合先／霧多布湿原センター☎0153-65-2779、浜中町観光協会（浜中町商工観光課観光係）☎0153-62-2111

四番沢／四番沢駐車公園

四番沢／同駐車公園のトイレ

四番沢／同トイレ内部

四番沢／霧多布湿原センター

四番沢／やちぼうず木道入口

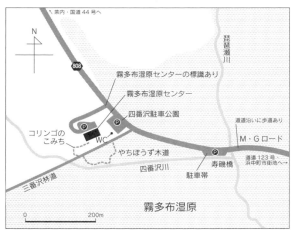

霧多布湿原・仲の浜木道
きりたっぷしつげん・なかのはまもくどう

釧路管内浜中町　標高3m

仲の浜／道道沿いの駐車帯

登山口概要／霧多布湿原の南東側、道道123号沿い。仲の浜木道の起点。
緯度経度／［43°04′17″］［145°05′16″］
マップコード／614 551 210*31
アクセス／道東道阿寒ICから国道240、38、391、44号、道道506、599、808、123号経由で106km、約1時間45分。
駐車場／道道沿いに駐車帯がある。手前に立つ「エゾカンゾウ群生地P→」の標識が目印。11台・120×5m・舗装・区画あり。
駐車場混雑情報／満車になることはない。
携帯電話／ドコモ通話可、au通話可、SB通話可。
取材メモ／霧多布湿原のクロユリは6月中旬～7月中旬、ワタスゲ果穂は6月下旬～7月中旬、エゾカンゾウは7月上旬～下旬、タチギボウシは8月上旬～下旬が見ごろ。
立ち寄り湯／霧多布岬方面に向かうと「霧多布温泉ゆうゆ」がある。第1月曜休（祝日の場合は翌日）・10～22時・入浴料500円・☎0153-62-3726。
問合先／霧多布湿原センター☎0153-65-2779、浜中町観光協会（浜中町商工観光課観光係）☎0153-62-2111

仲の浜／仲の浜木道

仲の浜／霧多布温泉ゆうゆ・浴室

霧多布湿原・琵琶瀬木道入口
（霧多布湿原ナショナルトラスト）
きりたっぷしつげん・びわせもくどういりぐち（きりたっぷしつげんなしょなるとらすと）

釧路管内浜中町　標高3m

登山口概要／霧多布湿原の南東側、道道123号沿い。琵琶瀬木道の起点。霧多布湿原ナショナルトラストがある。
緯度経度／［43°03′54″］［145°05′07″］
マップコード／614 520 411*31
アクセス／道東道阿寒ICから国道240、38、391、44号、道道506、599、808、123号経由で106km、約1時間45分。
駐車場／琵琶瀬木道入口の道道沿いに駐車場がある。20台・92×10m・舗装・区画あり。
駐車場混雑情報／7月は平日でも満車になりやすい。
トイレ／霧多布湿原ナショナルトラストのトイレは利用可（有料100円）。詳細不明。
携帯電話／ドコモ通話可、au通話可、SB通話可。
その他／霧多布湿原ナショナルトラストやちぼうずカフェ＝喫茶・売店。無休（5～6月は木曜休、10～4月は土・日曜休）・9～16時・☎0153-62-4600。
取材メモ／琵琶瀬木道は、2017年4月にリニューアルしている。また霧多布湿原ナショナルトラストの建物外側から階段を上がると、屋上が展望台になっている。なお、霧多布湿原のクロユリは6月中旬～7月中旬、ワタスゲ果穂は

琵琶瀬／琵琶瀬木道入口の駐車場

琵琶瀬／霧多布湿原ナショナルトラスト

6月下旬～7月中旬、エゾカンゾウ（ゼンテイカ）は7月上旬～下旬、タチギボウシは8月上旬～下旬が見ごろ。
立ち寄り湯／霧多布岬方面に向かうと「霧多布温泉ゆうゆ」がある。第1月曜休（祝日の場合は翌日）・10～22時・入浴料500円・☎0153-62-3726。
問合先／霧多布湿原ナショナルトラスト☎0153-62-4600、浜中町観光協会（浜中町商工観光課観光係）☎0153-62-2111

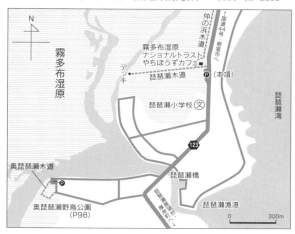

琵琶瀬／同屋上展望台からの眺め

琵琶瀬／琵琶瀬木道

琵琶瀬／琵琶瀬木道終点のデッキ

霧多布岬（湯沸岬）入口
きりたっぷみさき（とうふつみさき）いりぐち

釧路管内浜中町　標高48m

登山口概要／霧多布岬の北西側、道道1039号沿いと終点。霧多布岬に続く遊歩道の起点。
緯度経度／［43°04′56″］［145°09′40″］（手前の駐車場）
［43°04′43″］［145°09′49″］（奥の駐車場）
マップコード／614 589 504*31（手前の駐車場）
614 590 093*31（奥の駐車場）
アクセス／道東道阿寒ICから国道240、38、391、44号、道道506、599、808、123、1039号を経由し110km、約1時間54分。
駐車場／手前と奥に2カ所駐車場がある。手前の駐車場＝38台＋大型・46×28m・舗装・区画あり。奥の駐車場＝34台・68×14mなど2面・舗装・区画あり。※風が強い場所なので、車のドアを開ける際に風圧で隣の車に接触する可能性がある。注意したい。
駐車場混雑情報／混雑することはない。
トイレ／手前の駐車場にある。簡易水洗。水道・TPあり。評価☆☆☆～☆☆。
携帯電話／ドコモ📶通話可、au📶通話可、SB📶通話可。
その他／手前の駐車場＝展望台、あずまや、車上荒らし注意看板。

霧多布岬／手前の駐車場

霧多布岬／同駐車場のトイレ

取材メモ／正式には湯沸岬だが、一般には霧多布岬と呼ばれる。霧多布岬のエゾカンゾウは7月上旬～下旬が見ごろ。
立ち寄り湯／浜中町市街地に少し戻り、最初の十字路を直進（市街地は右折）すると「霧多布温泉ゆうゆ」がある。第1月曜休（祝日の場合は翌日）・10～22時・入浴料500円・☎0153-62-3726。
問合先／浜中町観光協会（浜中町商工観光課観光係）☎0153-62-2111

霧多布岬／同トイレ内部

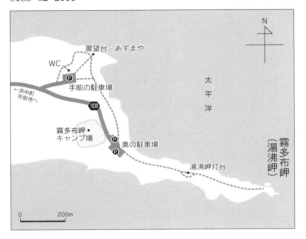

霧多布岬／遊歩道と展望台・あずまや

霧多布岬／奥の駐車場

霧吹の滝入口→P378

銀河の滝入口→P171 層雲峡 流星・銀河の滝双瀑台入口

釧路湿原・温根内木道入口
（温根内ビジターセンター）
くしろしつげん・おんねないもくどういりぐち（おんねないびじたーせんたー）

釧路管内鶴居村　標高25m

登山口概要／釧路湿原の西側、道道53号沿い。釧路湿原の温根内木道、釧路湿原探勝歩道（北海道自然歩道、鶴居軌道跡）の起点。
緯度経度／〔43°06′45″〕〔144°19′35″〕
マップコード／149 699 169*32
アクセス／道東道阿寒ICから国道240号、道道222、952、666、53号経由で22km、約33分。
駐車場／道道沿いに駐車場がある。43台・100×30m・舗装・区画あり。
駐車場混雑情報／混雑することはない。
温根内ビジターセンター／釧路湿原の自然情報提供施設。火曜休・9～17時（11～3月は～16時）・☎0154-65-2323。

霧多布岬／霧多布岬の遊歩道

温根内／道道沿いの駐車場

トイレ／ビジターセンター内にある。4〜10月は24時間利用可。11〜3月は9〜16時のみ利用可。水洗。水道・TPあり。評価☆☆☆。
携帯電話／ドコモ 📶通話可、au 📶通話可、SB 📶通話可。
その他／温根内・北斗地区案内板、釧路湿原温根内へようこそ、釧路湿原野外図鑑。
取材メモ／温根内木道は一巡約1時間。また釧路湿原のオオバナノエンレイソウは5月中旬〜6月中旬、ミツガシワは5月下旬〜7月上旬、ヒメカイウは6月上旬〜7月下旬、ワタスゲ果穂は6月中旬〜7月下旬、タチギボウシは7月下旬〜8月下旬が見ごろ。
立ち寄り湯／道道53号を南下し、道道666号を西進すると山花公園に「山花温泉リフレ」がある。無休・10〜22時（7〜9月は〜23時）・入浴料620円・☎0154-56-2233。
問合先／温根内ビジターセンター☎0154-65-2323、鶴居村観光協会（鶴居村産業振興課）☎0154-64-2020

温根内／遊歩道入口

温根内／温根内ビジターセンター

温根内／同センター内展示

釧路湿原・釧路市湿原展望台
くしろしつげん・くしろししつげんてんぼうだい

釧路市　標高84m

登山口概要／釧路湿原の西側、道道53号沿い。湿原展望遊歩道や釧路湿原探勝歩道（北海道自然歩道、鶴居軌道跡）の起点。
緯度経度／［43°04′26″］［144°19′12″］
マップコード／149 548 506*32
アクセス／道東道阿寒ICから国道240号、道道222、952、666、53号経由で18.5km、約28分。
駐車場／釧路市湿原展望台に駐車場がある。115台＋大型・52×48mなど2面・舗装・区画あり。
駐車場混雑情報／GWと夏休みは満車になり、駐車待ちも発生する。どちらかというと午前中が多い。

展望台／湿原展望台の駐車場

展望台／釧路市湿原展望台

釧路市湿原展望台／釧路湿原のジオラマやライブ映像などによる自然と歴史の展示・展望施設。無休・8時30分〜18時（11月1日〜4月30日は9〜17時）・入館料470円・☎0154-56-2424。
トイレ／湿原展望遊歩道入口や湿原展望台の館内にある。遊歩道入口のトイレ＝温水洗浄便座付き水洗。水道・TPあり。評価☆☆☆。
携帯電話／ドコモ📶通話可、au📶通話可、SB📶通話可。
その他／湿原展望遊歩道案内板、釧路湿原国立公園案内板、展望盤、熊出没注意看板、テーブル・ベンチ。
取材メモ／釧路湿原のオオバナノエンレイソウは5月中旬〜6月中旬、ミツガシワは5月下旬〜7月上旬、ヒメカイウは6月上旬〜7月下旬、ワタスゲ果穂は6月中旬〜7月下旬、タチギボウシは7月下旬〜8月下旬が見ごろ。
立ち寄り湯／道道53号を南下し、道道666号を西進すると山花公園に「山花温泉リフレ」がある。無休・10〜22時（7〜9月は〜23時）・入浴料620円・☎0154-56-2233。
問合先／釧路市湿原展望台☎0154-56-2424、釧路観光コンベンション協会☎0154-31-1993、釧路市観光振興室☎0154-31-4549

展望台／展望台館内の展示

展望台／湿原展望遊歩道入口のトイレ

展望台／同トイレ内部

釧路湿原・コッタロ展望台入口
くしろしつげん・こったろてんぼうだいいりぐち

釧路管内標茶町　標高10m

登山口概要／釧路湿原を横断する道道1060号沿い。コッタロ展望台の入口。
緯度経度／［43°11′28″］［144°27′58″］
マップコード／900 086 552*33
アクセス／道東道阿寒ICから国道240号、道道666、53、243、1060号経由で48.5km、約1時間13分。道道1060号のう

コッタロ／駐車場とトイレ

コッタロ／同トイレ内部

ち、道道243号〜コッタロ展望台入口区間は、舗装されているが、国道391号〜コッタロ展望台入口区間は、未舗装（路面評価★★★★〜★★★）。道道243号から5km、約8分。
駐車場／入口に駐車場がある。約20台・58×40m・砂利＋アスファルト舗装・区画なし。
トイレ／駐車場にある。水洗。水道あり（飲用不可）。TPあり。評価☆☆☆。
携帯電話／ドコモ通話可、au通話可、SB通話可。
その他／国指定釧路湿原鳥獣保護区案内板、車上荒らし注意看板。
取材メモ／階段を上がったところにコッタロ展望台があり、眼下に釧路湿原を望める。
立ち寄り湯／シラルトロ湖の北岸に行くと「茅沼温泉・憩いの家かや沼」で可能。無休・9時30分〜23時（月、水、金曜日は11〜23時）・入浴料400円・☎015-487-2121。
問合先／標茶町観光協会☎015-485-2264、標茶町企画財政課観光振興係☎015-485-2111

コッタロ／コッタロ展望台

釧路湿原・サルボ歩道入口
くしろしつげん・さるぼほどういりぐち

釧路管内標茶町　標高8m

登山口概要／塘路湖の西端、国道391号沿い。サルボ歩道を経由するサルボ展望台やサルルン展望台の起点。
緯度経度／［43°09′48″］［144°29′51″］
マップコード／576 870 245*33
アクセス／道東道阿寒ICから国道240、38、391号、町道経由で52km、約1時間18分。
駐車場／サルボ歩道入口の150m西側に駐車場がある。13〜15台・32×16m・砂利＋土・区画なし。
トイレ／駐車場に簡易トイレが1基ある。TPあり。評価☆☆。
携帯電話／ドコモ通話可、au通話可、SB通話可。
その他／サルボ歩道のご案内、サルボ展望台・サルルン展望台解説板、車上荒らし注意看板。
取材メモ／以前は駐車場の奥からもサルボ展望台に行けたが、現在は閉鎖されている。国道沿いに150m東に歩くとサルボ歩道入口がある。
立ち寄り湯／シラルトロ湖の北岸に行くと「茅沼温泉・憩いの家かや沼」で可能。無休・9時30分〜23時（月、水、金曜日は11〜23時）・入浴料400円・☎015-487-2121。
問合先／標茶町観光協会☎015-485-2264、標茶町企画財政課観光振興係☎015-485-2111

サルボ／西側の駐車場

サルボ／サルボ歩道案内板

サルボ／サルボ歩道入口

釧路湿原・シラルトロ湖キャンプ場（茅沼温泉）
くしろしつげん・しらるとろこきゃんぷじょう（かやぬまおんせん）

釧路管内標茶町　標高25m

シラルトロ／手前の駐車場

登山口概要／釧路湿原・シラルトロ沼の北岸、道道959号終点付近。蝶の森に続く散策路の起点。
緯度経度／［43°11′30″］［144°29′56″］
マップコード／795 060 610*33
アクセス／道東道阿寒ICから国道240、38、391号、町道経由で61.5km、約1時間32分。
駐車場／茅沼温泉の前後に公共駐車場がある。手前の駐車場＝58台・40×30m・舗装・区画あり。奥の駐車場＝57台・64×32m・舗装・区画あり。
シラルトロ自然情報館／釧路湿原やシラルトロ湖の自然を紹介する無人施設。5〜10月・9〜17時・☎015-487-2121（施設を管理している「憩いの家かや沼」の連絡先）。
トイレ／キャンプ場にバイオトイレがある。詳細不明。
携帯電話／ドコモ通話可、au通話可、SB通話可。
水道設備／キャンプ場に炊事棟がある。
その他／周辺案内板、茅沼遺跡群解説板、あずまや。
取材メモ／蝶の森には、ヒメシジミ、ゴマシジミ、ミドリシジミなどのチョウ類が多く生息し、展望台もある。
立ち寄り湯／すぐ手前の「茅沼温泉・憩いの家かや沼」で可能。無休・9時30分〜23時（月、水、金曜日は11〜23時）・入浴料400円・☎015-487-2121。
問合先／標茶町観光協会☎015-485-2264、標茶町企画財政課観光振興係☎015-485-2111。

シラルトロ／奥の駐車場

シラルトロ／シラルトロ自然情報館

シラルトロ／バイオトイレ

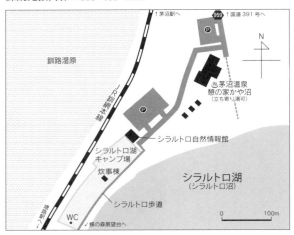

シラルトロ／シラルトロ歩道

釧路湿原・達古武園地
くしろしつげん・たっこぶえんち

釧路管内釧路町　標高10m

登山口概要／釧路湿原・達古武湖の北東岸、町道終点。達古武歩道を経由する夢ヶ丘展望台の起点。達古武オートキャンプ場がある。

達古武／園地の駐車場

緯度経度／［43°06′33″］［144°29′22″］
マップコード／149 689 696*33
アクセス／道東道阿寒ICから国道240、38、391号、町道経由で46.5km、約1時間10分。国道から2km、約2分半。
駐車場／達古武園地に公共駐車場がある。25台・30×30m・舗装・区画あり。
トイレ／達古武園地にある。水洗。水道・TPあり。評価☆☆☆。またセンターハウス館内にもある。
携帯電話／ドコモ📶通話可、au📶通話可、SB📶～📶だが、途切れる。
その他／センターハウス（管理棟・食堂・売店。5月1日～10月31日・7～21時・☎0154-40-4448)、細岡・達古武園地案内板、蒼い大地への道案内板、達古武園地案内板。
取材メモ／夢ヶ丘展望台まで徒歩30分。展望台からは、眼下に釧路湿原を望める。
立ち寄り湯／国道391号を北上し、道道959号へ左折してシラルトロ湖の畔に向かうと「茅沼温泉・憩いの家かや沼」がある。無休・9時30分～23時（月、水、金曜日は11～23時）・入浴料400円・☎015-487-2121。
問合先／達古武オートキャンプ場センターハウス☎0154-40-4448、釧路町産業経済課商工観光係☎0154-62-2193

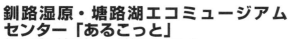

達古武／センターハウス

達古武／同園地のトイレ

達古武／同トイレ内部

塘路湖／「あるこっと」と駐車場

釧路湿原・塘路湖エコミュージアムセンター「あるこっと」
くしろしつげん・とうろこえこみゅーじあむせんたーあるこっと

釧路管内標茶町　標高10m

登山口概要／塘路湖の西側、町道沿い。サルボ展望台コースや塘路湖畔歩道、フィトンチッドの森遊歩道の起点。
緯度経度／［43°09′11″］［144°30′25″］
マップコード／576 841 039*33

塘路湖／「あるこっと」

アクセス／道東道阿寒ICから国道240、38、391号、町道経由で52.5km、約1時間19分。
駐車場／塘路湖エコミュージアムセンター「あるこっと」前の駐車場＝24台・62×18m・舗装・区画あり。塘路野営場駐車場＝29台＋大型・86×18m・舗装・区画あり。
駐車場混雑情報／混雑することはない。
塘路湖エコミュージアムセンター「あるこっと」／釧路湿原の自然展示、情報提供施設。水曜休（祝日の場合は開館）・10～17時（11～3月は～16時）・☎015-487-3003。
トイレ／塘路湖エコミュージアムセンター「あるこっと」内にある。詳細不明。また塘路元村キャンプ場駐車場前にもある。水洗。水道・TPあり。評価☆☆☆～☆☆。
携帯電話／ドコモ📶通話可、au📶通話可、SB📶通話可。
その他／塘路湖地区案内板、塘路野営場案内板、標茶町郷土館、元村ハウス「ぱる」。
立ち寄り湯／国道391号を北上し、道道959号へ左折してシラルトロ湖の畔に向かうと「茅沼温泉・憩いの家かや沼」がある。無休・10～22時・入浴料450円・☎015-487-2121。
問合先／塘路湖エコミュージアムセンター「あるこっと」☎015-487-3003、標茶町観光協会☎015-485-2264

塘路湖／キャンプ場駐車場

塘路湖／同キャンプ場の公衆トイレ

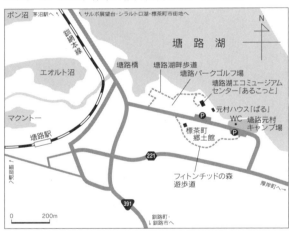

塘路湖／フィトンチッドの森遊歩道

釧路湿原・細岡展望台
くしろしつげん・ほそおかてんぼうだい

釧路管内釧路町　標高32m

登山口概要／達古武湖（たっこぶこ）の西側、町道沿い。細岡展望台に続く遊歩道の起点。
緯度経度／［43°06′05″］［144°26′59″］
マップコード／149 654 763*32
アクセス／道東道阿寒ICから国道240、38、391号、町道（最後の1.6kmは未舗装。路面評価★★★★。部分的に★★★）

細岡／ビジターズ・ラウンジの駐車場

細岡／同駐車場のトイレ

経由で49.5km、約1時間15分。国道の「細岡展望台入口」の大きな看板に従って町道に左折する。そこから6km、約10分。
駐車場／細岡ビジターズ・ラウンジ手前に駐車場がある。約60台・65×35m・舗装・区画あり。
駐車場混雑情報／混雑することはない。
トイレ／駐車場にある。水洗。水道・TPあり。評価☆☆☆〜☆☆。また細岡ビジターズ・ラウンジにもあるが、詳細不明。
携帯電話／ドコモ📶通話可、au📶通話可、SB📶通話可。
水道設備／展望広場に水飲み場がある。
その他／細岡ビジターズ・ラウンジ＝休憩・展示施設。軽食・喫茶コーナー・売店。無休・9〜18時（月により変動）・☎0154-40-4455。細岡園地案内図、細岡・達古武園地案内図、野生動物に食べものをあげないで看板。
取材メモ／駐車場から展望台まで徒歩約10分。展望台からは眼下に雄大な釧路湿原が広がる。釧路湿原の展望施設は、このほかに釧路市湿原展望台（P103）やコッタロ湿原展望台（P104）、北斗展望台がある。
立ち寄り湯／国道391号を北上し、道道959号へ左折してシラルトロ湖の畔に向かうと「茅沼温泉・憩いの家かや沼」がある。無休・10〜22時・入浴料450円・☎015-487-2121。
問合先／細岡ビジターズ・ラウンジ☎0154-40-4455、釧路町産業経済課商工観光係☎0154-62-2193

細岡／同トイレ内部

細岡／細岡ビジターズ・ラウンジ

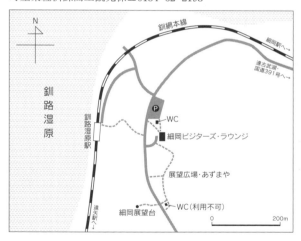

屈斜路湖・仁伏半島入口→P378

細岡／細岡展望台

和琴／和琴半島の入口交差点

屈斜路湖・和琴半島自然探勝路入口
くっしゃろこ・わことはんとうしぜんたんしょうろいりぐち

釧路管内弟子屈町　標高124m

登山口概要／屈斜路湖の南岸、国道243号から湖畔に向けて

和琴／国道に立つ案内看板

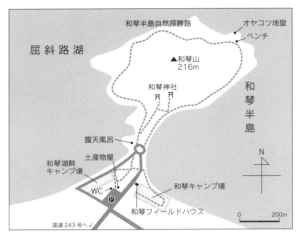

和琴／自然探勝路入口の駐車場

和琴／同駐車場のトイレ

和琴／同トイレ内部

少し入った町道沿い。和琴半島自然探勝路の起点。
緯度経度／［43°34′35″］［144°18′33″］
マップコード／ 731 547 797*60
アクセス／道東道阿寒ICから国道240、274号、道道53号、国道243号、町道経由で88km、約2時間12分。
駐車場／自然探勝路入口に駐車場がある。132台・120×46m・舗装・区画あり。
トイレ／駐車場にある。水洗。水道（飲用不可）・TPあり。評価☆☆☆。2017年9月再取材時には、老朽化のため立て替える旨の案内があった。
和琴フィールドハウス／以前あった和琴半島自然教室が新たに和琴フィールドハウスとして2014年7月にオープン。館内には展示室や休憩室、トイレ、シャワーなどが使用できる。開館期間4月下旬〜10月末。無休。
携帯電話／ドコモ📶通話可、au📶通話可、SB📶通話可。
ドリンク自販機／駐車場沿いの土産物店にある（PBも）。
その他／土産物屋、車上荒らし注意看板、和琴半島案内板。
取材メモ／和琴半島自然探勝路は一周約2.5km、所要約1時間。和琴半島自然探勝路のフクジュソウは4月下旬〜5月上旬、ミズバショウは5月中旬が見ごろ。
立ち寄り湯／①駐車場から自然探勝路へ向かう途中に混浴の「和琴半島露天風呂」がある。無休・24時間開放・入浴料無料・問い合わせは摩周湖観光協会☎015-482-2200。②また屈斜路湖東岸の古丹地区にはやはり混浴露天風呂の「コタンの湯」もある。火曜と金曜の8〜16時は清掃のため入浴不可・24時間開放・入浴料無料・問い合わせは摩周湖観光協会☎015-482-2200。③同じく古丹地区には「コタン共同浴場」もある。水曜休・正午〜22時・入浴料200円・☎015-484-2833。
問合先／摩周湖観光協会☎015-482-2200

和琴／和琴フィールドハウス

和琴／同ハウス内展示

九度山・名寄ピヤシリスキー場
くどさん・なよろぴやしりすきーじょう

名寄市　標高205m

九度山／スキー場駐車場

登山口概要／九度山の南側、道道939号終点。ピヤシリスキー場コースを経由する九度山の起点。
緯度経度／［44°24′07″］［142°30′54″］
マップコード／832 212 848*26
アクセス／道央道士別剣淵ICから国道40、238号、道道939号経由で34km、約51分。または名寄バイパス名寄北ICから国道40号、市道、道道939号経由で9.5km、約14分。
駐車場／名寄ピヤシリスキー場に駐車場がある。40台・44×34m・舗装・区画あり。
携帯電話／アンテナ数は不明だが、名寄市によると、ドコモ、au、SB、いずれも通話可とのこと。
その他／名勝ピリカノカ九度山解説板。
立ち寄り湯／目の前の「なよろ温泉サンピラー」で可能。無休・10〜22時（第3月曜は17時〜。祝日の場合は翌日）・入浴料400円・☎01654-2-2131。
問合先／なよろ観光まちづくり協会☎01654-9-6711、名寄市営業戦略室営業戦略課☎01654-3-2111、なよろ温泉サンピラー☎01654-2-2131

国見山自然観察教育林→P378

九度山／九度山解説板

九度山／登山道入口

熊越の滝入口
くまごえのたきいりぐち

根室管内羅臼町　標高165m

熊越／駐車スペース

登山口概要／羅臼温泉近くにある熊越の滝の北側、国道334号沿い。熊越の滝に続く遊歩道の起点。
緯度経度／［44°02′01″］［145°08′39″］
マップコード／757 407 683*73
アクセス／道東道足寄ICから国道242、241、243号、道道13号、国道272、244、335、334号経由で214km、約5時間21分。
駐車場／遊歩道入口の国道向かいに駐車スペースがある。3〜4台・18×10m・小石・区画なし。
携帯電話／ドコモ📶通話可、au📶通話可、SB📶通話可。
取材メモ／熊越の滝は、落差15m。滝まで徒歩約7分。
立ち寄り湯／①国道を下ると、無料の露天風呂「羅臼温泉・熊の湯」がある。無休・24時間可（毎朝5〜7時の清掃時間除く）・入浴料無料・問い合わせは羅臼町産業課☎0153-87-2126へ。また羅臼温泉の各宿でも可能。②「らうす第一ホテル」＝無休・13時〜21時30分・入浴料500円・☎0153-87-2259。③「ホテル峰の湯」＝無休・13時〜21時・入浴料500円・☎0153-87-3001。
問合先／羅臼ビジターセンター☎0153-87-2828、知床羅臼町観光協会☎0153-87-3360、羅臼町産業課☎0153-87-2126

熊越／遊歩道入口

クマネシリ岳・美里別川登山口
くまねしりだけ・びりべつがわとざんぐち

十勝管内足寄町　標高913m

クマネシリ／道道から美里別本流林道へ

登山口概要／クマネシリ岳の北側、美里別本流林道から少し入った作業道終点。美里別川コースを経由するクマネシリ岳の起点。

緯度経度／[43°32′27″][143°15′10″]

マップコード／745 120 564*53

アクセス／道東道足寄ICから国道242、241号、道道88号、美里別本流林道（路面評価★★★★、所々★★★）、作業道（路面評価★★）経由で57km、約1時間30分。道道から「クマネシリ岳登山道入口」の標柱を目印に美里別本流林道へ。9.8km先の三叉路は、クマネシリ岳登山道入口の標柱に従って左の作業道に。この先、道は狭くなり路面も悪化するが、700mで駐車スペースに着く。道道から10.5km、約20分。2013年の取材時は100m手前の土場でロープが張ってあり、土砂流失・陥没のため作業道終点の土場には入れなかった。ちなみに作業道とは、国有林における林道よりも格下の未舗装道路のことで、一般には林道と同様の認識でよい。

クマネシリ／登山口に続く美里別本流林道

駐車場／手前の土場に駐車スペースがある。約10台・26×20m・石＋砂＋草・区画なし。終点の土場まで入ることができれば、そこにも駐車スペースがあるようだ。

携帯電話／ドコモ圏外、au圏外、SB圏外。

登山届入れ／登山道入口にある。

クマネシリ／9.8km先の三叉路

立ち寄り湯／①足寄町市街地に向かい、南クマネシリ岳登山口に向けて少し入ると「芽登温泉ホテル」がある。不定休・10時30分～20時・入浴料520円・☎0156-26-2119。②一方、道道88号を北上して置戸町に向かうと道道1050号沿いに「おけと温泉ゆ～ゆ」がある。無休・10時30分～22時・入浴料500円・☎0157-54-2211。

問合先／十勝東部森林管理署☎0156-25-3161 または☎050-3160-5790、あしょろ観光協会☎0156-25-6131、足寄町林業商工観光室☎0156-25-2141

クマネシリ／手前土場の駐車スペース

隈根尻山・道民の森一番川登山口→P378

雲井ヶ原→P174 大雪山系・愛山渓温泉

黒岳→P179 大雪山系・黒岳ロープウェイ層雲峡駅
　　→P180 大雪山系・層雲峡駐車場

黒松内岳・黒松内川コース登山口
くろまつないだけ・くろまつないがわコースとざんぐち

後志管内黒松内町　標高192m

登山口概要／黒松内岳の南東側、大平川（おびらがわ）西の沢線林道の途中。黒松内川コースを経由する黒松内岳の起点。

黒松内／登山口に続く大平川西の沢線林道

緯度経度／［42°36′33″］［140°15′27″］
マップコード／521 361 729*71
アクセス／道央道長万部ICから国道5号、道道9号、大平川西の沢線林道（前半★★★★〜★★★。後半は砂利道で★★★。一部★★。途中の三叉路付近だけ舗装）経由で21km、約38分。または道央道黒松内JCTから黒松内新道（国道5号）、国道5号、道道9号、大平川西の沢線林道（上と同じ）経由で約23km、約40分。道道9号沿いにある狩場山駐車公園の北側を標識に従って左折して林道に進入。3km先の三叉路も標識に従って左前方の道に進む。道道9号沿いに5.2km、約15分。※現地標識の表示は「西の沢大平川線林道」。
駐車場／登山道入口の20m先に駐車スペースがある。7〜8台・26×7m・砂利＋小石・区画なし。
トイレ／道道沿いの狩場山駐車公園にある。水洗。水道あり。TPなし。評価☆☆☆〜☆☆。
携帯電話／ドコモ📶だが通話可、au📶通話可、SB圏外。
登山届入れ／登山道入口にある。
その他／黒松内岳登山案内板、熊出没注意貼り紙。
立ち寄り湯／道道に戻って左折し、3kmほど北上すると「黒松内温泉・ぶなの森」で立ち寄り湯ができる。第1水曜休（11〜3月は第1、3水曜休）・11時〜21時30分（11〜3月は〜21時）・入浴料500円・☎0136-72-4566。
問合先／黒松内町産業課☎0136-72-3835

黒松内／登山道入口先の駐車スペース

黒松内／登山道入口

毛無山・桧沢の滝 大石の沼コース登山口
けなしやま・ひのきざわのたき おおいしのぬまこーすとざんぐち

北斗市　標高224m

登山口概要／毛無山の北側、国道227号沿い。桧沢の滝・大石の沼コースを経由する毛無山の起点。
緯度経度／［41°56′48″］［140°32′20″］
マップコード／490 095 242*44
アクセス／函館市街地（函館駅前）から国道5、227号経由で28km、約41分。または道央道大沼公園ICから道道149号、国道5号、道道96号、国道227号経由で25km、約37分。下二股橋（標識あり）の300m先。
駐車場／登山道入口の90m手前（北斗市街地側）の国道沿いに駐車帯がある。約20台・58×10m・舗装・区画なし。
携帯電話／ドコモ📶通話可、au📶通話可、SB📶通話可。
取材メモ／登山道入口には「桧沢の滝・大石の沼入口」の大きな標柱が立っている。
その他／大石の沼・桧沢の滝解説板、前田はたごや跡標識。
取材メモ／桧沢の滝は落差15m。駐車場から徒歩約30分。
立ち寄り湯／国道を北斗市街地に下ると北斗総合分庁舎近く（分庁舎の南西500m）、道道96号と道道756号の間に「北斗市健康センター・せせらぎ温泉」がある。月曜休（祝日の場合は営業）・10〜22時・入浴料300円・☎0138-77-7070。
問合先／北斗市観光課☎0138-73-3111、北斗市観光協会☎0138-77-5011

毛無山／90m手前の駐車帯

毛無山／登山道入口

毛無山／大石の沼・桧沢の滝解説板

原始ヶ原→P215 十勝連峰・原始ヶ原登山口

コイカクシュサツナイ岳・コイカクシュサツナイ沢南尾根
コース登山口→P378

黄金山・兼平沢新道登山口
こがねやま・かねひらさわしんどうとざんぐち

石狩市　標高190m

黄金山／林道終点の駐車場

登山口概要／黄金山の西側、兼平沢林道終点。兼平沢新道コース、あるいは旧道コースを経由する黄金山の起点。
緯度経度／［43°37′20″］［141°27′24″］
マップコード／794 730 337*01
アクセス／札樽道札幌北ICから国道231、451号、兼平沢林道（路面評価★★★★〜★★★）経由で79km、約2時間。また道央道滝川ICから国道38、451号、兼平沢林道（上と同じ）経由で57km、約1時間28分。国道から「黄金山登山道入口」の標識に従って林道に進入し、そこから4km、約8分。
駐車場／林道終点に駐車場がある。19台・54×5m、30×5m・砂利＋草・区画あり。
駐車場混雑情報／シーズン中の休日は混雑することがある。
トイレ／駐車場の休憩舎にある。簡易水洗。水道・TPあり。評価☆☆☆。
携帯電話／ドコモ圏外、au圏外、SB圏外。
水道設備／休憩舎の前にある。
登山届入れ／登山道入口にある。
その他／休憩舎、黄金山登山道案内板、黄金山周辺の野鳥と動物案内板、黄金山周辺の樹木案内板、暑寒別天売焼尻国定公園解説板、ベンチ。
取材メモ／兼平沢林道の途中、右手奥には幹周り5.4m、推定樹齢1500年の巨木「黄金山のイチイ」がある。林道に解説板が立っており、駐車スペースもある。そこから小径をたどって徒歩数分。
立ち寄り湯／国道を海岸方向に約3km進むと「浜益温泉・石狩市浜益保養センター」がある。毎月1日休（土・日曜、祝日の場合は翌日。5、8月は無休）・10〜21時（12〜3月は13〜20時）・入浴料500円・☎0133-79-3617。
問合先／石狩市浜益支所地域振興課☎0133-79-2111、石狩森林管理署浜益森林事務所☎0133-79-3161、石狩観光協会☎0133-62-4611、石狩市商工労働観光課観光担当☎0133-72-3167

黄金山／トイレ付き休憩舎

黄金山／同トイレ内部

黄金山／登山道入口

濃昼山道・濃昼側山道入口
ごきびるさんどう・ごきびるがわさんどういりぐち

石狩市　標高15m

登山口概要／濃昼山道の北側、国道231号から濃昼地区に少

濃昼／山道入口を示す標識

し入った市道沿い。濃昼山道の起点。
緯度経度／［43°28′43″］［141°23′39″］
マップコード／794 212 142*00
アクセス／札幌市街地（道庁前）から国道5、231号経由で55km、約1時間23分。新赤岩トンネルを抜けた先で「濃昼山道」の標識に従って市道に左折してすぐ。
駐車場／山道入口の80m手前に駐車スペースがある。7〜8台・26×6m・細砂利＋草・区画なし。また手前の国道沿いにも駐車スペースがある。
駐車場混雑情報／混雑することはない。
トイレ／山道入口に簡易トイレ1基がある。TPあり。評価☆☆。
携帯電話／ドコモ📶通話可、au📶〜📶通話可、SB圏外。
その他／濃昼バス停（沿岸バス）。
取材メモ／濃昼山道は、厚田区安瀬（やすすけ）と濃昼を結ぶ11kmの山道。江戸時代の安政4（1857）年に作られ、その後、ボランティア活動で復元された。時々、海を眺めながら続く山道で、最高地点は濃昼峠。
立ち寄り湯／①石狩浜に向かうと「石狩温泉・番屋の湯」がある。無休・10〜24時・入浴料650円・☎0133-62-5000。②一方、国道231号を北上し、国道451号へ右折すると「浜益温泉・石狩市浜益保養センター」がある。毎月1日休（土・日曜、祝日の場合は翌日。5、8月は無休）・10〜21時（12〜3月は13〜20時）・入浴料500円・☎0133-79-3617。
問合先／石狩観光協会☎0133-62-4611、石狩市商工労働観光課観光担当☎0133-72-3167。

濃昼／国道沿いの駐車スペース

濃昼／80m手前の駐車スペース

濃昼／簡易トイレ

濃昼／山道入口

濃昼山道・滝の沢側山道入口
ごきびるさんどう・たきのさわがわさんどういりぐち

石狩市　標高8m

滝の沢／駐車スペース入口

登山口概要／濃昼山道の南側、国道231号沿い。濃昼山道の起点。
緯度経度／［43°26′11″］［141°25′03″］
マップコード／794 065 076*00
アクセス／札幌市街地（道庁前）から国道5、231号経由で49km、約1時間14分。
駐車場／山道入口に駐車スペースがある。8〜13台・53×8m・泥＋草＋小石・区画なし。
駐車場混雑情報／混雑することはない。
携帯電話／ドコモ📶通話可、au📶通話可、SB📶通話可。
その他／濃昼山道解説板。
取材メモ／濃昼山道は、厚田区安瀬（やそすけ）と濃昼を結ぶ11kmの山道。江戸時代の安政4（1857）年に作られ、その後、ボランティア活動で復元された。時々、海を眺めながら続く山道で、最高地点は濃昼峠。
立ち寄り湯／①石狩浜に向かうと「石狩温泉・番屋の湯」がある。無休・10〜24時・入浴料650円・☎0133-62-5000。②一方、国道231号を北上し、国道451号へ右折すると「浜益温泉・石狩市浜益保養センター」がある。毎月1日休（土・日曜、祝日の場合は翌日。5、8月は無休）・10〜21時（12〜3月は13〜20時）・入浴料500円・☎0133-79-3617。
問合先／石狩観光協会☎0133-62-4611、石狩市商工労働観光課観光担当☎0133-72-3167。

滝の沢／駐車スペース

滝の沢／山道入口

苔の洞門入口
こけのどうもんいりぐち

千歳市　標高265m

> 災害のため閉鎖中

登山口概要／樽前山の北西側、支笏湖畔の国道276号沿い。苔の洞門に続く遊歩道起点。※2014年の災害のため、現在、見学不可だが、今後、復旧した時のために2013年の取材結果を参考までに掲載しておく。
緯度経度／［42°42′47″］［141°19′06″］
マップコード／545 758 259*51
アクセス／札幌市街地（道庁前）から国道230号、真駒内通、国道453、276号経由で63km、約1時間35分。または道央道千歳ICから道道77号、国道36号、道道16号、国道453、276号経由で36km、約54分。
駐車場／国道沿いの入口に駐車場がある。54台・120×30m・舗装・区画あり。
苔の洞門ネイチャーセンター／苔の洞門入口にある展示施設。6月上旬〜10月下旬・期間中無休・9〜17時・問い合わせは千歳市観光振興課☎0123-24-0366。
トイレ／取材時はネイチャーセンター内のトイレは故障閉鎖中で、代わりに簡易トイレが設置されていた。手洗い用水タンクあり。TPあり。評価☆☆。
携帯電話／ドコモ📶通話可、au📶通話可、SB📶だが通話可。

苔／国道沿いの駐車場

苔／苔の洞門案内板

苔／苔の洞門ネイチャーセンター

その他／苔の洞門案内板。
取材メモ／「苔の洞門」は、函（はこ）状の岩壁に84種類ものコケ（蘚苔類）が密生して特異な景観が広がる。苔の洞門ネイチャーセンターから苔の洞門観覧台まで徒歩15〜20分。その先は落石の危険があるため立ち入り禁止。
立ち寄り湯／①近くの支笏湖温泉の「休暇村支笏湖」で立ち寄り湯が可能。無休・11〜16時（火、水曜は13時〜）・入浴料720円・☎0123-25-2201。②また支笏湖の対岸にある「丸駒温泉旅館」でも可能。無休・10〜15時・入浴料1000円・☎0123-25-2341。
問合先／支笏湖ビジターセンター☎0123-25-2404、千歳市観光事業課☎0123-24-0366、千歳駅観光案内所☎0123-24-8818。

苔／休暇村支笏湖・浴場

五色岳→P183 大雪山系・天人峡温泉

小清水原生花園入口（JR原生花園駅）
こしみずげんせいかえんいりぐち（じぇいあーるげんせいかえんえき）
オホーツク管内小清水町　標高5m

登山口概要／小清水原生花園の南側、国道244号沿い。小清水原生花園遊歩道の起点。
緯度経度／[43°56′28″][144°24′43″]
マップコード／958 079 597*64
アクセス／道東道足寄ICから国道242、241、240、334号、道道102号、国道244号経由で133km、約3時間20分。または旭川紋別道（国道450号）瀬戸瀬ICから国道333、39号、道道104号、国道238、244号経由で108km、約2時間41分。
駐車場／国道沿いの原生花園入口に駐車場がある。計約120台＋大型・316×20m、42×12m・舗装・区画あり。
駐車場混雑情報／フラワーシーズンにあたる6〜7月の休日は、混雑する可能性が高い。
トイレ／インフォメーションセンターHana内にある。水洗。水道・TPあり。評価☆☆☆。
携帯電話／ドコモ📶通話可、au📶通話可、SB📶通話可。
公衆電話／インフォメーションセンターHanaにある。
ドリンク自販機／インフォメーションセンターHanaにある（PBも）。
その他／インフォメーションセンターHana＝小清水原生花園の情報を提供する展示案内と休憩の施設。売店も。4月下旬〜10月末・期間中無休・8時30分〜17時30分（10月は9〜17時）・☎0152-63-4187。小清水原生花園園地案内板、小清水原生花園で見られる代表的な花々解説板、JR原生花園駅、WiFi。
取材メモ／小清水原生花園のクロユリは6月上旬〜下旬、エゾスカシユリは6月中旬〜下旬、エゾキスゲは6月中旬〜7月下旬、ハマナスは6月中旬〜8月下旬、エゾミソハギは7月下旬〜9月上旬が見ごろ。小清水町の行政サイト「観光情報→名所・みどころ→小清水原生花園」に原生花園の花ごとの開花情報が掲載されているので参考になる。
http://www.town.koshimizu.hokkaido.jp
立ち寄り湯／①小清水町市街地に「小清水温泉ふれあいセ

小清水／国道沿いの駐車場

小清水／原生花園駅前の駐車場

小清水／インフォメーションセンター

小清水／同センター内のトイレ

ンター」がある。第3水曜休・10〜22時・入浴料400円・☎0152-62-3020。②網走方面では、網走湖畔温泉の「温泉旅館もとよし」で可能。不定休・正午〜22時・入浴料350円・☎0152-48-2241。③一方、斜里方面では知床斜里駅の川の対岸付近、道道769号とJR釧網本線の間に「斜里温泉・湯元館」がある。無休・7〜20時・入浴料400円・☎01522-3-3486。
問合先／小清水町産業課商工観光係☎0152-62-4481、小清水町観光協会☎0152-62-3217

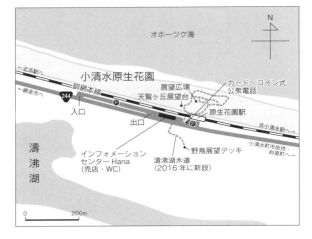

小清水／原生花園入口

小清水／原生花園駅

小清水／展望広場からの眺め

コックリ湖自然探勝歩道入口
こっくりこしぜんたんしょうほどういりぐち

後志管内蘭越町　標高279m

登山口概要／コックリ湖の南側、未舗装の施業道終点。コックリ湖自然探勝歩道の起点。
緯度経度／［42°52′17″］［140°25′54″］
マップコード／730 442 247*52
アクセス／道央道黒松内JCTから黒松内新道（国道5号）、国道5号、道道752号、町道、道道752号、町道、道道229号、町道、施業道（未舗装。路面評価★★★★。所々★★★）経由で32km、約49分。道道から3.5km、約6分。道道の500m先の三叉路で「コックリ湖5km」の標識に従って左折するが、これは湖までの距離（正確には5.8km）。ここから登山口までは3kmしかない。ちなみに施業道とは、道有林における林道よりも格下の未舗装道路のことで、一般には林道と同様の認識でよい。
駐車場／施業道終点に駐車スペースがある。約10台・22×14m・砂利＋草・区画なし。
携帯電話／ドコモ📶〜📶通話可、au📶通話可、SB圏外。
トイレ／駐車スペースの案内図には湖畔にトイレの表示があるが、現状不明。

コックリ／道道500m先の三叉路を左折

コックリ／登山口に続く施業道

登山届入れ／駐車スペースにある。
その他／コックリ湖案内板、コックリ湖鳥獣保護区区域図。
立ち寄り湯／①国道5号へ出て東進すると昆布駅前に「昆布川温泉・蘭越町交流促進センター幽泉閣」がある。無休・10時〜21時30分（月曜は正午〜。祝日の場合は翌日）・入浴料500円・☎0136-58-2131。②また黒松内町方面では、黒松内町役場近くにある「黒松内温泉・ぶなの森」で可能。第1水曜休（11〜3月は第1、3水曜休）・11時〜21時30分（11〜3月は〜21時）・入浴料500円・☎0136-72-4566。
問合先／蘭越町観光案内センター「街の茶屋」☎0136-57-5239、蘭越町商工労働観光課☎0136-57-5111

コックリ／施業道終点の駐車スペース

コックリ／自然探勝歩道入口

小天狗岳・定山渓ダム下流園地
こてんぐだけ・じょうざんけいだむかりゅうえんち

札幌市南区　標高310m

登山口概要／小天狗岳の南東側、ダム道路の終点付近。定山渓ダムの真下にある園地。定山渓ダムコースを経由する小天狗岳、定山渓ダム堤頂遊歩道の起点。
緯度経度／〔42°58′59″〕〔141°09′24″〕
マップコード／708 814 607*62
アクセス／札幌市街地（道庁前）から国道230号、道道1号、ダム道路経由で28km、約42分。または札樽道朝里ICから道道1号、ダム道路経由で38km、約57分。あるいは道央道虻田洞爺湖ICから国道230号、道道1号、ダム道路経由で79km、約2時間。
駐車場／利用できるのはＧＷ明け〜11月連休後の期間中、9〜17時のみ。それ以外は閉鎖される。奥の第1駐車場＝40台＋大型・78×18m・舗装・区画あり。手前にも第2駐車場（34台）がある。
トイレ／第1駐車場奥にある。水洗。水道・TPあり。評価

小天狗／定山渓ダム入口交差点

小天狗／ダム下流園地の第1駐車場

小天狗／同駐車場のトイレ

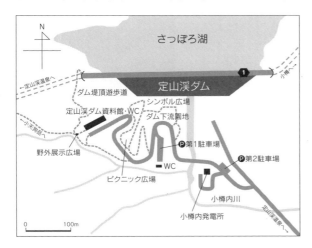

☆☆☆。ほかダム資料館にもある。
携帯電話／ドコモ 📶通話可、au 📶通話可、SB 📶通話可。
その他／定山渓ダム資料館＝5月上旬～11月初旬・月曜休（祝日の場合は翌日）・9時30分～16時・☎011-598-2513。定山渓ダム下流園地案内板。
立ち寄り湯／定山渓温泉の温泉宿で立ち寄り湯ができる。①「ホテル鹿の湯」＝休前、祝前日は立ち寄り湯は休み・15～20時（日曜、祝日は～17時）・入浴料820円・☎011-598-2311。②「ホテル山水」＝不定休・正午～19時（休前日は～15時）・入浴料640円・☎011-598-2301。③「悠久の宿・白糸」＝無休・正午～19時（休前日は～15時）・入浴料600円・☎011-598-3351。④ほかの多くの宿でも立ち寄り湯は可能（入浴料700～1500円）。一方、道道1号で小樽方面に向かうと朝里川温泉がある。⑤「かんぽの宿小樽」＝無休・10時30分～20時・入浴料600円・☎0134-54-8511。⑥「ホテル武蔵亭」＝無休・9～22時・入浴料600円・☎0134-54-8000。
問合先／定山渓ダム資料館☎011-598-2513、定山渓温泉観光協会☎011-598-2012

駒ヶ岳・銚子口→P378

駒ヶ岳・望洋の森→P378　砂原岳・望洋の森公園

小天狗／同トイレ内部

小天狗／かんぽの宿小樽・露天風呂

駒ヶ岳・六合目広場
こまがたけ・ろくごうめひろば

渡島管内森町　標高487m

登山口概要／駒ヶ岳（日本二百名山）の南側、駒ヶ岳登山道（未舗装道路）終点。赤井川コースを経由する駒ヶ岳の起点。※駒ヶ岳は登山規制が行われており、現在は山頂手前の馬ノ背までしか行けない。
緯度経度／［42°02′34″］［140°40′48″］
マップコード／490 442 720*44
駒ヶ岳登山期間／駒ヶ岳は、登山が可能な期間と時間が決められている。6月1日～10月31日（降雪により変更あり）の9～15時のみ登山が可能。15時までに六合目駐車場に下山すること。※駒ヶ岳登山に際して、所定の入山届出書に必要事項を記入し、登山当日に六合目広場にある投函箱に入れる。
アクセス／道央道大沼公園ICから道道149、43号、町道、駒ヶ岳登山道（ゲートから2kmは舗装。最後の1kmは未舗装。路面評価★★★。所々★★）経由で7.5km、約14分。道道から4.6km、約10分。※少々紛らわしいが、登山口に続く未舗装道路は「駒ヶ岳登山道」と呼ばれている。
駐車場／六合目広場（第1駐車場）がある。計約35台・44×40m、34×22m・砂＋小石・区画なし。また六合目広場の3.3km手前、赤井川ゲート手前にも第2駐車場がある。「レストラン森の味　登山者専用駐車場」という看板が立っているが、公共駐車場。

駒ヶ岳／駒ヶ岳登山道の案内標識

駒ヶ岳／登山口に続く駒ヶ岳登山道

駒ヶ岳／六合目広場（第1駐車場）

駐車場混雑情報／混雑することはない。
トイレ／第1駐車場にある。非水洗。水道なし。TPあり。評価☆☆〜☆。
携帯電話／ドコモ通話可、au通話可、SB通話可。
登山届入れ／上記で説明した「入山届出書」の投函箱が登山道入口にある。
その他／駒ヶ岳自然休養林案内板、あずまや、登山道の洗掘注意看板。ほか赤井川ゲートに「北海道駒ヶ岳登山のお知らせ」看板あり。
取材メモ／駒ヶ岳の登山規制内容は今後変更となる可能性もあるので、森町行政サイトを確認のこと。また2013年8月には登山道の洗掘のため一時的に登山道が閉鎖されたこともあるので、大雨のあとは要確認。
立ち寄り湯／①道道43号に下ると、すぐ近くに「駒ヶ峯温泉・ちゃっぷ林館（ちゃっぷりんかん）」がある。不定休・10〜21時・入浴料400円・☎01374-5-2880。②大沼東岸の約2km北東側に「東大沼温泉・旅館留の湯（とめのゆ）」もある。第2、4水曜休・9〜20時・入浴料400円・☎0138-67-3345。
問合先／森町商工労働観光課☎01374-7-1284、森観光協会☎01374-7-1286、渡島森林管理署☎0137-63-2141

駒止の滝入口→P26 旭岳温泉・駒止の滝入口

駒ヶ岳／同広場のトイレ

駒ヶ岳／同トイレ内部

小向原生花園入口
こむけげんせいかえんいりぐち

紋別市　標高5m

登山口概要／コムケ湖の北西側、未舗装の市道終点。コムケ原生花園に続く小径の起点。
緯度経度／〔44°17′45″〕〔143°26′25″〕
マップコード／801 473 189*02
アクセス／道央道士別剣淵ICから国道40号、道道61号、国道273号、道道713号、国道238号、市道（途中から未舗装。路面評価★★★★）経由で121km、約3時間2分。国道に立つ「小向原生花園」の看板に従って右折。途中から未舗装となり、国道から800m。
駐車場／市道終点に駐車スペースがある。約10台・22×18m・砂利・区画なし。
携帯電話／ドコモ通話可、au通話可、SB通話可。
その他／小向原生花園案内板。
取材メモ／小向原生花園には、整備された遊歩道はないが、駐車場から海辺に向かって続く小径がある。
立ち寄り湯／①湧別町市街地に向かうと「道の駅かみゆうべつ温泉チューリップの湯」がある。無休・10〜22時・入浴料500円・☎01586-4-1126。②紋別方面では、紋別港近くの「紋別プリンスホテル」で可能。無休・15〜24時・入浴料926円・☎0158-23-5411。
問合先／紋別観光協会☎0158-24-3900、紋別市観光交流推進室観光振興担当☎0158-27-5181

駒ヶ岳／登山道入口

小向／国道に立つ看板

小向／市道終点の駐車スペース

昆布岳・豊浦登山口
こんぶだけ・とようらとざんぐち

胆振管内豊浦町　標高252m

昆布岳／昆布岳駐車場とトイレ

登山口概要／昆布岳の南側、道道914号沿い。豊浦コースを経由する昆布岳の起点。
緯度経度／〔42°40′02″〕〔140°39′46″〕
マップコード／662 589 719*58
アクセス／道央道豊浦ICから国道37号、道道702、914号経由で19km、約28分。国道から13km、約14分。国道から7.3km先の道道交差点で「昆布岳登山道」の標識に従って、道道914号へ左折する。
駐車場／登山道入口の少し先に「昆布岳駐車場」がある。約15台・30×24m・砂利＋草・区画なし。
トイレ／駐車場にある。非水洗。水道なし。TPあり。評価☆☆。また手前の道道沿いにあるインディアン水車公園にもトイレがあるが、利用できるのは売店の営業時間内のみ。
携帯電話／ドコモ📶通話可、au📶通話可、SB圏外。
取材メモ／登山口から徒歩1時間30分ほどの場所に自然のアーチ橋、通称「メガネ岩」がある。
立ち寄り湯／豊浦町役場の西側、海岸沿いに「天然豊浦温泉しおさい」がある。無休（冬期は臨時休あり）・10～21時（7月中旬～8月中旬は9～22時）・入浴料500円・☎0142-83-1126。
問合先／豊浦町教育委員会生涯学習課社会教育係☎0142-83-2239

昆布岳／同トイレ内部

昆布岳／登山道入口

昆布岳／メガネ岩

さ行

笹山・お稲荷さんコース登山口
ささやま・おいなりさんこーすとざんぐち

檜山管内江差町　標高59m

稲荷／未舗装の町道

登山口概要／笹山の西側、町道豊川笹山線（未舗装）と林道の三叉路。お稲荷さんコースを経由する笹山と元山、稲荷尾根を経由する八幡岳の起点。詳細図は、P336「元山・サダサ川コース登山口」参照。
緯度経度／［41°51′56″］［140°10′12″］
マップコード／482 395 504*42
アクセス／道央道落部ICから国道5号、道道67号、国道227号、町道豊川笹山線（前半は舗装。後半は未舗装。路面評価★★★★〜★★★）経由で61.5km、約1時間30分。または函館市街地（函館駅前）から国道5、227号、町道豊川笹山線（上と同じ）経由で75.5km、約1時間50分。国道の1.8km先、「北酒販」前から町道は未舗装となり、ほどなく笹山稲荷神社の赤い鳥居が立つ三叉路（「笹山元山登山道」の標識あり）に着く。国道から3.6km、約7分。
駐車場／三叉路の路肩に寄せれば駐車可。約5台・草＋細砂利・区画なし。
携帯電話／ドコモ圏外、au 通話可、SB 〜圏外つながらず。
その他／江差東山鳥獣保護区区域図、クマ出没注意看板。
取材メモ／三叉路を左折して、さらに未舗装の町道を2.5km進むと元山・サダサ川コース登山口（P336）がある。
立ち寄り湯／①江差町市街地へ下り、緑丘地区に向かうと「えさし温泉・みどりヶ丘の湯っこ」がある。水、木曜休・15〜20時・入浴料390円・☎0139-52-6310。②国道227号へ出て、これを北上すると、道の駅江差の先に「繁次郎温泉（しげじろうおんせん）」がある。無休・平日と祝日は17〜22時、土・日曜は正午〜・入浴料300円・☎0139-54-5454。
問合先／江差町追分観光課観光係☎0139-52-6716、江差観光コンベンション協会☎0139-52-4815

稲荷／途中にある水道施設

稲荷／三叉路に寄せれば駐車可

稲荷／笹山稲荷神社参道入口

笹山・オニシベツ林道入口
ささやま・おにしべつりんどういりぐち

日高管内新冠町　標高166m

登山口概要／笹山の北西側、オニシベツ沢林道入口。オニシベツコースを経由する笹山の起点。
緯度経度／［42°30′10″］［142°28′37″］
マップコード／551 627 020*34
アクセス／日高道日高門別ICから国道237、235号、道道

オニシベツ／林道入口の駐車スペース

209、71号、町道、新冠川林道（路面評価★★★）経由で46km、約1時間8分。
駐車場／オニシベツ沢林道入口付近の新冠川林道路肩に若干の駐車スペースがある。約5台・砂利＋草・区画なし。
携帯電話／ドコモ圏外、au📶～📶だが通話可、SB圏外。
立ち寄り湯／①新冠町市街地の東側に「新冠温泉レ・コードの湯」がある。国道から少し入る。不定休・5〜8時＋10〜22時・入浴料500円・☎0146-47-2100。②日高町の国道235号沿いに「門別温泉・とねっこの湯」がある。第3月曜休（祝日の場合は翌日）・10〜22時・入浴料500円・☎01456-3-4126。
問合先／日高南部森林管理署☎0146-42-1615、新冠ポロシリ山岳会（電子メールのみ対応）tu-hide-zipang@north.hokkai.net

オニシベツ／レ・コードの湯の露天風呂

札幌岳・豊滝登山口
さっぽろだけ・とよたきとざんぐち

札幌市南区　標高387m

登山口概要／札幌岳の北東側、盤の沢林道のゲート前。豊滝コースを経由する札幌岳の起点。
緯度経度／［42°56′00″］［141°13′31″］
マップコード／708 642 644*62
アクセス／札幌市街地（道庁前）から国道230号、市道、盤の沢林道（路面評価★★★、部分的に★★）経由で23km、約35分。国道の豊滝交差点、もしくは豊滝小前交差点から市道に入る。後者の場合は2.5kmほどで左に大きくカーブして橋を渡ると市道と林道の三叉路がある。ここを右に入り500m、2分半でゲート前に着く。
駐車場／ゲート前に駐車スペースがある。5〜7台・土＋小石＋草・区画なし。
トイレ／近くの国道沿いにある国土交通省豊滝除雪ステーションのトイレが利用可。水洗。水道・TPあり。評価☆☆☆。
携帯電話／ドコモ📶～📶通話可、au📶～📶通話可、SB圏外。
登山届入れ／ゲート横にある。
立ち寄り湯／国道に戻り左折。1kmほどの小金湯交差点を右折すると、その先に「小金湯（こがねゆ）温泉・湯元小金湯」がある。無休（メンテナンス休あり）・10〜23時・入浴料750円・☎011-596-2111。
問合先／簾舞（みすまい）森林事務所☎011-596-2509、簾舞まちづくりセンター☎011-596-2059、札幌市観光企画課☎011-211-2376、北海道さっぽろ観光案内所☎011-213-5088

豊滝／市道と林道の三叉路

豊滝／登山口に続く盤の沢林道

豊滝／ゲート前の駐車スペース

札幌岳・冷水沢登山口
さっぽろだけ・ひやみずさわとざんぐち

札幌市南区　標高440m

登山口概要／札幌岳の北西側、豊平峡（ほうへいきょう）ダ

冷水沢／豊平峡ダム専用道路入口交差点

ム専用道路の途中。冷水沢コースを経由する札幌岳の起点。
緯度経度／［42°55′55″］［141°09′37″］
マップコード／708 634 499*77
アクセス／札幌市街地（道庁前）から国道230号、豊平峡ダム専用道路、未舗装道（ダム専用道路と駐車場を結ぶ、ごく短い区間のみ未舗装。路面評価★★★〜★★。雨溝あり）経由で31km、約45分。または道央道虻田洞爺湖ICから国道230号、豊平峡ダム専用道路、未舗装道（上と同じ）経由で78km、約1時間57分。国道230号の定山渓交差点で、「豊平峡温泉」の看板を目印に左折（中山峠方面からは右折）。国道から豊平峡温泉を経由して3km、約5分。駐車場入口に「札幌岳登山口」の標識あり。
駐車場／登山道入口に駐車場がある。15〜20台・40×22m・土＋砂利＋小石＋草・区画なし。
トイレ／国道230号の定山渓交差点手前（札幌市街地側）、定山渓パーキングにトイレがある。自動ドア。水洗。水道・TPあり。評価☆☆☆。
携帯電話／ドコモ📶〜📶通話可、au📶通話可、SB圏外。
登山届入れ／駐車場の冷水小屋内にある。
その他／冷水小屋、熊出没注意看板。
取材メモ／札幌岳中腹の冷水小屋（駐車場の冷水小屋とは別）を利用する際は、なるべく事前予約してほしい旨の貼り紙が駐車場の冷水小屋内にある。予約・問い合わせ先は北海学園大学学生課山小屋管理委員会☎011-841-1161。また登山道入口には、札幌岳〜空沼岳コースは未整備のため遭難が多いことに注意を促す看板が立っている。
立ち寄り湯／国道へ戻る途中にある「豊平峡温泉（ほうへいきょうおんせん）」で可能。無休・10時〜22時30分・入浴料1000円・☎011-598-2410。
問合先／石狩森林管理署☎011-563-6111または☎050-3160-5710、石狩森林管理署定山渓森林事務所☎011-598-4351、定山渓まちづくりセンター☎011-598-2191、定山渓温泉観光協会☎011-598-2012、札幌市観光企画課☎011-211-2376、北海道さっぽろ観光案内所☎011-213-5088

冷水沢／「札幌岳登山口」の標識

冷水沢／登山道入口の駐車場と冷水小屋

冷水沢／登山道入口

冷水沢／定山渓パーキングのトイレ

冷水沢／豊平峡温泉・内風呂

佐幌岳・狩勝峠
さほろだけ・かりかちとうげ

上川管内南富良野町・十勝管内新得町　標高640m

狩勝峠／狩勝峠の駐車場

登山口概要／佐幌岳の南西側、国道38号沿い。狩勝峠コースを経由する佐幌岳。
緯度経度／［43°08′09″］［142°45′51″］
マップコード／608 797 004*71
アクセス／道東道トマムICから道道136、1117号、国道38号経由で20km、約30分。
駐車場／狩勝峠に駐車場がある。計約50台・50×40m・舗装・区画あり（消えかけ）。
トイレ／駐車場にある。水洗。水道あり。TPなし。評価☆☆☆。
携帯電話／ドコモ📶通話可、au📶通話可、SB📶通話可。
公衆電話／旧・狩勝天望閣あくつの向かって右側にカード・コイン式公衆電話ボックスがある。
ドリンク自販機／旧・狩勝天望閣あくつ前にある（PBも）。
登山届入れ／登山道入口にある。
その他／展望台、あずまや、観光案内板。
取材メモ／登山道入口は、旧・狩勝天望閣あくつ向かって右手奥にある。
立ち寄り湯／①道道465号でかなやま湖へ行くと、沸かし湯だが「かなやま湖保養センター」で入浴ができる。無休・10〜21時・入浴料400円・☎0167-52-2223。②新得町方面では、JR新得駅前に「新得町営浴場」がある。無休・14〜22時・入浴料420円・☎0156-64-4156。③また新得町市街地の佐幌川対岸には「新得温泉ホテル」もある。無休・正午〜22時・入浴料350円・☎0156-64-5837。
問合先／南富良野町産業課商工観光係☎0167-52-2178、南富良野まちづくり観光協会☎0167-39-7000、新得町観光協会（新得町産業課）☎0156-64-0422

狩勝峠／同駐車場のトイレ

狩勝峠／同トイレ内部

佐幌岳・サホロスキー場
さほろだけ・さほろすきーじょう

十勝管内新得町　標高415m

狩勝峠／登山道入口

登山口概要／佐幌岳の東側、道道1085号沿い。サホロスキー場コースを経由する佐幌岳の起点。
緯度経度／［43°10′27″］［142°48′31″］
マップコード／901 022 554*71
アクセス／道東道十勝清水ICから国道274、38号、道道1085号経由で25km、約38分。国道に「サホロリゾート」の案内板がある。
駐車場／スキー場に広い駐車場があり、登山者の利用可。約600台・150×84mなど・舗装・区画あり。
駐車場混雑情報／混雑することはない。
携帯電話／ドコモ📶通話可、au📶通話可、SB📶通話可。

サホロ／国道に立つスキー場案内板

登山届入れ／登山前に十勝サホロリゾート駐車場にあるベア・マウント施設（8〜17時）に立ち寄り、入林申請をしてから登山してほしいとのことだ。
その他／ベア・マウント案内板。
立ち寄り湯／①ＪＲ新得駅前に「新得町営浴場」がある。無休・14〜22時・入浴料420円・☎0156-64-4156。②また新得町市街地の佐幌川対岸には「新得温泉ホテル」もある。無休・正午〜22時・入浴料350円・☎0156-64-5837。
問合先／十勝サホロリゾート☎0156-64-7111、新得町観光協会（新得町産業課）☎0156-64-0522

サホロ／スキー場駐車場

様似山道・幌満コミュニティセンター
さまにさんどう・ほろまんこみゅにてぃせんたー

日高管内様似町　標高5m

登山口概要／様似山道の東側、国道336号から少し入った町道沿い。様似山道（フットパス様似山道コース）の東側起点。
緯度経度／［42°04′37″］［143°02′08″］
マップコード／712 259 831*12
アクセス／日高道日高門別ICから道道351号、国道235、336号、町道経由で101km、約2時間32分。
駐車場／幌満コミュニティセンターの駐車場は、様似山道散策者の利用可。100台以上・70×58m・砂利・区画なし。
携帯電話／ドコモ 📶通話可、au 📶通話可、SB 📶通話可。
その他／幌満コミュニティセンター、和助地蔵尊、様似山道解説板。
取材メモ／江戸幕府が東蝦夷地に最初に作った道のひとつで、日高耶馬渓の断崖上にのびる古道。様似町指定文化財。長い間、忘れ去られていたが、その後、再整備されて、現在は約7km、所要約4時間のフットパスコースとして利用されている。東口（様似町字幌満）から出発し、西口（様

様似／幌満コミュニティセンター

様似／同センターの駐車場

様似／和助地蔵

様似／幌満トンネル左側を降りる

似町字冬島）でゴールとするプランがお勧めとのこと。ただ、帰路、本項駐車場までバスかタクシーで戻ることになるので、よく調べておきたい。
立ち寄り湯／沸かし湯だが、すぐ近くの「アポイ山荘」で入浴できる。無休・5時～8時30分＋10～22時（第2火曜は17時～）・入浴料500円・☎0146-36-5211。
問合先／アポイ岳ジオパークビジターセンター☎0146-36-3601、様似町商工観光課☎0146-36-2119

様似／国道の橋の下をくぐる

沙流岳・日勝峠コース登山口（沙流岳越林道）
さるだけ・にっしょうとうげこーすとざんぐち（さるだけごえりんどう）

日高管内日高町　標高1250m

沙流岳／林道入口に立つ看板

> アクセス道路通行止

登山口概要／沙流岳の北東側、沙流岳越林道（奥沙流林道）の途中。日勝峠コースを経由する沙流岳の起点。※2016年の豪雨災害のため、沙流岳林道は通行止。今後、開通した時のために2013年の取材結果を参考までに掲載しておく。
緯度経度／［42°57′20″］［142°43′15″］
マップコード／608 131 358*76
入林申請／沙流岳越林道のゲートは、秋の狩猟期間に入ると施錠されるので、あらかじめ森林管理署に入林申請し許可をもらうこと。申請の方法についてはP383参照。問い合わせは、日高北部森林管理署☎01457-6-3151 または☎050-3160-5705へ。
アクセス／道東道占冠ICから国道237、274号、沙流岳越林道（路面評価★★★。最後の3kmは路面評価★★★～★★）経由で52km、約1時間28分。または道東道十勝清水ICから国道274号、沙流岳越林道（上と同じ）経由で34km、約1時間。林道入口に立つ「緑は心のオアシス・山火事注意」と書かれた看板が目印。すぐ先にゲートがあり、狩猟期間中は申請で得た鍵ナンバーで解錠し、開けたら閉めておくこと。国道から9.8km、約26分。

沙流岳／登山口に続く沙流岳越林道

駐車場／登山道入口と付近の林道路肩に駐車スペースがある。計5～7台・草＋土・区画なし。
携帯電話／ドコモ圏外、au▮～▮通話可、SB圏外。
登山届入れ／林道入口にある。
立ち寄り湯／日高町日高地区市街地に「沙流川温泉・ひだか高原荘」がある。無休・6～9時＋10～21時（月曜は13～21時）・入浴料500円・☎01457-6-2258
問合先／日高北部森林管理署☎01457-6-3151 または☎050-3160-5705、日高町観光協会☎01457-6-2211、日高総合支所地域経済課観光・農林グループ☎01457-6-2008

沙流岳／登山道入口の駐車スペース

サロベツ原生花園・サロベツ湿原センター
　→（次項）サロベツ原野・サロベツ原生花園入口

沙流岳／ひだか高原荘・大浴場

サロベツ原野・サロベツ原生花園入口
(サロベツ湿原センター)
さろべつげんや・さろべつげんせいかえんいりぐち（さろべつしつげんせんたー）

宗谷管内豊富町　標高8m

登山口概要／上サロベツ原野の道道444号から少し入った場所。サロベツ原生花園（サロベツ湿原）を一巡する自然観察路（桟道）の起点。
緯度経度／［45°06′40″］［141°42′14″］
マップコード／736 699 088*58
アクセス／道央道士別剣淵ICから国道40号、名寄バイパス（国道40号）、国道40号、道道444号経由で159km、約4時間。道道に「サロベツ原生花園」などの標識がある。
駐車場／サロベツ湿原センター前に駐車場がある。54台＋大型・98×26m・舗装・区画あり。
駐車場混雑情報／フラワーシーズンの6月中旬〜7月末の、特に休日は混雑する。
サロベツ湿原センター／サロベツ湿原の自然情報展示施設。無休（11〜4月は月曜休）・9〜17時（6〜7月は8時30分〜17時30分。11〜4月は10〜16時）・☎0162-82-3232。
トイレ／サロベツ湿原センターにある。外側にも入口あり。水洗。水道・TPあり。評価☆☆☆。
携帯電話／ドコモ📶通話可、au📶通話可、SB📶〜📶だが通話可。
ドリンク自販機／レストハウスサロベツ内にある（PBも）。
その他／レストハウスサロベツ＝食堂・売店。5〜10月営業・期間中無休・10〜17時（月により変動。食堂は11〜15時）・☎0162-82-1230。泥炭産業館、サロベツ原生花園案内図、泥炭浚渫船。
取材メモ／サロベツ原野のエゾノリュウキンカは5月上旬〜6月上旬、オオバナノエンレイソウは5月中旬〜6月中旬、ワタスゲ果穂とコバイケイソウは6月中旬〜7月上旬、エゾ

原生花園／サロベツ湿原センター駐車場

原生花園／サロベツ湿原センター

原生花園／センター内の展示

原生花園／同トイレ内部

原生花園／自然観察路の休憩デッキ

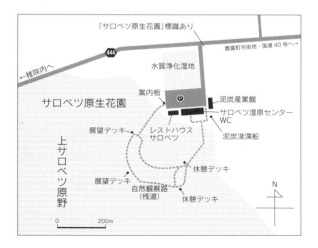

カンゾウは6月中旬〜7月上旬、タチギボウシは7月中旬〜8月中旬、サワギキョウは8月上旬〜9月上旬が見ごろ。
立ち寄り湯／豊富町市街地を抜けて道道84号を東進すると町営の日帰り温泉施設「豊富温泉ふれあいセンター」がある。無休・8時30分〜21時・入浴料510円・☎0162-82-1777。
問合先／サロベツ湿原センター☎0162-82-3232、豊富町観光協会☎0162-82-1728、豊富町商工観光課商工観光係☎0162-82-1001

原生花園／豊富温泉ふれあいセンター浴場

サロベツ原野・下サロベツ原野園地入口（幌延ビジターセンター）
さろべつげんや・しもさろべつげんやえんちいりぐち（ほろのべびじたーせんたー）

宗谷管内幌延町　標高4m

登山口概要／下サロベツ原野の長沼南側、道道972号沿い。下サロベツ原野園地を一巡する桟道、パンケ沼園地（次項）に続くコースの起点。
緯度経度／［45°00′35″］［141°43′50″］
マップコード／736 313 813*77
アクセス／道央道士別剣淵ICから国道40号、名寄バイパス（国道40号）、国道40号、道道972号経由で147km、約3時間41分。
駐車場／幌延ビジターセンターに駐車場がある。約30台（区画は3台分のみ）・32×26mなど2面・砂利＋舗装・区画なし（ビジターセンター前は区画あり）。道道向かい側の展望台にも駐車スペースがある。約40台・50×20m・砂利＋草・区画なし。
幌延ビジターセンター／サロベツ原野の自然情報展示施設。5〜10月・期間中無休・9〜17時・☎01632-5-2077。
トイレ／ビジターセンター館内にある。簡易水洗。水道・TPあり。評価☆☆☆。

下サロベツ／ビジターセンターと駐車場

下サロベツ／センター内部の展示

下サロベツ／同センターのトイレ

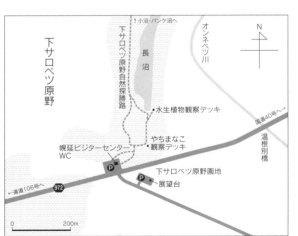

下サロベツ／展望台

携帯電話／ドコモ通話可、au通話可、SB通話可。
ドリンク自販機／ビジターセンター館内にある（PBも）。
その他／ベンチ、利尻礼文サロベツ国立公園下サロベツ原野園地案内板、展望台。
取材メモ／下サロベツ原野園地からパンケ沼園地まで続く約2.7kmの木道コースがある。下サロベツ原野園地ではエゾカンゾウやコバイケイソウ、カキツバタなどが見られる。
立ち寄り湯／①国道40号を北上して豊富町市街地へ向かい、道道84号を東進すると豊富町営の日帰り温泉施設「豊富温泉ふれあいセンター」がある。無休・8時30分～21時・入浴料510円・☎0162-82-1777。②また国道232号を南下して天塩町市街地に行くと鏡沼海浜公園に「てしお温泉・夕映」がある。無休（メンテナンス休あり）・9～22時・入浴料500円・☎01632-2-3111。
問合先／幌延ビジターセンター☎01632-5-2077、幌延町産業振興課☎01632-5-1113

下サロベツ／長沼の畔に続く桟道

パンケ／町道沿いの駐車場

サロベツ原野・パンケ沼園地
さろべつげんや・ぱんけぬまえんち

宗谷管内幌延町　標高3m

登山口概要／下サロベツ原野のパンケ沼東側、町道の終点付近。パンケ沼園地を一巡する木道、下サロベツ原野園地（前項）に続くコースの起点。
緯度経度／［45°02′01″］［141°44′04″］
マップコード／736 403 707*71
アクセス／道央道士別剣淵ICから国道40号、名寄バイパス（国道40号）、国道40号、道道972号、町道経由で149km、約3時間45分。
駐車場／町道沿いに駐車場がある。21台・54×7m・舗装・区画あり。また町道終点に10～15台分の広場がある（駐車

パンケ／同駐車場のトイレ

パンケ／同トイレ内部

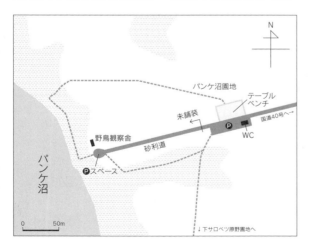

パンケ／野鳥観察舎

場の先は未舗装）。
トイレ／駐車場にある。簡易水洗。水道あり。TPなし。評価☆☆☆～☆☆。
携帯電話／ドコモ📶通話可、au📶通話可、SB📶通話可。
その他／野鳥観察舎、展望あずまや、テーブル・ベンチ、利尻礼文サロベツ国立公園下サロベツ原野案内板、パンケ沼園地～下サロベツ原野園地歩道案内図。
取材メモ／パンケ沼園地から下サロベツ原野園地まで続く約2.7kmの木道コースがある。パンケ沼周辺には野鳥も多い。
立ち寄り湯／①国道40号を北上して豊富町市街地へ向かい、道道84号を東進すると豊富町営の日帰り温泉施設「豊富温泉ふれあいセンター」がある。無休・8時30分～21時・入浴料510円・☎0162-82-1777。②また国道232号を南下して天塩町市街地に行くと鏡沼海浜公園に「てしお温泉・夕映」がある。無休（メンテナンス休あり）・9～22時・入浴料500円・☎01632-2-3111。
問合先／幌延ビジターセンター☎01632-5-2077、幌延町産業振興課☎01632-5-1113

パンケ／豊富温泉ふれあいセンター浴場

サロマ湖・キムアネップ遊歩道入口（キムアネップ岬野営場）
さろまこ・きむあねっぷゆうほどういりぐち（きむあねっぷみさきやえいじょう）

オホーツク管内佐呂間町　標高3m

登山口概要／サロマ湖の南岸、キムアネップ岬の町道終点。キムアネップ遊歩道の起点。
緯度経度／［44°06′24″］［143°54′21″］
マップコード／525 664 455*06
アクセス／旭川紋別瀬戸瀬ICから国道333、242、333号、道道103号、国道238号、道道858号経由で54km、約1時間30分。

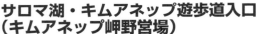

キムア／キムアネップ岬駐車場

キムア／キムアネップ休憩所

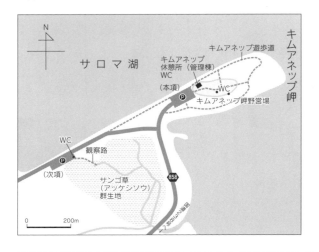

キムア／野営場

キムア／野営場トイレ

駐車場／キムアネップ岬に駐車場がある。108台・82×50m・舗装・区画あり。
駐車場混雑情報／混雑することはない。
トイレ／キャンプ場にある。水洗。水道・TPあり。評価☆☆☆。またキムアネップ休憩所内にもある。詳細不明。
携帯電話／ドコモ通話可、au通話可、SB通話可。
公衆電話／キムアネップ休憩所にカード式公衆電話がある。
ドリンク自販機／キムアネップ休憩所にある（PBも）。
水道設備／キャンプ場炊事棟にある。
その他／キムアネップ岬野営場（6月1日〜10月21日）、キムアネップ休憩所（キャンプ場管理棟）、野営場案内板、佐呂間町周辺観光案内板、キムアネップ遊歩道案内板、キムアネップの動植物案内板。
立ち寄り湯／①温泉ではないが、キムアネップ休憩所にコインシャワーがある。7月1日〜8月31日・8時30分〜10時＋16時30分〜18時（7月20日〜8月20日は〜20時30分）・8分100円。②またサロマ湖東岸の道道442号を北上すると、「サロマ湖鶴雅リゾート」がある。無休・正午〜18時・入浴料1000円・☎0152-54-2000。
問合先／佐呂間町観光物産協会（佐呂間町経済課商工観光係）☎01587-2-1200

キムア／同トイレ内部

キムア／キムアネップ遊歩道

サロマ湖・サンゴ草群生地観察路入口
さろまこ・さんごそうぐんせいちかんさつろいりぐち

オホーツク管内佐呂間町　標高2m

登山口概要／サロマ湖の南岸、キムアネップ岬の町道終点手前。サンゴ草群生地観察路の起点。詳細図は、前項参照。
緯度経度／［44°06′13″］［143°53′59″］
マップコード／525 663 133*06
アクセス／旭川紋別瀬戸瀬ICから国道333、242、333号、道道103号、国道238号、道道858号経由で54km、約1時間30分。
駐車場／入口に駐車場がある。33台・84×18m・舗装・区画あり。
トイレ／駐車場にある。水洗。水道（飲用不可）・TPあり。評価☆☆☆。
携帯電話／ドコモ通話可、au通話可、SB通話可。
その他／キムアネップのご案内。
取材メモ／サンゴ草（アッケシソウ）の紅葉は、9月中旬〜10月初旬が見ごろ。
立ち寄り湯／①温泉ではないが、近くのキムアネップ岬のキムアネップ休憩所にコインシャワーがある。7月1日〜8月31日・8時30分〜10時＋16時30分〜18時（7月20日〜8月20日は〜20時30分）・8分100円。②またサロマ湖東岸の道道442号を北上すると、「サロマ湖鶴雅リゾート」がある。無休・正午〜18時・入浴料1000円・☎0152-54-2000。
問合先／佐呂間町観光物産協会（佐呂間町経済課商工観光係）☎01587-2-1200

サンゴ／観察路入口の駐車場

サンゴ／同駐車場のトイレ

サンゴ／観察路終点のテラス

砂原岳・望洋の森公園→P378

さんご渓谷入口
　→P95 北日高岳・岡春部沢コース登山口

三頭山・雨煙別登山口
　→（次項）三頭山・政和登山口「取材メモ欄」参照

三頭山／政和林道入口

三頭山・政和登山口
さんとうざん・せいわとざんぐち

上川管内幌加内町　標高220m

登山口概要／三頭山の北東側、政和林道の途中から未舗装道に100m入った終点。政和コースを経由する三頭山の起点。
緯度経度／［44°06′44″］［142°08′12″］
マップコード／701 706 175*14
アクセス／道央道旭川鷹栖ICから道道146号、国道12号、道道72号、国道275号、政和林道、未舗装道（どちらも路面評価★★★★〜★★★）経由で48km、約1時間10分。国道から「三頭山登山口」の標柱を目印に政和林道へ。200mで三叉路。ここを左折して100m。
駐車場／未舗装道終点に駐車スペースがある。約2台・砂利＋草・区画なし。※2台停めると転回困難。また三叉路にも1〜2台の駐車スペースがある。
トイレ／すぐ近くの国道沿いに「道の駅森と湖の里ほろかない」がある。
携帯電話／ドコモ📶通話可、au📶通話可、SB📶通話可。
登山届入れ／駐車スペースにある。
その他／三頭山登山案内図。
取材メモ／南側には雨煙別（うえんべつ）登山口があり、未舗装林道を経由して丸山まで進入することができる。丸山に駐車スペースがあるようだ。
立ち寄り湯／「道の駅森と湖の里ほろかない」に「幌加内町民保養センター・せいわ温泉ルオント」がある。水曜休・10〜21時・入浴料500円・☎0165-37-2070。
問合先／幌加内町観光協会☎0165-35-2380、幌加内町産業課商工観光室☎0165-35-2122

三頭山／未舗装道終点の駐車スペース

三頭山／登山案内図

穴滝／奥沢本線作業道入口

塩谷丸山・穴滝登山口
しおやまるやま・あなたきとざんぐち

小樽市　標高185m

登山口概要／塩谷丸山の南東側、奥沢本線作業道と白井沢林道の三叉路ゲート前。穴滝コースを経由する塩谷丸山や遠藤山の起点。
緯度経度／［43°08′58″］［140°57′42″］
マップコード／164 535 595*87

穴滝／奥沢本線作業道

アクセス／札樽道小樽ICから国道５号、393号、道道697号、奥沢本線作業道（路線評価★★★）経由で6.5km、約13分。三叉路の作業道入口（写真参照）から1.4km、約５分。国道から3.6km、約８分半。ちなみに作業道とは、国有林における林道よりも格下の未舗装道路のことで、一般には林道と同様の認識でよい。
駐車場／三叉路先のゲート前に駐車スペースがある。計６台・土＋泥＋草＋砂利・区画なし。
携帯電話／ドコモ📶通話可、au📶〜📶通話可、SB圏外。
その他／熊出没注意看板。
立ち寄り湯／①小樽フェリーターミナル近くには、「小樽温泉・オスパ」がある。無休・24時間（清掃時間７時50分〜９時30分を除く）・入浴料850円・☎0134-25-5959。②小樽港の北側、手宮公園に近くに「小樽天然温泉・湯の花 手宮殿」がある。無休・９時〜深夜０時・入浴料650円・☎0134-31-4444。③またＪＲ小樽築港駅近くのウィングベイ小樽２番街４階にある「コナミスポーツクラブ小樽」でも立ち寄り湯ができる。火曜休・10時〜21時45分（土・日曜、祝日は〜19時45分）・入浴料760円・☎0134-24-7777。
問合先／小樽市観光振興室☎0134-32-4111

穴滝／三叉路の駐車スペース

穴滝／作業道ゲート

塩谷丸山・おたる自然の村入口
しおやまるやま・おたるしぜんのむらいりぐち

小樽市　標高443m

登山口概要／塩谷丸山の東側、市道沿い。おたる自然の村と於古発山（おこばちやま）、遠藤山を経由する塩谷丸山の起点。いこいの森を経由する天狗山の起点。おたる自然の村入口の向かいに駐車場と登山道入口がある。
緯度経度／［43°10′16″］［140°57′00″］
マップコード／164 624 223*87
アクセス／札樽道小樽ICから国道５号、市道、道道697、956号、市道経由で8.5km、約13分。
駐車場／約20台・26×20m・砂利＋土・区画なし。
携帯電話／ドコモ📶通話可、au📶通話可、SB📶通話可。
その他／おたる自然の村＝レストラン、キャンプ場などの施設が揃う。５月１日〜10月31日・９〜17時（夏休みは〜18時）・☎0134-25-1701。
立ち寄り湯／①小樽フェリーターミナル近くには、「小樽温泉・オスパ」がある。無休・24時間（清掃時間７時50分〜９時30分を除く）・入浴料850円・☎0134-25-5959。②小樽港の北側、手宮公園に近くに「小樽天然温泉・湯の花 手宮殿」がある。無休・９時〜深夜０時・入浴料650円・☎0134-31-4444。③またＪＲ小樽築港駅近くのウィングベイ小樽２番街４階にある「コナミスポーツクラブ小樽」でも立ち寄り湯ができる。火曜休・10時〜21時45分（土・日曜、祝日は〜19時45分）・入浴料760円・☎0134-24-7777。
問合先／小樽市観光振興室☎0134-32-4111

自然の村／自然の村入口向かいの駐車場

自然の村／「天狗山」の標識

自然の村／登山道入口

塩谷丸山・小樽天狗山山頂駐車場
しおやまるやま・おたるてんぐやまさんちょうちゅうしゃじょう

小樽市　標高492m

山頂／山頂駐車場

登山口概要／塩谷丸山の東側、市道終点。天狗山地蔵コースを経由する塩谷丸山の起点。小樽天狗山（天狗山）の最短登山口。小樽天狗山の直下、小樽天狗山ロープウェイ山頂駅近くにある駐車場。山麓駅および小樽天狗山ロープウェイについては次項参照。

緯度経度／［43°10′16″］［140°58′08″］

マップコード／164 626 231*87

アクセス／札樽道小樽ICから国道5号、市道、道道697、956号、市道経由で10.5km、約16分。

駐車場／30〜40台・62×32m・砂利＋砂＋土・区画なし。

駐車場混雑情報／8月末の土曜夜〜翌日曜に行われる「天狗山夜景の日」と「天狗山まつり」の時は、駐車場は満車になる。満車になった場合は、山頂駐車場に続く市道の通行規制も行われる。

携帯電話／ドコモ通話可、au通話可、SB通話可。

公衆電話／山頂駅にコイン式公衆電話がある。

ドリンク自販機／山頂駅にある（PBも）。

水道設備／山頂駅前に水飲み場がある。

その他／車上荒らし注意看板、山頂案内図、小樽天狗山神社由緒、小樽天狗山自然景観保護地区解説板。山頂駅＝展望レストラン、売店、シマリス園、小樽スキー資料館、天狗の館、第1展望台。

立ち寄り湯／①小樽フェリーターミナル近くには、「小樽温泉・オスパ」がある。無休・24時間（清掃時間7時50分〜9時30分を除く）・入浴料850円・☎0134-25-5959。②小樽港の北側、手宮公園に近くに「小樽天然温泉・湯の花　手宮殿」がある。無休・9時〜深夜0時・入浴料650円・☎0134-31-4444。③またJR小樽築港駅近くのウィングベイ

山頂／第1展望台

山頂／塩谷丸山登山道入口

山頂／天狗山山頂案内図

山頂／ロープウェイ山頂駅

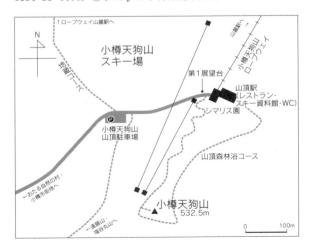

小樽2番街4階にある「コナミスポーツクラブ小樽」でも立ち寄り湯ができる。火曜休・10時～21時45分（土・日曜、祝日は～19時45分）・入浴料760円・☎0134-24-7777。
問合先／小樽天狗山ロープウェイ☎0134-33-7381、小樽市観光振興室☎0134-32-4111

山麓駅／山麓駅前の駐車場

塩谷丸山・小樽天狗山ロープウェイ山麓駅
しおやまるやま・おたるてんぐやまろーぷうぇいさんろくえき

小樽市　標高202m

登山口概要／塩谷丸山の東側、市道沿い。小樽天狗山ロープウェイと天狗山地蔵コースを経由する塩谷丸山の起点。
緯度経度／［43°10′40″］［140°58′29″］
マップコード／164 657 042*87
アクセス／札樽道小樽ICから国道5号、市道、道道697号、市道経由で4.5km、約8分。
駐車場／山麓駅前に駐車場がある。30台以上・40×18m、30×18m・舗装・区画あり。

山麓駅／ロープウェイ山麓駅

駐車場混雑情報／8月末の土曜夜～翌日曜に行われる「天狗山夜景の日」と「天狗山まつり」の時は、駐車場は混雑する。
トイレ／山麓駅と山頂駅にある。また山麓駅前のバス停横にも公衆トイレがある。水洗。水道・TPあり。評価☆☆。
携帯電話／ドコモ📶通話可、au📶通話可、SB📶通話可。
公衆電話／駐車場にカード・コイン式公衆電話ボックス。
ドリンク自販機／山麓駅前にある（PBも）。
小樽天狗山ロープウェイ／通年営業・無休（メンテナンス休あり）・9時30分～21時（冬期は9時～）・12分間隔・所要4分、往復1200円、片道720円・☎0134-33-7381。
その他／山麓駅＝売店、コインロッカー。駅前に天狗山ロープウェイバス停（中央バス）など。山頂駅＝展望レストラン、売店、シマリス公園、小樽スキー資料館、展望台など。
立ち寄り湯／①小樽フェリーターミナル近くには、「小樽温泉・オスパ」がある。無休・24時間（清掃時間7時50分～9時30分を除く）・入浴料850円・☎0134-25-5959。②小樽港の北側、手宮公園に近くに「小樽天然温泉・湯の花　手宮殿」がある。無休・9時～深夜0時・入浴料650円・☎0134-31-4444。③またJR小樽築港駅近くのウィングベイ小樽2番街4階にある「コナミスポーツクラブ小樽」でも立ち寄り湯ができる。火曜休・10時～21時45分（土・日曜、祝日は～19時45分）・入浴料760円・☎0134-24-7777。
問合先／小樽天狗山ロープウェイ☎0134-33-7381、小樽市観光振興室☎0134-32-4111

山麓駅／小樽天狗山ロープウェイ

塩谷丸山・JR塩谷駅奥
しおやまるやま・じぇいあーるしおやえきおく

小樽市　標高96m

塩谷駅／「丸山登山道」案内看板

登山口概要／塩谷丸山の北側、市道沿い。ＪＲ塩谷駅コースを経由する塩谷丸山の起点。※付近は、北海道横断自動車道の延伸工事により、状況は一変している。
緯度経度／［43°11′52″］［140°55′10″］
マップコード／164 710 413*87
アクセス／札樽道小樽ICから国道５号、市道、道道697、956号、市道経由で11km、約17分。踏切を渡った先に「丸山登山道」の案内看板あり。
駐車場／北海道横断道路のガード手前に駐車スペースがある。約15台・74×5〜3ｍ・草＋砂利＋小石・区画なし。
携帯電話／ドコモ📶通話可、au📶通話可、SB📶通話可。
トイレ／北海道横断道路ガード横に簡易トイレが２基ある。TPあり。評価☆☆。
その他／熊出没注意看板。
取材メモ／ガードをくぐって右へ進むと登山道入口があるが、工事終了後に状況が変わる可能性もある。
立ち寄り湯／①小樽フェリーターミナル近くには、「小樽温泉・オスパ」がある。無休・24時間（清掃時間７時50分〜９時30分を除く）・入浴料850円・☎0134-25-5959。②小樽港の北側、手宮公園に近くに「小樽天然温泉・湯の花　手宮殿」がある。無休・９時〜深夜０時・入浴料650円・☎0134-31-4444。③またＪＲ小樽築港駅近くのウィングベイ小樽２番街４階にある「コナミスポーツクラブ小樽」でも立ち寄り湯ができる。火曜休・10時〜21時45分（土・日曜、祝日は〜19時45分）・入浴料760円・☎0134-24-7777。
問合先／小樽市観光振興室☎0134-32-4111

塩谷駅／ガード手前の駐車スペース

塩谷駅／簡易トイレ

塩谷駅／北海道横断道路ガード

塩谷丸山・最上コース登山口
しおやまるやま・もがみこーすとざんぐち

小樽市　標高175m

登山口概要／塩谷丸山の北東側、最上コースを経由する塩谷丸山の起点。
緯度経度／［43°11′02″］［140°56′29″］
マップコード／164 653 702*87
アクセス／札樽道小樽ICから国道５号、市道、道道956号、市道、林道（産廃処理施設から未舗装。路面評価★★★★〜★★★。終盤は★★★★★）経由で7.5km、約12分。
駐車場／林道三叉路の路肩に寄せれば駐車可能。ゲート前にも１台分の駐車スペースあり。計３〜４台・砂利＋草・区画なし。
携帯電話／ドコモ圏外、au📶通話可、SB圏外。
立ち寄り湯／①小樽フェリーターミナル近くには、「小樽温泉・オスパ」がある。無休・24時間（清掃時間７時50分〜９時30分を除く）・入浴料850円・☎0134-25-5959。②小樽港の北側、手宮公園に近くに「小樽天然温泉・湯の花　手宮殿」がある。無休・９時〜深夜０時・入浴料650円・☎0134-31-4444。③またＪＲ小樽築港駅近くのウィングベイ小樽２番街４階にある「コナミスポーツクラブ小樽」でも

最上／登山口に続く未舗装林道

最上／三叉路路肩に寄せれば駐車可

立ち寄り湯ができる。火曜休・10時〜21時45分（土・日曜、祝日は〜19時45分）・入浴料760円・☎0134-24-7777。
問合先／小樽市観光振興室☎0134-32-4111

敷島の滝入口→P183 大雪山系・天人峡温泉

地獄谷大湯沼自然探勝路・登別大湯沼駐車場
じごくだにおおゆぬましぜんたんしょうろ・のぼりべつおおゆぬまちゅうしゃじょう

登別市　標高248m

大湯沼／登別大湯沼駐車場

登山口概要／登別温泉街の北側、市道終点。地獄谷大湯沼自然探勝路の起点。
緯度経度／［42°30′09″］［141°08′53″］
マップコード／603 318 006*57
アクセス／道央道登別東ICから道道2、350号、市道経由で7km、約12分。道道350号の地獄谷ゲート奥の開通期間は4月下旬〜11月下旬。
駐車場／4月下旬〜11月下旬（期間外は閉鎖される）。有料1回500円。係員が滞在する営業時間は8〜18時だが、時間外も駐車は可能で無料扱いになる。36台・44×38m・舗装・区画あり。※駐車場領収券を提示すれば、1回の駐車料金で大湯沼と地獄谷の両方の駐車場が利用できる。駐車場の問い合わせは自然公園財団登別支部☎0143-84-3141へ。
駐車場混雑情報／5月のGWとお盆休みは、30分程度の駐車待ち、10月の連休などは5〜10分程度の駐車待ちが発生する。自然公園財団登別支部のサイトに駐車場混雑予想カレンダーがある。http://www.bes.or.jp/nobori/parking.html
トイレ／駐車場にある。取材時は営業時間外につき閉鎖中。
携帯電話／ドコモ通話可、au通話可、SB通話可。
その他／地獄谷大湯沼自然探勝路案内板、登別の植物案内板、大湯沼解説板、テーブル・ベンチ、あずまや。

大湯沼／同駐車場のトイレ

大湯沼／大湯沼

大湯沼／奥の湯

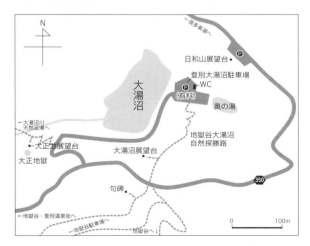

大湯沼／自然探勝路案内板

取材メモ／大湯沼は周囲1kmの湯の沼。表面は50℃、最深部は130℃もある。また登別温泉のエゾヤマザクラは4月下旬～5月上旬、エゾムラサキツツジは5月中旬～6月上旬、イソツツジは5月下旬、エゾリンドウは9月上旬～中旬、紅葉は10月中旬～下旬が見ごろ。
立ち寄り湯／登別温泉の温泉宿で可能。例えば①「登別石水亭」＝無休・11～19時・入浴料800円・☎0143-84-2255。②「花鐘亭はなや」＝無休・11～19時・入浴料850円・☎0143-84-2521。
問合先／登別パークサービスセンター☎0143-84-3141、登別観光協会☎0143-84-3311、登別市観光振興グループ☎0143-84-2018

大湯沼／自然探勝路入口

地獄谷大湯沼自然探勝路・登別地獄谷駐車場
じごくだにおおゆぬましぜんたんしょうろ・のぼりべつじごくだにちゅうしゃじょう

登別市　標高206m

登山口概要／登別温泉街の道道350号沿い。地獄谷大湯沼自然探勝路の起点。
緯度経度／［42°29′48″］［141°08′44″］
マップコード／603 287 297*57
アクセス／道央道登別東ICから道道2、350号経由で6km、約10分。
駐車場／地獄谷手前や奥に登別地獄谷駐車場がある。有料1回500円。係員が滞在する営業時間は8～18時（冬期～17時）だが、時間外も駐車は可能で無料扱いになる。計165台・84×24mなど2面・舗装・区画あり。※駐車場領収券を提示すれば、1回の駐車料金で大湯沼と地獄谷の両方の駐車場が利用できる。駐車場の問い合わせは自然公園財団登別支部☎0143-84-3141へ。
駐車場混雑情報／5月のGWとお盆休みは、30分程度の駐車待ち、10月の連休などは5～10分程度の駐車待ちが発生する。自然公園財団登別支部サイトに駐車場混雑予想カレンダーがある。http://www.bes.or.jp/nobori/parking.html
登別パークサービスセンター／地獄谷周辺の自然情報提供施設。無休・8～18時。冬期は～17時・☎0143-84-3141。
トイレ／登別パークサービスセンター隣にある。水洗・水道・TPあり。評価☆☆☆。
携帯電話／ドコモ📶通話可、au📶通話可、SB📶通話可。
その他／地獄谷大湯沼自然探勝路案内板。
取材メモ／地獄谷は、白い噴気が立ち昇る古い爆裂火口跡で、登別温泉の源泉でもある。また登別温泉のエゾヤマザクラは4月下旬～5月上旬、エゾムラサキツツジは5月中旬～6月上旬、イソツツジは5月下旬、エゾリンドウは9月上旬～中旬、紅葉は10月中旬～下旬が見ごろ。
立ち寄り湯／登別温泉の温泉宿で可能。例えば①「登別石水亭」＝無休・11～19時・入浴料800円・☎0143-84-2255。②「花鐘亭はなや」＝無休・11～19時・入浴料850円・☎0143-84-2521。③ほか銭湯の「夢元さぎり湯」もある。

地獄谷／登別地獄谷駐車場

地獄谷／登別パークサービスセンター

地獄谷／同センター隣のトイレ

地獄谷／同トイレ内部

問合先／登別パークサービスセンター☎0143-84-3141、登別観光協会☎0143-84-3311、登別市観光振興グループ☎0143-84-2018

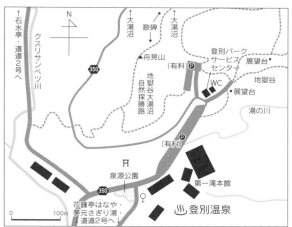

地獄谷／地獄谷

地獄谷／自然探勝路入口

支笏湖野鳥の森・休暇村支笏湖

しこつこやちょうのもり・きゅうかむらしこつこ

千歳市　標高287m

> 災害のため野鳥の森園内の大部分が通行止

登山口概要／支笏湖野鳥の森の北側、国道453号から湖に向けて少し入った場所。支笏湖野鳥の森を一巡する遊歩道の起点。詳細図はP338「紋別岳・支笏湖駐車場」の項参照。
緯度経度／〔42°46′09″〕〔141°24′20″〕
マップコード／867 064 003*68
アクセス／札幌市街地（道庁前）から国道230号、真駒内通、国道453号、市道経由で50km、約1時間15分。または道央道千歳ICから道道77号、国道36号、道道16号、国道453号、市道経由で27km、約40分。
駐車場／休暇村支笏湖前の駐車場はハイカーの利用可とのこと。約70台・50×44m・舗装・区画あり。
駐車場混雑情報／紅葉シーズンの休日は、満車になることが多い。
トイレ／駐車場にある。展示室付き。水洗。水道・TPあり。評価☆☆☆。
携帯電話／ドコモ📶通話可、au📶通話可、SB📶通話可。
その他／支笏湖温泉案内板。
取材メモ／支笏湖畔のサクラは5月上旬、紅葉は10月上旬〜中旬が見ごろ。
立ち寄り湯／①「休暇村支笏湖」で可能。無休・11〜16時（火、水曜は13時〜）・入浴料720円・☎0123-25-2201。②湖の対

休暇村／休暇村支笏湖前の駐車場

休暇村／同駐車場のトイレ

休暇村／休暇村支笏湖

岸にある「丸駒温泉旅館」でも可能。無休・10～15時・入浴料1000円・☎0123-25-2341。
問合先／支笏湖ビジターセンター☎0123-25-2404、千歳市観光事業課☎0123-24-0366、千歳駅観光案内所☎0123-24-8818

標津湿原(標津町ポー川史跡自然公園)入口
しべつしつげん（しべつちょうぽーがわしせきしぜんこうえん）いりぐち

根室管内標津町　標高2m

登山口概要／標津湿原の北東側、国道244号沿い。標津湿原（標津町ポー川史跡自然公園）の起点。標津湿原は、標津町ポー川史跡自然公園内にあり、湿原を散策する場合は入園料が必要。
緯度経度／［43°41′12″］［145°07′01″］
マップコード／658 389 105*76
アクセス／道東道足寄ICから国道242、241、243号、道道13号、国道272、244号経由で168km、約4時間12分。
駐車場／入口に駐車場がある。45台・60×14m・砂利＋砂＋泥・区画なし。
駐車場混雑情報／6月中旬に開催される「縄文まつり」の時は混雑する。
標津町ポー川史跡自然公園／4月29日～11月23日・期間中無休・9～17時・入園料320円・☎0153-82-3674。
トイレ／自然公園に入ってすぐ右手にある。泡式簡易水洗。水道・TPあり。評価☆☆。
携帯電話／ドコモ📶通話可、au📶通話可、SB📶通話可。
公衆電話／駐車場にカード・コイン式公衆電話ボックス。
ドリンク自販機／駐車場にある（PBも）。
その他／歴史民俗資料館（ビジターセンター）、標津町ポー川史跡自然公園案内板。

休暇村／休暇村支笏湖・浴場

標津湿原／自然公園入口の駐車場

標津湿原／自然公園のトイレ

標津湿原／同トイレ内部

標津湿原／歴史民俗資料館

取材メモ／標津湿原のミズバショウは4月下旬～5月中旬、オオバナノエンレイソウは5月中旬～6月上旬、ワタスゲ果穂は6月上旬～7月上旬、カキツバタとエゾカンゾウは6月下旬～7月上旬、ハマナスは7月上旬～8月下旬、サワギキョウは8月中旬～9月上旬が見ごろ。
立ち寄り湯／標津町市街地にある温泉宿で可能。①「標津川温泉ぷるけの館ホテル川畑」＝無休・7～9時＋14～20時・入浴料500円・☎0153-82-2006。②「公衆浴場くすのき」＝ホテル楠の裏手にある。無休（11～4月は第2、4火曜休。祝日は営業）・15時～21時30分（土・日曜、祝日は13時～。11月～4月は～21時）・入浴料440円・☎0153-82-3411。
問合先／標津町ポー川史跡自然公園☎0153-82-3674、標津町観光協会（標津町商工観光課）☎0153-82-2131

標津湿原／標津湿原に続く桟道

標津岳／養老牛モシリベツ林道入口

標津岳・モシベツ川登山口
しべつだけ・もしべつがわとざんぐち

根室管内中標津町　標高322m

登山口概要／標津岳の南東側、養老牛モシリベツ林道の途中。モシベツ川コースを経由する標津岳の起点。
緯度経度／［43°37′56″］［144°43′25″］
マップコード／910 177 519*61
アクセス／道東道足寄ICから国道242、241、243号、道道885、150、505号、養老牛モシリベツ林道（最初の100mは舗装。以後は路面評価★★★★の未舗装。最後の100mだけ★★★）経由で137km、約3時間30分。養老牛温泉のチャチャ橋を渡る手前、「ホテル養老牛」前から林道に入るが、林道入口の「養老の滝入口・標津岳登山入口」標識は消えかかって見えにくい。林道に進入して700mの養老の滝分岐は右へ。道道から5.5km、約14分。なお養老牛モシリベツ林道の開通期間は6月1日から11～12月頃まで。期間外はゲートによって閉鎖される。養老牛モシリベツ林道の問い合わせは、根釧東部森林管理署☎0153-82-2202 または☎050-3160-6675へ。
駐車場／登山道入口に駐車スペースがある。8～10台・28×24m・砂利＋草＋砂・区画なし。
トイレ／登山道入口にある。簡易水洗。水道なし。TPあり。評価☆☆。
携帯電話／ドコモ圏外、au～だが通話可、SB圏外。
登山届入れ／登山道入口にある。
立ち寄り湯／養老牛温泉の各宿で可能。①「ホテル養老牛」＝無休・正午～21時・入浴料500円・☎0153-78-2224。②「湯宿だいいち」＝無休・13～15時・入浴料600円・☎0153-78-2131。
問合先／根釧東部森林管理署☎0153-82-2202 または☎050-3160-6675、中標津町観光案内所☎0153-73-4787、なかしべつ観光協会☎0153-77-9733

標津町ポー川史跡自然公園→（前々項）標津湿原入口

標津岳／登山口に続く養老牛モシリベツ林道

標津岳／駐車スペースとトイレ

標津岳／同トイレ内部

島松山→P95 北広山・林道三別沢線ゲート前

シャクナゲ岳→P238 ニセコ山系・大谷地駐車場
　　　　　→P241 ニセコ山系・神仙沼駐車場
　　　　　→P244 ニセコ山系・ニセコ湯本温泉
　　　　　→P327 目国内岳・新見峠駐車場

積丹岳／国道から町道へ

積丹岳・婦美登山口（積丹岳休憩所）
しゃこたんだけ・ふみとざんぐち（しゃこたんだけきゅうけいしょ）

後志管内積丹町　標高415m

登山口概要／積丹岳の北東側、町道終点。婦美コースを経由する積丹岳の起点。
緯度経度／［43°17′23″］［140°31′47″］
マップコード／775 739 420*80
アクセス／札樽道小樽ICから国道5、229号、町道（未舗装。路面評価★★★）経由で54km、約1時間27分。国道に立つ「積丹岳登山口」の標識に従って町道へ左折（写真参照）。1.1km先から未舗装となり、国道から3.3km、約6分。
駐車場／積丹岳休憩所前や林道路肩に駐車スペースがある。約20台・20×16mなど3面・土＋砂利＋石＋草・区画なし。
駐車場混雑情報／取材した2013年6月29日は、登山シーズンの土曜日ということもあってか、到着した朝5時半の時点ではほぼ満車だった。
トイレ／積丹岳休憩所の玄関横がトイレ入口。非水洗。水道なし。TPなし。評価☆☆。
携帯電話／ドコモ📶〜📶通話可、au📶通話可、SB📶〜📶つながらず。
水場／積丹岳休憩所前にある。
登山届入れ／積丹岳休憩所内にある。
その他／積丹岳休憩所（休憩所という名称だが、無人の山小屋。宿泊自由・無料。問い合わせは積丹町商工観光課☎0135-44-3381）。
立ち寄り湯／①国道を右折し古平町方面に向かうと「古平町温泉保養センター・しおかぜ」がある。丸山隧道の手前で山に上がる道に入る。第1、3木曜休（祝日の場合は営業）・10〜21時・入浴料500円・☎0135-42-2290。②また余市町に行くと、国道229号沿いに「宇宙の湯・余市川温泉」がある。無休・9時30分〜22時・入浴料420円・☎0135-22-4126。③また同町国道5号沿いには「鶴亀温泉」もある。第3月曜休（祝日の場合は翌日）・10〜22時・入浴料600円・☎0135-22-1126。④一方、国道を左折し神威岬方面に向かうと「岬の湯しゃこたん」がある。水曜休（祝日の場合と7〜8月は営業。冬期は水、木曜休）・10〜21時・入浴料610円・☎0135-47-2050。
問合先／積丹町商工観光課☎0135-44-3381、積丹観光協会☎0135-44-3715

積丹岳／未舗装の町道

積丹岳／積丹岳休憩所と駐車スペース

積丹岳／積丹岳休憩所

積丹岳／登山道入口

積丹岬自然遊歩道・島武意海岸入口
（積丹岬キャンプ場）
しゃこたんみさきしぜんゆうほどう・しまむいかいがんいりぐち（しゃこたんみさきキャンプじょう）

後志管内積丹町　標高60m

島武意／海岸入口の駐車場

登山口概要／積丹岬の東側、町道終点。島武意海岸（日本の渚百選）の入口。積丹岬自然遊歩道の起点。道道913号側入口は次項参照。
緯度経度／［43°22′17″］［140°28′38″］
マップコード／932 747 261*80
アクセス／札樽道小樽ICから国道5、229号、道道913号、町道経由で63km、約1時間35分。道道に立つ「積丹岬・島武意海岸」の標識に従って右折。そこから600m、約1分。
駐車場／100台＋大型・92×22mなど2面・舗装・区画あり。また手前の町道沿いにも36台分の駐車場がある。
トイレ／駐車場にある。水洗。水道・TPあり。評価☆☆☆。
携帯電話／ドコモ📶通話可、au📶通話可、SB📶通話可。
ドリンク自販機／駐車場向かいの食堂前にある（PBも）。
水道／トイレ前にある。
その他／積丹岬自然遊歩道案内板、食堂、積丹岬キャンプ場。
取材メモ／駐車場には、車のドアを開ける時に強風による風圧でドアを損傷する可能性があることに注意を促す看板が立っている。トンネルを抜けると島武意海岸へ。トンネル前を右に登ると積丹岬自然遊歩道に続く。また積丹岬自然遊歩道のエゾスカシユリは6月上旬〜下旬が見ごろ。
立ち寄り湯／道道913号を神威岬方面に向かうと国道229号との交差点付近に「岬の湯しゃこたん」がある。水曜休（祝日の場合と7〜8月は営業。冬期は水、木曜休）・10〜21時・入浴料610円・☎0135-47-2050。
問合先／積丹町商工観光課☎0135-44-3381、積丹観光協会☎0135-44-3715

島武意／同駐車場のトイレ

島武意／同トイレ内部

島武意／島武意海岸入口のトンネル

島武意／岬の湯しゃこたん・露天風呂

積丹岬自然遊歩道・道道913号側入口
しゃこたんみさきしぜんゆうほどう・どうどう913ごうがわいりぐち

後志管内積丹町　標高18m

登山口概要／積丹岬の東側、道道913号沿い。積丹岬自然遊歩道の起点。町道終点側の入口、および詳細図は前項参照。
緯度経度／［43°22′05″］［140°29′10″］
マップコード／932 718 803*80
アクセス／札樽道小樽ICから国道5、229号、道道913号経由で61km、約1時間32分。すぐ手前に標識あり。
駐車場／道道沿いの自然遊歩道入口に駐車帯がある。6台・50×8m・舗装・区画あり。
携帯電話／ドコモ📶通話可、au📶通話可、SB📶通話可。
その他／岬に咲く四季の花々案内板、車上荒らし注意看板。
取材メモ／積丹岬自然遊歩道のエゾスカシユリは6月上旬～下旬が見ごろ。
立ち寄り湯／道道913号を神威岬方面に向かうと国道229号との交差点付近に「岬の湯しゃこたん」がある。水曜休（祝日の場合と7～8月は営業。冬期は水、木曜休)・10～21時・入浴料610円・☎0135-47-2050。
問合先／積丹町商工観光課☎0135-44-3381、積丹観光協会☎0135-44-3715

道道／道道沿いの駐車帯

道道／自然遊歩道入口

写万部山・共立登山口
しゃまんべやま・きょうりつとざんぐち

渡島管内長万部町　標高118m

登山口概要／写万部山の南側、町道沿い。共立コースを経由する写万部山の起点。
緯度経度／［42°34′35″］［140°23′24″］
マップコード／521 257 786*71
アクセス／道央道長万部ICから国道5号、町道経由で8km、約12分。
駐車場／登山口に駐車場がある。30～40台・44×40m・砂利＋草・区画なし。
駐車場混雑情報／5月第3土曜日（雪の状況次第で変更になることも）に行われる山開きの日は混雑する。
トイレ／駐車場の奥に簡易トイレが3基ある。TPなし。評価☆☆。
携帯電話／ドコモ📶通話可、au📶通話可、SB📶通話可。
水場／駐車場にある。
登山届入れ／駐車場の小屋内にある。
その他／登山者の心得。
立ち寄り湯／長万部駅近くの長万部温泉の各宿でも立ち寄り湯が可能。例えば、「長万部温泉ホテル」＝第2、4火曜休・6～21時・入浴料440円・☎01377-2-2079。
問合先／長万部観光協会☎01377-6-7331、長万部町産業振興課商工観光係☎01377-2-2455

写万部／登山口の駐車場

写万部／同駐車場のトイレ

写万部／登山届け入れがある小屋

斜里岳・清里登山口（清岳荘）

しゃりだけ・きよさととざんぐち（せいがくそう）

オホーツク管内清里町　標高683m

登山口概要／斜里岳（日本百名山・花の百名山・新花の百名山）の北西側、道道857号終点。清里コースを経由する斜里岳や斜里岳原生林ウォーキングコースの起点。
緯度経度／［43°46′28″］［144°41′07″］
マップコード／642 067 591*78
アクセス／道東道足寄ICから国道242、241、240、334号、町道、道道1115、857号（途中から未舗装。路面評価前半★★★★。部分的に★★★）経由で154km、約3時間54分。または旭川紋別道（国道450号）瀬戸瀬ICから国道333、39、334号、町道、道道1115、857号（上と同じ）経由で133km、約3時間24分。未舗装になってから6.7km、約12分。道道857号の開通期間は6月1日〜10月末。
駐車場／清岳荘前に駐車場がある。協力金1回100円。料金は登山届の料金箱に入れる。44台・40×40m・砂利・区画あり。※駐車場の幕営は禁止。車中泊は車1台につき有料510円。またすぐ手前の林道ゲート前は駐車禁止。
駐車場混雑情報／7月初旬の日曜日に行われる山開きの日、7月中旬〜お盆休みの土・日曜、祝日はほぼ満車になり、道道路肩に車の列ができる。7月の連休は最も混雑する。平日は8割くらい。秋は混雑しない。
トイレ／清岳荘内にある。協力金100円。循環式水洗。水道・TPあり。評価☆☆☆。また斜里岳では携帯トイレの使用が呼びかけられており、6月下旬〜9月下旬には上二股に携帯トイレ使用ブーステントが設置してある。清岳荘で携帯トイレの販売（500円）と回収（100円）も行っている。
携帯電話／ドコモ📶通話可、au📶通話可、SB📶通話可。
ドリンク自販機／清岳荘にある（PBも）。
水場／清岳荘にある。

清里／斜里岳登山口を示す案内標識

清里／未舗装の道道857号

清里／清岳荘の駐車場

清里／清岳荘

清里／清岳荘内のトイレ

登山届入れ／登山道入口にある。
その他／清岳荘＝管理人も常駐する素泊まり（有料）のみの山小屋。入館できるのは営業期間中の4〜21時。時間外は施錠される。6月下旬〜9月末営業・問い合わせ予約は、きよさと観光協会☎0152-25-4111。あずまや、斜里岳原生林ウォーキングコース案内板、掲示板、熊出没注意看板。
取材メモ／斜里岳のチングルマは6月中旬〜8月上旬、ミヤマオダマキは7月上旬〜8月中旬、紅葉は9月下旬が見ごろ。
立ち寄り湯／①清里町役場近くに「きよさと温泉・ホテル緑清荘」がある。無休（臨時休あり）・10〜22時・入浴料390円・☎0152-25-2281。②札弦駅近くの「道の駅パパスランドさっつる」でも立ち寄り湯ができる。無休・10〜21時・入浴料390円・☎0152-26-2288。③さらに南下すると緑駅近くに「緑の湯」もある。無休・10〜21時・入浴料390円・☎0152-27-5511。④一方、斜里町へ向かうと知床斜里駅の川の対岸付近、道道769号とJR釧網本線の間に「斜里温泉・湯元館」がある。無休・7〜20時・入浴料400円・☎01522-3-3486。
問合先／きよさと観光協会☎0152-25-4111、清里町企画政策課地域振興グループ☎0152-25-3601

清里／清岳荘2階テラス

清里／登山道入口

斜里岳・三井登山口
しゃりだけ・みついとざんぐち

オホーツク管内斜里町　標高452m

登山口概要／斜里岳（日本百名山・花の百名山・新花の百名山）の北西側、斜里岳林道の途中。三井（玉石の沢）コースを経由する斜里岳の起点。
緯度経度／［43°47′56″］［144°41′55″］

マップコード／642 159 519*78
アクセス／道東道足寄ICから国道242、241、240、334号、道道1000号、富士林道（路面評価最初と終盤★★★★。あとは★★★）、斜里岳林道（路面評価★★★。一部★★★★。終盤★★★★）経由で154km、約3時間55分。または旭川紋別道（国道450号）瀬戸瀬ICから国道333、39、334号、道道1000号、富士林道（上と同じ）、斜里岳林道（上と同じ）経由で135km、約3時間26分。道道1000号から「斜里岳登山道」の標識に従って富士林道へ。すぐエゾシカゲートを通り（開けたら必ず閉めておく）、その先の三叉路を右折して斜里岳林道へ入る。道道から5.6km、約12分。2017年9月の再取材時は、富士林道のゲート先に深い雨溝が生じていた。この区間だけ路面評価★★〜★。
駐車場／登山道入口前に駐車スペースがある。約4台・14×5m・草＋小石・区画なし。
駐車場混雑情報／取材した2013年7月6日に登山者名簿を確認すると、2013年6月の入山者は8組、15人、7月はこの時点で2組3人だけだった。あまり多くはないようだ。
携帯電話／ドコモ📶通話可、au📶通話可、SB📶通話可。

三井／富士林道のエゾシカゲート

三井／林道三差路に立つ案内標識

三井／登山口に続く斜里岳林道

登山届入れ／登山道入口にある。
その他／登山案内板。
取材メモ／斜里岳のチングルマは6月中旬〜8月上旬、ミヤマオダマキは7月上旬〜8月中旬、紅葉は9月下旬が見ごろ。
立ち寄り湯／①知床斜里駅の川の対岸付近、道道769号とJR釧網本線の間に「斜里温泉・湯元館」がある。無休・7〜20時・入浴料400円・☎01522-3-3486。②また清里町役場近くに「きよさと温泉・ホテル緑清荘」がある。無休（臨時休あり）・10〜22時・入浴料390円・☎0152-25-2281。③道道1115号を南下すると札弦駅近くの「道の駅パパスランドさっつる」でも立ち寄り湯ができる。無休・10〜21時・入浴料390円・☎0152-26-2288。④さらに南下すると緑駅近くに「緑の湯」もある。無休・10〜21時・入浴料390円・☎0152-27-5511。
問合先／知床斜里町観光協会☎0152-22-2125、斜里町商工観光課☎0152-23-3131、きよさと観光協会☎0152-25-4111（対応可）

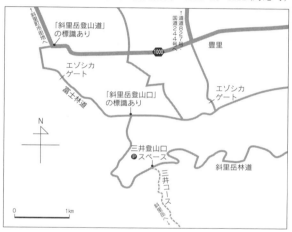

三井／登山道入口前の駐車スペース

三井／登山道入口

三井／きよさと温泉・緑清荘の大浴場

支湧別岳・上支湧別登山口
しゆうべつだけ・かみしゆうべつとざんぐち
オホーツク管内遠軽町　標高740m

> **アクセス道路通行止**

登山口概要／支湧別岳の北側、パンケ支湧別林道の終点。上支湧別コースを経由する支湧別岳の起点。※2016年の豪雨災害のため、パンケ支湧別林道は通行止。復旧の見通しは立っていないが、今後、開通した時のために2013年の取材結果を参考までに掲載しておく。
緯度経度／［43°48′01″］［143°11′02″］
マップコード／787 172 676*86
アクセス／旭川紋別道（国道450号）白滝ICから国道333号、道道558号、町道、パンケ支湧別林道（路面評価前半★★★

支湧別／道道から町道へ

支湧別／支湧別岳登山道案内板

★。後半★★★）経由で14km、約26分。道道から「支湧別岳」の標識に従って斜め左の町道へ。1km先の「支湧別岳登山道」案内板が立つ十字路は、案内板の指示通りに左折。少し先で右折してパンケ支湧別林道へ入る。道道から約4km先の林道三叉路は「支湧別岳」の標識に従って右へ。道道から5.9km、約14分。
駐車場／林道終点に駐車スペースがある。4〜5台・18×10m・細砂利＋草・区画なし。
携帯電話／ドコモ圏外、au圏外、SB圏外。
登山届入れ／登山道入口にある。
その他／手前の十字路に支湧別岳登山道案内板。
立ち寄り湯／①遠軽町市街地へ向かい、道道1070号を南下すると「丸瀬布温泉やまびこ」がある。火曜休（祝日の場合は翌日）・10〜21時（11〜3月は11時〜）・入浴料500円・☎0158-47-2233。②また同じく遠軽町市街地へ向かい瀬戸瀬駅付近の交差点を右折し、道道493号を南下すると「瀬戸瀬温泉」もある。水曜休（祝日の場合は営業）・8〜20時・入浴料500円・☎0158-44-2021。
問合先／遠軽町白滝総合支所産業課☎0158-48-2212、えんがる町観光協会白滝支部☎0158-48-2099、遠軽町商工観光課観光担当☎0158-42-4819、網走西部森林管理署白滝森林事務所☎0158-48-2529

支湧別／登山道に続くパンケ支湧別林道

支湧別／林道終点の駐車スペース

春国岱・春国岱橋奥
しゅんくにたい・しゅんくにたいばしおく

根室市　標高1m

登山口概要／春国岱（春国岱原生野鳥公園）の東側、春国岱橋を渡った道路終点。春国岱のアカエゾマツコースやキタキツネコース、ヒバリコース、ハマナスコースの起点。東梅駐車場と詳細図は次項参照。
緯度経度／［43°16′22″］［145°28′16″］
マップコード／734 387 360*40
アクセス／道東道阿寒ICから国道240、38、44号経由で138km、約2時間14分。
駐車場／春国岱橋を渡ったところに駐車スペースがある。約30台・46×26m・砂＋小石・区画なし。
トイレ／付近の道道沿いにある東梅駐車場（次項）にある。水洗。水道・TPあり。評価☆☆☆。
携帯電話／ドコモ📶通話可、au📶通話可、SB📶通話可。
その他／春国岱原生野鳥公園案内板。
取材メモ／春国岱のミズバショウは4月中旬〜5月上旬、クロユリは5月下旬〜6月中旬、ハマナスは7月上旬〜8月上旬、アッケシソウ紅葉は9月下旬〜10月中旬が見ごろ。また「小鳥の小道」のフクジュソウは4月上旬〜下旬、エゾトリカブトは8月上旬〜下旬が見ごろ。
問合先／春国岱原生野鳥公園ネイチャーセンター☎0153-25-3047、根室市観光協会☎0153-24-3104、根室市商工観光課☎0153-23-6111

春国岱橋／春国岱橋先の駐車スペース

春国岱橋／桟道入口

春国岱橋／春国岱に続く桟道

春国岱・東梅駐車場
（春国岱原生野鳥公園ネイチャーセンター）
しゅんくにたい・とうばいちゅうしゃじょう
（しゅんくにたいげんせいやちょうこうえんねいちゃーせんたー）

根室市　標高27m

東梅／東梅駐車場

登山口概要／春国岱（春国岱原生野鳥公園）の東側、国道44号沿い。春国岱のアカエゾマツコースやキタキツネコース、ヒバリコース、ハマナスコースの起点。自然学習林に続く「小鳥の小道」などの起点。春国岱により近い春国岱橋を渡った先（前項）まで車で進入することも可能。

緯度経度／［43°16′10″］［145°28′36″］

マップコード／734 387 020*40

アクセス／道東道阿寒ICから国道240、38、44号、市道経由で137km、約2時間12分。

駐車場／国道沿いに東梅駐車場がある。27台＋大型・94×28m・舗装・区画あり。

駐車場混雑情報／混雑することはほとんどないとのことだが、通りすがりの車の休憩にも利用されているようだった。

トイレ／駐車場にある。水洗。水道・TPあり。評価☆☆☆。

春国岱原生野鳥公園ネイチャーセンター／春国岱の自然情報展示施設。水曜休（祝日の場合は翌日）・9〜17時（10〜3月は〜16時30分）・☎0153-25-3047。

携帯電話／ドコモ📶通話可、au📶通話可、SB📶通話可。

その他／春国岱原生野鳥公園総合案内板、国指定風蓮湖鳥獣保護区案内板。

取材メモ／春国岱のミズバショウは4月中旬〜5月上旬、クロユリは5月下旬〜6月中旬、ハマナスは7月上旬〜8月上旬、アッケシソウ紅葉は9月下旬〜10月中旬が見ごろ。また「小鳥の小道」のフクジュソウは4月上旬〜下旬、エゾトリカブトは8月上旬〜下旬が見ごろ。

問合先／春国岱原生野鳥公園ネイチャーセンター☎0153-25-3047、根室市観光協会☎0153-24-3104、根室市商工観光課☎0153-23-6111

東梅／同駐車場のトイレ

東梅／同トイレ内部

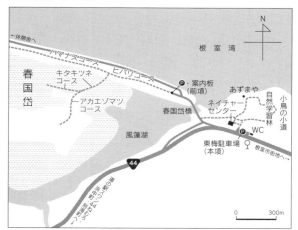

東梅／ネイチャーセンター

東梅／小鳥の小道にあるあずまや

定山渓天狗岳・白井二股
じょうざんけいてんぐだけ・しらいふたまた

札幌市南区　標高428m

登山口概要／定山渓天狗岳（天狗山）の南西側、道道95号から橋を渡ってすぐの林道三叉路。熊ノ沢コースを経由する定山渓天狗岳、白井右股川コースを経由する余市岳の起点。
緯度経度／［42°59′41″］［141°04′43″］
マップコード／989 279 086*54
アクセス／札幌市街地（道庁前）から国道230号、道道95号経由で34km、約53分。または道央道虻田洞爺湖ICから国道230号、道道95号経由で86km、約2時間10分。あるいは札樽道朝里ICから道道1、95号経由で40km、約1時間。道道の交差点に標識はない。
駐車場／三叉路に駐車スペースがある。計約8台・砂利＋小石＋草＋水たまり・区画なし。
駐車場混雑情報／定山渓森林事務所によると、平日でも3〜4台とまっていることが多いので、休日は混雑する可能性があるとのことだ。
携帯電話／ドコモ圏外、au圏外、SB圏外。
登山届入れ／天狗小屋にある。
その他／天狗小屋、熊出没注意看板。
立ち寄り湯／定山渓温泉の温泉宿で立ち寄り湯ができる。①「ホテル鹿の湯」＝休前、祝前日は立ち寄り湯は休み・15〜20時（日曜、祝日は〜17時）・入浴料820円・☎011-598-2311。②「ホテル山水」＝不定休・正午〜19時（休前日は〜15時）・入浴料640円・☎011-598-2301。③「悠久の宿・白糸」＝無休・正午〜19時（休前日は〜15時）・入浴料600円・☎011-598-3351。④ほかの多くの宿でも立ち寄り湯は可能（入浴料700〜1500円）。一方、道道1号で小樽方面に向かうと朝里川温泉がある。⑤「かんぽの宿小樽」＝無休・10時30分〜20時・入浴料600円・☎0134-54-8511。⑥「ホテ

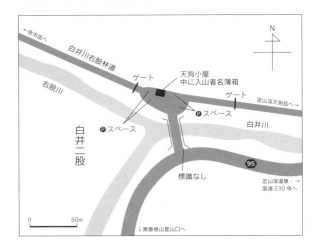

白井二股／道道からこの橋を渡る

白井二股／三叉路の駐車スペース

白井二股／天狗小屋

白井二股／余市岳に続く林道ゲート

白井二股／定山渓天狗岳に続く林道ゲート

ル武蔵亭」＝無休・9〜22時・入浴料600円・☎0134-54-8000。
問合先／石狩森林管理署☎050-3160-5710または☎011-563-6111、石狩森林管理署定山渓森林事務所☎011-598-4351、定山渓まちづくりセンター☎011-598-2191、札幌市観光企画課☎011-211-2376、北海道さっぽろ観光案内所☎011-213-5088

庄司山・蒜沢南面コース登山口→P378

暑寒別岳・雨竜沼湿原ゲートパーク
　→P50 雨竜沼湿原・雨竜沼湿原ゲートパーク

暑寒別岳・暑寒登山口（渓流の森・暑寒荘）
しょかんべつだけ・しょかんとざんぐち（けいりゅうのもり・しょかんそう）
留萌管内増毛町　標高280m

暑寒／暑寒沢野営場

登山口概要／暑寒別岳（日本二百名山）の北側、町道終点。暑寒コースを経由する暑寒別岳、「渓流の森」を一巡する遊歩道の起点。
緯度経度／［43°46′15″］［141°30′38″］
マップコード／802 376 201*04
アクセス／深川留萌道留萌大和田ICから国道233、231号、道道546号、町道（最後の区間のみ）経由で34km、約52分。増毛町市街地の国道と道道交差点には「暑寒別岳登山口」の標識がある。道道は2車線だが、「あと2km」の標識の少し先から狭くなり、暑寒沢野営場を過ぎると、最後の500mは未舗装（路面評価★★★★〜★★★）となる。国道から10.7km、約13分。道道546号と町道の開通期間は4月中旬〜10月下旬。
駐車場／「渓流の森」に駐車場がある。27台・34×22m・舗装・区画あり。
駐車場混雑情報／混雑することはない。
トイレ／駐車場の隣にある。簡易水洗。水道・TPあり。評価☆☆☆。また暑寒荘内にもある。非水洗。TPあり。評価☆☆。
携帯電話／ドコモ圏外、au圏外、SB圏外。
登山届入れ／暑寒荘前にある。
その他／暑寒荘（シーズン中の昼間は管理人常駐。利用申込み・問い合わせは増毛町商工観光課☎0164-53-3332）、暑寒別岳の高山植物案内板、暑寒別岳登山案内板、渓流の森案内板、熊出没注意看板。
取材メモ／増毛町役場によると暑寒別岳では6〜8月にブヨやアブ、蚊が非常に多く発生するので虫除け網などの防虫対策が必要とのことだ。
立ち寄り湯／①国道231号を南下した増毛町岩尾地区に「岩尾温泉あったま〜る」がある。4〜11月・11〜21時（土、日曜・祝日は10時〜）・入浴料500円・☎0164-55-2024。②同じく岩尾地区に増毛町唯一の温泉宿「夕陽荘」もある。

暑寒／渓流の森の駐車場

暑寒／駐車場隣のトイレ

暑寒／同トイレ内部

暑寒／暑寒荘

5～10月・水曜休・11時～20時30分（土、日曜・祝日は10時～）・入浴料500円・☎0164-55-9611。
問合先／増毛町観光協会（増毛町商工観光課商工観光係）☎0164-53-3332

暑寒／登山道入口

箸別／登山口に続くふるさと林道箸別線

箸別／箸別小屋駐車場

暑寒別岳・箸別登山口（箸別避難小屋）
しょかんべつだけ・はしべつとざんぐち（はしべつひなんごや）

留萌管内増毛町　標高490m

登山口概要／暑寒別岳（日本二百名山）の北東側、ふるさと林道箸別線終点。箸別コースを経由する暑寒別岳の起点。
緯度経度／［43°46′50″］［141°34′09″］
マップコード／802 413 352*04
アクセス／深川留萌道留萌大和田ICから国道233、231号、町道、ふるさと林道箸別線（全線舗装）経由で33km、約48分。増毛町市街地の手前、箸別駅付近の新箸別橋を渡る手前で町道に左折する。国道に標識はないが、最初の町道交差点に「暑寒別岳」の標識がある。ふるさと林道箸別線は眺めがいい快適な舗装道路。国道から12.5km、約18分。ふるさと林道箸別線の開通期間は6月上旬～10月下旬。
駐車場／林道終点の60m手前に箸別小屋駐車場がある。26台・32×22m・舗装・区画あり。
駐車場混雑情報／混雑することはない。
トイレ／箸別避難小屋の向かって右奥にある。非水洗。TPあり。評価☆☆。
携帯電話／ドコモ📶～📶通話可、au📶通話可、SB📶つながらず。
登山届入れ／登山道入口にある。
その他／箸別避難小屋（宿泊自由・無料。問い合わせは増毛町商工観光課商工観光係☎0164-53-3332）、暑寒別岳登山道案内板、国有林からのお願い看板、熊出没注意看板。

箸別／箸別避難小屋

箸別／同小屋内部

取材メモ／増毛町役場によると暑寒別岳では6～8月にブヨやアブ、蚊が非常に多く発生するので虫除け網などの防虫対策が必要とのことだ。
立ち寄り湯／①国道231号を南下した増毛町岩尾地区に「岩尾温泉あったま～る」がある。4～11月・11～21時（土、日曜・祝日は10時～）・入浴料500円・☎0164-55-2024。②同じく岩尾地区に増毛町唯一の温泉宿「夕陽荘」もある。5～10月・水曜休・11時～20時30分（土、日曜・祝日は10時～）・入浴料500円・☎0164-55-9611。
問合先／増毛町観光協会（増毛町商工観光課商工観光係）☎0164-53-3332

暑寒別岳・ペンケペタン川コース登山口
　→P50 雨竜沼湿原・雨竜沼湿原ゲートパーク

箸別／同小屋右奥のトイレ

箸別／登山道入口

白樺遊歩道・青い池駐車場
しらかばゆうほどう・あおいいけちゅうしゃじょう

上川管内美瑛町　標高502m

登山口概要／白金温泉の北西側、道道966号沿いを少し入った場所。白樺遊歩道の美瑛町市街地側の起点。
緯度経度／［43°29′29″］［142°36′50″］
マップコード／349 569 603*74
アクセス／道東道占冠ICから国道237号、道道353、966号、町道経由で84km、約2時間6分。または道央道旭川鷹栖ICから道道146号、国道12号、道道90号、国道237号、道道966号、町道経由で47km、約1時間10分。
駐車場／約100台・100×40mなど2面・砂利・区画あり。
駐車場混雑情報／夏の連休中やお盆休みは、青い池目的の車の駐車待ちで道道に数kmにわたる渋滞が発生するほどに混雑する。
トイレ／手前のインフォメーションセンターにある。
携帯電話／未調査だが、近くの白金温泉では、ドコモ📶通話可、au📶通話可、SB📶通話可。
その他／青い池案内板。
取材メモ／白樺遊歩道は道道966号（白樺街道）と並行してまっすぐに続く片道3km、所要約1時間のコース。また青い池は、パソコンの壁紙に採用されたことで、近年有名になった人工の池で、アルミニウムを含んだ水が青い光を反射してコバルトブルー色に見える神秘的な池。
立ち寄り湯／白金温泉の各宿で立ち寄り湯ができる。例えば①「白金温泉・美瑛町国民保養センター」＝月曜休（祝日の場合も休み）・9時30分～20時・入浴料300円・☎0166-94-3016。②ほか「湯元白金温泉ホテル」「山辺の家族」「ホテルパークヒルズ」「大雪山白金観光ホテル」などの各宿でも可能（入浴料600～1000円）。
問合先／美瑛町観光協会☎0166-92-4378、美瑛町経済文化振興課観光振興係☎0166-92-4321

青い池／青い池駐車場

青い池／青い池

青い池／美瑛町国民保養センター・浴室

白樺遊歩道・白金温泉
しらかばゆうほどう・しろがねおんせん

上川管内美瑛町　標高502m

登山口概要／白金温泉街の道道966号沿い。白樺遊歩道の白金温泉側の起点。ウグイス谷遊歩道、原生林遊歩道、せせらぎ遊歩道、望岳台遊歩道（白金コース）の起点。
緯度経度／〔43°28′25″〕〔142°38′18″〕
マップコード／796 182 481*74
アクセス／道東道占冠ICから国道237号、道道353、966号経由で87km、約2時間10分。または道央道旭川鷹栖ICから道道146号、国道12号、道道90号、国道237号、道道966号経由で50km、約1時間15分。
駐車場／白金温泉に公共駐車場がある。美瑛町観光センター前駐車場＝25台＋大型・26×26m・舗装・区画あり。湯元白金温泉ホテル前駐車場＝湯元白金温泉ホテル前の西側は公共駐車場。10台・38×12m・舗装・区画あり。「公共駐車場」という標識あり。
駐車場混雑情報／混雑することはない。
トイレ／美瑛町観光センター前駐車場にある。水洗。水道・TPあり。評価☆☆。
携帯電話／ドコモ通話可、au通話可、SB通話可。
公衆電話／美瑛町観光センター前駐車場にカード・コイン式公衆電話ボックスがある。
ドリンク自販機／美瑛町観光センター前駐車場付近にある（PBも）。
その他／美瑛町観光センター、携帯トイレ回収ボックス。
取材メモ／白樺遊歩道は、道道966号（白樺街道）と並行してまっすぐに続く片道3km、所要約1時間のコース。ウグイス谷遊歩道は望岳台まで続く3.8km、所要2時間のコース。原生林遊歩道はウッドチップを敷いた幅が広く歩きやすい4.3km、所要2時間のコース。

白金／観光センター前の公共駐車場

白金／同駐車場のトイレ

白金／同トイレ内部

白金／美瑛町観光センター

白金／白金温泉ホテル前の公共駐車場

立ち寄り湯／白金温泉の各宿で立ち寄り湯ができる。例えば①「白金温泉・美瑛町国民保養センター」＝月曜休（祝日の場合も休み）・9時30分〜20時・入浴料300円・☎0166-94-3016。②ほか「湯元白金温泉ホテル」「山辺の家族」「ホテルパークヒルズ」「大雪山白金観光ホテル」などの各宿でも可能（入浴料600〜1000円）。
問合先／美瑛町観光協会☎0166-92-4378、美瑛町経済文化振興課観光振興係☎0166-92-4321

白金／「せせらぎ遊歩道」入口標識

知内丸山・矢越山荘
しりうちまるやま・やごしさんそう

渡島管内知内町　標高52m

登山口概要／知内丸山の南東側、町道沿い。小谷石コースを経由する知内丸山の起点。啓発の森遊歩道の起点。
緯度経度／［41°31′55″］［140°24′52″］
マップコード／584 110 454*46
アクセス／函館市街地（函館駅前）から国道5、227、228号、道道531号、町道経由で57km、約1時間25分。道央道大沼公園ICから道道149号、国道5号、道道96号、国道228号、道道531号、町道経由で71km、約1時間47分。または函館江差道北斗茂辺地ICから道道29号、国道228号、道道531号、町道経由で40km、約1時間。小谷石地区の矢越山荘方面に続く道入口は、写真と詳細図参照。
駐車場／矢越山荘下に駐車場がある。56台・50×44m・砂利・区画あり。さらに未舗装林道を奥に入り、登山道入口を過ぎた先の水道施設前にも3〜4台分の駐車スペースがある。
駐車場混雑情報／10月第2日曜日に開催される「矢越クラフトホリデー」時は満車になる。また10月最終日曜日に開催される「山荘祭り」時は混雑する。
トイレ／小谷石地区手前の道道沿い、イカリカイ駐車公園

知内／小谷石地区。ここを入る

知内／矢越山荘下の駐車場

知内／矢越山荘

知内／同山荘内のトイレ

にある。水洗。水道（飲用不可）・TPあり。評価☆☆☆。
また矢越山荘内のトイレは、開館日・開館時間内に限り、
登山者の利用可。水洗（温水洗浄便座付き）。水道・TPあり。
評価☆☆☆。
携帯電話／ドコモ📶通話可、au📶通話可、SB圏外。
登山届入れ／矢越山荘玄関前にある。
矢越山荘／町の施設で、近年、建て替えられた。月、火曜休（祝
日の場合は翌日）・6月中旬〜10月末は9〜17時。11月は
〜14時。開館時間内は管理人が常駐。登山者の休憩利用可。
コインシャワー（一人100円）あり。
その他／啓発の森概要図。
取材メモ／登山道入口は、矢越山荘からさらに未舗装林道
を100m奥に進むと右手にある。
立ち寄り湯／知内町市街地に戻る途中に「知内町健康保養
センター・こもれび温泉」がある。月曜休（祝日の場合は
翌日）・10〜21時・入浴料400円・☎01392-6-2323。
問合先／知内町産業振興課商工係☎01392-5-6161、知内観
光協会☎01392-5-7311

知内／同山荘内の休憩室

知内／イカリカイ駐車公園のトイレ

尻羽岬入口
しりっぱ（しれぱ）みさきいりぐち

釧路管内釧路町　標高125m

登山口概要／尻羽岬の西側、町道終点。尻羽岬に続く小径
の起点。
緯度経度／［42°56′13″］［144°46′15″］
マップコード／973 062 119*30
アクセス／道東道阿寒ICから国道240、38号、道道113、142
号、町道（舗装と未舗装。路面評価★★★★〜★★★）経
由で65km、約1時間28分。道道142号から800m先の三叉路
を左折。この先、未舗装となり、道道から3.6km、5分半。

尻羽／未舗装の町道

尻羽／町道終点の駐車場とトイレ

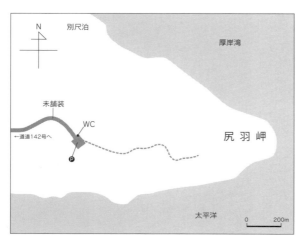

尻羽／同トイレ内部

駐車場／町道終点に駐車場がある。約20台・28×28m・砂利＋草・区画なし。
トイレ／駐車場にある。非水洗。水道なし。TPなし。評価☆☆。
携帯電話／ドコモ📶通話可、au📶通話可、SB📶通話可。
問合先／釧路町産業経済課商工観光係☎0154-62-2193

後方羊蹄山（しりべしやま）
　→P346 羊蹄山・喜茂別登山口
　→P347 羊蹄山・京極登山口
　→P348 羊蹄山・倶知安ひらふコース登山口
　→P350 羊蹄山・真狩登山口

尻羽／岬に続く小径

尻別岳・留寿都登山口（ルスツリゾート上部）
しりべつだけ・るすつとざんぐち（るすつりぞーとじょうぶ）

後志管内留寿都村　標高660m

登山口概要／尻別岳の南西側、未舗装道の途中。留寿都コースを経由する尻別岳の起点。
緯度経度／［42°45′18″］［140°53′16″］
マップコード／385 316 299*50
アクセス／札幌市街地（道庁前）から国道230、276号、道道257号、未舗装道（路面評価★★★★。一部★★★）経由で79km、約2時間。または札樽道小樽ICから国道393、276号、道道257号、未舗装道（上と同じ）経由で84km、約2時間6分。あるいは道央道虻田洞爺湖ICから国道230号、道道66、257号、未舗装道（上と同じ）経由で32km、約48分。未舗装道入口には「尻別岳入口」の小さな標識が立っている（写真参照）。すぐにせん虫防除のための浅い水溜めを渡り、道道257号から3.2km、約7分。未舗装道は幅員が広く運転しやすい。
駐車場／登山道入口に駐車スペースがある。約10台・20×15m・砂利＋草・区画なし。
トイレ／近くに「道の駅230ルスツ」がある。
携帯電話／ドコモ📶通話可、au📶通話可、SB📶〜📶だが通話可。
登山届入れ／登山道入口にある。
立ち寄り湯／国道230号に出て2kmほど南下、標識に従って右折すると村営の「ルスツ温泉」がある。水曜休・11～21時・入浴料（清掃協力金として）200円・☎0136-46-2626。
問合先／留寿都村企画観光課☎0136-46-3131

尻別岳／未舗装道入口。ここを入る

尻別岳／登山道入口の駐車スペース

知床五湖入口
（五湖駐車場・知床五湖フィールドハウス）
しれとこごこいりぐち（ごこちゅうしゃじょう・しれとこごこふぃーるどはうす）

オホーツク管内斜里町　標高246m

登山口概要／知床五湖の南西側、町道終点。知床五湖の高

知床五湖／五湖駐車場

架木道や地上遊歩道との組み合わせによる大ループと小ループの起点。
緯度経度／［44°07′18″］［145°04′49″］
マップコード／ 757 730 273*73
アクセス／道東道足寄ICから国道242号、道道51号、国道240、334号、道道93号、町道経由で198km、約4時間57分。または旭川紋別道（国道450号）瀬戸瀬ICから国道333、39、334号、道道93号、町道経由で177km、約4時間26分。道道93号の開通期間は4月中旬〜12月初旬。
知床五湖／4月下旬〜11月下旬・期間中無休・7時30分〜18時（時期により変動）・☎0152-24-3323。知床五湖には、入口から一湖を結ぶ高架木道と、それ以外の4つの湖を結ぶ地上遊歩道があり、高架木道は開園期間中は自由に散策できるが、地上遊歩道は時期により手続きが異なる。開園〜5月9日と8月1日〜10月20日は、レクチャーを受けることで地上遊歩道を歩ける。5月10日〜7月31日は、ヒグマ活動期にあたるため有料のガイドツアーに参加すれば地上遊歩道を歩ける。10月21日〜閉園は手続き不要で自由に歩ける。詳しくは、知床五湖の公式サイトを参照。
http://www.goko.go.jp/
駐車場／有料1回500円。開園時間と同じ。時間外は閉鎖される。110台・94×48m・舗装・区画あり。
駐車場混雑情報／お盆休みと9〜10月の連休なか日が最も混雑し、1時間以上の駐車待ちとなる激しい渋滞が発生する。7月連休のなか日と8〜9月のお盆休み以外の土・日曜、祝日は1時間程度の駐車待ち、8月の平日と10月の連休は30分程度の駐車待ちが発生する。上記の知床五湖公式サイトに詳しい渋滞予測カレンダーが掲載されている。またtwitterでも最新の情報を配信中。@shiretoko_goko（https://twitter.com/shiretoko_goko）
トイレ／知床五湖フィールドハウスにある。水洗。水道・TPあり。評価☆☆☆。
携帯電話／ドコモ 通話可、au圏外、SB圏外。
ドリンク自販機／知床五湖パークサービスセンターにある（PBも）。
その他／知床五湖フィールドハウス＝散策の手続きやレクチャーを受ける施設（開館時間・問い合わせ先は知床五湖と同じ）。知床五湖パークサービスセンター＝売店・軽食コーナー・休憩スペース・コインロッカー。8〜17時（時期により変動）・☎0152-24-2299。知床五湖案内板、知床五湖バス停（斜里バス）。
取材メモ／知床五湖のミズバショウは5月上旬〜6月上旬、エゾヤマザクラは5月下旬、オオバナノエンレイソウは5月下旬〜6月上旬、ネムロコウホネは6月下旬〜8月上旬が見ごろ。
立ち寄り湯／①ウトロ方面に少し戻り、岩尾別から町道を山に入るとその奥にある木下小屋で可能だが、宿泊客優先のため要確認。6月中旬〜10月中旬・10〜15時・入浴料300円・☎0152-24-2824。②またウトロ温泉に「夕陽台の湯」がある。6月1日〜10月31日・期間中無休・14〜20時・入浴料300円・☎0152-24-2811。ウトロ温泉の各宿でも可能だが、時期により入浴できないこともある。例えば③「ホテル知床」＝4月下旬〜10月末・期間中無休・15〜20時・

知床五湖／知床五湖パークサービスセンター

知床五湖／知床五湖フィールドハウス

知床五湖／同ハウス内のトイレ

知床五湖／同センター前の案内板

知床五湖／高架木道入口

郵便はがき

料金受取人払郵便

札幌中央局
承　認

6435

差出有効期間
平成31年12月
31日まで
(切手不要)

0 6 0 - 8 7 5 1

8 0 1

(受取人)

札幌市中央区大通西3丁目6

北海道新聞社　出版センター

愛読者係　行

お名前	フリガナ		性　別
			男　・　女
ご住所	〒□□□-□□□□		都道府県
電話番号	市外局番(　　　)　-	年　齢	職　業
Eメールアドレス			
読書傾向	①山　②歴史・文化　③社会・教養　④政治・経済　⑤科学　⑥芸術　⑦建築　⑧紀行　⑨スポーツ　⑩料理　⑪健康　⑫アウトドア　⑬その他(　　　　)		

★ご記入いただいた個人情報は、愛読者管理にのみ利用いたします。

愛読者カード　　**新版 北海道登山口情報400**

　本書をお買い上げくださいましてありがとうございました。内容、デザインなどについてのご感想、ご意見をホームページ「北海道新聞社の本」http://shopping.hokkaido-np.co.jp/book/の本書のレビュー欄にお書き込みください。

　このカードをご利用の場合は、下の欄にご記入のうえ、お送りください。今後の編集資料として活用させていただきます。

＜本書ならびに当社刊行物へのご意見やご希望など＞

■ご感想などを新聞やホームページなどに匿名で掲載させていただいてもよろしいですか。　（はい　いいえ）

■この本のおすすめレベルに丸をつけてください。

高　（　5・4・3・2・1　）　低

〈お買い上げの書店名〉

　　　　都道府県　　　　　　　市区町村　　　　　　　書店

■ご注文について

北海道新聞社の本はお近くの書店、道新販売所でお求めください。

道外の方で書店にない場合は最寄りの書店でご注文いただくか、お急ぎの場合は代金引換サービスでお送りいたします（1回につき代引き手数料230円。商品代金1,500円未満の場合は、さらに送料300円が加算されます）。お名前、ご住所、電話番号、書名、注文冊数を出版センター（営業）までお知らせください。

【北海道新聞社出版センター（営業）】電話011-210-5744　FAX011-232-1630

　電子メール pubeigyo@hokkaido-np.co.jp

　インターネットホームページ http://shopping.hokkaido-np.co.jp/book/

　目録をご希望の方はお電話・電子メールでご連絡ください。

入浴料800円・☎0152-24-2131。④「知床第一ホテル」＝通年・無休・14〜17時・入浴料1200円・☎0152-24-2334。⑤「夕映えの宿・国民宿舎桂田」＝4月下旬〜10月・期間中無休・12〜21時・入浴料500円・☎0152-24-2752。※「岩尾別温泉・ホテル地の涯」は休業中。
問合先／知床五湖フィールドハウス☎0152-24-3323、知床斜里町観光協会☎0152-22-2125

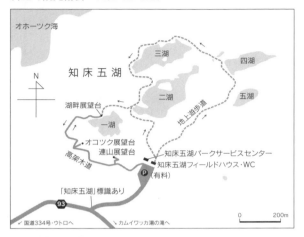

知床五湖／高架木道と知床連山

知床五湖／湖畔展望台と知床連山

知床五湖／夕陽台の湯・露天風呂

知床連山・硫黄山
　→（次々項）知床連山・カムイワッカゲート
　　（カムイワッカ湯の滝入口）

知床連山・岩尾別温泉（木下小屋）
しれとこれんざん・いわおべつおんせん（きのしたごや）

オホーツク管内斜里町　標高218m

登山口概要／羅臼岳（日本百名山・花の百名山・新花の百名山）の北西側、町道終点。岩尾別コースを経由する羅臼岳の起点。
緯度経度／［44°06′37″］［145°05′21″］（ホテル地の涯）
［44°06′34″］［145°05′24″］（木下小屋前）
マップコード／757 671 845*73（ホテル地の涯前）
757 671 758*73（木下小屋前）
アクセス／道東道足寄ICから国道242号、道道51号、国道240、334号、道道93号、町道経由で197km、約4時間55分。または旭川紋別道（国道450号）瀬戸瀬ICから国道333、39、334号、道道93号、町道経由で176km、約4時間24分。町道の開通期間は4月下旬〜11月上旬。
駐車場／木下小屋前に駐車スペースがある（5〜6台分）。またホテル地の涯の駐車場は登山者の利用不可。ただしホテル向かいの砂利部分のスペースや一般の駐車場は空いていれば停めてもよいとのこと。ホテルに続く町道沿いにも

岩尾別／ホテル地の涯前の駐車場

岩尾別／同駐車場の登山者用トイレ

若干の駐車スペースがあるが、大型観光バスも通行するので支障にならないように停めること。
駐車場混雑情報／7～8月の登山シーズン中は木下小屋の駐車スペースは早朝から満車になり、町道沿いにも車の列が並ぶほどに混雑する。
トイレ／ホテル地の涯前に登山者用のトイレがある。バイオ式。水道なし。TPあり。評価☆☆。また木下小屋前にもある。非水洗。水道なし。TPなし。評価☆☆。
携帯電話／ドコモ圏外、au圏外、SB圏外。
登山届入れ／木下小屋にある。
その他／羅臼岳登山案内板。
取材メモ／羅臼岳のイソツツジは6月中旬～7月上旬、エゾコザクラやチングルマは6月中旬～8月上旬、エゾノツガザクラは6月下旬～8月下旬、イワブクロは7月下旬～8月上旬が見ごろ。
立ち寄り湯／①木下小屋で可能だが、宿泊客優先のため要確認。6月中旬～10月中旬・10～15時・入浴料300円・☎0152-24-2824。②ウトロ温泉に「夕陽台の湯」がある。6月1日～10月31日・期間中無休・14～20時・入浴料500円・☎0152-24-2811。③ウトロ温泉の各宿でも可能だが、時期により入浴できないこともある。例えば「ホテル知床」＝4月下旬～10月末・期間中無休・15～20時・入浴料800円・☎0152-24-2131。※「岩尾別温泉・ホテル地の涯」は休業中。
問合先／知床自然センター☎0152-24-2114、知床斜里町観光協会☎0152-22-2125、斜里町商工観光課☎0152-23-3131

岩尾別／同トイレ内部

岩尾別／木下小屋前の駐車スペース

岩尾別／同スペース奥のトイレ

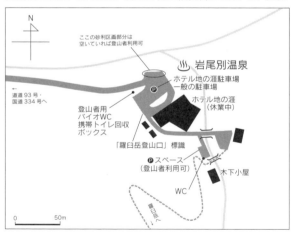

岩尾別／木下小屋

岩尾別／登山道入口

知床連山・カムイワッカゲート（カムイワッカ湯の滝入口）
しれとこれんざん・かむいわっかげーと（かむいわっかゆのたきいりぐち）
オホーツク管内斜里町　標高250m

登山口概要／硫黄山の北西側、道道93号（通称・知床林道）

のカムイワッカゲート前。硫黄川コースを経由する硫黄山、知床連山縦走コースの起点。カムイワッカ湯の滝入口。
緯度経度／［44°09′14″］［145°07′43″］（湯の滝入口）、［44°09′21″］［145°07′28″］（手前の登山者用駐車スペース）
マップコード／757 855 177*74（湯の滝入口）
757 855 372*74（手前の登山者用駐車スペース）
アクセス／道東道足寄ICから国道242号、道道51号、国道240号、334号、道道93号（知床五湖入口までは舗装。以後は未舗装。路面評価★★★★）経由で208km、約5時間14分。または旭川紋別道（国道450号）瀬戸瀬ICから国道333号、39号、334号、道道93号（上と同じ）経由で187km、約4時間43分。知床五湖入口から10.5km、約17分。道道93号の開通期間は4月中旬～12月初旬。道道93号の未舗装区間（知床林道）の開通期間は6月初旬～10月下旬。
マイカー規制／道道93号の未舗装区間（知床林道）は時期によりマイカー規制される。2017年度の規制期間は、8月1日～8月25日で、その間は斜里バスターミナル、ウトロバスターミナル、知床自然センターの駐車場のいずれかに車を置いてシャトルバスに乗り換える。知床五湖駐車場に車を置いてシャトルバスに乗ることはできないので注意。規制期間、規制内容は年によって変わる可能性があるので要確認。
駐車場／カムイワッカゲート前や手前の路肩に駐車スペースがあるが、カムイワッカ橋周辺のスペースは、カムイワッカ湯の滝訪問者用なので、登山者が利用できるのは手前の駐車スペースのみ（詳細図参照）。5～6台・22×8m・砂利・区画なし。
駐車場混雑情報／マイカー規制日以外のシーズン中の休日（特に7月の3連休とお盆休み）は満車になる可能性が高い。
トイレ／カムイワッカ湯の滝入口に簡易トイレが3基ある。TPあり。評価☆☆。
携帯電話／登山者用駐車スペース＝ドコモ圏通話可、au圏～圏つながらず、SB圏だが、かなり途切れる。カムイワッカゲート手前＝ドコモ圏外、au圏外、SB圏外。
登山届入れ／通行止め及び特例使用制度案内板に入下山者名簿がある。特例使用申請書類とは別に入下山者名簿にも記入すること。
通行止め及び特例使用制度／カムイワッカゲートから硫黄山登山道入口までの区間は落石の危険があるため通行止になっているが、硫黄山登山や知床連山の縦走を行う登山者のみ利用できる（観光目的の利用は不可）。利用に際しては事前に北海道オホーツク総合振興局宛に申請するか、現場で書類に記入して投函箱に入れる。事前申請の方法は、知床自然センターのサイトに詳しい説明がある。
http://center.shiretoko.or.jp/guide/iouzan/
その他／携帯トイレ回収ボックス、カムイワッカ湯の滝バス停（斜里バス）、熊出没注意看板、カムイワッカ湯の滝解説板、通行止め及び特例使用制度案内板と投函箱。
取材メモ／カムイワッカ湯の滝の一の滝までは入口から徒歩10分。ゲートから硫黄山登山道入口までは600m。また硫黄山のシレトコスミレは6月下旬～7月上旬が見ごろ。

カムイ／道道93号の未舗装区間

カムイ／手前の登山者用駐車スペース

カムイ／湯の滝訪問者用駐車スペース

カムイ／湯の滝入口の簡易トイレ

カムイ／カムイワッカ湯の滝入口

立ち寄り湯／①近くの木下小屋で可能だが、宿泊客優先のため要確認。6月中旬～10月中旬・10～15時・入浴料300円・☎0152-24-2824。②ウトロ温泉に「夕陽台の湯」がある。6月1日～10月31日・期間中無休・14～20時・入浴料500円・☎0152-24-2811。ウトロ温泉の各宿でも可能だが、時期により入浴できない場合がある。例えば③「ホテル知床」＝4月下旬～10月末・期間中無休・15～20時・入浴料800円・☎0152-24-2131。④「知床第一ホテル」＝通年・無休・14～17時・入浴料1200円・☎0152-24-2334。※「岩尾別温泉・ホテル地の涯」は休業中。
問合先／知床自然センター☎0152-24-2114、知床斜里町観光協会☎0152-22-2125、斜里町商工観光課☎0152-23-3131

カムイ／案内板と投函箱

カムイ／カムイワッカゲート

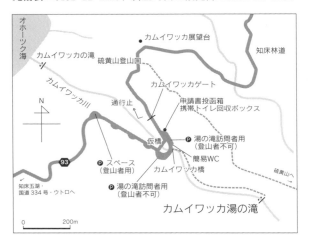

知床連山・熊越の滝→P111 熊越の滝入口

カムイ／夕陽台の湯・内湯

知床連山・熊の湯駐車帯
しれとこれんざん・くまのゆちゅうしゃたい

根室管内羅臼町　標高136m

登山口概要／羅臼岳（日本百名山・花の百名山・新花の百名山）の南東側、国道334号沿い。羅臼ビジターセンター（次々項）の少し西側（知床峠側）にある。羅臼（羅臼温泉）コースを経由する羅臼岳や知床連山縦走の起点。また羅臼温泉園地歩道の起点。詳細図は次々項参照。
緯度経度／［44°01′57″］［145°09′19″］
マップコード／757 409 543*74
アクセス／道東道足寄ICから国道242、241、243号、道道13号、国道272、244、335、334号経由で215km、約5時間20分。羅臼ビジターセンターの先、左側。
駐車場／道道沿いに駐車帯がある。18台・62×5m・舗装・区画あり。※野営場の駐車場は登山者の利用不可。

熊の湯／熊の湯駐車帯

熊の湯／野営場入口

駐車場混雑情報／お盆休み前後の1〜2週間は、満車になることが多い。
トイレ／羅臼ビジターセンター内にあるが、利用できるのは開館時間のみ。詳細不明。また手前の羅臼温泉駐車場（次項）にもトイレがある。水洗。水道あり。TPなし。評価☆☆〜☆☆。「道の駅知床・らうす」も近い。
携帯電話／ドコモ通話可、au通話可、SB通話可。
登山届入れ／羅臼温泉キャンプ場の登山道入口にある。
その他／熊の湯解説板。
取材メモ／羅臼岳のキバナシャクナゲは6月中旬〜7月上旬、チングルマとアオノツガザクラは6月中旬〜8月上旬、エゾコザクラは6月下旬〜8月上旬、エゾノツガザクラは6月中旬〜7月下旬が見ごろ。また羅臼温泉園地歩道は本項の熊の湯から羅臼温泉駐車場（次項）に続くコースで、往復約1時間半だが、現在は利用不可。
立ち寄り湯／①駐車場から橋を渡ると無料の露天風呂「羅臼温泉・熊の湯」がある。無休・24時間可（毎朝5〜7時の清掃時間除く）・入浴料無料・問い合わせは羅臼町産業課☎0153-87-2126へ。また羅臼温泉の各宿でも可能。②「らうす第一ホテル」＝無休・13〜21時・入浴料500円・☎0153-87-2259。③「ホテル峰の湯」＝無休・13〜21時・入浴料500円・☎0153-87-3001。
問合先／羅臼ビジターセンター☎0153-87-2828、知床羅臼町観光協会☎0153-87-3360、羅臼町産業課☎0153-87-2126

熊の湯／熊の湯解説板

熊の湯／熊の湯入口に架かる橋

熊の湯／無料の露天風呂・熊の湯

知床連山・羅臼温泉駐車場
しれとこれんざん・らうすおんせんちゅうしゃじょう

根室管内羅臼町　標高67m

登山口概要／羅臼岳（日本百名山・花の百名山・新花の百名山）の南東側、国道334号沿い。羅臼（羅臼温泉）コースを経由する羅臼岳や知床連山縦走の起点。また羅臼温泉園地歩道（現在、木道の破損のため利用不可。復旧時期未定）の起点。詳細図は次項参照。
緯度経度／［44°01′47″］［145°09′58″］
マップコード／757 410 252*74
アクセス／道東道足寄ICから国道242、241、243号、道道13号、国道272、244、335、334号経由で214km、約5時間20分。羅臼ビジターセンターの手前左側。
駐車場／羅臼ビジターセンター（次項）の少し東側（羅臼市街地側）に羅臼温泉駐車場（湯の沢駐車場）がある。42台・74×16mなど2面・舗装・区画あり。
駐車場混雑情報／満車になることはない。
トイレ／駐車場にある。水洗。水道あり（2017年9月の再取材時は水道が使用禁止になっていた）。TPなし。評価☆☆〜☆☆。「道の駅知床・らうす」も近い。
携帯電話／ドコモ通話可、au通話可、SB通話可。
登山届入れ／羅臼温泉キャンプ場の登山道入口にある。
その他／羅臼温泉バス停（阿寒バス）、熊出没注意看板。

温泉／羅臼温泉駐車場

温泉／同駐車場のトイレ

取材メモ／羅臼岳のキバナシャクナゲは6月中旬～7月上旬、チングルマとアオノツガザクラは6月中旬～8月上旬、エゾコザクラは6月下旬～8月上旬、エゾノツガザクラは6月中旬～7月下旬が見ごろ。また羅臼温泉園地歩道は本項駐車場から熊の湯（前項）に続くコースで、往復約1時間半。ビジターセンターにルートマップがある。
立ち寄り湯／①ビジターセンターの先に無料の露天風呂「羅臼温泉・熊の湯」がある。無休・24時間可（毎朝5～7時の清掃時間除く）・入浴料無料・問い合わせは羅臼町産業課☎0153-87-2126へ。またすぐ手前の羅臼温泉の各宿でも可能。②「らうす第一ホテル」＝無休・13～21時・入浴料500円・☎0153-87-2259。③「ホテル峰の湯」＝無休・13～21時・入浴料500円・☎0153-87-3001。
問合先／羅臼ビジターセンター☎0153-87-2828、知床羅臼町観光協会☎0153-87-3360、羅臼町産業課☎0153-87-2126

温泉／同トイレ内部

知床連山・羅臼湖入口→P356 羅臼湖・知床峠

知床連山・羅臼岳
　→（前々項）知床連山・熊の湯駐車帯
　→（前項）知床連山・羅臼温泉駐車場
　→（次項）知床連山・羅臼ビジターセンター

温泉／羅臼温泉園地遊歩道の入口

知床連山・羅臼ビジターセンター
しれとこれんざん・らうすびじたーせんたー
根室管内羅臼町　標高83m

登山口概要／羅臼岳（日本百名山・花の百名山・新花の百名山）の南東側、国道334号沿い。羅臼（羅臼温泉）コースを経由する羅臼岳や知床連山縦走の起点。
緯度経度／［44°01′54″］［145°09′40″］
マップコード／757 409 474*74
アクセス／道東道足寄ICから国道242、241、243号、道道13号、国道272、244、335、334号経由で214km、約5時間20分。羅臼市街地側からアクセスする場合は、羅臼温泉の湯の沢橋を渡ってすぐ右側。

センター／ビジターセンター第2駐車場

駐車場／ビジターセンターの第2駐車場（センター向かって右側にある草地の広場）は登山者の利用可だが、なるべく事前に連絡してほしいとのこと。第1駐車場（舗装部分）は不可。約30台・30×20m・草地・区画なし。
駐車場混雑情報／満車になることはないが、万一満車の場合は、近くの羅臼温泉駐車場（前項）を利用できる。
羅臼ビジターセンター／知床の自然や歴史、文化について紹介する環境省の施設で、自然情報も得られる。月曜休（7～8月は無休）・9～17時（11～4月は10～16時）・☎0153-87-2828。
トイレ／ビジターセンター内にあるが、利用できるのは開館時間のみ。詳細不明。近くの羅臼温泉駐車場（前項）にもトイレがある。水洗。水道あり。TPなし。評価☆☆～☆☆。また「道の駅知床・らうす」も近い。

センター／羅臼ビジターセンター

センター／同センター内の展示

携帯電話／ドコモ 📶通話可、au 📶通話可、SB 📶通話可。
登山届入れ／羅臼温泉キャンプ場の登山道入口にある。
取材メモ／羅臼岳のキバナシャクナゲは6月中旬〜7月上旬、チングルマとアオノツガザクラは6月中旬〜8月上旬、エゾコザクラは6月下旬〜8月上旬、エゾノツガザクラは6月中旬〜7月下旬が見ごろ。
立ち寄り湯／①ビジターセンターの先に無料の露天風呂「羅臼温泉・熊の湯」がある。無休・24時間可（毎朝5〜7時の清掃時間除く）・入浴料無料・問い合わせは羅臼町産業課 ☎0153-87-2126へ。またすぐ手前の羅臼温泉の各宿でも可能。②「らうす第一ホテル」＝無休・13〜21時・入浴料500円・☎0153-87-2259。③「ホテル峰の湯」＝無休・13〜21時・入浴料500円・☎0153-87-3001。
問合先／羅臼ビジターセンター☎0153-87-2828、知床羅臼町観光協会☎0153-87-3360、羅臼町産業課☎0153-87-2126

センター／第1駐車場は登山者利用不可

センター／ここも登山者利用不可

センター／熊の湯

白金野鳥の森入口
しろがねやちょうのもりいりぐち

上川管内美瑛町　標高656m

アクセス道路通行止

登山口概要／白金温泉の北東側、町道終点。国設白金野鳥の森に続くA〜Cコースの起点。※2016年の豪雨災害のため、手前の橋が壊れてアクセス不可。今後、開通した時のために2013年の取材結果を参考までに掲載しておく。
緯度経度／〔43°29′12″〕〔142°39′55″〕
マップコード／796 245 098*74
アクセス／道東道占冠ICから国道237号、道道353、966号、町道経由で90km、約2時間15分。または道央道旭川鷹栖ICから道道146号、国道12号、道道90号、国道237号、道道966

野鳥／野鳥の森入口駐車場

野鳥／野鳥の森案内板

号、町道経由で53km、約1時間20分。
駐車場／白金野鳥の森入口に駐車場がある。20〜25台・70×20m・舗装・区画なし。
トイレ／白金温泉の美瑛町観光センター駐車場にある。水洗。水道・TPあり。評価☆☆。
携帯電話／ドコモ圏外、au📞〜圏外つながらず、SB圏外。
その他／白金野鳥の森案内板。
立ち寄り湯／白金温泉の各宿で立ち寄り湯ができる。例えば①「白金温泉・美瑛町国民保養センター」＝月曜休（祝日の場合も休み）・9時30分〜20時・入浴料300円・📞0166-94-3016。②ほか「湯元白金温泉ホテル」「山辺の家族」「ホテルパークヒルズ」「大雪山白金観光ホテル」などの各宿でも可能（入浴料600〜1000円）。
問合先／美瑛町観光協会📞0166-92-4378、美瑛町経済文化振興課観光振興係📞0166-92-4321

白水岳・平田内登山口→P378

神仙沼→P238 ニセコ山系・大谷地駐車場
　　　　→P241 ニセコ山系・神仙沼駐車場

姿見の池周辺散策路
　　→P175 大雪山系・旭岳ロープウェイ旭岳山麓駅

せせらぎ遊歩道→P156 白樺遊歩道・白金温泉

銭函天狗山・銭函登山口
ぜにばこてんぐやま・ぜにばことざんぐち

小樽市　標高97m

登山口概要／銭函天狗山の北側、林道ゲート前。銭函コー

野鳥／野鳥の森の遊歩道入口

野鳥／美瑛町国民保養センター

銭函／道道から看板に従ってこの道へ

銭函／札樽道のガード

銭函／銭天登山道入口の大きな標識

スを経由する銭函天狗山の起点。
緯度経度／［43°07′59″］［141°10′02″］
マップコード／493 470 615*05
アクセス／札樽道銭函ICから道道147号、市道経由で1.2km、約2分。道道を西進し、600mほどで「大倉山学院・松泉学院」の看板に従って左斜め手前側に続く道へ。この先は狭い道なので運転に注意。札樽道のガードをくぐり、大倉山学院と松泉学院を過ぎた先にゲートが見えてくる。
駐車場／ゲート前に駐車スペースがある。約6台・18×18m・砂利＋石＋土＋草・区画なし。
携帯電話／ドコモ📶通話可、au📶通話可、SB📶通話可。
問合先／小樽市観光振興室☎0134-32-4111、小樽国際インフォメーションセンター☎0134-33-1661

銭函／ゲート前の駐車スペース

ゼロの山・尾根コース登山口
ぜろのやま・おねこーすとざんぐち

上川管内南富良野町　標高580m

登山口概要／ゼロの山の南東側、民有林林道湖畔線の途中。尾根コースを経由するゼロの山の起点。
緯度経度／［43°10′24″］［142°30′13″］
マップコード／550 315 476*70
アクセス／道東道占冠ICから国道237号、道道465号、民有林林道湖畔線（路面評価前半★★★★〜★★★。一部アスファルト舗装区間あり。後半★★★）経由で36km、約56分。道道から「かなやま湖オートキャンプ場」へ向かい、1.2km、約3分先の大きく左にカーブするところから民有林林道湖畔線に入る。そこから1.8km、約5分。
駐車場／登山道入口の50m手前に駐車スペースがある。約10台・54×5m・草・区画なし。
トイレ／かなやま湖森林公園にある。詳細不明。
携帯電話／ドコモ📶通話可、au📶通話可、SB📶〜📶通話可。
登山届入れ／手前の森林コース入口にある。
取材メモ／森林コース入口の林道三叉路にも約5台分程度の駐車スペースがある。
立ち寄り湯／道道465号でかなやま湖に戻ると、沸かし湯だが「かなやま湖保養センター」で入浴できる。無休・10〜21時・入浴料400円・☎0167-52-2223。
問合先／南富良野町産業課商工観光係☎0167-52-2178、南富良野まちづくり観光協会☎0167-39-7000

ゼロ／民有林林道湖畔線の入口

ゼロ／登山口に続く民有林林道湖畔線

ゼロ／50m手前の駐車スペース

ゼロの山・森林コース登山口
　→（前項）「取材メモ」欄参照

添別ブナ林入口
そいべつぶなりんいりぐち

後志管内黒松内町　標高70m

ゼロ／登山道入口

登山口概要／添別ブナ林の南西側、町道終点。添別ブナ林の散策路の起点。
緯度経度／［42°41′01″］［140°15′44″］
マップコード／521 631 686*74
アクセス／道央道長万部ICから国道5号、道道9、523号、町道経由で24km、約36分。付近の道道や町道の交差点に小さな案内標識がある。
駐車場／約15台・22×16m・砂利・区画なし。
トイレ／添別ミニビジターセンター内にある。詳細不明。
携帯電話／ドコモ通話可、au通話可、SB通話可。
その他／添別ミニビジターセンター＝宿泊施設。5〜10月・☎0136-72-3780。添別ブナ林解説板、テーブル・ベンチ。
取材メモ／添別ブナ林は、昭和初期に一度伐採され、その後再生した二次林。2kmのAコースと1.5kmのBコースのふたつの散策路がある。6月下旬にはビジターセンターまつりが開催される。
立ち寄り湯／黒松内町中心部に向かうと「黒松内温泉・ぶなの森」で立ち寄り湯ができる。第1水曜休（11〜3月は第1、3水曜休）・11時〜21時30分（11〜3月は〜21時）・入浴料500円・☎0136-72-4566。
問合先／黒松内町教育委員会☎0136-72-3160、黒松内町産業課☎0136-72-3835

添別／ブナ林手前に立つ案内標識

添別／駐車場とミニビジターセンター

添別／添別ミニビジターセンター

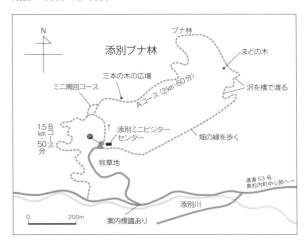

添別／散策路入口

層雲峡　銀河・流星の滝双瀑台
　→（次々項）層雲峡　流星・銀河の滝双瀑台入口

層雲峡・紅葉谷散策路入口
そううんきょう・もみじだにさんさくろいりぐち

上川管内上川町　標高690m

登山口概要／紅葉谷の北西側、町道終点。紅葉谷散策路や

紅葉谷／散策路入口の駐車スペース

紅葉滝の起点。
- **緯度経度**／［43°43′21″］［142°57′15″］
- **マップコード**／623 204 389*85
- **アクセス**／旭川紋別道（国道450号）上川層雲峡ICから国道39号、町道（最後の50mだけ未舗装。路面評価★★★）経由で23km、約35分。
- **駐車場**／散策路入口に駐車スペースがある。約8台・18×14m・砂利・区画なし。※付近の路上駐車場は禁止。
- **駐車場混雑情報**／満車の場合は層雲峡温泉の公共駐車場を利用。公共駐車場から紅葉谷入口まで徒歩約20分。
- **トイレ**／層雲峡温泉の公共駐車場にある。水洗。水道・TPあり。評価☆☆☆。
- **携帯電話**／ドコモ📶通話可、au📶通話可、SB📶通話可。
- **その他**／紅葉谷散策路案内板、紅葉谷利用心得。
- **取材メモ**／散策路は往復約1時間。紅葉谷の紅葉は10月上旬〜中旬が見ごろ。
- **立ち寄り湯**／①層雲峡温泉に公共の立ち寄り湯「黒岳の湯」がある。無休（11〜4月は水曜休、祝日の場合は営業）・10〜21時30分・入浴料600円・☎01658-5-3333。②ほか層雲峡温泉の各宿でも可能（入浴料600〜1000円）。
- **問合先**／層雲峡ビジターセンター☎01658-9-4400、層雲峡観光協会☎01658-2-1811、上川町産業経済課商工観光グループ☎01658-2-4058

紅葉谷／紅葉谷散策路入口

層雲峡　流星・銀河の滝双瀑台入口
そううんきょう　りゅうせい・ぎんがのたきそうばくだいいりぐち

上川管内上川町　標高650m

- **登山口概要**／流星・銀河の滝（日本の滝百選）の北東側、国道39号から少し入った町道終点。流星・銀河の滝を望める双瀑台に続く遊歩道の起点。
- **緯度経度**／［43°43′08″］［142°58′38″］
- **マップコード**／623 177 892*85
- **アクセス**／旭川紋別道（国道450号）上川層雲峡ICから国道39号、町道経由で24km、約36分。層雲峡温泉を過ぎた先、銀河トンネル西口手前で標識に従って斜め右の道へ入ってすぐ。
- **駐車場**／流星・銀河の滝の前に広い駐車場がある。200台・88×14mなど2面・舗装・区画あり。
- **駐車場混雑情報**／夏と紅葉シーズン休日は混雑するが、満車になることはない。
- **トイレ**／駐車場にある。水洗。水道（飲用不可）・TPあり。評価☆☆☆〜☆☆。
- **携帯電話**／ドコモ📶だが通話可、au📶〜📶通話可、SB圏外。
- **ドリンク自販機**／滝ミンタラにある（PBも）。
- **その他**／滝ミンタラ（売店。不定休・7〜19時・☎01658-5-3027)、層雲峡渓谷案内板、滝見台バス停（道北バス）など。
- **取材メモ**／流星の滝（雄滝）は落差90m、銀河の滝（雌滝）

流星／流星・銀河の滝前の駐車場

流星／同駐車場のトイレ

流星／同トイレ内部

流星／滝ミンタラ・双瀑台入口

は落差104m。駐車場からも銀河・流星の滝は見えるが、双瀑台に上がれば、ふたつの滝をセットで観瀑できる。売店の滝ミンタラの中央を通り抜け、徒歩約20分。また流星・銀河の滝の紅葉は、10月上旬～中旬が見ごろ。
立ち寄り湯／①層雲峡温泉に公共の立ち寄り湯「黒岳の湯」がある。無休（11～4月は水曜休、祝日の場合は営業）・10～21時30分・入浴料600円・☎01658-5-3333。②ほか層雲峡温泉の各宿でも可能（入浴料600～1000円）。
問合先／層雲峡観光協会☎01658-2-1811、上川町産業経済課商工観光グループ☎01658-2-4058

流星／駐車場から望む銀河の滝

壮瞥／遊歩道入口の駐車スペース

壮瞥／遊歩道入口

壮瞥／ゆーあいの家

壮瞥滝入口

胆振管内壮瞥町　標高50m

登山口概要／壮瞥滝の南東側、町道終点。壮瞥滝に続く遊歩道の起点。
緯度経度／［42°33′35″］［140°53′13″］
マップコード／321 496 806*50
アクセス／道央道虻田洞爺湖ICから国道230号、道道2号、町道（駐車スペース手前まで舗装）経由で11.5km、約18分。道道2号と国道453号の交差点から町道に入ってすぐ。
駐車場／遊歩道入口に駐車スペースがある。7～8台・36×5m・細砂利・区画なし。
携帯電話／ドコモ通話可、au通話可、SB通話可。
その他／情報掲示板。
取材メモ／壮瞥滝は、洞爺湖唯一の流出口の約70m下流にかかる落差約18mの滝。駐車スペースから滝まで徒歩約5分。
立ち寄り湯／国道453号を約1km南下して右折すると「ゆーあいの家」がある。無休（臨時休あり）・10時～21時15分・入浴料420円・☎0142-66-2310。

問合先／壮瞥町商工観光課商工観光係（そうべつ情報館i）
☎0142-66-4200

空沼岳・万計沢登山口
そらぬまだけ・ばんけいさわとざんぐち

札幌市南区　標高368m

> 登山口の300m手前でアクセス道路通行不可

登山口概要／空沼岳（花の百名山）の北東側、空沼林道終点。万計沢コースを経由する空沼岳の起点。※大雨被害により、橋から700m先で道路が流されて、登山道入口まで車で進入することはできない。2017年9月の再取材時は、登山道入口付近の状況は未確認。
緯度経度／［42°53′45″］［141°17′48″］（登山道入口）
［42°53′57″］［141°17′52″］（駐車スペース）
マップコード／708 531 181*62（登山道入口）
708 531 545*62（駐車スペース）
アクセス／札幌市街地（道庁前）から国道230号、真駒内通、国道453号、市道、空沼林道（路面評価★★★★～★★★。部分的に★★。水たまりとぬかるみあり）経由で22km、約33分。または道央道北広島ICから国道36号、道道341号、国道453号、市道、空沼林道（上と同じ）経由で27km、約41分。市道の先で未舗装となり、採石所を抜け橋を渡る。
駐車場／空沼林道の途中に若干の駐車スペースがある。橋から500m先の駐車スペース＝5～6台・18×6m・土＋小石＋草。その前後に4カ所、計8～10台分の駐車スペースもある。
携帯電話／登山道入口＝ドコモ圏外、au📶通話可、SB圏外。手前の橋＝ドコモ📶通話可、au📶通話可、SB圏外。
登山届入れ／登山口の小屋にある。
その他／林道入口＝登山案内板。登山道入口＝小屋、マナー看板。
取材メモ／森林管理署によると、登山道入口に架かっていた橋（2013年撮影の右下写真参照）も流されているらしい。
立ち寄り湯／①国道230号に出て定山渓方面に向かい小金湯交差点を右折すると、その先に「小金湯（こがねゆ）温泉・湯元小金湯」がある。無休（メンテナンス休あり）・10～23時・入浴料750円・☎011-596-2111。一方、北広島方面では、②北広島IC近くの美しが丘5条（里塚霊園入り口付近）に「里塚温泉・ゆとり」がある。第1火曜休・9～23時・入館料600円・☎011-882-1717。
問合先／石狩森林管理署☎050-3160-5710または☎011-563-6111、石狩森林管理署簾舞（みすまい）森林事務所☎011-596-2509、芸術の森地区まちづくりセンター☎011-592-7009、札幌市観光企画課☎011-211-2376、北海道さっぽろ観光案内所☎011-213-5088

空沼岳／採石所を抜ける

空沼岳／登山口に続く空沼林道

空沼岳／林道途中の駐車スペース

空沼岳／入林届がある小屋

空沼岳／登山道入口に架かる丸太橋

た行

大雪高原沼めぐり歩道
→P181 大雪山系・大雪高原温泉（大雪高原山荘）

大雪山系・愛山渓温泉
だいせつさんけい（たいせつさんけい）・あいざんけいおんせん

上川管内上川町　標高1007m

登山口概要／大雪山（日本百名山・花の百名山・新花の百名山）・永山岳の北西側、道道223号終点。愛山渓温泉コースを経由する沼ノ平（花の百名山）、永山岳、愛別岳、比布岳（ぴっぷだけ）、当麻岳などの起点。
緯度経度／［43°43′10″］［142°48′53″］
マップコード／623 188 037*85
アクセス／旭川紋別道（国道450号）愛山上川ICから国道39号、道道223号経由で22km、約30分。国道から19km、約25分。愛山上川ICは、紋別方面からは降りられないので、手前の上川層雲峡ICで降りる。道道223号の開通期間は5月中旬〜10月中旬。
駐車場／愛山渓温泉前にある。計約50台・56×26m、20×18m・砂利＋草・区画なし。
駐車場混雑情報／満車になることはない。
トイレ／雲井ヶ原登山道入口にある。非水洗。水道なし。TPあり。評価☆☆。
携帯電話／ドコモ圏外、au圏外、SB圏外。
ドリンク自販機／愛山渓温泉・愛山渓倶楽部内にある。
その他／愛山渓温泉・愛山渓倶楽部（宿泊・立ち寄り湯・売店。4月末〜10月末・期間中無休・☎01658-2-3887）、大雪山国立公園案内板、愛山渓登山口登山道案内板。

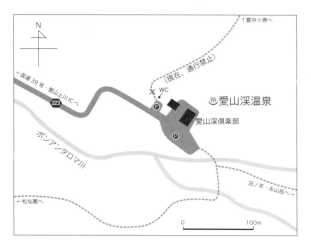

愛山渓／国道から道道223号へ

愛山渓／愛山渓温泉前の駐車場

愛山渓／愛山渓温泉・愛山渓倶楽部

愛山渓／雲井ヶ原登山道入口にあるトイレ

愛山渓／同トイレ内部

取材メモ／大雪山のコマクサは6月中旬〜8月下旬、エゾノツガザクラは6月下旬〜7月下旬、エゾコザクラは6月下旬〜8月中旬、キバナシャクナゲは6月中旬〜7月中旬、チングルマは6月中旬〜8月上旬、紅葉は9月中旬〜下旬が見ごろ。また雲井ヶ原は、エゾカンゾウやワタスゲが生える湿原で、木道がある。愛山渓温泉から徒歩約30分。
立ち寄り湯／「愛山渓温泉・愛山渓倶楽部」で可能。4月末〜10月末・期間中無休・10〜20時・入浴料600円・☎090-9511-9814。
問合先／層雲峡ビジターセンター☎01658-9-4400、上川町産業経済課商工観光グループ☎01658-2-4058

愛山渓／大雪山国立公園案内板

大雪山系・愛別岳→（前項）大雪山系・愛山渓温泉

大雪山系・赤岳→（次々項）大雪山系・銀泉台

大雪山系・旭岳
　→（次項）大雪山系・旭岳ロープウェイ旭岳山麓駅

愛山渓／沼ノ平登山道入口

大雪山系・旭岳ロープウェイ旭岳山麓駅
だいせつさんけい（たいせつさんけい）・あさひだけろーぷうぇいあさひだけさんろくえき

上川管内東川町　標高1100m

登山口概要／大雪山（日本百名山・花の百名山・新花の百名山）・旭岳の西側、道道1160号終点。旭岳ロープウェイを経由する旭岳や姿見の池周辺散策路の起点。勇駒別湿原（ゆこまんべつしつげん）、天女ヶ原、旭岳温泉自然探勝路、ワサビ沼に続く湿原探勝路などの起点。
緯度経度／[43°39′10″] [142°47′52″]
マップコード／796 861 036*85
アクセス／道央道旭川鷹栖ICから道道146号、国道12号、道道90、219、1160、213、1160号経由で56km、約1時間23分。または道央道旭川北ICから道道37、1160、213、1160号経由で49km、約1時間14分。
駐車場／旭岳ロープウェイ旭岳山麓駅前に有料駐車場、手前に無料の公共駐車場がある。山麓駅前の有料駐車場＝1日500円（11〜5月は無料）。夜間は閉鎖されており、ロープウェイ始発時間の数十分前に開けられるため、早朝到着の場合は中に入れない。150台＋大型・100×50m・舗装・区画あり。※駐車場での車中泊やテント泊は禁止。公共駐車場＝107台・62×54m・舗装・区画あり。2017年9月の再取材時には、旭岳ビジターセンター（仮称）の新築工事が行われていたため、公共駐車場は一部しか利用できないようになっていた。満車の場合は、手前のワサビ沼入口の町営キャンプ場駐車場を利用する（P26）。
駐車場混雑情報／旭岳紅葉シーズンの9月中旬〜下旬は、公共駐車場はもちろん山麓駅前の有料駐車場も早くから満車になり、2時間以上の駐車待ちが発生することもある。週末は、無料の公共駐車場も誘導員が入り、渋滞緩和協力金への協

旭岳／手前の公共駐車場

旭岳／山麓駅前の有料駐車場

旭岳／勇駒別湿原

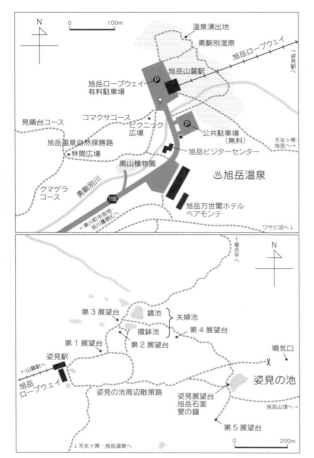

旭岳／旭岳ロープウェイ旭岳山麓駅

旭岳／同駅内のトイレ

旭岳／旭岳ロープウェイ

旭岳／姿見駅

力を求められる。
トイレ／旭岳山麓駅と姿見駅にある。旭岳山麓駅のトイレ＝水洗。水道・TPあり。評価☆☆☆。※公共駐車場のトイレは、閉鎖。代わりに野営場トイレへの案内看板あり。
携帯電話／ドコモ📶通話可、au📶通話可、SB📶通話可。
大雪山旭岳ロープウェイ／通年営業（メンテナンス休あり）・6時30分～17時30分（時期により変動）・15分間隔・所要10分・6月1日～10月20日は往復2900円、片道1800円（それ以外は往復1800円、片道1200円）・☎0166-68-9111。
ドリンク自販機／旭岳山麓駅と姿見駅にある（PBも）。
登山届入れ／旭岳山頂駅のロープウェイ乗り場にある。
旭岳ビジターセンター／旭岳の登山・自然情報提供施設。改築予定あり。無休（11月は月曜休、祝日の場合は翌日）・9～17時・☎0166-97-2153。
その他／旭岳山麓駅＝売店、食堂、コインロッカー。姿見駅＝売店（トップシーズンのみ）、姿見の池自然探勝路案内

旭岳／姿見の池

板。駐車場周辺＝勇駒別湿原案内図、旭岳バス停（旭川電気軌道バス）。
取材メモ／大雪山のエゾノツガザクラは6月下旬～7月下旬、エゾコザクラは6月下旬～8月中旬、キバナシャクナゲは6月中旬～下旬、チングルマは7月上旬～下旬、紅葉は9月中旬～下旬が見ごろ。また勇駒別湿原のミズバショウやエゾノリュウキンカは5月末～6月初旬が見ごろ。
立ち寄り湯／旭岳温泉の各宿で可能。例えば①「湯元　湧駒荘（ゆこまんそう）別館」＝不定休・12～20時・入浴料800円・☎0166-97-2101。②「大雪山白樺荘」＝不定休・13～20時・入浴料800円・☎0166-97-2246。③旭岳温泉のほかの宿でも可能（入浴料500～1500円）。
問合先／大雪山旭岳ロープウェイ☎0166-68-9111、大雪山旭岳ロープウェイ運行案内テープ☎0166-97-2234、旭岳ビジターセンター☎0166-97-2153、東川町産業振興課商工観光振興室☎0166-82-2111

大雪山系・化雲岳
　→P183 大雪山系・天人峡温泉
　→P185 大雪山系・トムラウシ温泉
　→P186 大雪山系・トムラウシ短縮登山口

大雪山系・銀泉台
だいせつさんけい（たいせつさんけい）・ぎんせんだい

上川管内上川町　標高1490m

登山口概要／大雪山（日本百名山・花の百名山・新花の百名山）・赤岳の東側、道道1162号（大雪山観光道路）終点。銀泉台コースを経由する赤岳や小泉岳、白雲岳などの起点。
緯度経度／［43°40′11″］［142°57′42″］
マップコード／623 025 086*85
アクセス／旭川紋別道（国道450号）上川層雲峡ICから国道39、273号、道道1162号（道道だが未舗装。路面評価★★★★～★★★。所々アスファルト舗装区間あり）経由で48km、約1時間12分。国道から「銀泉台入口」の標識に従って道道1162号へ。そこから14.6km、約22分。途中、「銀泉台まで○km」の標識あり。道道1162号の開通期間は6月下旬～10月上旬。
マイカー規制／紅葉期は、混雑の緩和と排気ガスなどからの自然環境保護のため銀泉台に続く道道1162号はマイカー規制（自転車や徒歩での通行も禁止）され、大雪湖畔の大雪レイクサイト臨時駐車場（P182）に車を置き、シャトルバス（道北バス）に乗り換える。あるいは層雲峡バスセンターと大雪レイクサイト臨時駐車場を結ぶシャトルバス利用で、層雲峡温泉にある層雲峡駐車場（次々項）に車を置く方法も可能。9月第3週～9月末日間の24時間規制されるが、規制期間や内容は年ごとに見直される可能性もあるので、詳しくは上川町役場の行政サイトを参照のこと。トップページ→観光情報→紅葉情報。http://www.town.hokkaido-kamikawa.lg.jp/

旭岳／第3展望台

旭岳／湧駒荘別館・浴場

銀泉台／国道から道道1162号へ

銀泉台／未舗装の道道1162号

銀泉台／銀泉台の駐車場

駐車場／銀泉台に駐車場がある。約60台・116×16m・砂利＋草・区画あり。
駐車場混雑情報／マイカー規制期間の前後は、混雑することがある。
トイレ／森林パトロール銀泉台事務所の奥にある。非水洗。水道なし。TPなし。評価☆☆。
携帯電話／ドコモ圏外、au圏外、SB圏外。
水場／登山道入口にある。
登山届入れ／森林パトロール銀泉台事務所内にある。
その他／森林パトロール銀泉台事務所、国有林からのお願い看板、大雪山国立公園案内板、大雪山国立公園を利用するみなさまへ看板、銀泉台バス停（道北バス）。
取材メモ／大雪山のコマクサは6月中旬〜8月下旬、エゾノツガザクラは6月下旬〜7月下旬、エゾコザクラは6月下旬〜8月中旬、キバナシャクナゲは6月中旬〜7月中旬、チングルマは6月中旬〜8月上旬、紅葉は9月中旬〜下旬が見ごろ。
立ち寄り湯／①層雲峡温泉に公共の立ち寄り湯「黒岳の湯」がある。無休（11〜4月は水曜休、祝日の場合は営業）・10〜21時30分・入浴料600円・☎01658-5-3333。②ほか層雲峡温泉の各宿でも可能（入浴料600〜1000円）。
問合先／層雲峡ビジターセンター☎01658-9-4400、層雲峡観光協会☎01658-2-1811、上川町産業経済課商工観光グループ☎01658-2-4058

銀泉台／森林パトロール銀泉台事務所

銀泉台／同事務所奥のトイレ

銀泉台／同トイレ内部

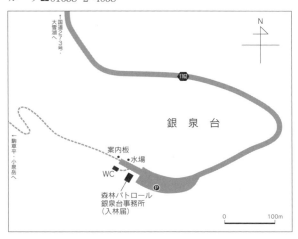

銀泉台／水場と案内板

大雪山系・クチャンベツ登山口→P378

大雪山系・雲井ヶ原→P174 大雪山系・愛山渓温泉

大雪山系・黒岳
　→（次項）大雪山系・黒岳ロープウェイ層雲峡駅
　→（次々項）大雪山系・層雲峡駐車場

銀泉台／登山道入口

大雪山系・黒岳ロープウェイ層雲峡駅
だいせつさんけい（たいせつさんけい）・くろだけろーぷうぇいそううんきょうえき

上川管内上川町　標高660m

登山口概要／大雪山（日本百名山・花の百名山・新花の百名山）・黒岳の北東側、町道沿い。黒岳ロープウェイと層雲峡コースを経由する黒岳、北海岳、北鎮岳などの起点。
緯度経度／［43°43′28″］［142°56′48″］
マップコード／623 204 572*85
アクセス／旭川紋別道（国道450号）上川層雲峡ICから国道39号、町道経由で22km、約33分。
駐車場／層雲峡駅横にロープウェイ利用者用の駐車場がある。約60台・106×30m・砂利・区画あり。※駅前の駐車場は大型用。登山者は長時間駐車になるため奥の方から順に枠内に停めるように求める看板が立っている。
駐車場混雑情報／黒岳紅葉シーズンの9月中旬は、満車になり、駐車待ちも発生する。満車になった場合は、層雲峡駐車場（次項）を利用。
トイレ／層雲峡駅と黒岳駅にある。層雲峡駅トイレ＝水洗。水道・TPあり。評価☆☆☆。
携帯電話／ドコモ📶通話可、au📶通話可、SB📶通話可。
ドリンク自販機／層雲峡駅と黒岳駅にある（PBも）。
登山届入れ／山開き以前は黒岳駅、山開き以後は七合目の黒岳森林パトロール事務所で提出可能。
大雪山層雲峡黒岳ロープウェイ／通年運行（1〜3月にメンテナンス休あり）・6〜18時（6月1日〜9月30日。それ以外の時期は変動）・所要7分・20分間隔・片道1100円、往復1950円・☎01658-5-3031。
黒岳ペアリフト／6時30分〜17時30分（6月1日〜9月30日。それ以外の時期は変動）・所要15分・片道400円、往復600円、冬山片道400円・☎01658-5-3031。
層雲峡ビジターセンター／大雪山の自然情報展示施設。大

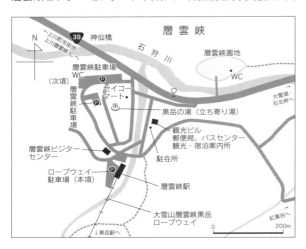

黒岳／層雲峡駅の駐車場

黒岳／黒岳ロープウェイ層雲峡駅

黒岳／黒岳ロープウェイ

黒岳／黒岳ロープウェイ黒岳駅

黒岳／七合目の森林パトロール事務所

雪山の自然情報提供と展示。無休、11～5月は月曜休・8～18時、11～5月は9～17時・☎01658-9-4400。
その他／層雲峡駅＝休憩所、売店。黒岳駅＝レストハウス、売店。黒岳駅～ペアリフト降り場＝資料館、高松台（展望台）、七合目ロッジ。層雲峡駅周辺＝層雲峡温泉案内板。
取材メモ／大雪山のエゾノツガザクラは6月下旬～7月下旬、エゾコザクラは6月下旬～8月中旬、キバナシャクナゲは6月中旬～7月中旬、チングルマは6月中旬～8月上旬、紅葉は9月中旬～下旬が見ごろ。また黒岳駅とリフト乗り場の間にある高松台は、黒岳の展望スポットで、チシマザクラの名所でもある。
立ち寄り湯／①層雲峡温泉に公共の立ち寄り湯「黒岳の湯」がある。無休（11～4月は水曜休、祝日の場合は営業）・10～21時30分・入浴料600円・☎01658-5-3333。②ほか層雲峡温泉の各宿でも可能（入浴料600～1000円）。
問合先／大雪山層雲峡黒岳ロープウェイ☎01658-5-3031、層雲峡ビジターセンター☎01658-9-4400、層雲峡観光協会☎01658-2-1811、上川町産業経済課商工観光グループ☎01658-2-4058

大雪山系・五色岳→P183 大雪山系・天人峡温泉

黒岳／層雲峡ビジターセンター

黒岳／黒岳の湯・大浴場

大雪山系・層雲峡駐車場
だいせつさんけい（たいせつさんけい）・そううんきょうちゅうしゃじょう

上川管内上川町　標高635m

登山口概要／大雪山（日本百名山・花の百名山・新花の百名山）・黒岳の北東側、町道沿い。黒岳ロープウェイと層雲峡コースを経由する黒岳、北海岳、北鎮岳（ほくちんだけ）などの起点。マイカー規制時にシャトルバスで銀泉台（前々項）や大雪高原温泉（次項）を目指す場合の中継地点。層雲峡温泉にある公共の駐車場。詳細図は、前項参照。
緯度経度／［43°43′38″］［142°56′45″］
マップコード／623 203 899*85
アクセス／旭川紋別道（国道450号）上川層雲峡ICから国道39号、町道経由で22km、約33分。
駐車場／屋外＋立体。217台・105×30mなど3面・舗装・区画あり。24時間出入り可（現地案内板には小さく「夜間駐車禁止」と書かれているが、役場や観光協会に確認すると早朝や夜間でも出入り可とのことだった）。
駐車場混雑情報／黒岳紅葉シーズンの9月連休は、満車になる。またイベント時も混雑する。
トイレ／駐車場にある。水洗。水道・TPあり。評価☆☆☆。
携帯電話／ドコモ📶通話可、au📶通話可、SB📶通話可。
その他／層雲峡温泉案内板。
立ち寄り湯／①層雲峡温泉に公共の立ち寄り湯「黒岳の湯」がある。無休（11～4月は水曜休、祝日の場合は営業）・10～21時30分・入浴料600円・☎01658-5-3333。②ほか層雲峡温泉の各宿でも可能（入浴料600～1000円）。

層雲峡／層雲峡駐車場

層雲峡／同駐車場の立体フロア

層雲峡／同駐車場のトイレ内部

問合先／層雲峡観光協会☎01658-2-1811、上川町産業経済課商工観光グループ☎01658-2-4058

大雪山系・大雪高原温泉（大雪高原山荘）
だいせつさんけい（たいせつさんけい）・だいせつこうげんおんせん（だいせつこうげんさんそう）

上川管内上川町　標高1235m

大雪高原／国道から町道へ

登山口概要／大雪山（日本百名山・花の百名山・新花の百名山）・緑岳の南側、町道終点。大雪高原沼めぐり歩道、三笠新道（ヒグマ出没が多く閉鎖中）を経由する高根ヶ原、大雪高原温泉コースを経由する緑岳や白雲岳、忠別岳などの起点。※大雪高原沼めぐりコースは、ヒグマの出没が多いことから入林手続きとレクチャー受講が必要。

緯度経度／［43°37′34″］［142°55′50″］
マップコード／970 727 754*85
アクセス／旭川紋別道（国道450号）上川層雲峡ICから国道39、273号、町道（未舗装。路面評価★★★★〜★★★）経由で47km、約1時間14分。国道から「高原温泉」の標識に従って町道へ。ここから10km、約18分。町道の開通期間は6月上旬〜10月上旬。

大雪高原／未舗装の町道

マイカー規制／紅葉期は混雑の緩和と排気ガスなどからの自然環境保護のため大雪高原温泉に続く町道はマイカー規制（自転車や徒歩での通行も禁止）され、大雪湖畔の大雪レイクサイト臨時駐車場（次項）に車を置き、シャトルバス（道北バス）に乗り換える。あるいは層雲峡バスセンターと大雪レイクサイト臨時駐車場を結ぶシャトルバス利用で、層雲峡温泉にある層雲峡駐車場（前項）に車を置く方法も可能。9月第3週〜9月末日間の24時間規制されるが、規制期間や内容は年ごとに見直される可能性もあるので、詳しくは上川町役場の行政サイトを参照のこと。トップページ→観光情報→紅葉情報。http://www.town.hokkaido-kamikawa.lg.jp/

大雪高原／大雪高原山荘前の駐車場

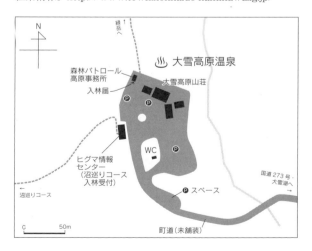

大雪高原／大雪高原山荘

大雪高原／ヒグマ情報センター

駐車場／大雪高原山荘前に広い駐車場がある。70〜80台・54×5ｍ、34×5ｍ・草・区画なし。
駐車場混雑情報／混雑することはない。
トイレ／駐車場にある。非水洗。水道なし。TPなし。評価☆☆。
携帯電話／ドコモ圏外、au圏外、SB圏外。
公衆電話／大雪高原山荘にある。
ドリンク自販機／大雪高原山荘前にある（PBも）。
登山届入れ／森林パトロール高原事務所横にある。
その他／大雪高原山荘は6月10日〜10月10日・期間中無休。宿泊・食堂・立ち寄り湯・売店。☎01658-5-3818。ヒグマ情報センター＝大雪高原沼めぐりコースの入林手続きとレクチャーを受ける施設。6月下旬〜10月上旬・期間中無休・7〜17時・問い合わせは上川町産業経済課☎01658-2-1211へ。森林パトロール高原事務所。
取材メモ／大雪山のコマクサは6月中旬〜8月下旬、エゾノツガザクラは6月下旬〜7月下旬、エゾコザクラは6月下旬〜8月中旬、キバナシャクナゲは6月中旬〜7月中旬、チングルマは6月中旬〜8月上旬、紅葉は9月中旬〜下旬が見ごろ。沼めぐり歩道の紅葉は9月下旬が見ごろ。
立ち寄り湯／「大雪高原山荘」で可能。6月10日〜10月10日・期間中無休・10時30分〜17時・入浴料700円・☎01658-5-3818。
問合先／層雲峡ビジターセンター☎01658-9-4400、上川町産業経済課商工観光グループ☎01658-2-4058

大雪高原／森林パトロール高原事務所

大雪高原／駐車場のトイレ

大雪高原／同トイレ内部

大雪山系・大雪レイクサイト臨時駐車場
だいせつさんけい（たいせつさんけい）・たいせつれいくさいとりんじちゅうしゃじょう

上川管内上川町　標高810ｍ

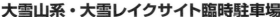

登山口概要／銀泉台や大雪高原温泉に至るアクセス道路が、マイカー規制される紅葉期に大雪湖畔に用意される臨時駐車場。
緯度経度／［43°38′40″］［143°01′19″］
マップコード／743 513 033*85
アクセス／旭川紋別道（国道450号）上川層雲峡ICから国道39、273号、町道（砂利道。路面評価★★★★）経由で37.5km、約57分。国道273号の大雪高原温泉入口の向かいに立つ「臨時駐車場」の看板に従って左折してすぐ。
マイカー規制／紅葉期は、混雑の緩和と排気ガスなどからの自然環境保護のため銀泉台に続く道道1162号はマイカー規制（自転車や徒歩での通行も禁止）され、本項の大雪レイクサイト臨時駐車場に車を置き、シャトルバス（道北バス）に乗り換える。あるいは層雲峡バスセンターと大雪レイクサイト臨時駐車場を結ぶシャトルバス利用で、層雲峡温泉にある層雲峡駐車場（前々項）に車を置く方法も可能。駐車場維持清掃協力金1日1台200円。臨時駐車場にはトイレとシャトルバスの臨時バス停が設置される。9月第3週〜9月末日の24時間規制されるが、規制期間や内容は年ご

レイク／臨時駐車場を示す案内看板

レイク／レイクサイト臨時駐車場

とに見直される可能性もあるので、詳しくは上川町役場の行政サイトを参照のこと。トップページ→観光情報→紅葉情報。http://www.town.hokkaido-kamikawa.lg.jp/
駐車場／計700台・84×32mなど複数面・舗装・区画あり。
駐車場混雑情報／連休でも満車になることはない。
トイレ／駐車場近くにある。非水洗。センサーライト付き。水タンク式手洗い。TPあり。評価☆☆。
携帯電話／ドコモ📶通話可、au圏外、SB圏外。
その他／駐車場維持清掃協力金受付、シャトルバス乗り場。
立ち寄り湯／①層雲峡温泉に公共の立ち寄り湯「黒岳の湯」がある。無休（11〜4月は水曜休、祝日の場合は営業）・10〜21時・入浴料600円・☎01658-5-3333。②ほか層雲峡温泉の各宿でも可能（入浴料600〜1000円）。
問合先／上川町産業経済課☎01658-2-1211

レイク／同駐車場近くのトイレ

レイク／同トイレ内部

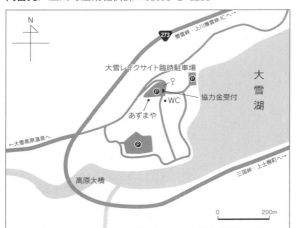

大雪山系・忠別岳
　　→（前々項）大雪山系・大雪高原温泉（大雪高原山荘）
　　→（次項）大雪山系・天人峡温泉

レイク／シャトルバス乗降場

大雪山系・天人峡温泉
だいせつさんけい（たいせつさんけい）・てんにんきょうおんせん

上川管内東川町・同美瑛町　標高595m

登山口概要／大雪山（日本百名山・花の百名山・新花の百名山）・化雲岳（かうんだけ）の北西側、道道213号終点。天人峡温泉コースを経由する化雲岳や五色岳、忠別岳、トムラウシ山（日本百名山）、旭岳温泉連絡道の起点。羽衣の滝（日本の滝百選）や敷島の滝、瓢箪沼（ひょうたんぬま）の入口。
緯度経度／[43°37′13″][142°46′42″]
マップコード／796 738 146*85
アクセス／道央道旭川鷹栖ICから道道146号、国道12号、道

天人峡／天人峡温泉の公共駐車場

天人峡／天人峡温泉案内図

道90、219、1160、213号経由で51km、約1時間16分。または道央道旭川北ICから道道37、1160、213号経由で48km、約1時間12分。

駐車場／天人峡に公共駐車場がある。37台・50×28m・舗装・区画あり。また200m手前の七福岩前にも公共駐車場がある。30～40台＋大型・130×20mなど2面・舗装・区間あり。

駐車場混雑情報／紅葉シーズンの休日は、どちらの駐車場も満車になる可能性が高い。

携帯電話／ドコモ📶通話可、au📶通話可、SB📶通話可。

登山届入れ／トムラウシ山方面に続く登山道入口に入林届箱がある。

その他／大雪山国立公園案内板、大雪山忠別川源流部森林生態系保護地域案内板、天人峡温泉案内図。

取材メモ／大雪山のコマクサは6月中旬～8月下旬、エゾノツガザクラは6月下旬～7月下旬、エゾコザクラは6月下旬～8月中旬、キバナシャクナゲは6月中旬～7月中旬、チングルマは6月中旬～8月上旬、紅葉は9月中旬～下旬が見ごろ。また羽衣の滝は、落差270mの北海道を代表する名瀑。駐車場から徒歩約15分だが、見晴らし台付近の土砂崩れのため遊歩道は通行止になっている。開通時期は未定。敷島の滝は、羽衣の滝からさらに15分進んだところにある落差20m、幅60mの滝。

立ち寄り湯／天人峡温泉の各宿で可能。例えば①「御やど・しきしま荘」＝不定休・正午～19時・入浴料700円・☎0166-97-2141。②「天人閣」＝無休・12時30分～17時・入浴料1000円・☎0166-97-2111。

問合先／旭岳ビジターセンター☎0166-97-2153、東川町産業振興課商工観光振興室☎0166-82-2111

天人峡／羽衣橋と天人閣

天人峡／トムラウシ山方面登山道入口

天人峡／大雪山国立公園案内板

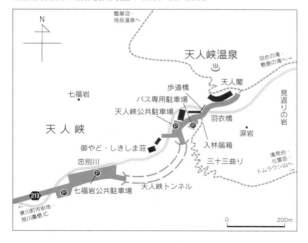

天人峡／七福岩公共駐車場

天人峡／七福岩

大雪山系・トムラウシ温泉

だいせつさんけい（たいせつさんけい）・とむらうしおんせん

十勝管内新得町　標高646m

登山口概要／トムラウシ山（日本百名山）の南側、道道718号終点付近。トムラウシ温泉コースを経由するトムラウシ山、化雲岳（かうんだけ）、オプタテシケ山（日本三百名山）、十勝岳オプタテシケ山縦走コースなどの起点。
緯度経度／［43°27′37″］［142°52′21″］
マップコード／970 120 845*52
アクセス／道東道十勝清水ICから国道274、38、274号、道道718、593、718号（最後の5.3kmは未舗装。路面評価★★★★）経由で68km、約1時間45分。道道718号は、よほどの積雪でもない限り冬期閉鎖はされない。
駐車場／国民宿舎東大雪荘の手前、噴泉塔の前に公共駐車場がある。約25台・55×18m・舗装・区画なし。
駐車場混雑情報／混雑することはない。
トイレ／駐車場にある。センサーライト付き。水洗。水道あり。TPなし。評価☆☆。外に携帯トイレ回収ボックスあり。またアクセス途中の上岩松ダム付近の道道沿いにある「トムラウシ自然体験交流施設 山の交流館とむら」に別棟トイレがある。24時間利用可。冬期は閉鎖。詳細不明。
携帯電話／ドコモ📶通話可、au📶通話可、SB📶通話可。
公衆電話／国民宿舎東大雪荘内にカード・コイン式公衆電話がある。
ドリンク自販機／国民宿舎東大雪荘玄関横にある（PBも）。
登山届入れ／登山道入口にある。
その他／噴泉塔、トムラウシ温泉登山口案内図、国指定大雪山鳥獣保護区区域図、祠、蛇塚、入山者カウンター。トムラウシ温泉・国民宿舎東大雪荘＝宿泊・売店・立ち寄り湯。通年営業・☎0156-65-3021。トムラウシ自然体験交流施設・山の交流館とむら＝アクセス途中にあるトムラウシ町内会

トムラウシ／山の交流館とむら

トムラウシ／登山口に続く道道718号

トムラウシ／噴泉塔前の公共駐車場

トムラウシ／同駐車場のトイレ

トムラウシ／同トイレ内部

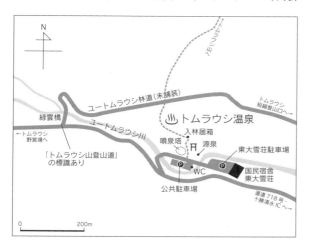

が運営する自然との交流施設。売店・食堂・イベントルームのある本館とログハウスなどがある。日曜休（11〜4月は土・日曜、祝日休）・8時30分〜17時・☎0156-65-2000。
立ち寄り湯／①「トムラウシ温泉・国民宿舎東大雪荘」で可能。通年営業。無休・正午〜20時・入浴料500円・☎0156-65-3021。②ＪＲ新得駅前に「新得町営浴場」がある。無休・14〜22時・入浴料420円・☎0156-64-4156。③また新得町市街地の佐幌川対岸には「新得温泉ホテル」もある。無休・正午〜22時・入浴料350円・☎0156-64-5837。
問合先／新得町観光協会（新得町産業課）☎0156-64-0522

トムラウシ／国民宿舎東大雪荘

大雪山系・トムラウシ短縮登山口
だいせつさんけい（たいせつさんけい）・とむらうししたんしゅくとざんぐち

十勝管内新得町　標高957m

登山口概要／トムラウシ山（日本百名山）の南東側、ユートムラウシ第2支線林道終点。トムラウシ温泉コースを経由するトムラウシ山、化雲岳（かうんだけ）、オプタテシケ山（日本三百名山）、十勝岳オプタテシケ山縦走コースなどの起点。
緯度経度／［43°29′02″］［142°53′05″］
マップコード／970 211 709*52
アクセス／道東道十勝清水ICから国道274、38、274号、道道718、593、718号（最後の6.5kmは未舗装。路面評価★★★★）、ユートムラウシ林道（路面評価★★★★〜★★★）、ユートムラウシ第2支線林道（路面評価★★★★〜★★★。一部★★、所々に水たまりあり）経由で75.5km、約2時間3分。トムラウシ温泉のすぐ先の三叉路は右折し緑雲橋を渡る。そこから4km、約10分先の三叉路は左へ。トムラウシ温泉から7.2km、約18分。道道718号は、よほどの積雪でもない限り冬期閉鎖はされない。2017年9月に行った再取材時の印象では、どちらの林道も路面状況は以前より改善していた。

トムラウシ／登山道入口

短縮／温泉すぐ先の三叉路。右折する

短縮／その4km先の三叉路。左折する

短縮／「登山口あと3キロ」標識

駐車場／林道終点に駐車場がある。42台・32×22m、24×5m・砂利＋草・区画あり。

駐車場混雑情報／1回目に取材した2013年7月20日は、晴れの土曜日ということもあってか、到着した午後1時前の時点で8〜9割程度埋まっていた。また、再取材の2017年9月20日は、平日だったため、ガラガラだった。

トイレ／駐車場にある。バイオ式。タンク式水道あり。TPあり。評価☆☆。外に携帯トイレ回収ボックスあり。またトムラウシ温泉の公共駐車場（前項）にもある。センサーライト付き。水洗。水道あり。TPなし。評価☆☆。さらにアクセス途中の上岩松ダム付近道道沿いの「トムラウシ自然体験交流施設 山の交流館とむら」にも別棟トイレがある。24時間利用可。冬期は閉鎖。詳細は不明。

携帯電話／ドコモ圏外、au圏外、SB圏外。

ドリンク自販機／手前のトムラウシ温泉・国民宿舎東大雪荘玄関横にある（PBも）。

登山届入れ／登山道入口に入林者名簿箱がある。

取材メモ／過去には車上荒らし被害があったようだが、近年は報告されていないようだ。市街地から遠いのでリスクは少ないが、その一方で登山者が出入りする時間帯が限られる上に人目につかない場所だけに、特に車内に貴重品が残されている可能性が高い道外ナンバー車は用心に越したことはない。また新得町役場によると、よく忘れ物があるので注意してほしいとのことだ。

その他／トムラウシ短縮コース登山口案内図。

立ち寄り湯／①「トムラウシ温泉・国民宿舎東大雪荘」で可能。通年営業。無休・正午〜20時・入浴料500円・☎0156-65-3021。②ＪＲ新得駅前に「新得町営浴場」がある。無休・14〜22時・入浴料420円・☎0156-64-4156。③また新得町市街地の佐幌川対岸には「新得温泉ホテル」もある。無休・正午〜22時・入浴料350円・☎0156-64-5837。

問合先／十勝西部森林管理署東大雪支署☎01564-2-2141、十勝西部森林管理署東大雪支署トムラウシ森林事務所☎0156-65-3054、新得町観光協会（新得町産業課）☎0156-64-0522

大雪山系・トムラウシ山
　　→（前々項）大雪山系・トムラウシ温泉
　　→（前項）大雪山系・トムラウシ短縮登山口

大雪山系・永山岳→P174 大雪山系・愛山渓温泉

大雪山系・ヌプントムラウシ温泉奥→P378

大雪山系・沼ノ原
　　→P378 大雪山系・クチャンベツ登山口
　　→P378 大雪山系・ヌプントムラウシ温泉奥

大雪山系・白雲岳
　　→P177 大雪山系・銀泉台
　　→P181 大雪山系・大雪高原温泉（大雪高原山荘）

短縮／ユートムラウシ第2支線林道

短縮／林道終点の駐車場

短縮／同駐車場のトイレ

短縮／同トイレ内部

短縮／登山道入口

大雪山系・北鎮岳
　→P179 大雪山系・黒岳ロープウェイ層雲峡駅
　→P180 大雪山系・層雲峡駐車場

大雪山系・北海岳
　→P179 大雪山系・黒岳ロープウェイ層雲峡駅
　→P180 大雪山系・層雲峡駐車場

大雪山系・緑岳
　→P181 大雪山系・大雪高原温泉（大雪高原山荘）

大雪山系　流星・銀河の滝入口
　→P171 層雲峡　流星・銀河の滝双瀑台入口

奥二股／町道入口に立つ看板

大千軒岳・奥二股登山口
だいせんげんだけ・おくふたまたとざんぐち

渡島管内福島町　標高230m

登山口概要／大千軒岳（日本三百名山・花の百名山）の南東側、澄川林道知内川支線の途中。知内川（千軒）コースを経由する大千軒岳の起点。
緯度経度／〔41°33′49″〕〔140°11′56″〕
マップコード／676 819 278*45
アクセス／函館市街地（函館駅前）から国道5、227、228号、町道（前半は舗装。後半は未舗装。路面評価★★★。部分的に★★★★）、澄川林道知内川支線（路面評価★★★。部分的に★★★★。一部★★。所々に水たまりあり）経由で70km、約1時間56分。国道から1.2km、約2分先から未舗装となり、2.2km先の三叉路（「大千軒岳まであと4.4km」の標識あり）を直進する。この先は、澄川林道知内川支線となり、途中2度、林道分線が分岐するが、迷うことはない。登山口手前の三叉路の岩に赤ペンキで書かれた矢印に従って右に入ってすぐ。国道から6.6km、約20分。
駐車場／登山道入口に駐車スペースがある。約12台・34×14m・小石＋草・区画なし。
トイレ／駐車スペースわきに簡易トイレがある。TPなし。評価☆。
携帯電話／ドコモ圏外、au圏外、SB圏外。
登山届入れ／登山道入口に入山者カード（登山者名簿）箱がある。
その他／大千軒植物群落保護林解説板。
立ち寄り湯／国道に出て函館方面に4.5km戻り、道道812号に左折すると「知内温泉・ユートピア和楽園」がある。無休・7～21時・入浴料460円・☎01392-6-2341。
問合先／福島町産業課商工観光係☎0139-47-3004

奥二股／2.2km先の三叉路

奥二股／澄川林道知内川支線

奥二股／登山口手前の三叉路

奥二股／登山道入口の駐車スペース

大千軒岳・松前旧道登山口
だいせんげんだけ・まつまえきゅうどうとざんぐち

渡島管内松前町　標高555m

> アクセス道路通行止

旧道／登山口に続く石崎松前林道

登山口概要／大千軒岳（日本三百名山・花の百名山）の南西側、石崎松前林道の途中。松前旧道コースを経由する大千軒岳の起点。詳細図は次項参照。※2016年の豪雨災害等のため、アクセス道路は通行止。今後、開通した時のために2013年の取材結果を参考までに掲載しておく。
緯度経度／［41°34′02″］［140°08′30″］
マップコード／676 812 672*45
アクセス／函館市街地（函館駅前）から国道5、227、228号、道道607号、石崎松前林道（路面評価★★）経由で115km、約3時間17分。または道央道大沼公園ICから道道149号、国道5号、道道96号、国道228号、道道607号、石崎松前林道（上と同じ）経由で130km、約3時間38分。あるいは函館江差道北斗茂辺地ICから道道29号、国道228号、道道607号、石崎松前林道（上と同じ）経由で98km、約2時間50分。駐車スペースに「大千軒岳旧道登山口」の大きな標識が立っている。国道から24km、約1時間。道道607号の開通期間は6月上旬〜11月中旬。※取材時は、上ノ国町側の道道は通行止。また道道の大曲りゲート〜袴腰ゲート間も通行止になっていた。道道と並行して続く大曲林道も2016年の台風被害のため通行止。開通時期未定。上記の距離・時間、路面評価は、大曲林道利用の場合。道道607号については函館建設管理部松前出張所☎01394-2-2261へ。石崎松前林道については渡島総合振興局西部森林室☎0139-42-2013へ。
駐車場／登山道入口前に駐車スペースがある。3〜4台・15×5m・草・区画なし。
トイレ／松前町市街地に「道の駅北前船松前」がある。
携帯電話／ドコモ圏外、au圏外、SB圏外。
登山届入れ／登山道入口にある。また手前、道道の上川ゲートにもある。
立ち寄り湯／山麓に下ると「松前温泉休養センター」がある。一旦、国道に出て左折。1km先で左に入る。火曜休・11〜21時・入浴料400円・☎0139-42-4919。
問合先／松前町商工観光課☎0139-42-2275、松前観光協会☎0139-42-2726、渡島総合振興局西部森林室☎0139-42-2013

旧道／登山道入口前の駐車スペース

旧道／登山道入口

旧道／松前温泉休養センター

大千軒岳・松前新道登山口
だいせんげんだけ・まつまえしんどうとざんぐち

渡島管内松前町　標高653m

> アクセス道路通行止

登山口概要／大千軒岳（日本三百名山・花の百名山）の西側、

新道／上川ゲートの案内板と入林届箱

石崎松前林道の途中。松前新道コースを経由する大千軒岳の起点。※2016年の豪雨災害等のため、アクセス道路は通行止。今後、開通した時のために2013年の取材結果を参考までに掲載しておく。

緯度経度／［41°34′56″］［140°08′18″］
マップコード／676 872 480*48
アクセス／函館市街地（函館駅前）から国道5、227、228号、道道607号、石崎松前林道（路面評価★★）経由で118km、約3時間27分。または道央道大沼公園ICから道道149号、国道5号、道道96号、国道228号、道道607号、石崎松前林道（上と同じ）経由で133km、約3時間48分。あるいは函館江差道北斗茂辺地ICから道道29号、国道228号、道道607号、石崎松前林道（上と同じ）経由で101km、約3時間。旧道登山口を過ぎて3km、約10分。国道から27km、約1時間10分。道道607号の開通期間は6月上旬～11月中旬。※取材時は、上ノ国町側の道道は通行止。また道道の大曲りゲート～袴腰ゲート間も通行止になっていた。道道と並行して続く大曲林道も2016年の台風被害のため通行止。開通時期未定。上記の距離・時間、路面評価は、大曲林道利用の場合。道道607号については函館建設管理部松前出張所☎01394-2-2261へ。石崎松前林道については渡島総合振興局西部森林室☎0139-42-2013へ。
駐車場／登山道入口に駐車スペース、50m先に駐車場がある。登山道入口の駐車スペースは3～4台・15×5m・草・区画なし。駐車場＝12～13台・30×10m・砂利・区画なし。
トイレ／松前町市街地には「道の駅北前船松前」がある。
携帯電話／ドコモ圏外、au圏外、SB圏外。
登山届入れ／登山道入口にある。また手前、道道の上川ゲートにもある。
その他／登山のルールとマナー看板、大千軒岳周辺案内図、大千軒岳案内図、大千軒岳自然環境保全地域案内板、山火事注意看板。
立ち寄り湯／山麓に下ると「松前温泉休養センター」がある。一旦、国道に出て左折。1km先で左に入る。火曜休・

新道／50m 先の駐車場

新道／登山道入口の駐車スペース

新道／大千軒岳案内図

新道／登山道入口

新道／松前温泉休養センター・大浴場

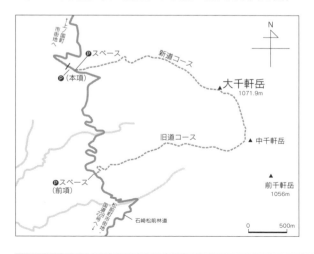

11〜21時・入浴料400円・☎0139-42-4919。
問合先／松前町商工観光課☎0139-42-2275、松前観光協会☎0139-42-2726、渡島総合振興局西部森林室☎0139-42-2013

財田自然観察道・財田キャンプ場
たからだしぜんかんさつどう・たからだきゃんぷじょう

胆振管内洞爺湖町　標高85m

キャンプ／キャンプ場の公共駐車場

登山口概要／洞爺湖の北岸、町道終点。財田自然観察道（水辺の森の小径）の起点。
緯度経度／［42°38′28″］［140°51′17″］
マップコード／321 793 570*50
アクセス／道央道虻田洞爺湖ICから国道230号、道道285、132号経由で18.7km、約28分。
駐車場／財田キャンプ場に広い公共駐車場がある。財田自然観察道散策者の利用可。99台・80×40m・舗装・区画あり。
駐車場混雑情報／満車になることはない。
トイレ／駐車場奥にある。水洗。水道・TPあり。評価☆☆☆〜☆☆。
携帯電話／ドコモ📶通話可、au📶通話可、SB📶通話可。
ドリンク自販機／センターハウスにある。
その他／センターハウス（キャンプ場受付、シャワー室、コインランドリー）、財田キャンプ場案内板。
取材メモ／財田自然観察道（水辺の森の小径）は、洞爺湖北岸にのびる1.8kmの遊歩道。
立ち寄り湯／道道132号を西進し、道道578号へ入ると町営温泉施設「洞爺いこいの家」がある。第1、3月曜休（祝日の場合は翌日）・10〜21時・入浴料440円・☎0142-82-5177。
問合先／水辺の里財田キャンプ場☎0142-82-5777、洞爺財田自然体験ハウス☎0142-82-5999、洞爺湖町観光振興課☎0142-75-4400

キャンプ／同駐車場のトイレ

キャンプ／同トイレ内部

キャンプ／センターハウス

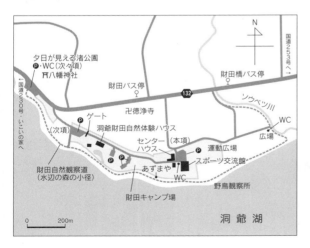

キャンプ／財田キャンプ場

財田自然観察道・洞爺財田自然体験ハウス
たからだしぜんかんさつどう・とうやたからだしぜんたいけんはうす

胆振管内洞爺湖町　標高85m

ハウス／洞爺財田自然体験ハウス

登山口概要／洞爺湖の北岸、町道沿い。財田自然観察道（水辺の森の小径）の起点。詳細図は、前項参照。
緯度経度／［42°38′31″］［140°50′54″］
マップコード／321 792 667*50
アクセス／道央道虻田洞爺湖ICから国道230号、道道285、132号経由で18km、約27分。
駐車場／洞爺財田自然体験ハウスの駐車場がある。散策者の利用可。20台＋大型・52×15m・芝生＋ブロック・区画あり。
駐車場混雑情報／お盆休みに満車になることがある。
洞爺財田自然体験ハウス／洞爺湖の自然を紹介し、体験プログラムなどもある環境省の施設。月曜休（祝日の場合は翌日）・9～17時・☎0142-82-5999
トイレ／洞爺財田自然体験ハウス館内にある。詳細不明。
携帯電話／ドコモ通話可、au通話可、SB通話可。
水場／トイレ前にある。
その他／財田キャンプ場案内板。
取材メモ／財田自然観察道（水辺の森の小径）は、洞爺湖北岸にのびる1.8kmの遊歩道。
立ち寄り湯／道道132号を西進し、道道578号へ入ると町営温泉施設「洞爺いこいの家」がある。第１、３月曜休（祝日の場合は翌日）・10～21時・入浴料440円・☎0142-82-5177。
問合先／洞爺財田自然体験ハウス☎0142-82-5999、洞爺湖町観光振興課☎0142-75-4400

ハウス／同ハウス駐車場

公園／夕日が見える渚公園駐車場

財田自然観察道・夕日が見える渚公園
たからだしぜんかんさつどう・ゆうひがみえるなぎさこうえん

胆振管内洞爺湖町　標高80m

登山口概要／洞爺湖の北岸、道道132号沿い。財田自然観察道（水辺の森の小径）の起点。詳細図は、前々項参照。
緯度経度／［42°38′41″］［140°50′42″］
マップコード／321 821 085*50
アクセス／道央道虻田洞爺湖ICから国道230号、道道285、132号経由で18km、約27分。
駐車場／夕日が見える渚公園に公共駐車場がある。30台＋大型・70×40m・舗装・区画あり。
駐車場混雑情報／満車になることはない。
トイレ／駐車場にある。水洗。水道・TPあり。評価☆☆☆。
携帯電話／ドコモ通話可、au通話可、SB通話可。
水場／トイレ前にある。
その他／財田自然観察道・水辺の森の小径案内板、あずまや。
取材メモ／財田自然観察道（水辺の森の小径）は、洞爺湖北岸にのびる1.8kmの遊歩道。
立ち寄り湯／道道132号を西進し、道道578号へ入ると町営

公園／同駐車場のトイレ

公園／同トイレ内部

温泉施設「洞爺いこいの家」がある。第1、3月曜休（祝日の場合は翌日）・10～21時・入浴料440円・☎0142-82-5177。
問合先／洞爺財田自然体験ハウス☎0142-82-5999、洞爺湖町観光振興課☎0142-75-4400

渓流口／渓流口駐車場

滝野すずらん丘陵公園・渓流口
たきのすずらんきゅうりょうこうえん・けいりゅうぐち

札幌市南区　標高180m

登山口概要／滝野すずらん丘陵公園の北側、道道341号沿い。滝野すずらん丘陵公園の遊歩道、アシリベツの滝（日本の滝百選）などの起点。
緯度経度／［42°55′19″］［141°22′59″］
マップコード／9 016 312*62
アクセス／札幌市街地（道庁前）から国道230号、真駒内通、国道453号、道道341号経由で20km、約30分。または道央道北広島ICから国道36号、道道341号経由で16km、約24分。
国営滝野すずらん丘陵公園／4月1日～19日と11月11日～12月22日は休園期間・9～17時（6～8月は～18時。冬期は～16時）・入園料410円（渓流ゾーンと冬期は無料）・☎011-592-3333（滝野公園案内所）
駐車場／1日410円（各駐車場料金所で領収書を提示すれば、当日に限りほかの駐車場も利用可）。渓流口駐車場＝150台・86×46m・舗装・区画あり。※アシリベツの滝に最も近いのは、本項駐車場。
駐車場混雑情報／6月と9月の土・日曜、祝日は、ほぼ満車になるが、停められないことはない。中央口と東口の駐車場が満車になるのは年に何度かある。
トイレ／園内各所にある。渓流口駐車場のトイレ＝水洗。水道（飲用可）・TPあり。評価☆☆☆。
携帯電話／渓流口駐車場＝ドコモ📶通話可、au📶通話可、

渓流口／同駐車場のトイレ

渓流口／同トイレ内部

渓流口／アシリベツの滝

SB📶通話可。
公衆電話／パークステーションなどにある。
ドリンク自販機／渓流口では駐車場のトイレ横にある。ほかに「ロッジゆきざさ」などにもある（PBも）。
水場・水道設備／炊事遠足広場などにある。
その他／渓流口＝滝野公園案内所、公園案内板。
取材メモ／滝野すずらん丘陵公園のフクジュソウ（自生）は4月上旬、シラネアオイ（自生）やオオバナノエンレイソウ（自生）は5月中旬が見ごろ。ほかにチューリップは5〜6月、コスモスは9〜10月が見ごろ。特にシラネアオイは自然林内に200株も咲いて見事。園内の自然情報や詳しい園内マップ等は、国営滝野すずらん丘陵公園公式サイトを参照。http://www.takinopark.com/
立ち寄り湯／北広島ICに向かうと美しが丘5条（里塚霊園入り口付近）に「里塚温泉・ゆとり」がある。第1火曜休・9〜23時・入館料600円・☎011-882-1717。
問合先／国営滝野すずらん丘陵公園（滝野公園案内所）☎011-592-3333

渓流口／渓流園路

渓流口／カントリーガーデン

滝野すずらん丘陵公園・滝野の森口
たきのすずらんきゅうりょうこうえん・たきのもりぐち

札幌市南区　標高260m

登山口概要／滝野すずらん丘陵公園の南西側、市道沿い。滝野すずらん丘陵公園の遊歩道の起点。詳細図は前項参照。
緯度経度／［42°54′28″］［141°22′08″］
マップコード／708 569 591*68
アクセス／札幌市街地（道庁前）から国道230号、真駒内通、国道453号、道道341号経由で20km、約30分。または道央道北広島ICから国道36号、道道341号経由で18km、約28分。
国営滝野すずらん丘陵公園／4月1日〜19日と11月11日〜12月22日は休園期間・9〜17時（6〜8月は〜18時。冬期は〜16時)・入園料410円（渓流ゾーンと冬期は無料)・☎011-592-3333（滝野公園案内所）。
駐車場／1日410円（各駐車場料金所で領収書を提示すれば、当日に限りほかの駐車場も利用可）。滝野の森口駐車場＝150台・102×36m・舗装・区画あり。さらに入ると南口駐車場（180台）もある。
トイレ／園内各所にある。滝野の森口駐車場のトイレ＝水洗。水道・TPあり。評価☆☆☆。
携帯電話／ドコモ📶〜📶通話可、au📶通話可、SB📶通話可。
ドリンク自販機／園内の「ロッジゆきざさ」などにある(PBも)。
水場・水道設備／園内の炊事遠足広場などにある。
その他／滝野の森口＝滝野公園案内板、渓流ゾーン案内板、森の情報館。
取材メモ／滝野すずらん丘陵公園のフクジュソウ（自生）は4月上旬、シラネアオイ（自生）やオオバナノエンレイソウ（自生）は5月中旬が見ごろ。ほかにチューリップは5〜6月、コスモスは9〜10月が見ごろ。特にシラネアオ

森口／滝野の森口駐車場

森口／同駐車場のトイレ

森口／同トイレ内部

イは自然林内に200株も咲いて見事。園内の自然情報や詳しい園内マップ等は、国営滝野すずらん丘陵公園公式サイトを参照。http://www.takinopark.com/
立ち寄り湯／北広島ICに向かうと美しが丘5条（里塚霊園入り口付近）に「里塚温泉・ゆとり」がある。第1火曜日・9〜23時・入館料600円・☎011-882-1717。
問合先／国営滝野すずらん丘陵公園（滝野公園案内所）☎011-592-3333

森口／森の情報館

滝野すずらん丘陵公園・鱒見口
たきのすずらんきゅうりょうこうえん・ますみぐち

札幌市南区　標高165m

登山口概要／滝野すずらん丘陵公園の北東側、道道341号沿い。滝野すずらん丘陵公園の遊歩道、鱒見の滝などの起点。詳細図は前々項参照。
緯度経度／［42°55′18″］［141°23′26″］
マップコード／9 017 279*62
アクセス／札幌市街地（道庁前）から国道230号、真駒内通、国道453号、道道341号経由で21km、約32分。または道央道北広島ICから国道36号、道道341号経由で15km、約22分。
国営滝野すずらん丘陵公園／4月1日〜19日と11月11日〜12月22日は休園期間、9〜17時（6〜8月は〜18時。冬期は〜16時）・入園料410円（渓流ゾーンと冬期は無料）・☎011-592-3333（滝野公園案内所）
駐車場／1日410円（各駐車場料金所で領収書を提示すれば、当日に限りほかの駐車場も利用可）。鱒見口駐車場=160台・102×40m・舗装・区画あり。
トイレ／園内各所にある。鱒見口駐車場のトイレ=水洗。水道・TPあり。評価☆☆☆。
携帯電話／ドコモ📶通話可、au📶通話可、SB📶通話可。
公衆電話／公園の駅パークステーションなどにある。
ドリンク自販機／鱒見口では公園の駅パークステーション内にあるほか「ロッジゆきざさ」などにもある(PBも)。
水場・水道設備／炊事遠足広場などにある。
その他／鱒見口=滝野公園案内板、渓流ゾーン案内板、公園の駅パークステーション（レンタサイクル）。
取材メモ／滝野すずらん丘陵公園のフクジュソウ（自生）は4月上旬、シラネアオイ（自生）やオオバナノエンレイソウ（自生）は5月中旬が見ごろ。ほかにチューリップは5〜6月、コスモスは9〜10月が見ごろ。特にシラネアオイは自然林内に200株も咲いて見事。園内の自然情報や詳しい園内マップ等は、国営滝野すずらん丘陵公園公式サイトを参照。
http://www.takinopark.com/
立ち寄り湯／北広島ICに向かうと美しが丘5条（里塚霊園入り口付近）に「里塚温泉・ゆとり」がある。第1火曜日・9〜23時・入館料600円・☎011-882-1717。
問合先／国営滝野すずらん丘陵公園（滝野公園案内所）☎011-592-3333

鱒見口／鱒見口駐車場

鱒見口／同駐車場のトイレ

鱒見口／同トイレ内部

鱒見口／パークステーション

伊達紋別岳・太陽の園登山口
だてもんべつだけ・たいようのそのとざんぐち

伊達市　標高162m

登山口概要／伊達紋別岳の西側、市道沿い。太陽の園コースを経由する伊達紋別岳の起点。社会福祉法人北海道社会福祉事業団の障害者支援施設「太陽の園」に登山口がある。
緯度経度／［42°28′30″］［140°54′35″］
マップコード／159 784 648*56
アクセス／道央道伊達ICから道道145号、市道経由で3km、約5分。道央自動車道の上を渡って最初の交差点に「太陽の園」の標識（写真参照）が立っているが、ここは直進。
駐車場／太陽の園内に登山者用駐車場がある。20〜25台・52×20m・小石+砂+草・区画なし。
取材メモ／駐車場には、登山者にマナーを守るように求める「登山者の方へお願い」看板が立てられていた。マナーの悪さが指摘されるのは恥ずべき状況と認識したい。
携帯電話／ドコモ📶通話可、au📶通話可、SB📶通話可。
問合先／だて観光協会☎0142-25-5567、伊達市教育委員会生涯学習課☎0142-23-3331

伊達／太陽の園案内標識

伊達／登山者用駐車場

樽前山・樽前林道入口（樽前ガロー）
たるまえさん・たるまえりんどういりぐち（たるまえがろー）

苫小牧市　標高82m（樽前林道入口）、標高68m（樽前ガロー）

登山口概要／樽前山（日本二百名山・花の百名山）の南東側、樽前林道（社台横断林道）ゲート前。錦岡コースを経由する樽前山の起点。樽前ガロー散策路入口。
緯度経度／［42°37′19″］［141°24′35″］（樽前ガロー）［42°37′28″］［141°24′22″］（樽前林道入口）
マップコード／545 439 318*65（樽前ガロー）
545 439 605*65（樽前林道入口）
アクセス／道央道白老ICから道道86号、町道、国道36号、市道、社台横断林道（路面評価★★★★〜★★★）経由で18km、約28分。または道央道苫小牧西ICから道道141号、市道、道道781号、市道、国道36号、市道、社台横断林道（上と同じ）経由で14km、約23分。国道に立つ「樽前ガロー」の標識に従って市道へ入り、すぐに踏切を渡る。あとは道なり。国道から4.4km、5分半で未舗装になる。手前のガロー橋（林道三叉路）に樽前ガローの観賞ポイントと駐車スペース、その500m奥に樽前林道入口がある。国道からゲート前まで6.3km、10分。
駐車場／樽前林道入口のロータリー状になった道の路肩に点々と駐車スペースがある。また手前の樽前ガロー付近にも駐車スペースがある。樽前林道入口の駐車スペース=10〜12台・砂+草・区画なし。樽前ガローの駐車スペース=7〜8台・26×8mなど2面・砂・区画なし。
携帯電話／ドコモ📶通話可、au📶通話可、SB📶〜📶通話

ガロー／登山口に続く社台横断林道

ガロー／樽前ガローの駐車スペース

ガロー／ロータリーの駐車スペース

可（樽前林道入口）。ドコモ📶通話可、au📶通話可、SB📶〜📶通話可（樽前ガロー）。
水場／ロータリーにある。飲用可否不明。
その他／水源かん養保健保安林案内板、樽前ガロー案内板、樽前ガロー解説板、熊出没注意看板。
取材メモ／樽前川の上流に位置する樽前ガローは、岩盤に深く切れ込んだ隙間に渓流が約2kmに渡って流れ下る独特な景観を楽しめる。また下流側にも樽前ガロー駐車場があり、樽前ガローを見学できるポイントがある。なお樽前林道は入林申請すれば、車で進入可だが、入林申請はほとんどないようだ。詳しくは胆振東部森林管理署☎0144-82-2161へ。
立ち寄り湯／①近くの錦大沼公園・オートリゾート苫小牧アルテン内に「ゆのみの湯」がある。第3水曜休（祝日の場合は変更になることもある）・10〜22時・入浴料600円・☎0144-61-4126。②国道36号を室蘭方向に進むと、登別市街地に入る手前左手に「虎杖浜温泉ホテル」がある。無休・6〜23時・入浴料600円・☎0144-82-8267。③同じ虎杖浜温泉の「ホテルいずみ」でも可能。無休・12〜22時（日曜と木曜は10時〜。土曜と祝前日は12〜17時。繁忙期は変更になることも）・入浴料530円・☎0144-87-2621。
問合先／胆振東部森林管理署☎0144-82-2161、苫小牧市観光振興課☎0144-32-6448、苫小牧観光協会☎0144-34-7050

ガロー／ロータリーの水場

ガロー／樽前林道入口ゲート

ガロー／樽前ガロー解説板

樽前／5合目ゲート

樽前／登山口に続く未舗装の市道

樽前山・7合目駐車場（樽前山7合目ヒュッテ）
たるまえさん・ななごうめちゅうしゃじょう（たるまえさんななごうめひゅって）

千歳市　標高660m

登山口概要／樽前山（日本二百名山・花の百名山）の北東側、市道樽前山観光道路終点。樽前山ヒュッテコースを経由する樽前山の起点。

緯度経度／［42°41′56″］［141°23′25″］
マップコード／545 707 518*68
アクセス／札幌市街地（道庁前）から国道230号、真駒内通、国道453、276号、道道141号、市道樽前山観光道路（未舗装。路面評価★★★。一部★★★★）経由で60km、約1時間35分。または道央道千歳ICから道道77号、国道36号、道道16号、国道453、276号、道道141号、市道樽前山観光道路（上と同じ）経由で33km、約52分。あるいは道央道苫小牧西ICから道道141号、市道樽前山観光道路（上と同じ）経由で16km、約27分。5合目ゲートから未舗装となり2.6km、約7分。道道141号の開通期間は4月下旬〜11月中旬。
駐車場／市道樽前山観光道路終点に7合目駐車場がある。50台・40×34m・砂利・区画あり。
駐車場混雑情報／6月中旬〜10月中旬の土・日曜、祝日は朝早くから満車になり、五合目ゲートや国道の交差点で通行規制されることがある。
トイレ／駐車場にある。非水洗。水道なし。TPなし。評価☆☆。
携帯電話／ドコモ📶〜📶 通話可、au📶 やや不安定、SB圏外。
登山届入れ／登山道入口と樽前山7合目ヒュッテ前にある。
その他／樽前山7合目ヒュッテ（緊急時の避難小屋。一般の宿泊は不可。問い合わせは、苫小牧市観光振興課☎0144-32-6448へ）、テーブル・ベンチ、支笏洞爺国立公園案内板。
取材メモ／樽前山のイワブクロ（タルマイソウ）は6月中旬〜9月上旬が見ごろ。
立ち寄り湯／①支笏湖畔に下ると支笏湖温泉「休暇村支笏湖」で可能。無休・11〜16時（火、水曜は13時〜）・入浴料720円・☎0123-25-2201。②湖の対岸にある「丸駒温泉旅館」でも可能。無休・10〜15時・入浴料1000円・☎0123-25-2341。
問合先／千歳市観光事業課☎0123-24-0366、千歳駅観光案内所☎0123-24-8818、苫小牧市観光振興課☎0144-32-6448、苫小牧観光協会☎0144-34-7050

樽前／7合目駐車場

樽前／同駐車場のトイレ

樽前／同トイレ内部

樽前／樽前山7合目ヒュッテ

樽前／登山道入口

地球岬・地球岬緑地入口
ちきう（ちきゅう）みさき・ちきう（ちきゅう）みさきりょくちいりぐち

室蘭市　標高130m

地球岬／地球岬の駐車場

登山口概要／地球岬の北側、市道終点。地球岬緑地にのびる地球岬散策路や室蘭海岸線トレッキングコース（仮称。P320参照）の起点。
緯度経度／［42°18′12″］［141°00′02″］
マップコード／159 195 075*23
アクセス／道央道室蘭ICから道道127号、国道37号（白鳥大橋）、道道699号、市道、道道919号経由で13km、約20分。付近の国道や道道に「地球岬」の標識あり。
駐車場／30台＋大型・48×42m・舗装・区画あり。
駐車場混雑情報／灯台の開放日などのイベント時は混雑する。
トイレ／駐車場の上にある。水洗。水道・TPあり。評価☆☆☆〜☆☆。
携帯電話／ドコモ📶通話可、au📶通話可、SB📶通話可。
公衆電話／トイレ前に地球儀型カード・コイン公衆電話ボックスがある。
ドリンク自販機／駐車場にある（PBも）。
その他／売店、展望台、室蘭観光案内板、地球岬灯台の変遷解説板、地球岬解説板、幸福の鐘、地球岬灯台など。
取材メモ／地球岬からは晴れた日であれば下北半島まで望める。また地球岬散策路は、約1km西側の道道沿いにあるチャラツナイ駐車場とを結ぶ全長約2.1kmのコース。ミズナラやイタヤカエデなどからなる林が続き、春にはカタクリなども咲く。
立ち寄り湯／地球岬から絵鞆（えとも）半島の北西端に向かうと道の駅みたら室蘭近くに「むろらん温泉ゆらら」がある。第3木曜休・11〜22時・入浴料600円・☎0143-27-4126。
問合先／室蘭観光協会☎0143-23-0102、室蘭市観光課☎0143-25-3320

地球岬／同駐車場のトイレ

地球岬／同トイレ内部

チセヌプリ→P238 ニセコ山系・大谷地駐車場
　　　　　→P241 ニセコ山系・神仙沼駐車場
　　　　　→P243 ニセコ山系・チセヌプリ登山口
　　　　　→P244 ニセコ山系・ニセコ湯本温泉

忠別岳→P181 大雪山系・大雪高原温泉（大雪高原山荘）
　　　→P183 大雪山系・天人峡温泉

地球岬／地球岬灯台

長節湖入口
ちょうぼしこいりぐち

根室市　標高5m

遊歩道通行止

長節湖／北東岸の駐車場

登山口概要／長節湖の北東岸、市道終点。長節湖を一巡する遊歩道（2017年9月の取材時は通行止）の起点。
緯度経度／［43°15′01″］［145°33′08″］
マップコード／423 276 652*40
アクセス／道東道阿寒ICから国道240、38、44号、道道780、142号経由で145km、約2時間25分。
駐車場／長節湖の北東岸に駐車場がある。約30台以上・76×18m・砂利＋草・区画なし。また南側の未舗装道路（路面評価★★★★）終点にも駐車スペースがある。
トイレ／駐車場にある。非水洗。水道なし。TPなし。評価☆☆〜☆。
携帯電話／ドコモ📶通話可、au📶通話可、SB📶通話可。
その他／あずまや。
問合先／根室市観光協会☎0153-24-3104、根室市商工観光課☎0153-23-6111

長節湖／同駐車場のトイレ

チロロ岳・曲り沢二ノ沢コース登山口
ちろろだけ・まがりさわにのさわこーすとざんぐち

日高管内日高町　標高667m

チロロ／国道に立つ標識

| アクセス道路通行止 |

登山口概要／チロロ岳の北西側、パンケヌーシ林道の途中。曲り沢二ノ沢コースを経由するチロロ岳の起点。※現在、2016年の豪雨災害でパンケヌーシ林道は通行止。今後、開通した時のために2013年の取材結果を参考までに掲載しておく。
緯度経度／［42°50′57″］［142°39′54″］
マップコード／1061 035 547*76
入林申請／パンケヌーシ林道は、秋の狩猟期間に入ると施錠されるので、あらかじめ森林管理署に入林申請をすること。申請の方法はP383参照。問い合わせは日高北部森林管理署☎01457-6-3151 または☎050-3160-5705へ。
アクセス／道東道占冠ICから国道237、274号、パンケヌーシ林道（路面評価★★★★。所々★★★）経由で37km、約58分。国道から「チロロ岳・ペンケヌーシ岳登山口入口」の標識に従って町道へ。800m先から未舗装のパンケヌーシ林道となり、国道から11.4km、約20分。
駐車場／登山道入口に駐車スペースがある。約7台・26×6〜3mなど2面・草・区画なし。

チロロ／登山口に続くパンケヌーシ林道

チロロ／登山道入口の駐車スペース

トイレ／駐車スペースに簡易トイレが1基ある。TPなし。評価☆☆。
携帯電話／ドコモ圏外、au圏外、SB圏外。
登山届入れ／パンケヌーシ林道入口にある。
立ち寄り湯／日高町日高地区市街地に「沙流川温泉・ひだか高原荘」がある。無休・6〜9時＋10〜21時（月曜は13〜21時）・入浴料500円・☎01457-6-2258
問合先／日高北部森林管理署☎01457-6-3151 または☎050-3160-5705、日高総合支所地域経済課観光・農林グループ☎01457-6-2008、日高町観光協会☎01457-6-2211

チロロ／駐車スペースのトイレ

土橋自然観察教育林入口
つちはしぜんかんさつきょういくりんいりぐち

檜山管内厚沢部町　標高17m

土橋／教育林の駐車場と森林展示館

登山口概要／土橋自然観察教育林の北東側、町道終点。土橋自然観察教育林を一巡する遊歩道の起点。
緯度経度／［41°54′54″］［140°13′06″］
マップコード／482 581 438*43
アクセス／道央道落部ICから国道5号、道道67号、国道227号、町道経由で46km、約1時間8分。または函館市街地（函館駅前）から国道5、227号、町道経由で59km、約1時間28分。あるいは北海道新幹線新函館北斗駅からは、国道227号経由で42km、約50分。国道と町道の交差点に「レクの森つちはし自然観察教育林」の看板と標識あり。
駐車場／約50台・58×40m・舗装・区画あり。
トイレ／駐車場にある。水洗。水道・TPあり。評価☆☆☆〜☆☆。
携帯電話／ドコモ通話可、au通話可、SB通話可。
ドリンク自販機／森林展示館横にある（PBも）。
水道設備／バンガロー付近に水飲み場がある。
登山届入れ／自然観察教育林を利用する場合は、森林展示館のテラスにある入林届に記入して届出箱に投函すること。
その他／森林展示館＝4〜10月・8時30分〜17時・☎0139-67-2463。施設位置図、コース案内図、バーベキューハウス、バンガロー、キャンプ場。
取材メモ／土橋自然観察教育林は、ヒノキアスナロやトドマツなどからなる面積約90haの町有林で、一巡する遊歩道がある。「ブナ婆さん」「ヒバ爺さん」などの大木も。
立ち寄り湯／①道道67号を2kmほど北上し、左折すると「俄虫温泉旅館（がむしおんせんりょかん）」がある。無休・11〜22時（土・日曜は10時〜）・入浴料400円・☎0139-67-2211。②また国道227号を東進すると「うずら温泉」もある。月曜休（祝日の場合は翌日以降の平日）・11〜21時・入浴料400円・☎0139-65-6366。
問合先／土橋自然観察教育林（森林展示館）☎0139-67-2463、厚沢部町農林商工課商工観光係☎0139-64-3314

土橋／同駐車場のトイレ

土橋／同トイレ内部

硫黄山／硫黄山駐車場

つつじヶ原自然探勝路・硫黄山駐車場
つつじがはらしぜんたんしょうろ・いおうざんちゅうしゃじょう

釧路管内弟子屈町　標高175m

登山口概要／硫黄山の北東側、道道52号から少し入った場所。つつじヶ原自然探勝路や青葉トンネル遊歩道の起点。
緯度経度／［43°37′05″］［144°26′34″］
マップコード／731 713 798*61
アクセス／道東道阿寒ICから国道240、274号、道道53号、国道243、391号、道道52号、町道経由で90km、約2時間15分。
駐車場／有料1日500円。8〜17時（時間外は無料で駐車

硫黄山／同駐車場のトイレ

可能。また11月下旬～4月上旬は無料)。150台・100×62m・舗装・区画あり。※駐車場領収券を提示すれば、2日間は摩周湖駐車場も1回利用できる。

駐車場混雑情報／5月のGW、お盆休み、9月中旬と10月中旬の日曜日は、5～10分程度の駐車待ちが発生する。

トイレ／駐車場にある。水洗。水道・TPあり。評価☆☆☆～☆☆。

携帯電話／ドコモ📶通話可、au📶通話可、SB📶通話可。

その他／硫黄山レストハウス (売店・食堂。4月上旬～11月下旬・期間中無休・8時～17時30分・☎015-483-3511)、硫黄山解説板、つつじヶ原自然探勝路案内板、硫黄採掘の歴史解説板、地殻変動観測点。

取材メモ／つつじヶ原自然探勝路のイソツツジは数が多く圧巻。6月中旬～下旬が見ごろ。

立ち寄り湯／川湯温泉の温泉宿等で可能。例えば①「名湯の森ホテル・きたふくろう」＝不定休・14～18時・入浴料800円・☎015-483-2960。②「お宿・欣喜湯 (きんきゆ)」＝無休・13～20時・入浴料700円・☎015-483-2211。③川湯温泉共同浴場＝水曜休・8～20時 (11～4月は9時～)・入浴料250円・☎015-483-2043 (川湯支所)。④ほかに「国民宿舎ホテル川湯パーク」「ホテルパークウェイ」「ホテル開紘」などでも可能。

問合先／川湯温泉観光案内所☎015-483-2670、摩周湖観光協会☎015-482-2200

硫黄山／同トイレ内部

硫黄山／硫黄山レストハウス

硫黄山／つつじヶ原自然探勝路

川湯／川湯温泉駐車場

つつじヶ原自然探勝路・川湯温泉駐車場
つつじがはらしぜんたんしょうろ・かわゆおんせんちゅうしゃじょう

釧路管内弟子屈町　標高136m

登山口概要／硫黄山の北側、川湯温泉の川湯大鵬相撲記念館裏手の町道沿い。つつじヶ原自然探勝路や川湯アカエゾ

川湯／同駐車場のトイレ

マツの森のアカゲラの小径等の起点。川湯エコミュージアムセンターがある。
緯度経度／［43°38′08″］［144°26′12″］
マップコード／731 772 896*61
アクセス／道東道阿寒ICから国道240、274号、道道53号、国道243、391号、道道52号、町道経由で92ｋｍ、約2時間18分。
駐車場／川湯大鵬相撲記念館裏手の駐車場＝34台・126×30ｍ・舗装・区画あり。川湯エコミュージアムセンター前の駐車場＝33台・舗装・区画あり。
駐車場混雑情報／混雑することはない。
川湯エコミュージアムセンター／屈斜路湖や摩周湖の自然を紹介する施設。水曜休（祝日の場合は翌日。7月第3週～8月31日は無休）・☎015-483-4100。
トイレ／川湯大鵬相撲記念館裏手の駐車場付近にある。利用できるのは4月下旬～10月下旬の8～17時のみ。それ以外は閉鎖される。センサーライト付き。水洗・水道・TPあり。評価☆☆☆。
携帯電話／ドコモ📶通話可、au📶通話可、SB📶通話可。
その他／環境省阿寒摩周国立公園管理事務所、川湯温泉案内板、つつじヶ原自然探勝路案内板、入山者カウンター、WiFi。
取材メモ／つつじヶ原自然探勝路のイソツツジは数が多く圧巻。6月中旬～下旬が見ごろ。
立ち寄り湯／川湯温泉の温泉宿で可能。例えば①「名湯の森ホテル・きたふくろう」＝不定休・14～18時・入浴料800円・☎015-483-2960。②「お宿・欣喜湯（きんきゆ）」＝無休・13～20時・入浴料700円・☎015-483-2211。③川湯温泉共同浴場＝水曜休・8～20時（11～4月は9時～）・入浴料250円・☎015-483-2043（川湯支所）。④ほかに「国民宿舎ホテル川湯パーク」「ホテルパークウェイ」「ホテル開紘」などでも可能。
問合先／川湯温泉観光案内所☎015-483-2670、摩周湖観光協会☎015-482-2200

川湯／同トイレ内部

川湯／川湯エコミュージアムセンター

川湯／同ミュージアム館内展示

川湯／環境省国立公園管理事務所

川湯／つつじヶ原自然探勝路入口

剣山・剣山神社
つるぎやま・つるぎやまじんじゃ

十勝管内清水町　標高420m

剣山／剣山神社駐車場

登山口概要／剣山の北側、道道859号終点。剣山神社コースを経由する剣山、北東尾根コースを経由する久山岳（きゅうさんだけ）の起点。
緯度経度／〔42°52′28″〕〔142°52′57″〕
マップコード／834 736 580*76
アクセス／道東道十勝清水ICから国道274号、道道55号、町道、道道55、859号経由で19km、約27分。道道55号から「剣山登山口入口」の標識に従って道道859号へ。ここから2.8km、約4分。
駐車場／剣山神社前に駐車場がある。25～30台・56×10mなど3面・細砂利＋草・区画なし。
トイレ／神社向かって右手奥にある。非水洗・水道なし。TPあり。評価☆☆。
携帯電話／ドコモ📶～📶通話可、au📶通話可、SB📶通話可。
水道設備／神社手前右手にある。大きな岩が目印。
登山届入れ／登山道入口に入林届箱がある。
その他／剣山山小屋（無人小屋。通年利用可。宿泊自由・無料。問い合わせは清水町都市施設課都市施設グループ☎0156-62-2113)、剣山神社（劔山神社)、熊出没注意看板。
立ち寄り湯／新得町方面では、①ＪＲ新得駅前に「新得町営浴場」がある。無休・14～22時・入浴料420円・☎0156-64-4156。②また新得町市街地の佐幌川対岸には「新得温泉ホテル」もある。無休・正午～22時・入浴料350円・☎0156-64-5837。
問合先／清水町観光協会（清水町商工観光課）☎0156-62-5042

剣山／剣山神社

剣山／神社右手奥のトイレ

手稲山・金山入口
ていねやま・かなやまいりぐち

札幌市手稲区　標高105m

剣山／新得町営浴場の浴室

登山口概要／手稲山の北側、林道道沿い。乙女の滝を経由する手稲山や北尾根ルートの起点。
緯度経度／〔43°07′10″〕〔141°11′40″〕
マップコード／493 443 053*62
アクセス／札幌道手稲ICから市道、林道（路面評価★★★。一部★）経由で5.8km、約9分。札幌市水道局宮町浄水場のすぐ手前で、「乙女の滝1.4ｋｍ」の標識に従って、斜め右に入る林道へ。ここには同浄水場の名前でチェーンゲートがあり、開放されるのは6～17時。この開閉に関しては札幌市水道局宮町浄水場☎011-683-2344へ。浄水場施設（写真参照）を右に見送ると、林道入口から100mほどで、橋の前後に点々と駐車スペースがある。

金山／チェーンゲートがある林道入口

駐車場／計約7台・砂利＋草・区画なし。
携帯電話／ドコモ 通話可、au 通話可、SB 通話可。
その他／手稲山北尾根ルート案内板。
問合先／札幌市みどりの管理課☎011-211-2536

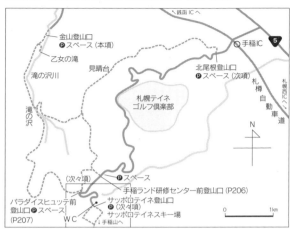

金山／その奥で浄水場施設を見送る

金山／駐車スペース①

金山／駐車スペース②

手稲山・北尾根登山口
ていねやま・きたおねとざんぐち

札幌市手稲区　標高84m

登山口概要／手稲山の北東側、市道沿い。北尾根を経由する手稲山の起点。
緯度経度／［43°06′47″］［141°14′01″］
マップコード／493 418 254*62
アクセス／札樽道手稲ICから市道経由で1.5km、約3分。
駐車場／登山道入口に駐車場がある。約15台・60×15m・砂利＋石・区画なし。
トイレ／札樽道のガードをくぐる手前の「やまのは緑地」にトイレがある。詳細不明。
携帯電話／ドコモ 〜 通話可、au 通話可、SB 通話可。
その他／手稲山北尾根ルート登山案内板。
問合先／札幌市みどりの管理課☎011-211-2536

北尾根／登山道入口の駐車場

手稲山・サッポロテイネ
ていねやま・さっぽろていね

札幌市手稲区　標高568m

登山口概要／手稲山の北東側、市道の終点付近。手稲山の最短登山口。
緯度経度／［43°05′03″］［141°12′09″］

北尾根／登山道入口

マップコード／493 294 742*62
アクセス／札樽道手稲ICから市道経由で8.5km、約13分。
駐車場／サッポロテイネに広い駐車場があり、登山者の利用可とのこと。100台以上・38×20m、62×10mなど4面・砂利＋砂＋草・区画なし。
携帯電話／ドコモ通話可、au通話可、SB通話可。
その他／手稲山ルート案内板、テイネハイランド案内板。
問合先／札幌市みどりの管理課☎011-211-2536

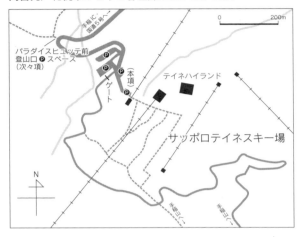

テイネ／サッポロテイネの駐車場

テイネ／登山道入口

テイネ／林道ゲート

手稲山・手稲ランド研修センター前登山口
ていねやま・ていねらんどけんしゅうせんたーまえとざんぐち

札幌市手稲区　標高510m

登山口概要／手稲山の北東側、市道沿い。手稲山北尾根ルートの起点。詳細図は、前項とP204「手稲山・金山入口」の項参照。
緯度経度／［43°05′24″］［141°12′20″］
マップコード／493 325 453*62
アクセス／札幌道手稲ICから市道経由で7km、約11分。
駐車場／登山道入口の100m手前に駐車スペースがある。5〜6台・36×5m・細砂利＋草・区画なし。
トイレ／札幌道のガードをくぐる手前の「やまのは緑地」にトイレがある。詳細不明。
携帯電話／ドコモ通話可、au通話可、SB通話可。
その他／手稲山北尾根ルート案内板。
問合先／札幌市みどりの管理課☎011-211-2536

研修／100m手前の駐車スペース

研修／登山道入口

手稲山・パラダイスヒュッテ前登山口
ていねやま・ぱらだいすひゅってまえとざんぐち

札幌市手稲区　標高545m

登山口概要／手稲山の北東側、市道沿い。手稲山北尾根ルートの起点。詳細図はP204「手稲山・金山入口」の項参照。
緯度経度／［43°05′11″］［141°12′00″］
マップコード／493 324 073*62
アクセス／札幌道手稲ICから市道経由で7.8km、約12分。
駐車場／登山コース起点にあたる林道入口に駐車スペースがある。約10台・42×18m・砂利・区画なし。
トイレ／札幌道のガードをくぐる手前の「やまのは緑地」にトイレがある。詳細不明。
携帯電話／ドコモ通話可、au通話可、SB通話可。
その他／手稲山北尾根ルート案内板。
問合先／札幌市みどりの管理課☎011-211-2536

ヒュッテ／林道入口の駐車スペース

ヒュッテ／林道入口

手稲山・平和の滝
ていねやま・へいわのたき

札幌市西区　標高245m

登山口概要／手稲山の南東側、市道終点。平和の滝コースを経由する手稲山の起点。平和の滝入口。
緯度経度／［43°03′14″］［141°13′19″］
マップコード／493 207 152*62
アクセス／札幌市街地（道庁前）から国道230号、道道124号、市道、道道南19条宮の沢線、道道82号、市道経由で12km、約18分。
駐車場／滝入口に公共の駐車場がある。33・40×36m・舗装・区画あり。

平和／平和の滝入口の駐車場

平和／同駐車場のトイレ

平和／登山道入口

207

トイレ／駐車場にある。非水洗。水道なし。TPなし。評価☆☆〜☆。
携帯電話／ドコモ📶通話可、au📶通話可、SB📶通話可。
ドリンク自販機／駐車場にある（PBも）。
その他／平和の滝〜手稲山ルート登山案内板、野生動物（熊）注意看板、マダニ注意看板、相沢良の碑と説明板。
取材メモ／平和の滝は、駐車場から徒歩約2分。
問合先／札幌市みどりの管理課☎011-211-2536、西野まちづくりセンター☎011-663-0360、札幌市西区土木センター（駐車場の管理）☎011-667-3201

平和／平和の滝

天塩岳・新道登山口
てしおだけ・しんどうとざんぐち

士別市　標高728m

登山口概要／天塩岳（日本二百名山）の北西側、朝日天塩岳道路（未舗装）の途中。新道コースを経由する天塩岳の起点。さらに奥の前天塩岳コース登山口（天塩岳ヒュッテ）、および詳細図は次項参照。
緯度経度／〔43°59′31″〕〔142°50′43″〕
マップコード／911 251 687*80
アクセス／旭川紋別道（国道450号）愛別ICから道道140、101号、朝日天塩岳道路（前半8kmは舗装。後半は未舗装。路面評価★★★★〜★★★）経由で39km、約55分。道道から「天塩岳登山口」の標識に従って右折。ここから16km、約21分。登山道入口前に立派な標識が立っている。
駐車場／登山道入口に駐車スペースがある。計約3台・細砂利＋草＋土・区画なし。
駐車場混雑情報／駐車可能台数が少ないので状況によっては満車になる可能性もある。
トイレ／さらに林道を進んだ天塩岳ヒュッテ前にある。非水洗。水道あるが水出ず。TPなし。評価☆☆。
携帯電話／ドコモ圏外、au圏外、SB圏外。※士別市の行政サイトには、天塩岳登山道のドコモとauの電波受信状況を調べた結果が掲載されている。それによると前天塩岳〜天塩岳ではドコモ、auともに📶〜📶で通話可。新道コースではドコモ📶だが、auは新道コースの上半分は📶だが、下半分では📶〜📶で通話可のようだ。
その他／登山道案内板。
取材メモ／天塩岳のエゾゴゼンタチバナは7月上旬〜中旬、エゾコザクラ・チングルマは7月上旬〜下旬、エゾウサギギクは7月上旬〜8月下旬が見ごろ。
立ち寄り湯／①愛別町方面では、愛別ダムの先で右に入ると「あいべつ協和温泉」がある。無休・7〜22時・入浴料500円・☎01658-6-5815。②道道を北上し士別市朝日町市街地に向かうと、沸かし湯だが「朝日地域交流施設・和が舎（わがや）」がある。無休・14〜21時（土・日曜、祝日は正午〜）・入浴料440円・☎0165-28-2339。
問合先／士別市朝日総合支所経済建設課☎0165-28-2121、

新道／登山口に続く朝日天塩岳道路

新道／登山道入口の駐車スペース

新道／登山道入口

士別観光協会☎0165-29-2225、士別市商工労働観光課☎0165-23-3121

天塩岳・前天塩岳コース登山口(天塩岳ヒュッテ)
てしおだけ・まえてしおだけこーすとざんぐち(てしおだけひゅって)

士別市　標高728m

前天塩／道道から朝日天塩岳道路へ

登山口概要／天塩岳（日本二百名山）の北西側、朝日天塩岳道路終点。前天塩岳コースを経由する天塩岳の起点。
緯度経度／［43°59′34″］［142°51′10″］
マップコード／911 252 774*80
アクセス／旭川紋別道（国道450号）愛別ICから道道140、101号、朝日天塩岳道路（前半8kmは舗装。後半は未舗装。路面評価★★★★〜★★★）経由で40km、約57分。道道から「天塩岳登山口」の標識に従って右折。ここから17km、約23分。
駐車場／天塩岳ヒュッテ前に駐車場がある。約50台・82×14、32×20m・石＋砂・区画なし。駐車場の路面は石が多くて、あまりよくない。
駐車場混雑情報／山開きが行われる6月第1日曜は混雑。
トイレ／天塩岳ヒュッテ前にある。非水洗。水道あるが水出ず。TPなし。評価☆☆。※天塩岳ヒュッテ内にトイレはない。
携帯電話／ドコモ圏外、au圏外、SB圏外。※士別市の行政サイトには、天塩岳登山道のドコモとauの電波受信状況を調べた結果が掲載されている。それによると前天塩岳〜天塩岳ではドコモ、auともに📶〜📶で通話可。新道コースではドコモ📶だが、auは新道コースの上半分は📶だが、下半分では📶〜📶で通話可のようだ。
水道設備／炊事棟と小屋内にあるが、取材時、水は出ず。
登山届入れ／天塩岳ヒュッテの玄関入口横に登山者名簿が

前天塩／天塩岳ヒュッテ前の駐車場

前天塩／同駐車場のトイレ

前天塩／同トイレ内部

前天塩／天塩岳ヒュッテ

209

ある。
その他／天塩岳ヒュッテ（無人小屋。宿泊自由・無料。問い合わせは士別市朝日総合支所経済建設課☎0165-28-2121）、天塩岳道立公園案内板、炊事棟。
取材メモ／天塩岳のエゾゴゼンタチバナは7月上旬〜中旬、エゾコザクラ・チングルマは7月上旬〜下旬、エゾウサギギクは7月上旬〜8月下旬が見ごろ。
立ち寄り湯／①愛別町方面では、愛別ダムの先で右に入ると「あいべつ協和温泉」がある。無休・7〜22時・入浴料500円・☎01658-6-5815。②道道を北上し士別市朝日町市街地に向かうと、沸かし湯だが「朝日地域交流施設・和が舎（わがや）」がある。無休・14〜21時（土・日曜、祝日は正午〜）・入浴料440円・☎0165-28-2339。
問合先／士別市朝日総合支所経済建設課☎0165-28-2121、士別観光協会☎0165-29-2225、士別市商工労働観光課☎0165-23-3121

前天塩／同ヒュッテ内部

前天塩／登山道入口

天狗岳・北大雪スキー場（白滝山の家）
てんぐだけ・きたたいせつすきーじょう（しらたきやまのいえ）
オホーツク管内遠軽町　標高695m

登山口概要／天狗岳の北東側、町道から少し入った場所。北大雪スキー場コースを経由する天狗岳の起点。
緯度経度／［43°50′57″］［143°05′10″］
マップコード／787 340 564*86
アクセス／旭川紋別道（国道450号）奥白滝ICから町道経由で2.8km、約5分。付近の国道に右写真の標識がある。
駐車場／白滝山の家前に駐車場がある。20〜25台・42×20m・草+砂利・区画なし。すぐ下にも広い空き地がある。
駐車場混雑情報／混雑することはない。
トイレ／白滝山の家内にトイレがあるが、開館時間の9〜

天狗岳／国道に立つ標識

天狗岳／白滝山の家前の駐車場

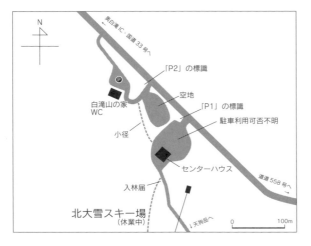

天狗岳／白滝山の家

17時のみ利用可。温水洗浄便座付き簡易水洗。水道・TPあり。評価☆☆☆。
携帯電話／ドコモ通話可、au通話可、SB通話可。
登山届入れ／白滝山の家やセンターハウス裏手の先、北大雪野外スポーツ地域案内板横にある。
その他／白滝山の家（年間を通して9〜17時は開放され、休憩などに利用可。宿泊は不可。問い合わせは遠軽町白滝総合支所産業課☎0158-48-2212へ）、センターハウス。
立ち寄り湯／①遠軽町市街地へ向かい、道道1070号を南下すると「丸瀬布温泉やまびこ」がある。火曜休（祝日の場合は翌日）・10〜21時（11〜3月は11時〜）・入浴料500円・☎0158-47-2233。②また同じく遠軽町市街地へ向かい瀬戸瀬駅付近の交差点を右折し、道道493号を南下すると「瀬戸瀬温泉」もある。水曜休（祝日の場合は営業）・8〜20時・入浴料500円・☎0158-44-2021。
問合先／遠軽町白滝総合支所産業課☎0158-48-2212、えんがる町観光協会白滝支部☎0158-48-2099、遠軽町商工観光課観光担当☎0158-42-4819

天狗山（小樽）
　　→P135 塩谷丸山・おたる自然の村入口
　　→P136 塩谷丸山・小樽天狗山山頂駐車場
　　→P137 塩谷丸山・小樽天狗山ロープウェイ山麓駅

天狗山（定山渓）→P152 定山渓天狗岳・白井二股

天狗山（銭函）→P168 銭函天狗山・銭函登山口

天宝山・糠平登山口→P378

砥石山・小林峠
といしやま・こばやしとうげ
札幌市南区　標高300m

登山口概要／砥石山の北東側、道道82号沿い。小林峠コースを経由する砥石山の起点。
緯度経度／［43°01′12″］［141°17′38″］
マップコード／9 365 111*62
アクセス／札幌市街地（道庁前）から国道230号、道道124号、市道、道道南19条宮の沢線、道道89号、市道、道道82号経由で10km、約15分。
駐車場／峠の南区側（東側）の道道路肩に駐車スペースがある。8〜10台・46×8m・舗装・区画なし。
携帯電話／ドコモ通話可、au通話可、SB通話可。
その他／札幌周辺自然歩道案内板、野生動物（熊）注意看板、マダニ注意看板、こばやし峠の石碑。
問合先／札幌市みどりの管理課☎011-211-2536

天狗岳／同館内の休憩室

天狗岳／同館内のトイレ

天狗岳／丸瀬布温泉やまびこ

小林峠／道道路肩の駐車スペース

小林峠／登山道入口

砥石山・中ノ沢登山口
といしやま・なかのさわとざんぐち

札幌市南区　標高207m

中ノ沢／未舗装道終点の駐車場とトイレ

登山口概要／砥石山の東側、未舗装道終点。中ノ沢コースを経由する砥石山の起点。
緯度経度／［43°00′11″］［141°17′49″］
マップコード／9 306 062*62
アクセス／札幌市街地（道庁前）から国道230号、道道82号、市道、未舗装道（路面評価★★★★～★★★）経由で12km、約18分。未舗装になってから200m、約1分。付近の市道に「自然歩道中の沢入口」などの標識や道標がある。
駐車場／未舗装道終点に駐車場がある。15～20台・54×8m、40×6m・土＋小石＋草・区画なし。
トイレ／駐車場にある。非水洗。水道なし。TPあり。評価☆☆。
携帯電話／ドコモ📶通話可、au📶通話可、SB📶通話可。
その他／野生動物（熊）注意看板。
問合先／札幌市みどりの管理課☎011-211-2536

中ノ沢／同トイレ内部

当別丸山・トラピスト修道院
とうべつまるやま・とらぴすとしゅうどういん

北斗市　標高45m

当別／修道院入口の駐車場

登山口概要／当別丸山の南東側、市道沿い。トラピスト修道院コースを経由する当別丸山の起点。
緯度経度／［41°44′19″］［140°34′15″］
マップコード／951 248 297*40
アクセス／函館市街地（函館駅前）から国道5、227、228号、市道経由で25km、約37分。または道央道大沼公園ICから道道149号、国道5号、道道96号、国道228号、市道経由で39km、約58分。あるいは函館江差道北斗茂辺地ICから道道29号、国道228号、市道経由で7km、約10分。
駐車場／トラピスト修道院入口に駐車場があり、登山者の利用可とのこと。21台・54×44m・舗装・区画あり。
駐車場混雑情報／ほとんど混雑することはないが、修道院の訪問者が増加傾向にあるため、今後の状況は不明。
トイレ／駐車場にある。簡易水洗。水道・TPあり。評価☆☆。
携帯電話／ドコモ📶通話可、au📶通話可、SB📶だが通話可。
公衆電話／駐車場にカード・コイン式公衆電話ボックス。
その他／修道院直営売店＝バタークッキー・ソフトクリームなどの販売。無休（1～3月は不定休）・9～17時（冬期は8時30分～16時30分）・☎0138-75-2108。テーブル・ベンチ、トラピスト修道院由来と当別観光案内板。
立ち寄り湯／①函館市街地へ戻る途中、国道228号沿いに「七重浜の湯」がある。無休・5～24時・入館料500円・☎0138-49-4411。②また大沼公園IC方面に向けて道道96号を

当別／同駐車場のトイレ

当別／同トイレ内部

北上すると、北斗総合分庁舎近く（分庁舎の南西500m）、道道96号と道道756号の間に「北斗市健康センター・せせらぎ温泉」がある。月曜休（祝日の場合は営業）・10〜22時・入浴料300円・☎0138-77-7070。
問合先／北斗市観光課☎0138-73-3111、北斗市観光協会☎0138-77-5011

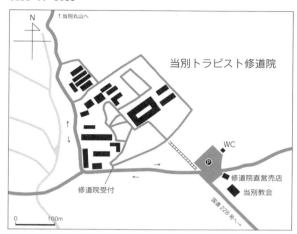

当別／修道院直営売店

当丸山／スノーシェルター出口

当丸山／出口を出て、この道を上がる

当丸山・トーマル峠付近
とうまるやま・とーまるとうげふきん

後志管内神恵内村　標高598m

登山口概要／当丸山の北西側、舗装道の途中。トーマル峠コースを経由する当丸山と当丸沼、トーマル峠コースを経由する両古美山（りょうこびやま）の起点。
緯度経度／［43°12′12″］［140°32′00″］
マップコード／654 724 103*80
アクセス／札樽道小樽ICから国道5、229号、道道569、998号、舗装道経由で56km、約1時間25分。国道229号（古平側）から18km、約20分。国道229号（神恵内側）から14km、約18分。トーマル峠のスノーシェルターを抜ける途中、峠の神恵内村側、「交差点」電光掲示板があるシェルター出口（写真参照）から脇道へ出る。シェルターを出てすぐ。
駐車場／手前に駐車スペース、奥に駐車場がある。手前の駐車スペース＝約10台・28×10m・舗装・区画なし。奥の駐車場＝23台・62×18m・舗装・区画あり。
駐車場混雑情報／取材した2013年6月29日は、山菜シーズン中の土曜日ということもあってか、到着した朝4時半の時点で手前の駐車スペースはほぼ満車だった。ただ奥の駐車場は十分に余裕があった。
トイレ／奥の駐車場の休憩小屋内にある。非水洗。水道なし。TPなし。評価☆☆。別棟のトイレもあるが、取材時は閉鎖

当丸山／手前の駐車スペース

当丸山／登山道入口

されていた。
携帯電話／ドコモ圏外、au圏外、SB圏外。
その他／休憩小屋、当丸山案内板。
立ち寄り湯／①古平町側に下り国道を左折すると「古平町温泉保養センター・しおかぜ」がある。丸山隧道の手前で山に上がる道に入る。第1、3木曜休（祝日の場合は営業）・10～21時・入浴料500円・☎0135-42-2290。②隣の余市町に行くと、国道229号沿いに「宇宙の湯・余市川温泉」がある。無休・9時30分～22時・入浴料420円・☎0135-22-4126。③また同町国道5号沿いに「鶴亀温泉」がある。第3月曜休（祝日の場合は翌日）・10～22時・入浴料600円・☎0135-22-1126。④一方、神恵内村側に下ると、道道998号沿いに「リフレッシュプラザ温泉998」がある。火曜休（祝日の場合は翌日）・11～21時（11～3月は12時30分～20時30分）・入浴料500円・☎0135-76-5100。

問合先／神恵内村産業建設課水産農林係（駐車場や休憩小屋の管理）☎0135-76-5011、神恵内村産業建設課商工観光係（一般的な観光情報）☎0135-76-5011

当丸山／奥の駐車場

当丸山／同駐車場の休憩小屋

当丸山／同小屋内部

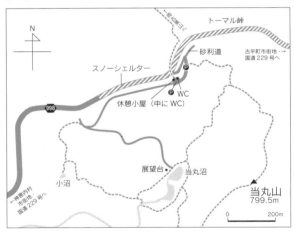

十勝岳→P216 十勝連峰・新得コース登山口
　　　→P217 十勝連峰・十勝岳温泉
　　　→P219 十勝連峰・吹上温泉

当丸山／両古美山コース入口

十勝幌尻岳・オピリネップ川コース登山口
とかちぽろしりだけ・おぴりねっぷがわこーすとざんぐち

帯広市　標高605m

アクセス道路通行止

登山口概要／十勝幌尻岳の北東側、オピリネップ林道終点付近。オピリネップ川コースを経由する十勝幌尻岳の起点。

十勝幌尻／「十勝幌尻岳」の標識

※2016年の豪雨災害のため、オピリネップ林道は通行止。復旧の目途は立っていないが、今後、開通した時のために2013年の取材結果を参考までに掲載しておく。

緯度経度／［42°43′17″］［142°52′49″］
マップコード／592 481 212*43
アクセス／帯広広尾道幸福ICから市道、国道236号、市道、道道55、216号、市道、戸蔦別川林道（路面評価★★★★～★★★）、オピリネップ林道（路面評価★★★）経由で34km、約53分。市道から「十勝幌尻岳」の標識に従って戸蔦別川林道へ。4.4km先にゲート（通常開放）があり、7km先でオピリネップ林道へ左折（三叉路に標識なし）。ここから1.9km、6分。市道から8.9km、約17分。
駐車場／登山道入口に駐車スペースがある。約8台・26×5ｍ・砂利＋草・区画なし。
トイレ／駐車スペースにある。非水洗。水道なし。TPあり。評価☆☆～☆。
携帯電話／ドコモ圏外、au圏外、SB圏外。
登山届入れ／戸蔦別川林道入口と登山道入口にある。
立ち寄り湯／①更別村役場近くの老人保健福祉センター内に「福祉の里温泉」がある。月曜休（臨時営業あり）・13～22時・入浴料400円・☎0155-53-3500。②道道55号に出て12ｋｍほど北上すると「国民宿舎新嵐山荘」で入浴ができる。無休・10時30分～21時30分・入浴料270円・☎0155-65-2121。③帯広市街地では「朋の湯温泉（とものゆおんせん）」がある。場所はわかりにくいが、緑ヶ丘公園の北側にあり、道道216号の西12南17交差点を直進北上し西12南15交差点を右折する。月曜休・13～23時・入浴料440円・☎0155-24-1238。④同じく帯広市街地の帯広競馬場南西側、白樺公園との間付近に「白樺温泉」もある。無休・10～23時・入浴料440円・☎0155-36-2821。
問合先／十勝西部森林管理署☎0155-24-6118 または☎050-3160-5795、帯広市観光課☎0155-65-4169、帯広観光コンベンション協会☎0155-22-8600

十勝連峰・オプタテシケ山
　　→P185 大雪山系・トムラウシ温泉
　　→P186 大雪山系・トムラウシ短縮登山口
　　→P219 十勝連峰・美瑛富士登山口

十勝連峰・上ホロカメットク山
　　→P219 十勝連峰・吹上温泉

十勝連峰・原始ヶ原登山口（ニングルの森）
とかちれんぽう・げんしがはらとざんぐち（にんぐるのもり）

富良野市　標高720m

登山口概要／富良野岳（花の百名山）の南西側、布礼別林道（ふれべつりんどう）終点。原始ヶ原コースを経由する原始ヶ原、富良野岳などの起点。

十勝幌尻／登山口に続くオピリネップ林道

十勝幌尻／登山道入口の駐車スペース

十勝幌尻／駐車スペースのトイレ

原始／布礼別林道入口

原始／林道終点の駐車場

緯度経度／［43°21′16″］［142°35′44″］
マップコード／349 086 237*74
アクセス／道東道占冠ICから国道237、38号、道道253号、市道、布札別林道（路面評価★★★★。終盤は★★）経由で62km、約1時間30分。または道央道滝川ICから国道38号、市道、道道253、298、253号、市道、布札別林道（上と同じ）経由で79km、約2時間。道道から2.7km、約4分先の十字路を標識に従って右折し、布札別林道へ。ここから4.7km、約10分。付近の道道や市道、布札別林道入口各要所に「原始ヶ原登山口」の標識がある。
駐車場／林道終点に駐車場がある。約20台・46×36m・砂利＋小石＋草・区画なし。
トイレ／駐車場に簡易トイレがある。TPあり。評価☆☆。ニングルの森管理棟にも外側に入口があるトイレがあるが、取材時は鍵がかかっていた。また手前の布札別地区にも公衆トイレがあるほか、滝川IC方面からアクセスする場合は、手前の道道253号沿い、ハートヒルパークにもトイレがある。水洗。水道（飲用不可）・TPあり。評価☆☆☆。
携帯電話／ドコモ 📶～📶 通話可、au 📶 通話可、SB 📶～📶 通話可。
登山届入れ／登山道入口にある。
その他／ニングルの森管理棟、大雪山国立公園案内図、熊出没注意看板。
取材メモ／富良野岳のエゾルリソウは7月上旬～下旬、エゾコザクラとチングルマは7月上旬～8月上旬が見ごろ。
立ち寄り湯／①芦別市との市境寄りに「ラベンダーの森・ハイランドふらの」がある。無休（メンテナンス休あり）・6～23時・入浴料510円・☎0167-22-5700。②中富良野町の国道237号沿いにある「スパ＆ホテルリゾート・ふらのラテール」でも可能。無休・10～22時・入浴料980円・☎0167-39-3100。③富良野市市街地を横断して西富良野岳山麓に向かうと「新富良野プリンスホテル」に「紫彩の湯」がある。無休・13時～深夜0時・入浴料1540円・☎0167-22-1111。
問合先／富良野市商工観光課☎0167-39-2312、上川南部森林管理署☎0167-52-2772 または☎050-3160-5750、ふらの観光協会・富良野美瑛広域観光センター☎0167-23-3388

原始／同駐車場の簡易トイレ

原始／ニングルの森管理棟

原始／登山道入口

新得／曙橋の先で左折する

十勝連峰・新得コース登山口
とかちれんぽう・しんとくこーすとざんぐち

十勝管内新得町　標高915m

> **アクセス道路通行止**

登山口概要／十勝岳（日本百名山・花の百名山）の東側、トノカリ林道の途中。新得コースを経由する十勝岳などの起点。※2017年9月の倒木のため、シートカチ支線林道、レイサクベツ林道、トノカリ第1支線林道、トノカリ林道はいずれも通行止。今後、開通した時のために2013年の取

新得／登山口に続くトノカリ林道

材結果を参考までに掲載しておく。
緯度経度／［43°23′58″］［142°45′35″］
マップコード／901 826 588*74
アクセス／道東道十勝清水ICから国道274、38、274号、道道718、593、718号、シートカチ支線林道、レイサクベツ林道、トノカリ林道（すべての林道を通して路面評価★★★。部分的に★★★★または★★）経由で74km、約2時間。道道718号をトムラウシ温泉方面に向かい、途中の曙橋を渡った先で左折する。※取材時は一部林道が通行止になっており、上記林道を通るように指示されていたが、林道の状況により、シートカチ支線林道→レイサクベツ林道→シートカチ第5支線林道→トノカリ第1支線林道を通るように指示されることもあるようだ。取材時の林道を経由した場合、道道から14.2km、約32分。
駐車場／登山道入口の60m北側に駐車スペースがある。3〜4台・草＋土・区画なし。
トイレ／手前の上岩松ダム付近の道道沿いにある「トムラウシ自然体験交流施設 山の交流館とむら」に別棟トイレがある。24時間利用可。冬期は閉鎖。詳細は不明。
携帯電話／ドコモ圏外、au圏外、SB圏外。
登山届入れ／登山道入口に入林者名簿箱がある。
立ち寄り湯／①道道をさらに9km奥に進むと「トムラウシ温泉・国民宿舎東大雪荘」で可能。通年営業。無休・正午〜20時・入浴料500円・☎0156-65-3021。②JR新得駅前に「新得町営浴場」がある。無休・14〜22時・入浴料420円・☎0156-64-4156。③また新得町市街地の佐幌川対岸には「新得温泉ホテル」もある。無休・正午〜22時・入浴料350円・☎0156-64-5837。
問合先／十勝西部森林管理署東大雪支署☎01564-2-2141、十勝西部森林管理署東大雪支署トムラウシ森林事務所☎0156-65-3054、新得町観光協会（新得町産業課）☎0156-64-0522

十勝連峰・十勝岳→（前項）十勝連峰・新得コース登山口
　　　　　　　　→（次項）十勝連峰・十勝岳温泉
　　　　　　　　→P219 十勝連峰・吹上温泉

十勝連峰・十勝岳温泉
とかちれんぽう・とかちだけおんせん

上川管内上富良野町　標高1270m

登山口概要／富良野岳（花の百名山）の北側、道道291号終点。十勝岳温泉コースを経由する富良野岳、三峰山（さんぽうざん）、上富良野岳、上ホロカメットク山、十勝岳などの起点。
緯度経度／［43°24′50″］［142°38′36″］
マップコード／901 872 349*74
アクセス／道東道占冠ICから国道237号、道道581、291号経由で85km、約2時間7分。または道央道旭川鷹栖ICから道道146号、国道12号、道道90号、国道237号、道道581、291

新得／60m北側の駐車スペース

新得／登山道入口

十勝岳／混雑時に道道路肩に並ぶ車

十勝岳／十勝岳温泉前の公共駐車場

十勝岳／同駐車場のトイレ

号経由で67km、約1時間40分。
駐車場／十勝岳温泉に公共駐車場がある。約50台（区画は36台分）＋大型・44×22m・舗装・区画あり。
駐車場混雑情報／1回目の取材をした2013年7月21日は、快晴のち曇りの日曜日ということもあってか、到着した11時前の時点で駐車場は満車。道道の路肩に200mに渡って車の列ができるほど混雑していた。
トイレ／駐車場にある。水洗。水道（飲用不可）・TPあり。評価☆☆。
携帯電話／ドコモ通話可、au通話可、SB通話可。
ドリンク自販機／十勝岳温泉・凌雲閣内にある（PBも）。
登山届入れ／登山道入口に入林届出箱がある。
その他／大雪山国立公園案内板、登山者の皆様へ看板、十勝岳温泉凌雲閣バス停（上富良野町営バス）、携帯トイレ回収ボックス。
取材メモ／富良野岳のエゾルリソウは7月上旬～下旬、エゾコザクラとチングルマは7月上旬～8月上旬が見ごろ。
立ち寄り湯／①「十勝岳温泉・凌雲閣」で可能。通年営業・不定休・8～20時・入浴料800円・☎0167-39-4111。②すぐ下の「十勝岳温泉・カミホロ荘」でも可能。通年営業・無休・7～21時・入浴料600円・☎0167-45-2970。③また上富良野町市街地の道道291号沿いには「フロンティア・フラヌイ温泉」がある。無休・7～22時・入浴料600円・☎0167-45-9779。
問合先／上富良野町企画商工観光課商工観光班☎0167-45-6983、かみふらの十勝岳観光協会☎0167-45-3150

十勝岳／同トイレ内部

十勝岳／十勝岳温泉・凌雲閣

十勝岳／登山道入口の入林届出箱

十勝岳／大雪山国立公園案内板

十勝岳／登山道入口

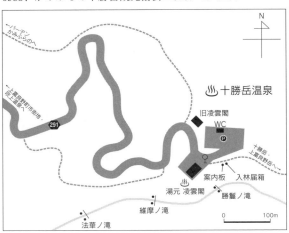

十勝連峰・美瑛岳→P221 十勝連峰・望岳台
→（次項）十勝連峰・美瑛富士登山口

十勝連峰・美瑛富士登山口（涸沢林道）
とかちれんぽう・びえいふじとざんぐち（からさわりんどう）

上川管内美瑛町　標高817m

登山口概要／美瑛富士の北西側、涸沢林道の途中。美瑛富士避難小屋コースを経由する美瑛富士、美瑛岳、オプタテシケ山などの起点。
緯度経度／［43°28′10″］［142°40′19″］
マップコード／796 186 032*74
入林申請／涸沢林道のゲートは施錠されているので、あらかじめ上川中部森林管理署に入林申請をして許可をもらう。申請は電話連絡でよい。その際に鍵ナンバーを伝えられるので、メモした紙を当日忘れずに持参すること。問い合わせは、上川中部森林管理署☎0166-61-0206。
アクセス／道東道占冠ICから国道237号、道道581、353、966号、町道、涸沢林道（全線舗装）経由で91km、約2時間17分。または道央道旭川鷹栖ICから道道146号、国道12号、道道90号、国道237号、道道966号、町道、涸沢林道（全線舗装）経由で54km、約1時間22分。林道ゲートから駐車場まで約2km、約3分。
駐車場／登山道入口の約140m先に駐車場がある。約10台・28×20m・舗装・一部区画あり。
トイレ／白金温泉の美瑛町観光センター前駐車場にある。水洗。水道・TPあり。評価☆☆。
携帯電話／ドコモ📶通話可、au📶通話可、SB📶通話可。
登山届入れ／登山道入口に入林届箱ある。
その他／大雪山国立公園案内注意看板。
取材メモ／美瑛富士では、携帯トイレの利用が呼びかけられている。美瑛富士避難小屋に携帯トイレブースがあり、美瑛町観光センター（白金観光センター）に回収ボックスがある（7〜9月のみ）。
立ち寄り湯／白金温泉の各宿で立ち寄り湯ができる。例えば①「白金温泉・美瑛町国民保養センター」＝月曜休（祝日の場合も休み）・9時30分〜20時・入浴料300円・☎0166-94-3016。②ほか「湯元白金温泉ホテル」「山辺の家族」「ホテルパークヒルズ」「大雪山白金観光ホテル」などの各宿でも可能（入浴料600〜1000円）。
問合先／上川中部森林管理署☎0166-61-0206または☎050-3160-5745、美瑛町観光協会☎0166-92-4378、美瑛町経済文化振興課観光振興係☎0166-92-4321

十勝連峰・吹上温泉（白銀荘）
とかちれんぽう・ふきあげおんせん（はくぎんそう）

上川管内上富良野町　標高1010m

登山口概要／十勝岳（日本百名山・花の百名山）の北西側、道道966号から少し入った場所。吹上温泉コースを経由する十勝岳や上ホロカメットク山、富良野岳などの起点。

富士／涸沢林道入口ゲート

富士／登山口に続く涸沢林道

富士／登山口入口

富士／140m先の駐車場

吹上／白銀荘入口に立つ案内標識

緯度経度／［43°25′54″］［142°38′32″］
マップコード／796 032 465*74
アクセス／道東道占冠ICから国道237号、道道581、291、966号、町道経由で85km、約2時間7分。または道央道旭川鷹栖ICから道道146号、国道12号、道道90号、国道237号、道道966号、町道経由で58km、約1時間26分。道道966号の白金温泉～望岳台の開通期間は4月下旬～翌年1月上旬。望岳台～吹上温泉の開通期間は5月上旬～10月下旬。
駐車場／白銀荘前に駐車場がある。約80台・80×40m・砂利・区画あり。※車中泊は1泊500円。白銀荘フロントで支払う。
駐車場混雑情報／7～8月の土・日曜、祝日、お盆休みは混雑する。
トイレ／駐車場にある（冬期閉鎖。再取材は9月だったが、すでに閉鎖されていた）。水洗。水道・TPあり。評価☆☆☆。
携帯電話／ドコモ📶通話可、au📶通話可、SB📶通話可。
ドリンク自販機／白銀荘玄関前にある（PBも）。
水道設備／駐車場の建物前にある。
登山届入れ／キャンプ場前にある。
その他／大雪山国立公園案内板、キャンプ場（有料1泊500円）、保養センター白銀荘前バス停（上富良野町営バス）、携帯トイレ回収ボックス、長谷川零餘子の句碑、電子基準点。
立ち寄り湯／①「吹上温泉保養センター・白銀荘」で可能。通年営業・無休・9～21時・入浴料600円・☎0167-45-4126。②すぐ近くの道道沿い駐車場から少し下ると「吹上露天の湯」もある。無休・入浴無料・問い合わせは白銀荘☎0167-45-4126へ。また白金温泉に下ると各宿で立ち寄り湯ができる。例えば③「白金温泉・美瑛町国民保養センター」＝月曜休（祝日の場合も休み）・9時30分～20時・入浴料300円・☎0166-94-3016。④ほか「湯元白金温泉ホテル」「山辺の家族」などの各宿でも可能（入浴料600～1000円）。⑤一方、上富良野町市街地の道道291号沿いには「フロンティア・フラヌイ温泉」がある。無休・7～22時・入浴料600円・☎0167-45-9779。

吹上／白銀荘前の駐車場①

吹上／白銀荘前の駐車場②

吹上／同駐車場のトイレ

吹上／吹上温泉保養センター・白銀荘

吹上／キャンプ場入口

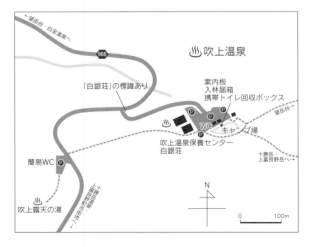

問合先／上富良野町企画商工観光課商工観光班☎0167-45-6983、かみふらの十勝岳観光協会☎0167-45-3150

十勝連峰・富良野岳→P215 十勝連峰・原始ヶ原登山口
→（前項）十勝連峰・吹上温泉

十勝連峰・望岳台
とかちれんぽう・ぼうがくだい

上川管内美瑛町　標高930m

登山口概要／十勝岳（日本百名山・花の百名山）の北西側、道道966号から少し入った場所。グラウンドコースを経由する十勝岳や美瑛岳、白金温泉に続く原生林歩道、ウグイス谷歩道、望岳台歩道、自然探勝路などの起点。
緯度経度／［43°26′52″］［142°38′59″］
マップコード／796 093 402*74
アクセス／道東道占冠ICから国道237号、道道581、291、966号、町道経由で88km、約2時間12分。または道央道旭川鷹栖ICから道道146号、国道12号、道道90号、国道237号、道道966号、町道経由で55km、約1時間22分。道道に「望岳台」の大きな標識がある。道道966号の白金温泉〜望岳台の開通期間は4月下旬〜翌年1月上旬。
駐車場／望岳台に駐車場がある。約57台・70×5m、72×30m・舗装・区画あり。
駐車場混雑情報／1回目の取材をした2013年7月21日は、快晴のち曇りの日曜日ということもあってか、到着した11時半前の時点で駐車場はほぼ満車だった。
トイレ／十勝岳望岳台防災シェルター内にある。水洗（温水洗浄便座付き）・水道・TPあり。評価☆☆☆。
携帯電話／ドコモ📶通話可、au📶〜📶通話可、SB📶通話可。
ドリンク自販機／十勝岳望岳台防災シェルター入口に下っ

望岳台／望岳台の駐車場

望岳台／防災シェルター

望岳台／同施設玄関の登山者名簿

望岳台／同施設館内

望岳台／同施設内のトイレ

221

てすぐのところにある（PBも）
登山届入れ／防災シェルター玄関に登山者名簿がある。
その他／十勝岳望岳台防災シェルター＝十勝岳噴火時の緊急退避施設。非常食や飲料水なども備蓄されている。館内に観光案内所（ドリンクやソフトクリーム、携帯トイレ等の販売あり）、テーブル・椅子、情報ボード。屋上は展望台。望岳台園地見取図、大雪山国立公園案内注意板、十勝岳火山活動注意板、十勝岳望岳台案内板、テーブル・ベンチ。
立ち寄り湯／①近くの「吹上温泉保養センター・白銀荘」で可能。通年営業・無休・9～21時・入浴料600円・☎0167-45-4126。②吹上温泉近くの道道沿い駐車場から少し下ると「吹上露天の湯」もある。無休・入浴無料・問い合わせは白銀荘☎0167-45-4126へ。また白金温泉に下ると各宿で立ち寄り湯ができる。例えば③「白金温泉・美瑛町国民保養センター」＝月曜休（祝日の場合も休み）・9時30分～20時・入浴料300円・☎0166-94-3016。④「湯元白金温泉ホテル」＝無休・11～17時・入浴料800円・☎0166-94-3333。⑤「美瑛白金四季の森パークヒルズ」＝無休・11～22時・入浴料1000円・☎0166-94-3041。⑥ほかの各宿でも可能（入浴料600～1000円）。⑦一方、上富良野町市街地の道道291号沿いには「フロンティア・フラヌイ温泉」がある。無休・7～22時・入浴料600円・☎0167-45-9779。
問合先／美瑛町観光協会☎0166-92-4378、美瑛町経済文化振興課観光振興係☎0166-92-4321

徳舜瞥山・白老登山口→P304 ホロホロ山・白老登山口

徳舜瞥山・日鉄鉱山跡登山口
とくしゅんべつやま・にってつこうざんあととざんぐち

伊達市　標高683m

登山口概要／徳舜瞥山の北西側、森林管理道ホロホロ山線の途中。日鉄鉱山跡コースを経由する徳舜瞥山やホロホロ山の起点。
緯度経度／［42°38′42″］［141°06′49″］
マップコード／603 824 092*51
アクセス／道央道白老ICから道道86号、市道、森林管理道ホロホロ山線（全線舗装）経由で33km、50分。道道86号の「徳舜瞥山登山道入口」の標識に従って左折。ここから5km、約8分。または道央道伊達ICから道道519、981号、国道453号、市道、森林管理道ホロホロ山線（全線舗装）経由で40km、約1時間。国道から4.8km、約8分。市道途中の交差点にも大きな「徳舜瞥山登山道入口」の標識あり。
駐車場／森林管理道ホロホロ山線の舗装区間終点に駐車場がある。計20～25台・36×18mなど2面・舗装・区画なし。
トイレ／近くの山麓キャンプ場や三階滝公園にある。
携帯電話／ドコモ通話可、au通話可、SB通話可。
その他／登山道案内板。
立ち寄り湯／国道453号を南下すると北湯沢温泉の「きたゆ

望岳台／同施設屋上の展望台

望岳台／登山道入口

望岳台／自然探勝路入口

徳舜瞥／舗装区間終点の駐車場

徳舜瞥／登山案内板

ざわ森のソラニワ」、「ホロホロ山荘」の各宿で可能。2館とも共通で無休・10～21時・入浴料800円・☎0142-68-6677。
問合先／伊達市大滝総合支所地域振興課☎0142-68-6111、だて観光協会☎0142-25-5567、伊達市商工観光課商工観光係☎0142-23-3331

突哨山・カタクリ広場
とっしょうざん・かたくりひろば

旭川市　標高166m

登山口概要／突哨山の北西側、市道沿い。カタクリルートを経由する突哨山の起点。また扇の沢口を経由する扇の沢ルートなどの起点。カタクリ広場は、突哨山の自然を語る会によって管理されている。
緯度経度／［43°51′38″］［142°26′44″］
マップコード／79 683 897*11
アクセス／道央道旭川北ICから道道37号、市道経由で4.5km、約6分。ICを出て最初の交差点を左折。あとは一直線に市道を進めばよい。
駐車場／カタクリ広場に駐車場がある。約15台・36×24m・砂利＋草・区画なし。
駐車場混雑情報／カタクリシーズンは満車になる。
トイレ／駐車場にある。簡易水洗。水道なし。TPあり。評価☆☆☆～☆☆。
携帯電話／ドコモ📶通話可、au📶通話可、SB📶通話可。
その他／突哨山案内図、カタクリ広場案内板、あずまや。
取材メモ／突哨山のカタクリ群落は国内最大級ともいわれ、見ごろは4月下旬～5月中旬。また隣接する男山自然公園（男山酒造所有の公園。4月下旬～5月中旬・期間中無休・9～17時・☎0166-57-2131）にもカタクリ群落が見られる。
立ち寄り湯／①7km南側の東旭川駅前に「龍乃湯温泉（た

徳舜瞥／登山道入口

広場／カタクリ広場の駐車場

広場／同広場のあずまや

広場／同広場のトイレ

広場／同トイレ内部

つのゆおんせん）」がある。無休（お盆は休み）・9 〜 22時・入浴料550円・☎0166-36-1562。②比布方面では、人工温泉だが比布北IC近くに「良佳プラザ遊湯ぴっぷ」がある。無休・10 〜 22時・入浴料550円・☎0166-85-4700。

問合先／NPO法人・もりねっと北海道（突哨山指定管理者）☎0166-69-0066、旭川市公園みどり課☎0166-25-9705、旭川総合観光情報センター（あさテラス）☎0166-27-7777、旭川市観光課☎0166-25-7168

広場／登山道入口

突哨山・突哨山口
とっしょうざん・とっしょうざんぐち

旭川市　標高148m

登山口概要／突哨山の南西側、国道40号沿い。カタクリルートや谷渡りルートなどを経由する突哨山の起点。詳細図は前項参照。
緯度経度／［43°50′50″］［142°26′50″］
マップコード／79 654 333*11
アクセス／道央道旭川北ICから道道37号、国道40号経由で4.6km、約7分。「突哨山公共駐車場」の看板が目印。
駐車場／突哨山口近くの国道沿いに突哨山公共駐車場がある。約50台・108×18m・舗装・区画なし。
駐車場混雑情報／カタクリシーズンは混雑する。
携帯電話／ドコモ📶通話可、au📶通話可、SB📶通話可。
トイレ／駐車場にある。簡易水洗。水道・TPあり。評価☆☆
その他／突哨山案内図。
取材メモ／突哨山のカタクリ群落は国内最大級ともいわれ、見ごろは4月下旬〜5月中旬。また隣接する男山自然公園（男山酒造所有の公園。4月下旬〜5月中旬・期間中無休・9 〜 17時・☎0166-57-2131）にもカタクリ群落が見られる。
立ち寄り湯／① 7 km南側の東旭川駅前に「龍乃湯温泉（たつのゆおんせん）」がある。無休（お盆は休み）・9 〜 22時・入浴料550円・☎0166-36-1562。②比布方面では、人工温泉だが比布北IC近くに「良佳プラザ遊湯ぴっぷ」がある。無休・10 〜 22時・入浴料500円・☎0166-85-4700。
問合先／NPO法人・もりねっと北海道（突哨山指定管理者）☎0166-69-0066、旭川市公園みどり課☎0166-25-9705、旭川総合観光情報センター（あさテラス）☎0166-27-7777、旭川市観光課☎0166-25-7168

突哨山口／突哨山口公共駐車場

突哨山口／同駐車場のトイレ

突哨山口／同トイレ内部

突哨山・村上山公園
とっしょうざん・むらかみやまこうえん

上川管内比布町　標高200m

登山口概要／突哨山の北側、町道終点。ぴぴの路（みち）や扇の沢ルートなどを経由する突哨山の起点。詳細図は前々項参照。

村上山／村上山公園の駐車場

緯度経度／［43°52′16″］［142°27′27″］
マップコード／79 745 220*11
アクセス／道央道旭川北ICから道道37号、市道、道道520号、町道経由で7km、約10分。これが最短ルートで、旭川北ICから道央道沿いの市道を進み、道道520号側から村上山公園に上がる。ただ道道520号側の入口は少しわかりにくい。道道520号沿い左側にある第一砕石の手前で右折（標識なし）。すぐ突き当たりの門がある施設手前を左に曲がる。砂利道を進むと村上山公園に上がる舗装道に出る。一方、旭川北ICから国道を経由し比布町南1線3号交差点を左折するルートもあり、こちらの方がわかりやすい。このルートでは、ICから9.5km、14分。
駐車場／村上山公園にある。8台・22×5m・舗装・区画あり。ぴぴの路入口に5台分程度の駐車スペースがあり、その下にも3台分の駐車スペースがある。
駐車場混雑情報／カタクリシーズンは満車になる。
トイレ／村上山公園にある。センサーライト付。簡易水洗。水道・TPあり。評価☆☆☆～☆☆。
携帯電話／ドコモ 通話可、au 通話可、SB 通話可。
その他／突哨山案内図、展望台、あずまや、ガイドマップ頒布。
取材メモ／突哨山のカタクリ群落は国内最大級ともいわれ、見ごろは4月下旬～5月中旬。また隣接する男山自然公園（男山酒造所有の公園。4月下旬～5月中旬・期間中無休・9～17時・☎0166-57-2131）にもカタクリ群落が見られる。
立ち寄り湯／①7km南側の東旭川駅前に「龍乃湯温泉（たつのゆおんせん）」がある。無休（お盆は休み）・9～22時・入浴料550円・☎0166-36-1562。②比布方面では、人工温泉だが比布北IC近くに「良佳プラザ遊湯ぴっぷ」がある。無休・10～22時・入浴料500円・☎0166-85-4700。
問合先／比布町総務企画課観光係☎0166-85-4801、比布町観光協会☎0166-85-2220

トドワラ入口→P248 野付半島・トドワラ入口

砺波ヶ丘遊歩道入口→P378

利根別原生林入口
とねべつげんせいりんいりぐち

岩見沢市　標高55m

登山口概要／利根別原生林（利根別自然公園、利根別自然休養林）の北西側、市道終点。利根別原生林のAコースやBコース、自然観察学習歩道などの起点。
緯度経度／［43°10′56″］［141°46′53″］
マップコード／180 034 516*64
アクセス／道央道岩見沢ICから国道234号、市道経由で2km、約3分。
駐車場／大正池入口に駐車場がある。17台・44×18m・タ

村上山／同公園トイレ

村上山／展望台

村上山／ぴぴの路入口

利根別／大正池入口の駐車場

利根別／ウォーキングセンター

イル舗装・区画あり。※2022年まで大正池工事のために駐車場は一部しか使用できない。
トイレ／ウォーキングセンター内にある。簡易水洗。水道・TPあり。評価☆☆☆。
携帯電話／ドコモ📶通話可、au📶通話可、SB📶通話可。
その他／利根別原生林ウォーキングセンター＝原生林の情報提供や休憩等の施設。園内コースマップも提供。4月21日〜10月31日・月曜休（祝日の場合は翌日）・9〜17時・☎0126-32-2488。利根別原生林案内板、大正池入口案内板、国有林からのお願い、インフォメーション。
取材メモ／大正池の工事中も遊歩道は利用可。
立ち寄り湯／岩見沢ICを過ぎ、道央道をくぐってすぐ右手に「湯元岩見沢温泉なごみ」がある。無休・11〜23時・入浴料430円・☎0126-32-1010。
問合先／利根別原生林ウォーキングセンター☎0126-32-2488、岩見沢振興公社（市役所内）☎0126-23-4111、岩見沢市観光物産課観光振興係☎0126-23-4111、岩見沢市観光協会☎0126-22-3470

利根別／同センター内のトイレ

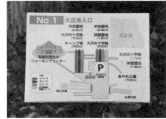

利根別／大正池入口案内板

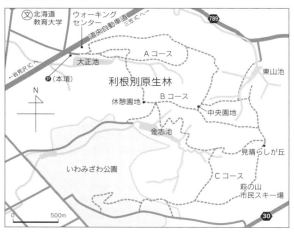

利根別／大正池畔に続く遊歩道

殿様街道入口→P379 ブナの森100年観察林

トムラウシ山→P183 大雪山系・天人峡温泉
　　　　　　→P185 大雪山系・トムラウシ温泉
　　　　　　→P186 大雪山系・トムラウシ短縮登山口

豊似湖／国道から町道へ

豊似湖入口
とよにこいりぐち

日高管内えりも町　標高240m

登山口概要／豊似湖の北側、猿留川林道終点。豊似湖遊歩道や猿留山道（さるるさんどう）の起点。

豊似湖／4.6km先の三叉路

緯度経度／［42°05′32″］［143°16′10″］
マップコード／765 617 683*13
アクセス／日高道日高門別ICから国道237、235、336号、町道（途中から未舗装。路面評価★★★★〜★★★）、猿留川林道（路面評価前半★★★★〜★★★。後半は路面評価★★★★の未舗装とアスファルト舗装。最後の100mは路面評価★★★）経由で150km、約3時間39分。国道の「豊似湖」標識に従って町道に左折。1.2km先から未舗装となり、4.6km先の三叉路は右へ。国道から8.8km（国道の標識表示は9.2km）、約20分。
駐車場／林道終点に駐車場がある。約15台・24×14m・砂利・区画なし。
トイレ／駐車場に豊似湖公衆トイレがある。近年、建て替えられた。非水洗。水道なし。TPあり。評価☆☆☆。
携帯電話／ドコモ圏外、au圏外、SB圏外。
登山届入れ／駐車場に入林届箱がある。
その他／豊似湖案内板、猿留山道案内図。
取材メモ／豊似湖はハート形をしていることからハートレイクとも呼ばれる。
問合先／えりも観光協会☎01466-2-2241、えりも町産業振興課商工観光係☎01466-2-4626

豊似湖／遊歩道入口に続く猿留川林道

豊似湖／林道終点の駐車場

豊似湖／豊似湖公衆トイレ

豊似湖／同トイレ内部

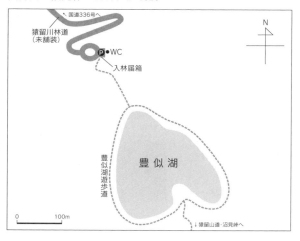

豊似湖／豊似湖遊歩道入口

な行

永山岳→P174 大雪山系・愛山渓温泉

七ツ岳・湯ノ岱コース登山口→P378

仁頃山・奥新道最短登山口
にころやま・おくしんどうさいたんとざんぐち

北見市　標高335m

奥新道／登山口に続く相内林道駒の沢線

登山口概要／仁頃山の南東側、相内林道駒の沢線の途中。東新道コースを経由する仁頃山の起点。詳細図は次々項参照。
緯度経度／[43°51′46″] [143°43′03″]
マップコード／586 101 227*05
アクセス／道東道足寄ICから国道242号、道道143号、国道39号、道道245号、市道、森林公園管理道、相内林道、相内林道駒の沢線（現地標識は駒の沢林道。路面評価★★★★）経由で95.5km、約2時間27分。または旭川紋別道瀬戸瀬ICから国道333号、242、39号、道道245号、市道、森林公園管理道、相内林道駒の沢線（上と同じ）経由で69km、約1時間45分。手前の東新道登山口（次々項）を過ぎると、未舗装となり、三叉路は右へ。
駐車場／登山道入口に駐車場がある。約8台・32×10m・草・区画なし。
携帯電話／ドコモ圏外、au圏外、SB圏外。
その他／ベンチ、熊出没注意看板。

奥新道／登山道入口の駐車場

奥新道／登山道の案内貼り紙

立ち寄り湯／国道39号を西進すると、おんねゆ温泉の次の温泉宿で可能。①「温根湯ホテル四季平安の館」＝不定休・15〜20時・入浴料650円・☎0157-45-2211。②「ホテル大江本家」＝無休・13〜20時・入浴料800円・☎0157-45-2511。③その先、滝の湯温泉でも可能。例えば「滝の湯センター・夢風泉」＝無休・11〜20時・入浴料400円・☎0157-67-4126。④道道245号、国道333号を経由して北見市端野町へ向かうと「ノーザンアークリゾートホテル」で可能。無休・11〜22時・入浴料800円・☎0157-56-2131。⑤同じ端野町には立ち寄り湯の「端野温泉・のんたの湯」もある。金曜休（メンテナンス休あり）・10〜22時・入浴料500円・☎0157-67-6111。
問合先／北見市観光振興室観光振興課☎0157-25-1244

奥新道／登山道入口

仁頃山・中央道登山口（ふれあい橋）
にころやま・ちゅうおうどうとざんぐち（ふれあいばし）

北見市　標高294m

登山口概要／仁頃山の南東側、相内林道駒の沢線の途中。中央コースを経由する仁頃山の起点。詳細図は次項参照。

中央道／登山口に続く相内林道駒の沢線

緯度経度／［43°51′40″］［143°43′33″］
マップコード／586 102 047*05
アクセス／道東道足寄ICから国道242号、道道143号、国道39号、道道245号、市道、森林公園管理道（東新道登山口の先の路面評価★★★）、相内林道駒の沢線（現地標識は駒の沢林道。路面評価★★★★。一部★★★）経由で95km、約2時間25分。または旭川紋別道瀬戸瀬ICから国道333、242、39号、道道245号、市道、森林公園管理道（上と同じ）、相内林道、相内林道駒の沢線（上と同じ）経由で68km、約1時間43分。手前の東新道登山口を過ぎると未舗装となり、三叉路は右へ。
駐車場／ふれあい橋のたもとに駐車場がある。約5台・24×6m・土＋小石＋草・区画なし。
携帯電話／ドコモ圏外、au圏外、SB圏外。
登山届入れ／登山道入口にある。
その他／仁頃山登山道案内板。
立ち寄り湯／国道39号を西進すると、おんねゆ温泉の次の温泉宿で可能。①「温根湯ホテル四季平安の館」＝不定休・15～20時・入浴料650円・☎0157-45-2211。②「ホテル大江本家」＝無休・13～20時・入浴料800円・☎0157-45-2511。③その先、滝の湯温泉でも可能。例えば「滝の湯センター・夢風泉」＝無休・11～20時・入浴料400円・☎0157-67-4126。④道道245号、国道333号を経由して北見市端野町へ向かうと「ノーザンアークリゾートホテル」で可能。無休・11～22時・入浴料800円・☎0157-56-2131。⑤同じ端野町には立ち寄り湯の「端野温泉・のんたの湯」もある。金曜休（メンテナンス休あり）・10～22時・入浴料500円・☎0157-67-6111。
問合先／北見市観光振興室観光振興課☎0157-25-1244

中央道／ふれあい橋の駐車場

中央道／登山口の標識

中央道／中央コース入口にかかる橋

仁頃山・東新道登山口
にころやま・ひがししんどうとざんぐち

北見市　標高270m

登山口概要／仁頃山の南東側、森林公園管理道沿い。東新道コースや東尾根コースを経由する仁頃山の起点。
緯度経度／［43°51′42″］［143°44′40″］
マップコード／586 104 114*05
アクセス／道東道足寄ICから国道242号、道道143号、国道39号、道道245号、市道、森林公園管理道経由で93km、約2時間20分。または旭川紋別道瀬戸瀬ICから国道333、242、39号、道道245号、市道、森林公園管理道経由で66km、約1時間37分。
駐車場／登山道入口の手前に駐車場がある。計約20台・50×10mなど2面・砂利＋コンクリート舗装・区画なし。
携帯電話／ドコモ▂▃▄～▂▃▄▅通話可、au▂▃▄～▂▃▄▅通話可、SB圏外。
登山届入れ／登山道入口にある。
その他／仁頃山登山道の概要図、あずまや、富里湖森林公園キャンプ場、句碑。

東新道／道道から市道へ

東新道／富里ダム

立ち寄り湯／国道39号を西進すると、おんねゆ温泉の次の温泉宿で可能。①「温根湯ホテル四季平安の館」＝不定休・15～20時・入浴料650円・☎0157-45-2211。②「ホテル大江本家」＝無休・13～20時・入浴料800円・☎0157-45-2511。③その先、滝の湯温泉でも可能。例えば「滝の湯センター・夢風泉」＝無休・11～20時・入浴料400円・☎0157-67-4126。④道道245号、国道333号を経由して北見市端野町へ向かうと「ノーザンアークリゾートホテル」で可能。無休・11～22時・入浴料800円・☎0157-56-2131。⑤同じ端野町には立ち寄り湯の「端野温泉・のんたの湯」もある。金曜休（メンテナンス休あり）・10～22時・入浴料500円・☎0157-67-6111。
問合先／北見市観光振興室観光振興課☎0157-25-1244、富里湖森林公園キャンプ場☎0157-33-2520

東新道／登山道入口手前の駐車場

東新道／森林公園案内板

東新道／登山道入口

西岡公園入口
にしおかこうえんいりぐち

札幌市豊平区　標高132m

登山口概要／西岡公園の北側、市道沿い。西岡公園を一巡する遊歩道や木道の起点。
緯度経度／［42°59′19″］［141°22′47″］
マップコード／9 256 300*62
アクセス／札幌市街地（道庁前）から国道230号、道道82号、市道経由で12km、約17分。
西岡公園／通年（事務所は火曜休、12～3月は火・水曜休）・入園自由・☎011-582-0050（西岡公園管理事務所）。
駐車場／公園入口に駐車場がある。57台・100×28m・舗装・区画あり。
トイレ／駐車場と公園管理事務所前にある。どちらも水洗。水道あり。TPなし。評価☆☆。
携帯電話／ドコモ📶通話可、au📶通話可、SB📶通話可。

西岡／公園入口の駐車場

西岡／同駐車場のトイレ

公衆電話／公園管理事務所前にカード・コイン式公衆電話ボックスがある。
その他／公園管理事務所、西岡公園案内板、情報掲示板。
取材メモ／西岡公園では、駐車場から徒歩5分の八つ橋で7月上旬～8月上旬にヘイケボタルが観察できる。また奥の湿帯地は湿生植物が多く、4月中旬～5月上旬にはミズバショウが群生する。自然情報や園内マップ等は西岡公園の公式サイト参照。
http://www.sapporo-park.or.jp/nishioka/
問合先／西岡公園管理事務所☎011-582-0050、北海道さっぽろ観光案内所☎011-213-5088、札幌市観光企画課☎011-211-2376

西岡／公園管理事務所

西クマネシリ岳・音更川右股三ノ沢登山口
にしくまねしりだけ・おとふけがわみぎまたさんのさわとざんぐち

十勝管内上士幌町　標高915m

西クマ／シンノスケ三の沢林道入口

[アクセス道路通行止]

登山口概要／西クマネシリ岳の西側、シンノスケ三の沢林道の途中。音更川右股三ノ沢コースを経由する西クマネシリ岳の起点。※2016年の豪雨災害のため、シンノスケ三の沢林道は通行止。復旧の見通しは立っていないが、今後、開通した時のために2013年の取材結果を参考までに掲載しておく。
緯度経度／〔43°31′36″〕〔143°12′02″〕
マップコード／743 084 826*53
アクセス／道東道音更帯広ICから国道241、273号、シンノスケ三の沢林道（路面評価★★★★～★★★）経由で78km、約1時間58分。または旭川紋別道（国道450号）上川層雲峡ICから国道39、273号、シンノスケ三の沢林道（上と同じ）経由で68km、約1時間43分。国道から林道標識を目印にシンノスケ三の沢林道へ（西クマネシリ岳の標識はなし）。そこから4.2km、約8分。
駐車場／登山道入口に駐車スペースがある。2～3台・10×7m・砂利＋小石＋草・区画なし。また100m手前左側にも3～4台分の駐車スペースがある。
携帯電話／ドコモ圏外、au圏外、SB圏外。
その他／100m手前の駐車スペースに車上荒らし注意看板。
立ち寄り湯／①幌加温泉の「湯元鹿の谷（かのや）」で可能。通年営業・無休・9～20時・入浴料600円・☎01564-4-2163。あるいはぬかびら源泉郷の各宿でも可能。例えば②「湯元館」＝不定休・8～20時（冬期は～19時）・入浴料500円・☎01564-4-2121。③「糠平温泉ホテル」＝不定休・9～21時・入浴料500円・☎01564-4-2001。④ほかの宿もほとんど可能（入浴料400～1000円）。⑤一方、上川方面では層雲峡温泉に公共の立ち寄り湯「黒岳の湯」がある。無休（11～4月は水曜休、祝日の場合は営業）・10～21時30分・入浴料600円・☎01658-5-3333。⑥ほか層雲峡温泉の各宿でも可能（入

西クマ／登山口に続くシンノスケ三の沢林道

西クマ／登山道入口の駐車スペース

西クマ／登山道入口

浴料600～1000円）。
問合先／十勝西部森林管理署東大雪支署☎01564-2-2141、上士幌町観光協会☎01564-7-7272、上士幌町商工観光課☎01564-2-4191

西ヌプカウシヌプリ・扇ヶ原展望台
にしぬぷかうしぬぷり・おうぎがはらてんぼうだい

十勝管内鹿追町　標高754m

扇ヶ原／扇ヶ原展望台の駐車場

登山口概要／西ヌプカウシヌプリの南西側、道道85号沿い。扇ヶ原展望台コースを経由する西ヌプカウシヌプリの起点。
緯度経度／［43°14′35″］［143°04′34″］（扇ヶ原展望台）［43°14′33″］［143°04′25″］（登山道入口）
マップコード／702 264 828*58（扇ヶ原展望台）702 264 729*58（登山道入口）
アクセス／道東道十勝清水ICから国道274号、道道85号経由で40km、約1時間。
駐車場／登山道入口に駐車スペース、100m東側に扇ヶ原展望台駐車場がある。登山道入口の駐車スペース＝約5台・30×5m・舗装・区画なし。扇ヶ原展望台駐車場＝20～30台・116×18m・舗装・区画なし。
トイレ／扇ヶ原展望台駐車場にある。簡易水洗。水道なし。TPあり。評価☆☆。
携帯電話／ドコモ📶通話可、au📶通話可、SB📶通話可。
立ち寄り湯／近くの然別湖畔温泉の各宿で可能。例えば「ホテル風水」＝無休・正午～17時・入浴料1000円・☎0156-67-2211。
問合先／鹿追町観光協会（鹿追町商工観光課観光振興係）☎0156-66-4034

扇ヶ原／同展望台のトイレ

扇ヶ原／同トイレ内部

扇ヶ原／登山道入口の駐車スペース

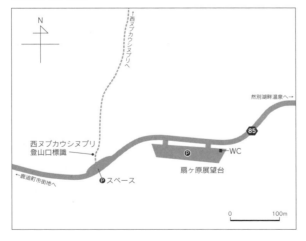

扇ヶ原／登山口標識

西別岳・西別登山口（西別小屋）
にしべつだけ・にしべつとざんぐち（にしべつごや）

釧路管内標茶町　標高335m

登山口概要／西別岳の東側、西別林道の途中。西別コースを経由する西別岳の起点。北根室ランチウェイ（KIRAWAY）第5ステージの起点。
緯度経度／［43°33′10″］［144°36′39″］
マップコード／613 793 053*67
アクセス／道東道足寄ICから国道242、241、243号、道道885号、町道、西別林道（路面評価★★★★～★★★。部分的に水たまりあり）経由で125km、約3時間12分。道道から「西別岳登山口」標識に従って町道に入り、そこから9km、約18分。少々わかりにくいので詳細図を参照のこと。
駐車場／西別小屋前に駐車場がある。40～50台・60×32mなど2面・細砂利＋砂・区画なし。
トイレ／西別小屋横にある。非水洗。水道なし。TPなし。評価☆☆。
携帯電話／ドコモ📶～📶通話可、au📶通話可、SB圏外。
登山届入れ／登山道入口にある。
その他／西別小屋（無人小屋。冬期は施錠。宿泊自由・無料。問い合わせは標茶町企画財政課観光振興係☎015-485-2111へ）。テーブル・ベンチ、入山者カウンター、西別岳案内板。
取材メモ／西別岳のユキワリコザクラは5月下旬～6月中旬、ヒオウギアヤメは6月下旬～7月中旬、エゾツツジは7月上旬～中旬が見ごろ。
立ち寄り湯／中標津町の養老牛温泉の各宿で可能。①「ホテル養老牛」＝無休・正午～21時・入浴料500円・☎0153-78-2224。②「湯宿だいいち」＝無休・13～15時＋19～21時・入浴料600円・☎0153-78-2131。また弟子屈町の摩周温泉も近い。例えば③「亀の湯」＝共同浴場。毎月5、15、25日休・7～20時・入浴料300円・☎015-482-2233。④「泉の湯」＝共同浴場。

西別岳／西別小屋と駐車場

西別岳／同小屋内部

西別岳／同小屋横のトイレ

西別岳／同トイレ内部

西別岳／登山道入口

火曜休・13〜21時・入浴料200円・☎015-482-2623。
問合先／標茶町観光協会☎015-485-2264、標茶町企画財政課観光振興係☎015-485-2111

ニセイカウシュッペ山・中越コース登山口
にせいかうしゅっぺやま・なかこしこーすとざんぐち

上川管内上川町　標高1137m

ニセ／国道から2km先の三叉路

登山口概要／ニセイカウシュッペ山（日本三百名山）の北西側、治山作業道の終点。中越コースを経由するニセイカウシュッペ山の起点。
緯度経度／［43°47′45″］［142°57′00″］
マップコード／623 474 194*86
入林申請／古川砂金越林道のゲートは施錠されているので、あらかじめ上川中部森林管理署に入林承認をして許可をもらう。申請は電話連絡でよい。ゲートの鍵ナンバーをメモした紙を当日、忘れずに持参すること。問い合わせは、上川中部森林管理署☎0166-61-0206へ。

ニセ／ゲートから4.5kmの三叉路

アクセス／旭川紋別道（国道450号）上川層雲峡ICから国道39、273号、町道、古川砂金越林道（路面評価★★★★〜★★★）、治山作業道（路面評価★★★★〜★★★）経由で25km、約44分。国道から「ニセイカウシュッペ登山口」の標識に従って町道へ右折。300m先から未舗装となり、国道から2km先の三叉路を右折して古川砂金越林道へ。少し先のゲートは入手した鍵ナンバーで開けたら必ず閉めておくこと。ゲートから4.5km先の三叉路を左折し、治山作業道へ。三叉路から6kmで終点。国道から13km、約26分。ちなみに作業道とは、国有林における林道よりも格下の未舗装道路のことで、一般には林道と同様の認識でよい。

ニセ／登山口に続く治山作業道

駐車場／治山作業道終点に駐車場がある。16〜17台・30×26mなど2面・砂利・区画なし。
駐車場混雑情報／取材した2013年7月15日は快晴の3連休最終日で、到着した8時半の時点で、ほぼ満車だった。
携帯電話／ドコモ📶通話可、au📶通話可、SB圏外。
登山届入れ／登山道入口にある。
その他／熊出没注意看板。
立ち寄り湯／愛別町の愛別ダム方面に向かうと、その手前に「あいべつ協和温泉」がある。無休・7〜22時・入浴料500円・☎01658-6-5815。

ニセ／治山作業道終点の駐車場

問合先／上川中部森林管理署☎0166-61-0206または050-3160-5745、上川町産業経済課☎01658-2-4058

ニセコアンヌプリ・ニセコアンヌプリ国際スキー場
にせこあんぬぷり・にせこあんぬぷりこくさいすきーじょう

後志管内ニセコ町　標高420m

登山口概要／ニセコアンヌプリ（日本三百名山）の南西側、

ニセ／登山道入口

町道終点付近。アンヌプリゴンドラコースを経由するニセコアンヌプリの起点。

緯度経度／［42°50′54″］［140°38′42″］（町道沿い駐車場）。［42°50′51″］［140°38′52″］（ゴンドラ山麓駅）

マップコード／398 347 475*53（町道沿い駐車場）398 348 365*53（ゴンドラ山麓駅）

アクセス／札幌市街地（道庁前）から国道230号、道道66号、町道経由で105km、約2時間38分。または札樽道小樽ICから国道5号、道道66号、町道経由で85km、約2時間7分。あるいは道央道黒松内JCTから黒松内新道（国道5号）、国道5号、道道207、66号、町道経由で43km、約1時間5分。

駐車場／町道沿いの駐車場＝900台・58×40mなど2面・舗装＋草地・区画なし。山麓駅前の駐車場＝約60台・40×15m・一部舗装・区画あり。

トイレ／ゴンドラ山麓駅と山頂駅にある。詳細不明。

携帯電話／町道沿いの駐車場＝ドコモ通話可、au通話可、SB通話可。

アンヌプリゴンドラ／2017年度の運行期間・時間（参考情報）＝7月15日〜10月15日の65日間運行（運休日もあるので注意）・所要10分・往復1240円、片道750円・☎0136-58-2080。

ドリンク自販機／山麓駅と山頂駅にある（PBも）。

登山届入れ／山頂駅内にある。

その他／山麓駅＝売店。

取材メモ／ニセコアンヌプリのキバナシャクナゲは6月上旬〜中旬、シラネアオイは6月上旬〜下旬、ニッコウキスゲは7月上旬〜下旬が見ごろ。

立ち寄り湯／すぐ近くに「いこいの湯宿・いろは」がある（下記地図参照）。無休（メンテナンス休あり）・12〜22時・入浴料800円・☎0136-58-3111。

問合先／ニセコアンヌプリ国際スキー場☎0136-58-2080、ニセコリゾート観光協会☎0136-43-2051

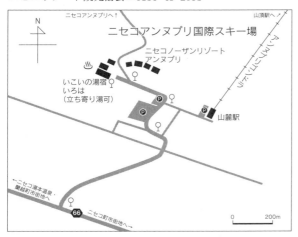

国際／町道沿いの駐車場

国際／山麓駅前の駐車場

国際／アンヌプリゴンドラ

国際／ニセコアンヌプリ登山道

国際／ニセコアンヌプリ山頂

ニセコアンヌプリ・ニセコHANAZONOゴルフコース
にせこあんぬぷり・にせこはなぞのごるふこーす

後志管内倶知安町　標高362m

HANA／道道から町道へ

登山口概要／ニセコアンヌプリ（日本三百名山）の北東側、道道58号から少し入った場所。鏡沼を経由するニセコアンヌプリの起点。
緯度経度／［42°53′43″］［140°41′20″］
マップコード／398 533 123*53
アクセス／札幌市街地（道庁前）から国道230、276号、道道58号、町道経由で98km、約2時間27分。または札樽道小樽ICから国道5号、道道58号、町道経由で71km、約1時間48分。あるいは道央道黒松内JCTから黒松内新道（国道5号）、国道5号、道道207、66、58号、町道経由で58km、約1時間27分。道道58号の五色温泉〜花園区間の開通期間は5月下旬〜10月下旬。

HANA／HANAZONOゴルフコース駐車場

駐車場／ニセコHANAZONOゴルフコースの駐車場は、登山者が利用してもよいとのこと。ただしクラブハウス営業時間（7〜17時）中のみ利用可。約160台・40×20mなど5面・舗装・区画あり。
携帯電話／ドコモ📶通話可、au📶通話可、SB📶通話可。
その他／登山道入口はニセコHANAZONOゴルフコース入口から町道を50mほど奥に進んだ右手にある。小さな標識が目印。
取材メモ／ニセコアンヌプリのキバナシャクナゲは6月上旬〜中旬、シラネアオイは6月上旬〜下旬、ニッコウキスゲは7月上旬〜下旬が見ごろ。

HANA／登山道入口

立ち寄り湯／①近くの「ニセコワイス寳亭留（ほてる）」で可能。無休・13〜18時（土曜と祝日の前日は〜16時）・入浴料718円・☎0136-23-3311。②倶知安町市街地にさらに下ると「くっちゃん温泉ホテルようてい」でも可能。不定休・10〜22時・入浴料800円・☎0136-22-1164。
問合先／倶知安観光協会☎0136-22-3344、倶知安町観光課☎0136-23-3388

HANA／鏡沼

ニセコアンヌプリ・ニセコマウンテンリゾートグランヒラフ
にせこあんぬぷり・にせこまうんてんりぞーとぐらんひらふ

後志管内倶知安町　標高315m

登山口概要／ニセコアンヌプリ（日本三百名山）の南東側、道道631号沿い。ニセコマウンテンリゾートグラン・ヒラフのサマーゴンドラ、またはグラン・ヒラフスキー場のゲレンデを経由するニセコアンヌプリの起点。
緯度経度／［42°51′44″］［140°41′57″］
マップコード／398 414 160*53
アクセス／札幌市街地（道庁前）から国道230、276、5号、道道343、631号経由で100km、約2時間30分。または札樽道小樽ICから国道393、5号、道道343、631号経由で70km、

ヒラフ／ゴンドラ山麓駅前の駐車場

約1時間45分。あるいは道央道豊浦ICから国道37号、道道97、66号、国道5号、道道343、631号経由で56km、約1時間23分。
駐車場／ゴンドラ山麓駅前に広い駐車場がある。約250台・100×100m・舗装・区画なし。
駐車場混雑情報／混雑することはない。
トイレ／山頂駅にある。山麓側はホテルアルペンのトイレが利用可とのことだ。
携帯電話／ドコモ📶通話可、au📶通話可、SB📶通話可。
公衆電話／ウェルカムセンター前にカード・コイン式公衆電話がある。
ドリンク自販機／ウェルカムセンター前にある（PBも）。
サマーゴンドラ／7月中旬〜9月下旬・9〜16時（お盆休み期間中は8時30分〜17時）・往復1100円、片道700円・☎0136-22-0109。
その他／山麓駅前＝ウェルカムセンター、ひらふウェルカムセンターバス停（ニセコバス）、ニセコスキー場バス停（道南バス）。山頂駅前＝展望台、レストハウスエースヒル（喫茶・軽食、自然情報室）。
取材メモ／ゴンドラを利用せずにゲレンデを登る場合は、ホテルニセコアルペンの山側を左折する。またニセコアンヌプリのキバナシャクナゲは6月上旬〜中旬、シラネアオイは6月上旬〜下旬、ニッコウキスゲは7月上旬〜下旬、ミヤマアキノキリンソウは7月下旬〜9月上旬、ヤマハハコは7月下旬〜10月中旬が見ごろ。
立ち寄り湯／すぐ近くのひらふ温泉の温泉宿で可能。①「ホテルニセコアルペン」＝無休（5月と11月にメンテナンス等で休みあり）・13時〜21時30分・入浴料夏期700円（冬期要問合せ）・☎0136-22-1105。②「湯元ニセコプリンスホテルひらふ亭」＝無休（4月に休みあり）・7時〜10時30分＋13〜23時・入浴料800円・☎0136-23-2239。
問合先／ニセコマウンテンリゾートグラン・ヒラフ☎0136-22-0109

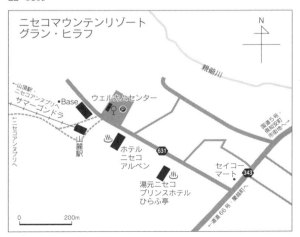

ヒラフ／ウェルカムセンター

ヒラフ／サマーゴンドラと羊蹄山

ヒラフ／ニセコアンヌプリ登山道

ヒラフ／レストハウスエースヒル

ヒラフ／ホテルニセコアルペン

ニセコ山系・イワオヌプリ
　→（次項）ニセコ山系・大谷地駐車場
　→P240 ニセコ山系・五色温泉
　→P241 ニセコ山系・神仙沼駐車場
　→P243 ニセコ山系・チセヌプリ登山口

ニセコ山系・大谷地駐車場
にせこさんけい・おおやちちゅうしゃじょう

後志管内共和町　標高750m

ヒラフ／同ホテルの露天風呂

登山口概要／大谷地の北西側、道道66号（ニセコパノラマライン）沿い。大谷地の主要入口。神仙沼と神仙沼湿原の入口。神仙沼と長沼を経由するチセヌプリとシャクナゲ岳、神仙沼と大谷地を経由するイワオヌプリとニトヌプリの起点。詳細図は、P241「ニセコ山系・神仙沼駐車場」の項参照。
緯度経度／〔42°54′18″〕〔140°36′02″〕
マップコード／398 552 285*53
アクセス／札幌市街地（道庁前）から国道230号、道道66号（ニセコパノラマライン）経由で120km、約3時間。または札樽道小樽ICから国道5、276号、道道877、66号（ニセコパノラマライン）経由で75km、約1時間53分。あるいは道央道黒松内JCTから黒松内新道（国道5号）、国道5号、道道207、66号（ニセコパノラマライン）経由で50km、約1時間15分。道道66号（ニセコパノラマライン）の開通期間は4月下旬〜10月下旬。
駐車場／約15台・54×18m・砂利・区画なし。
トイレ／共和町側からアクセスする場合は、手前の神仙沼駐車場にある。レストハウス営業時間（9〜17時）のみ利用可。それ以外は閉鎖される。簡易水洗。水道・TPあり。評価☆☆☆。一方、蘭越町側からアクセスする場合は、ニセコ湯本温泉のチセヌプリ駐車場にある。水洗。水道・TPあり。評価☆☆☆。

大谷地／大谷地駐車場

大谷地／駐車場から大谷地見下ろす

携帯電話／ドコモ📶〜📶 通話可、au📶 通話可、SB圏外。
取材メモ／大谷地には、国内で限られた場所にしかないフサスギナと呼ばれるスギナのなかまが生育している。
立ち寄り湯／①蘭越町側に下ると、2015年秋に立ち寄り湯専用施設としてリニューアルオープンした「蘭越町交流推進センター雪秩父」がある。火曜休（祝日の場合は営業）・10〜20時・入浴料500円☎0136-58-2328。五色温泉の宿も近い。②「ニセコ五色温泉旅館」＝通年営業・無休・8〜20時（冬期は10〜19時）・入浴料700円・☎0136-58-2707。③また昆布駅前に「昆布川温泉・蘭越町交流促進センター幽泉閣」がある。無休・10〜21時30分（月曜は正午〜・祝日の場合は翌日）・入浴料500円・☎0136-58-2131。
問合先／共和町観光協会（共和町産業課商工観光係）☎0135-73-2011

大谷地／大谷地に続く道

ニセコ山系・岩内岳
　→P39 岩内岳・いわないオートキャンプ場マリンビュー手前

大谷地／神仙沼方面に続く登山道入口

→ P40 岩内岳・IWANAI RESORT

ニセコ山系・お花畑駐車場
にせこさんけい・おはなばたけちゅうしゃじょう

後志管内ニセコ町　標高790m

登山口概要／イワオヌプリの南側、道道58号沿い。五色温泉園地・お花畑の入口。お花畑を経由するイワオヌプリの起点。詳細図は次々項参照。
緯度経度／［42°52′35″］［140°38′30″］
マップコード／398 437 793*53
アクセス／札幌市街地（道庁前）から国道230、276号、道道58号経由で111km、約2時間47分。または札樽道小樽ICから国道5号、道道58号経由で78km、約1時間57分。あるいは道央道黒松内JCTから黒松内新道（国道5号）、国道5号、道道268、66、58号経由で46km、約1時間10分。道道58号の開通期間は6月1日～10月下旬。
駐車場／約15台・76×14m・舗装・区画なし。
駐車場混雑情報／6～7月は混雑することもある。
トイレ／すぐ南側、五色温泉駐車場に隣接する五色温泉インフォメーションセンター内にある。水洗。水道・TPあり。評価☆☆☆。また同駐車場にもある。簡易水洗。水道・TPあり。評価☆☆☆。
携帯電話／ドコモ📶通話可、au📶通話可、SB📶通話可。
取材メモ／お花畑のチシマザクラは6月上旬～中旬、イソツツジは6月中旬～7月上旬が見ごろ。
立ち寄り湯／近くの「ニセコ五色温泉旅館」で可能。通年営業・無休・8～20時（冬期は10～19時）・入浴料700円・☎0136-58-2707。
問合先／ニセコリゾート観光協会☎0136-43-2051

お花畑／お花畑駐車場

お花畑／お花畑入口

お花畑／ニセコ五色温泉旅館

ニセコ山系・鏡沼入口
にせこさんけい・かがみぬまいりぐち

後志管内倶知安町　標高590m

登山口概要／鏡沼の西側、道道58号沿い。鏡沼の主要入口。道道58号コースや鏡沼を経由するニセコアンヌプリ（日本三百名山）の起点。
緯度経度／［42°53′27″］［140°39′56″］
マップコード／398 500 549*53
アクセス／札幌市街地（道庁前）から国道230、276号、道道58号経由で107km、約2時間40分。または札樽道小樽ICから国道5号、道道58号経由で75km、約1時間52分。あるいは道央道黒松内JCTから黒松内新道（国道5号）、国道5号、道道268、66、58号経由で51km、約1時間16分。道道268号の開通期間は6月1日～10月下旬。道道58号の五色温泉～花園区間の開通期間は5月下旬～10月下旬。

鏡沼／道道沿いの駐車スペース

鏡沼／登山道入口

駐車場／鏡沼入口前のほか、付近の道道沿いに点々と3ヵ所ほど駐車スペースがある。計6～8台・砂＋小石＋砂利＋舗装待避帯・区画なし。
駐車場混雑情報／駐車可能台数が少ないので、夏は満車になる可能性がある。
携帯電話／ドコモ📶～📶通話可、au圏外、SB圏外。
登山届入れ／遊歩道入口にある。
取材メモ／鏡沼の周囲には湿原があり、ワタスゲは6月下旬～7月上旬、タチギボウシは7月中旬～8月上旬、紅葉は10月上旬～中旬が見ごろ。またニセコアンヌプリのキバナシャクナゲは6月上旬～中旬、シラネアオイは6月上旬～下旬、ニッコウキスゲは7月上旬～下旬が見ごろ。
立ち寄り湯／①1kmほど下って左折すると「ニセコワイス寶亭留（ほてる）」で可能。無休・13～18時（土曜と祝日の前日は～16時）・入浴料718円・☎0136-23-3311。②倶知安町市街地にさらに下ると「くっちゃん温泉ホテルようてい」でも可能。無休・10～22時・入浴料800円・☎0136-22-1164。
問合先／倶知安観光協会☎0136-22-3344、倶知安町観光課☎0136-23-3388

鏡沼／鏡沼

鏡沼／くっちゃん温泉ホテルようてい

ニセコ山系・五色温泉
にせこさんけい・ごしきおんせん

後志管内ニセコ町・同蘭越町　標高755m

登山口概要／イワオヌプリの南側、道道58号沿い。五色温泉コースを経由するイワオヌプリ、ニセコ山の家コースを経由するニセコアンヌプリ（日本三百名山）の起点。すぐ近くにある「お花畑駐車場」は前々項参照。
緯度経度〔42°52′26″〕〔140°38′20″〕
マップコード／398 437 513*53
アクセス／札幌市街地（道庁前）から国道230、276号、道道58号経由で111km、約2時間47分。または札樽道小樽ICから国道5号、道道58号経由で78km、約1時間57分。あるいは道央道黒松内JCTから黒松内新道（国道5号）、国道5号、道道268、66、58号経由で46km、約1時間10分。道道58号の五色温泉～花園区間の開通期間は6月1日～10月下旬。
駐車場／ニセコ五色温泉旅館の東側に公共の五色温泉駐車場がある。約15台・70×20m・舗装・区画あり（区画なしの部分も）。ニセコ野営場の駐車場も登山者の利用可（清掃協力金あり）。
駐車場混雑情報／シーズン中の週末は満車になる。
トイレ／五色温泉インフォメーションセンター内にある。水洗。水道・TPあり。評価☆☆☆。五色温泉駐車場にもある。簡易水洗。水道・TPあり。評価☆☆。
携帯電話／ドコモ📶通話可、au📶通話可、SB📶通話可。
登山届入れ／五色温泉インフォメーションセンターに登山者帳がある。
その他／五色温泉インフォメーションセンター（案内・展

五色／五色温泉駐車場（公共）

五色／同駐車場のトイレ

五色／同トイレ内部

示・休憩施設。更衣室や靴洗い場あり。6月1日～10月31日・期間中無休・8～17時・☎0136-59-2200)、車上荒らし注意看板、案内板、五色温泉郷バス停（ニセコバス）。
取材メモ／ニセコアンヌプリのキバナシャクナゲは6月上旬～中旬、シラネアオイは6月上旬～下旬、ニッコウキスゲは7月上旬～下旬が見ごろ。
立ち寄り湯／近くの「ニセコ五色温泉旅館」で可能。通年営業・無休・8～20時（冬期は10～19時）・入浴料700円・☎0136-58-2707。
問合先／ニセコリゾート観光協会☎0136-43-2051、蘭越町観光案内センター「街の茶屋」☎0136-57-5239、蘭越町商工労働観光課☎0136-57-5111

五色／五色温泉インフォメーションセンター

五色／同センター内のトイレ

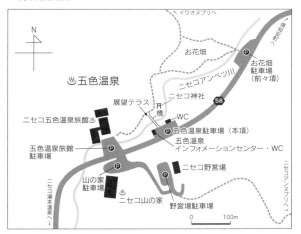

五色／展望テラス

ニセコ山系・シャクナゲ岳
　→P238 ニセコ山系・大谷地駐車場
　→（次項）ニセコ山系・神仙沼駐車場
　→P244 ニセコ山系・ニセコ湯本温泉
　→P327 目国内岳・新見峠駐車場

神仙沼／神仙沼駐車場

ニセコ山系・神仙沼駐車場
にせこさんけい・しんせんぬまちゅうしゃじょう

後志管内共和町　標高750m

登山口概要／神仙沼の北側、道道66号（ニセコパノラマライン）沿い。神仙沼と神仙沼湿原の主要入口。神仙沼と長沼を経由するチセヌプリとシャクナゲ岳、神仙沼と大谷地を経由するイワオヌプリとニトヌプリの起点。
緯度経度／[42°54′30″][140°35′24″]
マップコード／398 551 637*53
アクセス／札幌市街地（道庁前）から国道230号、道道66号（ニセコパノラマライン）経由で121km、約3時間2分。ま

神仙沼／紅葉期は路肩にも車が並ぶ

たは札樽道小樽ICから国道5、276号、道道877、66号（ニセコパノラマライン）経由で74km、約1時間50分。あるいは道央道黒松内JCTから黒松内新道（国道5号）、国道5号、道道207、66号（ニセコパノラマライン）経由で51km、約1時間16分。道道66号（ニセコパノラマライン）の開通期間は4月下旬〜10月下旬。

駐車場／80台＋大型・120×26m・舗装・区画あり。
駐車場混雑情報／紅葉シーズンの休日は満車になり、道道路肩にも車が並ぶ。駐車待ちも発生する。夏は混雑する程度。
トイレ／駐車場にあるが、休憩所の営業時間のみ利用可。それ以外は閉鎖。簡易水洗。水道・TPあり。評価☆☆☆。
携帯電話／ドコモ📶通話可、au📶通話可、SB📶〜圏外つながらず。
その他／神仙沼自然休養林休憩所（神仙沼レストハウス。売店・食堂。6〜10月・期間中無休・9〜17時・問い合わせは共和町観光協会☎0135-73-2011へ)、神仙沼周辺案内板、展望台。遊歩道入口にはパンフレット頒布箱と森林環境整備協力金の募金箱あり。
取材メモ／駐車場から神仙沼まで徒歩10〜15分。神仙沼湿原は、面積4.2haの中間・高層湿原で、大小の池塘が発達し、チセヌプリの眺めも良好。一巡15〜20分。また神仙沼湿原のチングルマは6月中〜下旬、ワタスゲは6月下旬〜7月中旬、ニッコウキスゲやヒオウギアヤメは7月上旬〜下旬、ネムロコウホネは7月中旬〜8月中旬、紅葉は10月上旬〜中旬が見ごろ。
立ち寄り湯／①蘭越町側に下ると、2015年秋に立ち寄り湯専用施設としてリニューアルオープンした「蘭越町交流推進センター雪秩父」がある。火曜休（祝日の場合は営業)・10〜20時・入浴料500円☎0136-58-2328。五色温泉の宿も近い。②「ニセコ五色温泉旅館」＝通年営業・無休・8〜20時（冬期は10〜19時)・入浴料700円・☎0136-58-2707。③また昆布駅前に「昆布川温泉・蘭越町交流促進センター幽泉閣」がある。無休・10〜21時30分（月曜は正午〜。祝

神仙沼／同駐車場のトイレ

神仙沼／同トイレ内部

神仙沼／神仙沼自然休養林休憩所

神仙沼／同休憩所内の展示

神仙沼／神仙沼の遊歩道入口

日の場合は翌日)・入浴料500円・☎0136-58-2131。
問合先／共和町観光協会（共和町産業課商工観光係）☎0135-73-2011

ニセコ山系・チセヌプリ
　→P238 ニセコ山系・大谷地駐車場
　→（前項）ニセコ山系・神仙沼駐車場
　→（次項）ニセコ山系・チセヌプリ登山口
　→（次々項）ニセコ山系・ニセコ湯本温泉

神仙沼／神仙沼とテラス

ニセコ山系・チセヌプリ登山口
にせこさんけい・ちせぬぷりとざんぐち

後志管内蘭越町　標高836m

登山口概要／チセヌプリの東側、道道66号（ニセコパノラマライン）沿い。北口コースを経由するチセヌプリの起点。ニトヌプリやイワオヌプリの起点。
緯度経度／［42°53′18″］［140°36′24″］
マップコード／398 493 277*35
アクセス／札幌市街地（道庁前）から国道230号、道道66号（ニセコパノラマライン）経由で118km、約2時間57分。または札樽道小樽ICから国道5、276号、道道877、66号（ニセコパノラマライン）経由で77km、約1時間55分。あるいは道央道黒松内JCTから黒松内新道（国道5号）、国道5号、道道207、66号（ニセコパノラマライン）経由で48km、約1時間12分。道道66号（ニセコパノラマライン）の開通期間は4月下旬～10月下旬。
駐車場／チセヌプリ登山道入口に除雪車旋回場があり、登山者の駐車可。約15台・34×20m・舗装・区画なし。
トイレ／共和町側からアクセスする場合は、手前の神仙沼駐車場にある。レストハウス営業時間（9～17時）のみ利用可。それ以外は閉鎖される。簡易水洗。水道・TPあり。評価☆☆☆。一方、蘭越町側からアクセスする場合は、ニセコ湯本温泉のチセヌプリ駐車場にある。水洗。水道・TPあり。評価☆☆☆。
携帯電話／ドコモ📶通話可、au📶通話可、SB圏外。
立ち寄り湯／①蘭越町側に下ると、2015年秋に立ち寄り湯専用施設としてリニューアルオープンした「蘭越町交流推進センター雪秩父」がある。火曜休（祝日の場合は営業）・10～20時・入浴料500円☎0136-58-2328。五色温泉の宿も近い。②「ニセコ五色温泉旅館」＝通年営業・無休・8～20時（冬期は10～19時）・入浴料700円・☎0136-58-2707。③また昆布駅前に「昆布川温泉・蘭越町交流促進センター幽泉閣」がある。無休・10～21時30分（月曜は正午～。祝日の場合は翌日）・入浴料500円・☎0136-58-2131。
問合先／蘭越町観光案内センター「街の茶屋」☎0136-57-5239、蘭越町商工労働観光課☎0136-57-5111

チセ／除雪車旋回場（駐車場）

チセ／チセヌプリ登山道入口

チセ／チセヌプリ山頂からの眺め

チセ／ニセコ五色温泉旅館

ニセコ山系・新見峠駐車場
　　→P327 目国内岳・新見峠駐車場

ニセコ山系・ニセコアンヌプリ
→P234 ニセコアンヌプリ・ニセコアンヌプリ国際スキー場
→P236 ニセコアンヌプリ・ニセコHANAZONOゴルフコース
→P236 ニセコアンヌプリ・ニセコマウンテンリゾートグランヒラフ
→P239 ニセコ山系・鏡沼入口
→P240 ニセコ山系・五色温泉

湯本／チセヌプリ駐車場①

ニセコ山系・ニセコ湯本温泉（チセヌプリ駐車場）
にせこさんけい・にせこゆもとおんせん（ちせぬぷりちゅうしゃじょう）
後志管内蘭越町　標高550m

登山口概要／チセヌプリの南側、道道66号沿い。西口コースを経由するチセヌプリやシャクナゲ岳の起点。
緯度経度／［42°52′03″］［140°35′47″］
マップコード／398 402 720*53

湯本／チセヌプリ駐車場②

アクセス／札幌市街地（道庁前）から国道230号、道道66号経由で112km、約2時間48分。または札樽道小樽ICから国道5、276号、道道877、66号（ニセコパノラマライン）経由で83km、約2時間5分。あるいは道央道黒松内JCTから黒松内新道（国道5号）、国道5号、道道207、66号（ニセコパノラマライン）経由で42km、約1時間3分。道道66号（ニセコパノラマライン）の共和町老古美～蘭越町湯里区間の開通期間は4月下旬～10月下旬。
駐車場／ニセコ湯本温泉にチセヌプリ駐車場がある。約100台・120×30mなど2面・舗装・区画なし（区画ありの駐車場も）。蘭越町交流促進センター雪秩父の駐車場は大湯沼見学者が短時間であれば駐車してもよい。
トイレ／チセヌプリ駐車場にチセヌプリトイレがある。水

湯本／同駐車場のチセヌプリトイレ

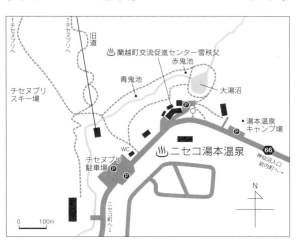

湯本／雪秩父の駐車場

湯本／同トイレ内部

洗。水道・TPあり。評価☆☆☆。
携帯電話／ドコモ📶通話可、au📶通話可、SB圏外。
その他／ニセコ温泉郷・湯本温泉地区案内板、大湯沼注意看板、山菜採りの遭難注意看板。
取材メモ／大湯沼は、湯気が立ち昇る熱湯の沼で、ニセコ湯本温泉の源泉。かつて付近にあった大湯沼自然展示館は閉館した。
立ち寄り湯／①2015年秋に立ち寄り湯専用施設としてリニューアルオープンした「蘭越町交流推進センター雪秩父」がある。火曜休（祝日の場合は営業）・10〜20時・入浴料500円☎0136-58-2328。五色温泉の宿も近い。②「ニセコ五色温泉旅館」＝通年営業・無休・8〜20時（冬期は10〜19時）・入浴料700円、☎0136-58-2707。③また昆布駅前に「昆布川温泉・蘭越町交流促進センター幽泉閣」がある。無休・10〜21時30分（月曜は正午〜。祝日の場合は翌日）・入浴料500円、☎0136-58-2131。
問合先／蘭越町観光案内センター「街の茶屋」☎0136-57-5239、蘭越町商工労働観光課☎0136-57-5111

ニセコ山系・ニトヌプリ
　　→P241 ニセコ山系・神仙沼駐車場
　　→（前々項）ニセコ山系・チセヌプリ登山口
ニセコ山系・目国内岳
　　→P327 目国内岳・新見峠駐車場

ニセコ山系・雷電山→P379 雷電山・朝日鉱泉

ニセコ山系・ワイスホルン登山口（ニセコ林道終点）
にせこさんけい・わいすほるんとざんぐち（にせこりんどうしゅうてん）
後志管内倶知安町　標高525m

登山口概要／ワイスホルンの東側、ニセコ林道の途中や終点。ニセコワイススキー場跡コースを経由するワイスホルンの起点。※ニセコ林道はかつては施錠されていたが、現在は冬期以外は開放されている。
緯度経度／［42°53′54″］［140°39′25″］（登山道入口）
マップコード／398 529 458*53（登山道入口）
アクセス／札幌市街地（道庁前）から国道230、276号、道道58号、ニセコ林道（路面評価不明）経由で105km、約2時間18分。または札樽道小樽ICから国道5号、道道58号、ニセコ林道（路面評価★★★。所々に水たまりあり）経由で75km、約1時間53分。あるいは道央道黒松内JCTから黒松内新道（国道5号）、国道5号、道道207、66、58号、ニセコ林道（路面評価★★★。所々に水たまりあり）経由で53km、約1時間20分。道道から登山道入口がある橋のたもとの駐車スペースまで約0.9km、約3分半。道道から林道終点まで約1.2km。約4分半。道道58号の五色温泉〜花園区間の開通期間は5月下旬〜10月下旬。ニセコ林道の開通期間は6月中旬〜12月初旬。

湯本／ニセコ湯本温泉案内板

湯本／大湯沼

ワイス／ニセコ林道入口

ワイス／登山口に続くニセコ林道

ワイス／橋のたもとの駐車スペース

駐車場／ニセコ林道ゲート前の道道路肩＝5〜6台駐車可。林道途中の橋のたもと（登山道入口向かい）の駐車スペース＝2〜3台・草＋苔・区画なし。林道終点のスキー場跡＝約50台・100×20m・草＋砂利・区画なし。
携帯電話／登山道入口＝ドコモ📶通話可、au📶だが通話可、SB📶通話可。
登山届入れ／ニセコ林道ゲートわきにある。
取材メモ／橋のたもとの登山道入口には、標識がないので注意。ほかにもニセコワイス花園温泉・ニセコワイス寶亭留（ほてる）裏手から登るコースもあり、ゲート前の路肩に駐車できるようだ。
立ち寄り湯／①近くの「ニセコワイス寶亭留（ほてる）」で可能。無休・13〜18時（土曜と祝日の前日は〜16時）・入浴料718円・☎0136-23-3311。②倶知安町市街地にさらに下ると「くっちゃん温泉ホテルようてい」でも可能。不定休・10〜22時・入浴料800円・☎0136-22-1164。
問合先／倶知安観光協会☎0136-22-3344、倶知安町観光課☎0136-23-3388、後志森林管理署☎0136-22-0145 または☎050-3160-5805

ニトヌプリ→P241 ニセコ山系・神仙沼駐車場
　　　　　→P243 ニセコ山系・チセヌプリ登山口

ワイス／スキー場跡の駐車スペース

ワイス／くっちゃん温泉ホテルようてい浴室

ニペソツ山・十六ノ沢登山口
にぺそつやま・じゅうろくのさわとざんぐち

十勝管内上士幌町　標高1022m

【アクセス道路通行止】

登山口概要／ニペソツ山（日本二百名山）の北東側、十六の沢林道終点。十六ノ沢（杉沢）登山口。十六ノ沢コースを経由するニペソツ山。※2016年の豪雨災害のため、十六の沢林道は通行止。復旧の見通しは立っていないが、今後、開通した時のために2013年の取材結果を参考までに掲載しておく。
緯度経度／［43°29′01″］［143°05′19″］
マップコード／970 236 663*52
アクセス／道東道音更帯広ICから国道241、273号、音更川本流林道、十六の沢林道（ともに路面評価★★★。所々★★★）経由で80km、約2時間3分。または旭川紋別道（国道450号）上川層雲峡ICから国道39、273号、音更川本流林道、十六の沢林道（上と同じ）経由で73km、約1時間45分。国道273号から「音更山・ニペソツ山・石狩岳・ユニ石狩岳」の標識に従って音更川本流林道へ。1.4km、3分先の三叉路は左へ（標識あり）。国道から7.8km、約16分。
駐車場／林道終点に駐車スペースがある。12〜13台・58×10〜3m・砂利＋草・区画なし。100m手前右側にも2〜3台分の駐車スペースあり。
トイレ／登山道入口わきにある。非水洗。水道なし。TPなし。評価☆☆〜☆。

十六／国道から音更川本流林道へ

十六／1.4km 先の三叉路

十六／林道終点の駐車スペース

携帯電話／ドコモ圏外、au圏外、SB圏外。
登山届入れ／音更川本流林道入口と登山道入口にある。
その他／大雪山国立公園案内板、携帯トイレ回収ボックス。
立ち寄り湯／①近くの幌加温泉の「湯元鹿の谷（かのや）」で可能。通年営業・無休・9～20時・入浴料600円・☎01564-4-2163。あるいはぬかびら源泉郷の各宿でも可能。例えば②「湯元館」＝不定休・8～20時（冬期は～19時）・入浴料500円・☎01564-4-2121。③「糠平温泉ホテル」＝不定休・9～21時・入浴料500円・☎01564-4-2001。④ほかの宿もほとんど可能（入浴料400～1000円）。⑤一方、上川方面では層雲峡温泉に公共の立ち寄り湯「黒岳の湯」がある。無休（11～4月は水曜休、祝日の場合は営業）・10～21時30分・入浴料600円・☎01658-5-3333。⑥ほか層雲峡温泉の各宿でも可能（入浴料600～1000円）。
問合先／十勝西部森林管理署東大雪支署☎01564-2-2141、上士幌町観光協会☎01564-7-7272、上士幌町商工観光課☎01564-2-4291

ニペソツ山・幌加温泉登山口
にぺそつやま・ほろかおんせんとざんぐち

十勝管内上士幌町　標高692m

登山口概要／ニペソツ山（日本二百名山）の東側、未舗装道の途中。幌加温泉コースを経由するニペソツ山や天狗岳の起点。幌加温泉の手前から右手に続く未舗装道奥にある。
※2017年夏現在、登山道整備中。2017年秋～2018年夏前に共用予定。
緯度経度／［43°28′17″］［143°07′46″］
マップコード／679 781 240*52
アクセス／道東道音更帯広ICから国道241、273号、町道、未舗装道(路面評価★★★～★★。張り出した笹がうるさい)

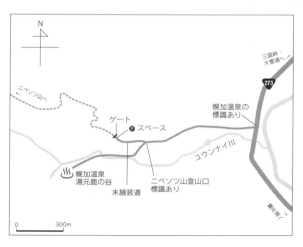

十六／登山道入口と案内板

十六／登山道入口わきのトイレ

幌加／国道から町道へ

幌加／未舗装道入口に立つニペソツ山の標識

幌加／未舗装道入口

経由で68.5km、約1時間45分。または旭川紋別道（国道450号）上川層雲峡ICから国道39、273号、町道、未舗装道（上と同じ）経由で70km、約1時間47分。国道から700mで、「ニペソツ山登山口」の標識に従い右の未舗装道へ。
駐車場／未舗装道を約200m入ったあたりに駐車スペースがある。7〜8台・草・区画なし。
駐車場混雑情報／幌加温泉の人によると登山者は稀だとのことだ。
携帯電話／ドコモ圏外、au圏外、SB圏外。
登山届入れ／駐車スペースに入林届入れがある。
立ち寄り湯／①幌加温泉の「湯元鹿の谷（かのや）」で可能。通年営業・無休・9〜20時・入浴料600円・☎01564-4-2163。あるいはぬかびら源泉郷の各宿でも可能。例えば②「湯元館」＝不定休・8〜20時（冬期は〜19時）・入浴料500円・☎01564-4-2121。③「糠平温泉ホテル」＝不定休・9〜21時・入浴料500円・☎01564-4-2001。④ほかの宿もほとんど可能（入浴料400〜1000円）。⑤一方、上川方面では層雲峡温泉に公共の立ち寄り湯「黒岳の湯」がある。無休（11〜4月は水曜休、祝日の場合は営業）・10〜21時30分・入浴料600円・☎01658-5-3333。⑥ほか層雲峡温泉の各宿でも可能（入浴料600〜1000円）。
問合先／上士幌町観光協会☎01564-7-7272、上士幌町商工観光課☎01564-2-4291

ヌカビラ岳・二岐沢出合
　→P90 北戸蔦別岳・二岐沢出合

沼ノ原
　→P378 大雪山系・クチャンベツ登山口
　→P378 大雪山系・ヌプントムラウシ温泉奥

沼めぐり歩道
　→P181 大雪山系・大雪高原温泉（大雪高原山荘）

野付半島・トドワラ入口（野付半島ネイチャーセンター）

のつけはんとう・とどわらいりぐち（のつけはんとうねいちゃーせんたー）

根室管内別海町　標高5m

登山口概要／トドワラ（日本の渚百選）の北東側、道道950号の終点3km手前。トド原探勝線歩道の起点。
緯度経度／［43°35′25″］［145°20′06″］
マップコード／941 610 500*76
アクセス／道東道足寄ICから国道242、241、243号、道道13号、国道272、244号、道道950号経由で180km、約3時間40分。または旭川紋別道（国道450号）瀬戸瀬ICから国道333、242、333、39、334号、道道827号、国道244号、道道950号経由で199km、約5時間。

幌加／未舗装道200m先の駐車スペース

幌加／幌加温泉・湯元鹿の谷

幌加／黒岳の湯・露天風呂

野付／ネイチャーセンター駐車場

野付／同駐車場のトイレ

駐車場／野付半島ネイチャーセンターに駐車場がある。73台＋大型・146×18m・舗装・区画あり。
駐車場混雑情報／満車になることはない。
トイレ／駐車場にある。簡易水洗。水道あり。TPなし。評価☆☆。
野付半島ネイチャーセンター／野付半島の自然と歴史を紹介展示する施設。食堂・売店もある。無休・9〜17時（11〜3月は〜16時。食堂は冬期休業）・☎0153-82-1270。
携帯電話／ドコモ📶通話可、au📶通話可、SB📶〜📶通話可。
ドリンク自販機／ネイチャーセンター内にある（PBも）。
その他／野付半島案内板、トド原探勝線歩道案内板。
トラクターバス／ネイチャーセンターとトドワラを結ぶ。5月1日〜10月下旬・所要8分・片道500円。
取材メモ／センターからトドワラまでは片道徒歩約30分。また、トド原探勝線歩道のシコタンタンポポは5月下旬〜6月中旬、クロユリは5月下旬〜6月中旬、ハマナスは6月中旬〜7月上旬、エゾカンゾウは6月中旬〜7月上旬、アッケシソウ紅葉は9月下旬〜10月下旬が見ごろ。
立ち寄り湯／標津町市街地にある温泉宿で可能。①「標津川温泉ぷるけの館ホテル川畑」＝無休・7〜9時＋14〜20時・入浴料500円・☎0153-82-2006。②「公衆浴場くすのき」＝無休（11〜4月は第2、4火曜日。祝日の場合は営業）・15時〜21時30分（土・日曜、祝日は13時〜。11〜4月は〜21時）・入浴料440円・☎0153-82-3411。一方、国道を南下して別海町に向かうと③「湯元尾岱沼温泉（おだいとうおんせん）シーサイドホテル」がある。無休・13〜20時・入浴料500円・☎0153-86-2316。④「野付温泉・浜の湯」も近い。火曜休（祝日の場合は翌日）・14〜22時・入浴料440円・☎0153-86-2600。
問合先／野付半島ネイチャーセンター（野付半島観光案内所）☎0153-82-1270、別海町商工観光課☎0153-75-2111

野付／同トイレ内部

野付／ネイチャーセンター

野付／トド原探勝線歩道入口

野付／広場に立つ「トドワラ」標識

野付／トドワラに続く木道

野幌森林公園・大沢口
のっぽろしんりんこうえん・おおさわぐち

江別市　標高63m

大沢／大沢口駐車場

登山口概要／野幌森林公園の北西側、公園管理道路終点。野幌森林公園の大沢コースやエゾユズリハコース、中央線などの起点。野幌森林公園全域図は次項参照。
緯度経度／［43°03′30″］［141°30′32″］
マップコード／139 181 645*63
アクセス／札幌市中心部から国道12号、市道、公園管理道路経由で16.5km、約25分。または道央道札幌南ICから国道12号、市道経由で8.5km、約13分。あるいは道央道江別西ICから市道、道道626号、市道、公園管理道路経由で5.5km、約8分。
駐車場／大沢口に駐車場がある。43台・40×40m・舗装・区画あり。
駐車場混雑情報／休日や行事が重なる日は満車になり、市道路肩に車が並ぶこともある。特に夏は混みやすい。
トイレ／駐車場にある。水洗。水道・TPあり。評価☆☆☆。また自然ふれあい交流館内にもある。
自然ふれあい交流館／野幌森林公園の自然情報を提供する施設。月曜休（祝日の場合は開館）・9～17時（10～4月は9時30分～16時30分）・☎011-386-5832。
携帯電話／ドコモ通話可、au通話可、SB通話可。
ドリンク自販機／自然ふれあい交流館内にある（PBも）。
その他／野幌森林公園案内板、大沢公園入口バス停（夕鉄バス）、文京台南町バス停（JR北海道バス）。
取材メモ／野幌森林公園のフクジュソウは4月中旬～5月上旬、ミズバショウは4月下旬～5月中旬、エゾミソハギは8月上旬～下旬、紅葉は10月中旬～下旬が見ごろ。
立ち寄り湯／①国道12号を左折して約1.5km、小野幌橋を渡る手前左側に「森林公園温泉・きよら」がある。無休（メ

大沢／同駐車場のトイレ

大沢／同トイレ内部

大沢／自然ふれあい交流館

大沢／野幌森林公園案内板

ンテナンス休あり)・11〜24時・入浴料440円・☎011-897-4126。②また江別西IC近くの野幌御幸町に「江別天然温泉・湯の花　江別殿」がある。無休・9〜25時・入浴料440円・☎011-385-4444。
問合先／自然ふれあい交流館☎011-386-5832、北海道博物館☎011-898-0456

野幌森林公園・記念塔口
のっぽろしんりんこうえん・きねんとうぐち

札幌市厚別区　標高45m

登山口概要／野幌森林公園の北西側、公園道路沿い。野幌森林公園のふれあいコースや瑞穂連絡線などの起点。
緯度経度／［43°03′14″］［141°29′32″］（公園案内所前）

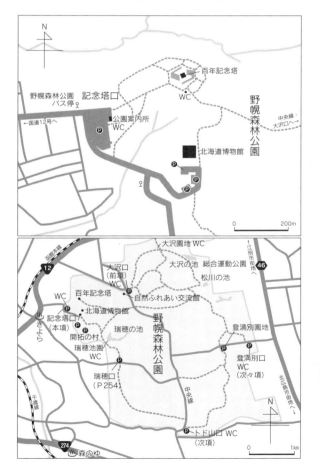

大沢／大沢コース入口

記念塔／百年記念塔前駐車場

記念塔／公園案内所

記念塔／案内所横のトイレ

記念塔／同トイレ内部

［43°03′07″］［141°29′49″］（北海道博物館前）
マップコード／9 509 165*63（公園案内所前）
139 150 842*63（北海道博物館前）

アクセス／札幌市中心部から国道12号、市道、公園管理道路経由で14km、約20分。または道央道札幌南ICから国道12号、市道、公園管理道路経由で6km、約10分。あるいは道央道江別西ICから市道、国道12号、市道、公園管理道路経由で8km、約11分。

駐車場／北海道百年記念塔前駐車場（公園案内所前）＝4月〜11月上旬・9〜17時（時間外は閉鎖）・359台・120×60m・舗装・区画あり。北海道博物館前駐車場＝9〜17時（時間外は閉鎖）・105台・40×25など3面・舗装・区画あり。ほか北海道開拓の村にも400台分の駐車場がある（8時30分〜17時30分。10〜4月は〜17時。開拓の村休園日は閉鎖）。

駐車場混雑情報／GWと9月は混雑する。

トイレ／公園案内所横にある。水洗。水道・TPあり。評価☆☆☆。ほか百年記念塔横にもある。

携帯電話／北海道博物館前＝ドコモ📶〜📶通話可、au📶〜📶通話可（若干途切れる）、SB📶通話可。

その他／百年記念塔＝展望室は閉鎖中。北海道博物館＝北海道の開拓史、アイヌ民族の文化と歴史、北海道の自然について紹介する博物館。月曜休（祝日の場合は翌日）・9時30分〜17時（10〜4月は〜16時30分）・入館料600円・☎011-898-0456。北海道開拓の村＝明治〜大正時代の建築物を復元・再現した野外博物館。月曜休（祝日の場合は翌日。5〜9月は無休）・9時〜16時30分（5〜9月は9〜17時）・入場料800円・☎011-898-2692。

取材メモ／野幌森林公園のフクジュソウは4月中旬〜5月上旬、ミズバショウは4月下旬〜5月中旬、エゾミソハギは8月上旬〜下旬、紅葉は10月中旬〜下旬が見ごろ。

立ち寄り湯／国道12号を左折して約200m、小野幌橋を渡る手前左側に「森林公園温泉・きよら」がある。無休（メンテナンス休あり）・11〜24時・入浴料440円・☎011-897-4126。

問合先／北海道博物館☎011-898-0456、北海道開拓の村☎011-898-2692

記念塔／百年記念塔

記念塔／博物館前駐車場

記念塔／北海道博物館

記念塔／同博物館館内の展示

野幌森林公園・トド山口
のっぽろしんりんこうえん・とどやまぐち

江別市　標高88m

登山口概要／野幌森林公園の南側、公園管理道路終点。野幌森林公園の下野幌線や中央線、登満別線などの起点。野幌森林公園全域図は前項参照。

緯度経度／［43°01′17″］［141°31′25″］

マップコード／139 063 248*63

アクセス／札幌市街地（道庁前）から国道12号、道道3号、国道274号、市道、公園管理道路経由で18km、約27分。または道央道札幌南ICから市道、道道1138号、国道274号、市

トド山／トド山口の駐車場

道、公園管理道路経由で8km、約12分。
駐車場／市道から「トド山口」の標識に従って少し入ると駐車場がある。約20台・34×22m・砂利＋土・区画なし。
駐車場混雑情報／混雑することはない。
携帯電話／ドコモ📶通話可、au📶〜📶通話可、SB📶〜📶通話可。
その他／テーブル・ベンチ、野幌森林公園案内板。
取材メモ／野幌森林公園のフクジュソウは4月中旬〜5月上旬、ミズバショウは4月下旬〜5月中旬、エゾミソハギは8月上旬〜下旬、紅葉は10月中旬〜下旬が見ごろ。
立ち寄り湯／上野幌駅近くの山根園ウエストヒル・里の森に「森のゆ」がある。無休（メンテナンス休あり）・9〜22時・入浴料630円・☎011-375-2850。
問合先／北海道博物館☎011-898-0456、石狩森林管理署野幌森林事務所☎011-386-0304

野幌森林公園・登満別口
のっぽろしんりんこうえん・とまんべつぐち

江別市　標高23m（登満別口駐車場）
　　　　標高35m（登満別園地駐車場）

登山口概要／野幌森林公園の東側、公園管理道路沿い。野幌森林公園のエゾマツコースや志文別線、登満別線などの起点。野幌森林公園全域図は前々項参照。
緯度経度／［43°02′42″］［141°32′32″］（登満別口駐車場）。［43°02′37″］［141°32′06″］（登満別園地駐車場）
マップコード／139 155 105*63（登満別口駐車場）
139 124 859*63（登満別園地駐車場）
アクセス／札幌市街地（道庁前）から国道12号、道道3号、国道274号、道道46号、公園管理道路経由で26km、約40分。または道央道江別西ICから道道110、46号、国道12号、道道

トド山／散策路入口

登満別／登満別口駐車場

登満別／同駐車場の登満別ログハウス

登満別／登満別園地駐車場

登満別／同駐車場のトイレ

1005、46号、公園管理道路経由で11km、約17分。
駐車場／登満別口駐車場＝約30台・50×25m・土・区画なし。登満別園地駐車場＝40台・74×32m・砂利・区画なし。
駐車場混雑情報／混雑することはない。
トイレ／登満別ログハウスにトイレがある。水洗。水道・TPあり。評価☆☆☆。また近くにもバイオトイレがある。バイオ式。水道なし。TPあり。評価☆☆。また登満別園地駐車場にもある。水洗。水道・TPあり。評価☆☆☆。
携帯電話／登満別口駐車場＝ドコモ📶通話可、au📶～📶通話可、SB📶～📶通話可。登満別園地駐車場＝ドコモ📶通話可、au📶通話可、SB📶通話可。
その他／登満別ログハウス、野幌森林公園案内板、森林観察コースのご案内、あずまや。
取材メモ／野幌森林公園のフクジュソウは4月中旬～5月上旬、ミズバショウは4月下旬～5月中旬、エゾミソハギは8月上旬～下旬、紅葉は10月中旬～下旬が見ごろ。
立ち寄り湯／江別西IC近くの野幌御幸町に「江別天然温泉・湯の花　江別殿」がある。無休・9～25時・入浴料440円・☎011-385-4444。
問合先／北海道博物館☎011-898-0456、石狩森林管理署野幌森林事務所☎011-386-0304

登満別／同トイレ内部

野幌森林公園・瑞穂口
のっぽろしんりんこうえん・みずほぐち

江別市　標高61m

登山口概要／野幌森林公園の西側、公園管理道路沿い。野幌森林公園の下野幌線や瑞穂線、基線を経由する起点。野幌森林公園全域図は、P251「野幌森林公園・記念塔口」の項参照。
緯度経度／［43°02′23″］［141°30′27″］
マップコード／139 121 430*63
アクセス／札幌市街地（道庁前）から国道12号、市道、公園管理道路（最後の100mは未舗装。路面評価★★★★）経由で15km、約23分。または道央道大谷地ICから国道274号、道道3号、市道、公園管理道路（上と同じ）経由で6.5km、約10分。
駐車場／瑞穂口に駐車場がある。約25台・72×12m、42×14m・砂利・区画なし。
駐車場混雑情報／混雑することはない。
携帯電話／ドコモ📶～📶通話可、au📶通話可、SB📶～📶通話可。
その他／野幌森林公園案内板、道有林案内板。
取材メモ／野幌森林公園のフクジュソウは4月中旬～5月上旬、ミズバショウは4月下旬～5月中旬、エゾミソハギは8月上旬～下旬、紅葉は10月中旬～下旬が見ごろ。
立ち寄り湯／国道274号に向けて市道を南下すると、上野幌駅近くの山根園ウエストヒル・里の森に「森のゆ」がある。無休（メンテナンス休あり）・9～22時・入浴料630円・☎

瑞穂口／瑞穂口の駐車場

瑞穂口／野幌自然休養林案内板

瑞穂口／散策コース入口

瑞穂口／道有林入口

011-375-2850。
問合先／北海道博物館☎011-898-0456

能取湖・卯原内園地
のとろこ・うばらないえんち

網走市　標高1m

能取湖／卯原内園地の駐車場

登山口概要／能取湖南岸、国道238号から少し入った市道沿い。サンゴソウ（アッケシソウ）群生地にのびる桟道の起点。
緯度経度／［44°00′51″］［144°07′02″］
マップコード／525 359 376*06
アクセス／旭川紋別道（国道450号）瀬戸瀬ICから国道333、242号、道道103号、国道238号経由で83ｋｍ、約2時間36分。または道東道足寄ICから国道242号、道道51号、国道240号、市道経由で129km、約3時間13分。
駐車場／園地に駐車場がある。53台＋大型・44×32ｍ・舗装・区画なし。
トイレ／駐車場にある。水洗。水道・ＴＰあり。評価☆☆☆。
携帯電話／ドコモ通話可、au通話可、SB通話可。
その他／観光案内所兼売店、テーブル・ベンチ、網走国定公園卯原内地案内板、網走国定公園卯原内園地解説板、サンゴ草解説板。
取材メモ／サンゴソウ（アッケシソウ）の紅葉は、9月中旬～10月初旬が見ごろ。
立ち寄り湯／①呼人半島の東側、網走湖畔温泉の「温泉旅館もとよし」で可能。不定休・正午～21時30分・入浴料400円・☎0152-48-2241。②網走湖南岸の女満別温泉・湯元「ホテル山水」の「美肌の湯」で可能。無休・11～23時・入浴料390円・☎0152-74-2343。
問合先／網走市観光協会☎0152-44-5849、網走市観光課☎0152-44-6111

能取湖／同駐車場のトイレ

能取湖／同トイレ内部

登別温泉・地獄谷大湯沼自然探勝路
　→P139 地獄谷大湯沼自然探勝路・登別大湯沼駐車場
　→P140 地獄谷大湯沼自然探勝路・登別地獄谷駐車場

能取湖／観光案内所兼売店

能取湖／桟道入口と群生地標柱

は行

袴腰岳・アメダス登山口
はかまごしだけ・あめだすとざんぐち

函館市　標高487m

登山口概要／袴腰岳の南西側、赤川林道の途中。新中野ダムコースを経由する袴腰岳の起点。
緯度経度／［41°53′43″］［140°47′39″］
マップコード／86 530 111*41
アクセス／函館市街地(函館駅前)から国道5号、道道347号、赤川林道(路面評価★★★・所々★★)経由で18km、約35分。または道央道大沼公園から道道149号、国道5号、函館新道(国道5号)、国道5号、道道100、347号、赤川林道(上と同じ)経由で35km、約1時間。新中野ダム管理棟のすぐ先から未舗装となり、最初のうちは水たまり多し。ダムから4.5km、約15分。
駐車場／登山道入口に駐車スペースがある。約5台・18×5m・泥＋草・区画なし。
トイレ／手前の新中野ダム下のダム公園にある。非水洗。水道・TPあり。評価☆☆。
携帯電話／ドコモ圏外、au圏外、SB圏外。
ドリンク自販機／新中野ダム下のダム公園にある(PBも)。
その他／熊出没注意看板、新中野ダム袴腰雨量局。2.4km手前の赤川林道入口に登山案内板あり。
問合先／北海道渡島総合振興局東部森林室☎0138-83-7282、函館市観光振興課☎0138-21-3327

袴腰岳・横津岳コース登山口→P378

白雲山・然別湖畔登山口 (トウマベツ口)
はくうんざん・しかりべつこはんとざんぐち(とうまべつぐち)

十勝管内鹿追町　標高820m

登山口概要／白雲山(新花の百名山)の北西側、町道沿い。然別湖畔コースを経由する白雲山や天望山(てんぼうざん)、岩石山(がんせきやま)、東雲湖(しののめこ)の起点。
緯度経度／［43°15′53″］［143°06′08″］
マップコード／702 357 442*58
アクセス／道東道十勝清水ICから国道274号、道道85号、町道経由で44km、約1時間6分。白樺峠を過ぎて「白雲山・天望山登山口」の標識(反対向きなので注意。写真参照)に従って右折してすぐ。
駐車場／登山道入口に駐車スペースがある。約10台・32×8mなど2面・舗装・区画なし。

袴腰岳／登山案内板

袴腰岳／登山口に続く赤川林道

袴腰岳／登山道入口の駐車スペース

袴腰岳／新中野ダム袴腰雨量局

白雲山／道道に立つ登山口標識

駐車場混雑情報／7月第1土曜日に行われる「白蛇姫まつり」の時は混雑する。
トイレ／駐車スペースに簡易トイレが2基ある。TPあり。評価☆☆。
携帯電話／ドコモ📶通話可、au📶通話可、SB圏外。
登山届入れ／登山道入口にある。
その他／大雪山国立公園案内板、車上荒らし注意看板、白雲橋バス停（北海道拓殖バス）。
立ち寄り湯／近くの然別湖畔温泉の「ホテル風水」で可能。無休・正午～17時・入浴料1000円・☎0156-67-2211。
問合先／鹿追町観光協会（鹿追町商工観光課観光振興係）
☎0156-66-4034

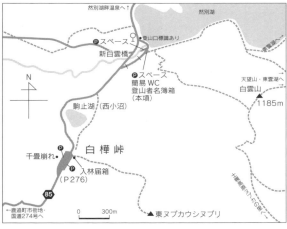

白雲山／道道から町道へ

白雲山／登山道入口の駐車スペース

白雲山／駐車スペースの簡易トイレ

白雲山／登山道入口

白雲山・士幌高原ヌプカの里
はくうんざん・しほろこうげんぬぷかのさと

十勝管内士幌町　標高655m

登山口概要／白雲山（新花の百名山）の南側、町道終点。士幌高原コースを経由する白雲山などの起点。
緯度経度／［43°14′37″］［143°07′07″］
マップコード／702 269 861*58
アクセス／道東道十勝清水ICから国道274号、町道、道道661号、町道経由で48km、約1時間。または道東道音更帯広ICから国道241号、道道133、337、661号経由で37km、約40分。
駐車場／士幌高原ヌプカの里の銅像広場は、登山者の駐車可とのこと。20～30台・100×30m・細砂利・区画なし。
駐車場混雑情報／混雑することはない。
トイレ／銅像広場にある。水洗。水道・TPあり。評価☆☆～☆☆。
携帯電話／ドコモ📶通話可、au📶通話可、SB📶通話可。

ヌプカ／銅像広場

水道設備／銅像広場のあずまや横にある。
登山届入れ／登山道入口にある。
その他／士幌高原ヌプカの里＝宿泊・軽食・喫茶・キャンプ場などの施設。4月1日～11月末・火曜休（祝日の場合は営業。4月29日～5月5日と7月第3週～8月末は無休）・10～16時・☎01564-5-4274。銅像広場＝銅像、像建立のいわれ、あずまや。
立ち寄り湯／①士幌町市街地を抜け道道134号を東進すると「道の駅しほろ温泉」に「しほろ温泉プラザ緑風」がある。無休・11～22時・入浴料500円・☎01564-5-3630。②上士幌町市街地にある「ふれあいプラザ浴場」でも可能。第1、3月曜休・14～22時（土・日曜、祝日は13時～）・入浴料380円・☎01564-2-4128。
問合先／士幌高原ヌプカの里☎01564-5-4274、士幌町観光協会（士幌町産業振興課商工観光労働・林務担当）☎01564-5-5213

ヌプカ／同広場のトイレ

ヌプカ／同トイレ内部

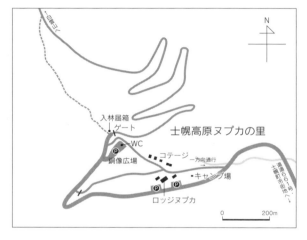

ヌプカ／登山道入口

白雲岳→P177 大雪山系・銀泉台
　　　→P181 大雪山系・大雪高原温泉（大雪高原山荘）

白扇の滝→P54 恵庭渓谷・白扇の滝駐車場

白鳥台→P285 風蓮湖・道の駅スワン44ねむろ

ヌプカ／ロッジヌプカ

白湯山自然観察路・阿寒湖畔スキー場
はくとうざんしぜんかんさつろ・あかんこはんすきーじょう

釧路市　標高482m

登山口概要／白湯山の北東側、市道終点。白湯山自然観察路（白湯山遊歩道）の起点。白湯山展望台の入口。フレベツ白水林道側入口は次項参照。

スキー場／阿寒湖畔スキー場の駐車場

緯度経度／［43°25′27″］［144°05′05″］
マップコード／739 310 559*68
アクセス／道東道足寄ICから国道242、241、240号、市道経由で58km、約1時間27分。国道からスキー場案内看板を目印に右折。そこから1.2km、約2分。
駐車場／阿寒湖畔スキー場に広い駐車場がある。約500台・58×36mなど6面・砂利・区画なし。
携帯電話／ドコモ📶通話可、au📶通話可、SB📶通話可。
登山届入れ／登山道入口にある。
その他／阿寒湖畔ネイチャーハウス、白湯山自然観察路（表示は「探勝路」）案内板、白湯山登山の皆さまへ、ヒグマ出没注意看板。
取材メモ／白湯山展望台に立つと、阿寒湖や雄阿寒岳を一望できる。2017年にリニューアルされた。
立ち寄り湯／①近くの阿寒湖温泉に共同浴場の「まりも湯」がある。無休（冬期は第2、4水曜休）・9〜21時・入浴料500円・☎0154-67-2305。②ほか「ホテル阿寒湖荘」＝不定休・13〜15時・入浴料1000円・☎0154-67-2231など。
問合先／阿寒観光協会☎0154-67-3200、釧路市阿寒観光振興課☎0154-67-2505

スキー場／ネイチャーハウス

スキー場／案内板や記帳箱など

スキー場／まりも湯

フレベツ／フレベツ白水林道から作業道へ

白湯山自然観察路・フレベツ白水林道
はくとうざんしぜんかんさつろ・ふれべつしらみずりんどう

釧路市　標高825m

登山口概要／白湯山の東側、フレベツ白水林道から少し入った作業道終点。白湯山自然観察路（白湯山遊歩道）の起点。白湯山展望台の入口。阿寒湖畔スキー場側の入口、および詳細図は前項参照。※2017年9月の再取材時は、路面に生じた雨溝のため進入断念。
緯度経度／［43°24′43″］［144°04′31″］

フレベツ／白湯山展望台の標識

マップコード／739 279 135*65
アクセス／道東道足寄ICから国道242、241、240号、フレベツ白水林道（路面評価最初だけ★★★★。あとは★★。手前の雌阿寒岳登山口以降は★★★）、作業道（路面評価★★★）経由で64km、約2時間26分。国道に立つ「雌阿寒岳登山口」の標識に従って林道へ右折。入口から5.1km、14分で手前の雌阿寒岳登山口。さらに1.6km先の三叉路を標識に従って作業道に左折すると、幅員はさらに狭くなる。ちなみに作業道とは、国有林における林道よりも格下の未舗装道路のことで、一般には林道と同様の認識でよい。
駐車場／展望台入口にわずかな駐車スペースが4面ある。計6～8台・砂利＋草・区画なし。
携帯電話／ドコモ📶～📶通話可、au📶～圏外つながらず、SB圏外。
その他／通信施設。
取材メモ／白湯山展望台に立つと、阿寒湖や雄阿寒岳を一望できる。2017年にリニューアルされた。
立ち寄り湯／①近くの阿寒湖温泉に共同浴場の「まりも湯」がある。無休（冬期は第2、4水曜休）・9～21時・入浴料500円・☎0154-67-2305。②ほか「ホテル阿寒湖荘」＝不定休・13～15時・入浴料1000円・☎0154-67-2231など。
問合先／阿寒観光協会☎0154-67-3200、釧路市阿寒観光振興課☎0154-67-2505

フレベツ／展望台入口に続く作業道

フレベツ／展望台入口の駐車スペース

フレベツ／展望台に続く自然観察路入口

函館山・旧登山道コース駐車場
はこだてやま・きゅうとざんどうこーすちゅうしゃじょう

函館市　標高67m

登山口概要／函館山の東側、道道675号沿い。旧登山道コースや汐見山コースを経由する函館山、宮の森コースやエゾダテ山コースの起点。

旧登山道／ふれあいセンター付近の駐車場

旧登山道／同駐車場のトイレ

緯度経度／［41°45′29″］［140°42′44″］
マップコード／86 010 596*41
アクセス／道央道大沼公園ICから道道149号、国道5号、函館新道（国道5号）、国道5、279号、道道675号経由で34km、約51分。※付近の道道は一方通行なので、帰路は往路を戻らず函館公園方面へ下る。
駐車場／函館山ふれあいセンターの近くに駐車場がある。18台・40×16m・舗装・区画あり。
駐車場混雑情報／登山者の利用が最も多い駐車場なので、午後よりも午前中が混雑しやすい。取材した2013年10月8日は曇天の平日だったが、到着した7時前の時点で半分くらい埋まっていた。
トイレ／駐車場にある。水洗。水道・TPあり。評価☆☆。
携帯電話／ドコモ📶通話可、au📶通話可、SB📶だが通話可。
ドリンク自販機／ふれあいセンターにある（PBも）。
その他／函館山ふれあいセンター＝月〜火曜・祝日休（12〜3月は土・日曜、山散策コース案内板、テーブル・ベンチ。
取材メモ／函館山のオオバナノエンレイソウは5月上旬〜中旬、ヤマツツジは5月下旬〜7月上旬、シラネアオイは4月下旬〜5月、オクトリカブトは8月下旬〜10月が見ごろ。
立ち寄り湯／①近くの函館公園南側に「谷地頭温泉（やちがしらおんせん）」がある。第2、4火曜休・6〜22時・入浴料420円・☎0138-22-8371。②函館競技場の西側には「函館乃木温泉なごみ」がある。無休（メンテナンス休あり）・11〜23時・入浴料430円・☎0138-86-7531。また国道278号を東進すると湯の川温泉の各宿で可能。例えば③「ホテル雨宮館」＝無休・6〜23時・入浴料400円・☎0138-59-1515。④「ホテルかもめ館」＝不定休・5時30分〜9時30分＋13〜24時・入浴料650円・☎0138-59-2020。⑤湯の川温泉のほかの宿でも可能（400円〜1000円）。⑥北斗市方面に行くと国道228号沿いに「七重浜の湯」がある。無休・5〜24時・入館料440円・☎0138-49-4411。⑦函館江差自動車道函館IC付近に「湯元花の湯」がある。無休（メンテナンス休あり）・10〜23時・入浴料440円・☎0138-34-2683。
問合先／函館山ふれあいセンター☎0138-22-6799、函館市元町観光案内所☎0138-27-3333、函館国際観光コンベンション協会☎0138-27-3535、函館市観光振興課☎0138-21-3327

旧登山道／同トイレ内部

旧登山道／函館山ふれあいセンター

旧登山道／函館山散策コース案内板

旧登山道／旧登山道コース入口

函館山・山頂駐車場
はこだてやま・さんちょうちゅうしゃじょう

函館市　標高334m

登山口概要／函館山山頂、市道終点。旧山道コースや観音コースなどを経由する函館山の起点。
緯度経度／［41°45′32″］［140°42′14″］
マップコード／86 009 686*41
アクセス／道央道大沼公園ICから道道149号、国道5号、函館新道（国道5号）、国道5、279号、道道675号、市道経由

山頂／道道675号（函館山登山道）

で38km、約57分。道道675号の開通期間は4月中旬～11月中旬。期間外は閉鎖。

マイカー規制／4月25日～9月30日の17～22時、および10月1日～11月12日の16～21時、道道675号はマイカー規制（通行止）が行われる。規制内容は年によって変更となることがあるので、詳しくは函館市公式観光情報サイトなどを参照のこと。http://www.hakobura.jp/

駐車場／39台＋大型・54×16mなど2面・舗装・区画あり。大型用は手前にある。

駐車場混雑情報／GWやお盆休みなどは満車になり、駐車待ちの渋滞が発生することも。昼間はもちろん、マイカー規制期間外・時間外でも夜景目的で訪れる車も多いため夜間も混雑することがある。台数も限られるため函館山で最も混雑しやすい。

トイレ／駐車場の南側建物にある。水洗。水道・TPあり。評価☆☆。

携帯電話／ドコモ📶通話可、au📶通話可、SB📶通話可。

ドリンク自販機／山頂広場やロープウェイ山頂駅売店入口にある（PBも）。

水道設備／山頂広場にある。

その他／函館山ロープウェイ山頂駅（運行時間や問い合わせ先などはP266「函館山・函館山ロープウェイ山麓駅」の項参照）、函館山バス停（函館バス）、函館山の自然解説板、函館要塞解説板、展望台、伊能忠敬北海道最初の測量地記念碑、日時計、はこだて観光案内板、津軽要塞と函館山の植物解説板、函館山解説板、ベンチなど。

取材メモ／山頂に続く道道675号は、函館山登山道とも呼ばれる。また函館山のオオバナノエンレイソウは5月上旬～中旬、ヤマツツジは5月下旬～7月上旬、シラネアオイは4月下旬～5月、オクトリカブトは8月下旬～10月が見ごろ。

立ち寄り湯／①近くの函館公園南側に「谷地頭温泉（やちがしらおんせん）」がある。第2、4火曜休・6～22時・入浴料420円・☎0138-22-8371。②函館競技場の西側には「函

山頂／山頂駐車場

山頂／同駐車場の南側建物トイレ入口

山頂／同トイレ内部

山頂／函館山山頂

山頂／伊能忠敬記念碑

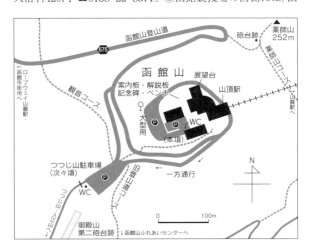

館乃木温泉なごみ」がある。無休（メンテナンス休あり）・11～23時・入浴料430円・☎0138-86-7531。また国道278号を東進すると湯の川温泉の各宿で可能。例えば③「ホテル雨宮館」＝無休・6～23時・入浴料400円・☎0138-59-1515。④「ホテルかもめ館」＝不定休・5時30分～9時30分＋13～24時・入浴料650円・☎0138-59-2020。⑤湯の川温泉のほかの宿でも可能（400円～1000円）。⑥北斗市方面に行くと国道228号沿いに「七重浜の湯」がある。無休・5～24時・入館料440円・☎0138-49-4411。⑦函館江差自動車道函館IC付近に「湯元花の湯」がある。無休（メンテナンス休あり）・10～23時・入館料440円・☎0138-34-2683。

問合先／函館山ふれあいセンター☎0138-22-6799、函館市元町観光案内所☎0138-27-3333、函館国際観光コンベンション協会☎0138-27-3535、函館市観光振興課☎0138-21-3327

山頂／函館山ロープウェイ

山頂／函館山ロープウェイ山頂駅

函館山・立待岬
はこだてやま・たちまちみさき

函館市　標高28m

登山口概要／函館山の南東側、市道終点。七曲りコースや地蔵山コースを経由する函館山の起点。七曲りコース登山口は次々項参照。
緯度経度／［41°44′44″］［140°43′15″］
マップコード／951 296 147*41
アクセス／道央道大沼公園ICから道道149号、国道5号、函館新道（国道5号）、国道5、279号、道道675号、市道経由で36km、約53分。※立待岬に続く市道は、4月14日～11月11日の20時～翌朝6時は通行止となる。また規制時間外も一方通行（詳細図参照）なので注意。
駐車場／立待岬に駐車場がある。約100台（区画は44台）・

立待岬／交通規制の案内板

立待岬／立待岬の駐車場

立待岬／立待岬と函館山

54×14mなど2面・舗装・区画あり（上の駐車場は区画なし）。
駐車場混雑情報／函館山のほかの駐車場ほどは混雑しない。本項駐車場を起点に七曲りコースなどを経由して函館山に登る人は多くはないようだ。
トイレ／下の駐車場にある。水洗。水道・TPあり。評価☆☆☆。
携帯電話／ドコモ📶通話可、au📶通話可、SB📶通話可。
その他／立待岬解説板、函館山コース散策案内図、展望案内板、あずまや、ベンチ。
取材メモ／函館山のオオバナノエンレイソウは5月上旬〜中旬、ヤマツツジは5月下旬〜7月上旬、シラネアオイは4月下旬〜5月、オクトリカブトは8月下旬〜10月が見ごろ。
立ち寄り湯／①近くの函館公園南側に「谷地頭温泉（やちがしらおんせん）」がある。第2、4火曜休・6〜22時・入浴料420円・☎0138-22-8371。②函館競技場の西側には「函館乃木温泉なごみ」がある。無休（メンテナンス休あり）・11〜23時・入浴料430円・☎0138-86-7531。また国道278号を東進すると湯の川温泉の各宿で可能。例えば③「ホテル雨宮館」＝無休・6〜23時・入浴料400円・☎0138-59-1515。④「ホテルかもめ館」＝不定休・5時30分〜9時30分＋13〜24時・入浴料650円・☎0138-59-2020。⑤湯の川温泉のほかの宿でも可能（400円〜1000円）。⑥北斗市方面に行くと国道228号沿いに「七重浜の湯」がある。無休・5〜24時・入館料440円・☎0138-49-4411。⑦函館江差自動車道函館IC付近に「湯元花の湯」がある。無休（メンテナンス休あり）・10〜23時・入浴料440円・☎0138-34-2683。
問合先／函館山ふれあいセンター☎0138-22-6799、函館市元町観光案内所☎0138-27-3333、函館国際観光コンベンション協会☎0138-27-3535、函館市観光振興課☎0138-21-3327

立待岬／下の駐車場のトイレ

立待岬／同トイレ内部

函館山・つつじ山駐車場
はこだてやま・つつじやまちゅうしゃじょう

函館市　標高285m

登山口概要／函館山の南西側、道道675号（函館登山道）の終点（山頂までの区間は市道）。観音コース、入江山コース、千畳敷コースなどの起点。詳細図は前々項参照。
緯度経度／［41°45′28″］［140°42′08″］
マップコード／86 009 560*41
アクセス／道央道大沼公園ICから道道149号、国道5号、函館新道（国道5号）、国道5、279号、道道675号経由で38km、約56分。道道675号の開通期間は4月中旬〜11月中旬。期間外は閉鎖。
マイカー規制／4月25日〜9月30日の17〜22時、および10月1日〜11月12日の16〜21時、道道675号はマイカー規制（通行止）が行われる。規制内容は年によって変更となることがあるので、詳しくは函館市観光情報サイトなどを参照のこと。http://www.hakobura.jp/

つつじ／つつじ山駐車場

つつじ／同駐車場のトイレ

つつじ／同トイレ内部

駐車場／45台・66×22m・舗装・区画あり。
駐車場混雑情報／それほど混雑しないが、山頂駐車場が満車になり駐車待ちが発生した際には、代わりに本項駐車場が利用されることがある。
トイレ／駐車場にある。水洗。水道・TPあり。評価☆☆。
携帯電話／ドコモ📶通話可、au📶通話可、SB📶通話可。
その他／入山注意事項、函館山にのぼる前に解説板、函館山散策コース案内図、御殿山第2砲台跡案内板。
取材メモ／山頂に続く道道675号は、函館山登山道とも呼ばれる。また函館山のオオバナノエンレイソウは5月上旬～中旬、ヤマツツジは5月下旬～7月上旬、シラネアオイは4月下旬～5月上旬、オクトリカブトは8月下旬～10月が見ごろ。
立ち寄り湯／①近くの函館公園南側に「谷地頭温泉（やちがしらおんせん）」がある。第2、4火曜休・6～22時・入浴料420円・☎0138-22-8371。②函館競技場の西側には「函館乃木温泉なごみ」がある。無休（メンテナンス休あり）・11～23時・入浴料430円・☎0138-86-7531。また国道278号を東進すると湯の川温泉の各宿で可能。例えば③「ホテル雨宮館」＝無休・6～23時・入浴料400円・☎0138-59-1515。④「ホテルかもめ館」＝不定休・5時30分～9時30分＋13～24時・入浴料650円・☎0138-59-2020。⑤湯の川温泉のほかの宿でも可能（400円～1000円）。⑥北斗市方面に行くと国道228号沿いに「七重浜の湯」がある。無休・5～24時・入館料440円・☎0138-49-4411。⑦函館江差自動車道函館IC付近に「湯元花の湯」がある。無休（メンテナンス休あり）・10～23時・入浴料440円・☎0138-34-2683。
問合先／函館山ふれあいセンター☎0138-22-6799、函館市元町観光案内所☎0138-27-3333、函館国際観光コンベンション協会☎0138-27-3535、函館市観光振興課☎0138-21-3327

つつじ／御殿山第2砲台跡案内板

つつじ／砲台跡の入口

つつじ／山頂に続く道

函館山・七曲りコース登山口
はこだてやま・ななまがりこーすとざんぐち

函館市　標高86m

登山口概要／函館山の南東側、市道終点。七曲りコースや地蔵山コースを経由する函館山の起点。詳細図は前々項参照。
緯度経度／［41°44′49″］［140°42′56″］
マップコード／951 296 278*41
アクセス／道央道大沼公園ICから道道149号、国道5号、函館新道（国道5号）、国道5、279号、道道675号、市道経由で36km、約53分。※立待岬に続く市道は、4月1日～11月30日の20時～翌朝6時は通行止となる。また規制時間外も一方通行（前々項詳細図参照）なので注意。
駐車場／登山道入口の30m先、市道路肩に駐車スペースがある。約3台・22×2m・砂利・区画なし。
トイレ／手前の立待岬駐車場にある。水洗。水道・TPあり。評価☆☆☆。
携帯電話／ドコモ📶～📶通話可、au📶通話可、SB📶通話可。

七曲り／市道路肩の駐車スペース

七曲り／七曲りコース入口

その他／函館山コース散策案内図、落石注意看板。
取材メモ／函館山のオオバナノエンレイソウは5月上旬〜中旬、ヤマツツジは5月下旬〜7月上旬、シラネアオイは4月下旬〜5月、オクトリカブトは8月下旬〜10月が見ごろ。
立ち寄り湯／①近くの函館公園南側に「谷地頭温泉（やちがしらおんせん）」がある。第2、4火曜休・6〜22時・入浴料420円・☎0138-22-8371。②函館競技場の西側には「函館乃木温泉なごみ」がある。無休（メンテナンス休あり）・11〜23時・入浴料430円・☎0138-86-7531。また国道278号を東進すると湯の川温泉の各宿で可能。例えば③「ホテル雨宮館」＝無休・6〜23時・入浴料400円・☎0138-59-1515。④「ホテルかもめ館」＝不定休・5時30分〜9時30分＋13〜24時・入浴料650円・☎0138-59-2020。⑤湯の川温泉のほかの宿でも可能（400円〜1000円）。⑥北斗市方面に行くと国道228号沿いに「七重浜の湯」がある。無休・5〜24時・入館料440円・☎0138-49-4411。⑦函館江差自動車道函館IC付近に「湯元花の湯」がある。無休（メンテナンス休あり）・10〜23時・入浴料440円・☎0138-34-2683。
問合先／函館山ふれあいセンター☎0138-22-6799、函館市元町観光案内所☎0138-27-3333、函館国際観光コンベンション協会☎0138-27-3535、函館市観光振興課☎0138-21-3327

七曲り／立待岬駐車場のトイレ

七曲り／同トイレ内部

七曲り／湯元花の湯・露天風呂

函館山・函館山ロープウェイ山麓駅
はこだてやま・はこだてやまろーぷうぇいさんろくえき

函館市　標高40m

登山口概要／函館山の東側、市道沿い。函館山ロープウェイを経由する函館山の起点。詳細図はP260「函館山・旧登山道コース駐車場」の項参照。
緯度経度／［41°45′41″］［140°42′50″］
マップコード／86 041 032*41
アクセス／道央道大沼公園ICから道道149号、国道5号、函館新道（国道5号）、国道5、279号、市道経由で34km、約50分。
駐車場／函館山ロープウェイ山麓駅付近に駐車場がある。市営駐車場＝43台＋大型・86×46m・舗装＋砂利・区画あり。ロープウェイ駐車場＝85台・88×30m・舗装・区画あり。
駐車場混雑情報／日没30分前から混雑・満車になり、駐車待ちが発生することも。ロープウェイ利用者はほとんど夜景目的の観光客なので、日中に混雑することはない。
函館山ロープウェイ／通年営業・10〜22時（10月16日〜4月24日は〜21時）・10分間隔・所要3分・片道780円、往復1280円・☎0138-23-3105。
トイレ／山麓駅と山頂駅、函館山山頂駐車場にある。山麓駅と山頂駅のトイレ詳細は不明。山頂駐車場トイレ＝水洗・水道・TPあり。評価☆☆。
携帯電話／ドコモ📶通話可、au📶通話可、SB📶通話可。
ドリンク自販機／山頂駅と山麓駅にある（PBも）。
その他／山麓駅周辺＝ロープウェイ前バス停（函館バス）、

山麓駅／ロープウェイ駐車場

山麓駅／市営駐車場

散策コース案内板、周辺案内板。山麓駅＝売店。山頂駅＝レストラン、売店、ティーラウンジ、展望スペース。
取材メモ／函館山のオオバナノエンレイソウは5月上旬〜中旬、ヤマツツジは5月下旬〜7月上旬、シラネアオイは4月下旬〜5月、オクトリカブトは8月下旬〜10月が見ごろ。
立ち寄り湯／①近くの函館公園南側に「谷地頭温泉（やちがしらおんせん）」がある。第2、4火曜休・6〜22時・入浴料420円・☎0138-22-8371。②函館競技場の西側には「函館乃木温泉なごみ」がある。無休（メンテナンス休あり）・11〜23時・入浴料430円・☎0138-86-7531。また国道278号を東進すると湯の川温泉の各宿で可能。例えば③「ホテル雨宮館」＝無休・6〜23時・入浴料400円・☎0138-59-1515。④「ホテルかもめ館」＝不定休・5時30分〜9時30分＋13〜24時・入浴料650円・☎0138-59-2020。⑤湯の川温泉のほかの宿でも可能（400円〜1000円）。⑥北斗市方面に行くと国道228号沿いに「七重浜の湯」がある。無休・5〜24時・入館料440円・☎0138-49-4411。⑦函館江差自動車道函館IC付近に「湯元花の湯」がある。無休（メンテナンス休あり）・10〜23時・入浴料440円・☎0138-34-2683。
問合先／函館山ロープウェイ総合案内☎0138-23-3105、函館山ふれあいセンター☎0138-22-6799、函館市元町観光案内所☎0138-27-3333、函館国際観光コンベンション協会☎0138-27-3535、函館市観光振興課☎0138-21-3327

山麓駅／観光案内板

山麓駅／山麓駅とロープウェイ

羽衣の滝入口→P183 大雪山系・天人峡温泉

八幡岳・稲荷尾根コース登山口
　　→P123 笹山・お稲荷さんコース登山口

八剣山・中央口（八剣山果樹園）
はっけんざん・ちゅうおうぐち（はっけんざんかじゅえん）

札幌市南区　標高206m

登山口概要／八剣山（観音岩山）の西側、市道終点。中央口コースの起点。詳細図は次項参照。
緯度経度／［42°57′49″］［141°14′08″］
マップコード／708 763 321*62
アクセス／札幌市街地（道庁前）から国道230号、市道経由で20km、約30分。国道230号の簾舞2-4交差点を右折する。
駐車場／八剣山果樹園の駐車場は登山者が利用してもよいとのこと。開園前の早朝や休園日も利用可。ただし年に1〜2回行われる貸切イベントの日は利用不可。無料・約15台・50×7m・土＋草・区画なし。
トイレ／駐車場に八剣山果樹園のトイレがあり、登山者が利用してもよいとのこと。また駐車場手前の市道沿いにも公共の駐車場とトイレがある。4月20日〜11月15日・7〜18時のみ利用可。取材時は時間外だったため詳細不明。
携帯電話／ドコモ通話可、au通話可、SB通話可。
ドリンク自販機／八剣山果樹園にある（PBあり）。

中央口／八剣山果樹園駐車場

中央口／八剣山果樹園管理棟

取材メモ／八剣山の紅葉は10月中旬が見ごろ。ウェブサイト「みすまいHOTチャンネル」(http://misumai-hot.com/)内の「八剣山日誌」に定期登山者の写真とコメントが掲載されており、参考になる。また八剣山果樹園では、「八剣山登山＆ジンギスカン＆温泉プラン」（4月末〜11月初旬・大人2000円）のメニューも用意されている。詳しくは八剣山果樹園のサイト参照。 http://www.hakkenzan.jp/

立ち寄り湯／八剣山トンネルを抜け、砥山栄橋を渡った先に「小金湯（こがねゆ）温泉・湯元小金湯」がある。無休（メンテナンス休あり）・10〜23時・入浴料750円・☎011-596-2111。

問合先／八剣山果樹園☎011-596-2280、簾舞（みすまい）まちづくりセンター☎011-596-2059

八剣山・西口→P379

中央口／同果樹園のトイレ

八剣山・南口
はっけんざん・みなみぐち
札幌市南区　標高210m

登山口概要／八剣山（観音岩山）の南側、未舗装道の終点手前。南口コースを経由する八剣山の起点。
緯度経度／［42°57′39″］［141°14′27″］
マップコード／708 764 010*62
アクセス／札幌市街地（道庁前）から国道230号、市道、未舗装道（路面評価★★★★〜★★★）経由で17km、約26分。国道230号の簾舞2-4交差点を右折する。
駐車場／登山道入口手前に駐車スペースがある。約20台・30×7mなど2面・砂利＋草・区画なし。手前の三叉路にも4〜5台分の駐車スペースがある。
トイレ／八剣山トンネルを抜けたところに駐車場とトイレ

中央口／市道沿いのトイレ

南口／手前の三叉路は右へ

南口／登山道入口手前の駐車スペース

南口／八剣山小屋

がある。4月20日〜11月15日・7〜18時のみ利用可。取材時は時間外だったため詳細不明。
携帯電話／ドコモ通話可、au通話可、SB通話可。
登山届入れ／八剣山小屋内にある。
その他／八剣山小屋、熊出没注意看板、ハチ注意看板、みんなの暮らしを守る保安林解説板、不動明王。
取材メモ／八剣山の紅葉は10月中旬が見ごろ。ウェブサイト「みすまいHOTチャンネル」（http://misumai-hot.com/）内の「八剣山日誌」に定期登山者の写真とコメントが掲載されており、参考になる。
立ち寄り湯／八剣山トンネルを抜け、砥山栄橋を渡った先に「小金湯（こがねゆ）温泉・湯元小金湯」がある。無休（メンテナンス休あり）・10〜23時・入浴料750円・☎011-596-2111。
問合先／簾舞（みすまい）まちづくりセンター☎011-596-2059

南口／不動明王

南口／登山道入口

はまなすの丘公園入口
→P37 石狩浜・はまなすの丘公園入口

浜勇知園地・こうほねの家
はまゆうちえんち・こうほねのいえ

稚内市　標高5m

登山口概要／コウホネ沼のすぐ東側、道道106号と811号の交差点付近。浜勇知園地の木道や歩道の起点。
緯度経度／［45°15′57″］［141°36′19″］
マップコード／908 643 573*52
アクセス／道央道士別剣淵ICから国道40号、名寄バイパス、国道40号（途中、豊富バイパスを経由してもよい）、道道1118、510、811、106号経由で183km、約4時間35分。
駐車場／こうほねの家前に駐車場がある。16台＋大型・40×28m・舗装・区画あり。
トイレ／こうほねの家にある。外側にも入口があり、開館時間外も利用可。水洗。水道・TPあり。評価☆☆☆。
携帯電話／ドコモ通話可、au通話可、SB通話可。
公衆電話／こうほねの家内にコイン式公衆電話がある。
ドリンク自販機／こうほねの家敷地内にある（PBも）。
その他／こうほねの家＝市の展望休憩施設。4月29日〜11月3日・9〜17時・問い合わせは稚内市観光交流課☎0162-23-6468へ。浜勇知園地案内図、利尻礼文サロベツ国立公園案内板、浜勇知の花ごよみ案内板、湿性植物解説板、森重久弥歌碑。
取材メモ／コウホネ沼の周囲に短いが木道と歩道が整備され、海辺にも出られる。なお浜勇知園地のミツガシワは5月下旬〜6月中旬、エゾカンゾウ（ゼンテイカ）は6月中旬〜7月中旬、エゾスカシユリは6月中旬〜8月上旬、ハマナスは6月下旬〜8月中旬、ネムロコウホネは7月上旬〜8月中旬が見ごろ。

浜勇知／こうほねの家前の駐車場

浜勇知／こうほねの家

浜勇知／同施設のトイレ

立ち寄り湯／①稚内市街地に向かい、稚内駅手前の宗谷本線のガードをくぐる手前で右折すると稚内副港市場2階に「稚内天然温泉・港のゆ」がある。不定休・10～22時・入浴料700円・☎0162-22-1100。②ノシャップ岬近くの稚内西海岸に「稚内市健康増進センター 稚内温泉・童夢」がある。半島の西側、道道254号沿い。毎月1回休館日あり（4月と10月は月2回休み。※要問い合わせ）・10～22時・入浴料600円・☎0162-28-1160。
問合先／稚内市観光交流課☎0162-23-6468、稚内観光協会☎0162-24-1216

浜勇知／コウホネ沼と利尻山

春香山・桂岡登山口
はるかやま・かつらおかとざんぐち

小樽市　標高138m

登山口概要／春香山の北東側、市道沿い。桂岡コースを経由する春香山の起点。
緯度経度／［43°07′52″］［141°08′41″］
マップコード／493 467 414*05
アクセス／札樽道銭函ICから道道147号、国道5号、市道経由で3.8km、約6分。国道5号の桂岡交差点を左折。銭函浄水場を過ぎた住宅地西側の角に登山道入口がある。国道から1.3km、約2分半。
駐車場／登山道入口に駐車スペースがある。2台・舗装・区画なし。
駐車場混雑情報／付近の住民に尋ねると、土・日曜は駐車スペースがすぐに満車となり、市道に18台も車が並んだこともあるらしい。ただ冬期は除雪車が通れなくなるので、それはやめてほしいとのことだった。
携帯電話／ドコモ▮▮通話可、au▮▮通話可、SB▮▮通話可。
問合先／小樽市観光振興室☎0134-32-4111

桂岡／登山道入口の駐車スペース

桂岡／登山道側から見た同スペース

桂岡／登山道入口

春香山・春香沢登山口
はるかやま・はるかさわとざんぐち

札幌市南区　標高504m

登山口概要／春香山の南側、道道1号沿い。小樽内川奥林道と春香沢コースを経由する春香山の起点。
緯度経度／［43°04′18″］［141°06′36″］
マップコード／493 253 289*62
アクセス／札幌市街地（道庁前）から国道230号、道道1号経由で43km、約1時間5分。または札樽道朝里ICから道道1号経由で20km、約30分。あるいは道央道虻田洞爺湖ICから国道230号、道道1号経由で94km、約2時間20分。林道入口に標識はないので鉄塔を目印に。
駐車場／小樽内川奥林道ゲート前に駐車スペースがある。計15～18台・26×10m、22×14m・砂利＋泥＋草＋水たま

春香沢／ゲート前の駐車スペース

り・区画なし。
携帯電話／ドコモ通話可、au通話可、SB〜通話可。
登山届入れ／林道ゲート前の春香山小屋にある。
その他／春香山小屋、熊出没注意看板。
立ち寄り湯／定山渓温泉の温泉宿で立ち寄り湯ができる。①「ホテル鹿の湯」＝休前、祝前日は立ち寄り湯は休み・15〜20時（日曜、祝日は〜17時）・入浴料820円・☎011-598-2311。②「ホテル山水」＝不定休・正午〜19時（休前日は〜15時）・入浴料640円・☎011-598-2301。③「悠久の宿 白糸」＝無休・正午〜19時（休前日は〜15時）・入浴料600円・☎011-598-3351。④ほかの多くの宿でも立ち寄り湯は可能（入浴料700〜1500円）。一方、道道1号で小樽方面に向かうと朝里川温泉がある。⑤「かんぽの宿小樽」＝無休・10時30分〜20時・入浴料600円・☎0134-54-8511。⑥「ホテル武蔵亭」＝無休・9〜22時・入浴料600円・☎0134-54-8000。
問合先／石狩森林管理署☎050-3160-5710または☎011-563-6111、石狩森林管理署定山渓森林事務所☎011-598-4351、定山渓まちづくりセンター☎011-598-2191

春香沢／春香山小屋

春香沢／小樽内川奥林道ゲート

春採湖・釧路市立博物館
はるとりこ・くしろしりつはくぶつかん

釧路市　標高35m

登山口概要／春採湖の北岸、市道沿い。春採湖畔に続く遊歩道の起点。
緯度経度／[42°58′29″][144°24′17″]
マップコード／149 199 571*38
アクセス／道東道阿寒ICから国道240、38号、道道113号、市道経由で29km、約44分。
駐車場／博物館周辺に駐車場がある。計100台以上・54×32mなど4面・舗装・区画あり。
トイレ／北東側の駐車場にある。詳細不明。
釧路市立博物館／釧路の自然と歴史を展示紹介する総合博物館。月曜休（祝日の場合は翌日）・9時30分〜17時・入館料470円・☎0154-41-5809。
携帯電話／ドコモ通話可、au通話可、SB通話可。
その他／春採公園案内図、あずまや、野草園、ロックガーデンなど。
取材メモ／春採湖は、釧路市街地にある汽水湖で、ヒブナの生息地として昭和12年に国の天然記念物に指定されている。多くの魚類や植物が生息する。
問合先／春採湖ネイチャーセンター☎0154-42-4212、釧路市観光振興室☎0154-31-4549

博物館／博物館周辺の駐車場

博物館／釧路市立博物館

博物館／春採公園案内板

春採湖・春採湖ネイチャーセンター
はるとりこ・はるとりこねいちゃーせんたー

釧路市　標高20m

センター／センター西側の駐車場

登山口概要／春採湖の北岸、市道終点。春採湖畔に続く遊歩道の起点。
緯度経度／［42°58′43″］［144°24′19″］
マップコード／ 149 229 093*38
アクセス／道東道阿寒ICから国道240、38号、道道113号、市道経由で28.5km、約43分。釧路工業高校がある鶴ヶ岱3丁目交差点の200m先、「ネイチャーセンター」の標柱を目印に右折する。
駐車場／春採湖ネイチャーセンター周辺に駐車場がある。計43台・47×42m、32×5m・舗装・区画あり。
トイレ／西側の駐車場にある。水洗。水道・TPあり。評価☆☆☆～☆☆。
春採湖ネイチャーセンター／春採湖の自然を紹介する施設。4月中旬～10月・月曜休・10時30分～16時（10月は～15時30分）・☎0154-42-4212。
携帯電話／ドコモ📶通話可、au📶通話可、SB📶通話可。
ドリンク自販機／ネイチャーセンター脇にある（PBあり）。
取材メモ／春採湖は、釧路市街地にある汽水湖で、ヒブナの生息地として昭和12年に国の天然記念物に指定されている。多くの魚類や植物が生息する。
問合先／春採湖ネイチャーセンター☎0154-42-4212、釧路市観光振興室☎0154-31-4549

センター／同駐車場のトイレ

センター／同トイレ内部

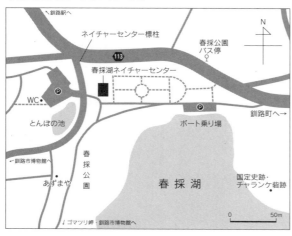

センター／ボート乗り場の駐車場

判官館森林公園入口
はんがんだてしんりんこうえんいりぐち

日高管内新冠町　標高82m

センター／春採湖ネイチャーセンター

登山口概要／新冠市街地のすぐ西側、町道終点。判官館森林公園を一巡する遊歩道の起点。
緯度経度／〔42°22′11″〕〔142°18′11″〕
マップコード／551 126 054*31
アクセス／日高道日高門別ICから国道237、235号、町道経由で20km、約30分。国道に立つ「判官館森林公園」の標識に従って右折。少し上がると駐車場がある。
判官館森林公園／4月末～10月末・散策自由・☎0146-47-2193（キャンプ場管理棟）。期間外の問い合わせは新冠町企画課☎0146-47-2498へ。
駐車場／園内に駐車場がある。約20台・64×18m・舗装・区画なし。
トイレ／園内にあるが、取材時は閉鎖されていた。
携帯電話／ドコモ通話可、au通話可、SB～通話可。
その他／判官館森林公園案内板、キャンプ場、バンガロー。
取材メモ／判官館森林公園には、判官岬などを結ぶ遊歩道があり、園内のタコッペ湿原では4月下旬～5月上旬にミズバショウが咲き、判官岬に向かう途中の遊歩道沿いでは5月中旬～6月上旬にオオバナノエンレイソウが群生する。なお判官館とは新冠川河口にそびえ立つ岩壁のことで、源義経にまつわる伝説が残るほか、アイヌの英雄シャクシャインが謀殺された地としても知られる。
立ち寄り湯／①新冠町市街地の東側に「新冠温泉レ・コードの湯」がある。国道から少し入る。不定休・5～8時＋10～22時・入浴料500円・☎0146-47-2100。②日高町の国道235号沿いに「門別温泉・とねっこの湯」がある。第3月曜休（祝日の場合は翌日）・10～22時・入浴料500円・☎01456-3-4126。
問合先／判官館森林公園キャンプ場管理棟☎0146-47-2193、新冠町企画課まちづくりグループ☎0146-47-2498、新冠町観光協会☎0146-45-7300

判官館／森林公園駐車場

判官館／キャンプ場管理棟

判官館／園内のトイレ

判官館／レ・コードの湯の浴室

半月湖畔自然公園入口

はんげつこはんしぜんこうえんいりぐち

後志管内倶知安町　標高285m

登山口概要／羊蹄山の北西側、町道終点。半月湖畔自然公園に続く半月湖畔遊歩道の起点。倶知安ひらふコースを経由する羊蹄山の起点。さらに奥にある羊蹄山・倶知安ひらふコース登山口、および詳細図はP348参照。
緯度経度／〔42°50′48″〕〔140°45′06″〕
マップコード／385 630 289*53
アクセス／札幌市街地（道庁前）から国道230号、道道66号、国道5号、町道経由で94km、約2時間20分。または札樽道小樽ICから国道393、5号、町道経由で68km、約1時間42分。あるいは道央道黒松内JCTから黒松内新道（国道5号）、国道5号、町道経由で52km、約1時間18分。
駐車場／半月湖畔自然公園入口に駐車場がある。約50台以

半月湖／自然公園入口の駐車場

上・70×16m・舗装・区画なし。
駐車場混雑情報／7月の連休やお盆休みは満車になる可能性がある。
トイレ／駐車場にある。水洗。水道・TPあり。評価☆☆☆。
携帯電話／ドコモ📶通話可、au📶通話可、SB📶通話可。
その他／半月湖畔自然公園案内板、「羊蹄と共に」の石碑。
立ち寄り湯／近くのひらふ温泉で可能。①「湯元ニセコプリンスホテルひらふ亭」=無休（4月は休館日あり）・7時～10時30分＋13～23時・入浴料800円・☎0136-23-2239。②「ホテルニセコアルペン」=無休（5月と11月にメンテナンス等の休みあり）・13時～21時30分・入浴料夏期700円（冬期は要問合せ）・☎0136-22-1105。③またニセコ駅前には「綺羅乃湯」がある。第2、4水曜休（8～10月は無休）（祝日の場合は翌日）・10時～21時30分・入浴料500円・☎0136-44-1100。
問合先／倶知安観光協会☎0136-22-3344、倶知安町観光課☎0136-23-3388

美瑛富士・涸沢林道
　　→P219 十勝連峰・美瑛富士登山口

半月湖／多目的広場

半月湖／駐車場のトイレ

半月湖／同トイレ内部

秘奥の滝入口
ひおうのたきいりぐち
十勝管内新得町　標高908m

アクセス道路通行止

登山口概要／十勝岳の東側、トノカリ林道の途中。下メットク川に懸かる秘奥の滝の入口。十勝連峰・新得コース登山口（P216）の近くにある。※2017年9月の倒木のため、シートカチ支線林道、レイサクベツ林道、トノカリ第1支線林道、トノカリ林道はいずれも通行止。今後、開通した時のために2013年の取材結果を参考までに掲載しておく。
緯度経度／［43°24′32″］［142°45′46″］
マップコード／901 856 719*74
アクセス／道東道十勝清水ICから国道274、38、274号、道道718、593、718号、シートカチ支線林道、レイサクベツ林道、トノカリ林道（すべての林道を通して路面評価★★★。部分的に★★★★または★★）経由で72km、約1時間57分。道道718号をトムラウシ温泉方面に向かい、途中の曙橋を渡った先で左折。※取材時は一部林道が通行止になっており、上記林道を通るように指示されていたが、林道の状況により、シートカチ支線林道→レイサクベツ林道→シートカチ第5支線林道→トノカリ第1支線林道を通るように指示されることもあるようだ。
駐車場／滝入口の36m西側に駐車スペースがある。1～2台・草＋石＋細砂利・区画なし。さらに200m先にも3～4台分の駐車スペースがある。
トイレ／アクセス途中の上岩松ダム付近の道道沿い、「トム

半月湖／半月湖畔遊歩道の入口

秘奥／滝入口に続くトノカリ林道

ラウシ自然体験交流施設 山の交流館とむら」に別棟トイレがある。24時間利用可。冬期は閉鎖。詳細は不明。
携帯電話／ドコモ圏外、au圏外、SB圏外。
取材メモ／入口から滝まで徒歩10〜15分。
立ち寄り湯／①道道をさらに9km奥に進むと「トムラウシ温泉・国民宿舎東大雪荘」で可能。通年営業。無休・正午〜20時・入浴料500円・☎0156-65-3021。②JR新得駅前に「新得町営浴場」がある。無休・14〜22時・入浴料420円・☎0156-64-4156。③また新得町市街地の佐幌川対岸には「新得温泉ホテル」がある。無休・正午〜22時・入浴料350円・☎0156-64-5837。
問合先／十勝西部森林管理署東大雪支署☎01564-2-2141、十勝西部森林管理署東大雪支所トムラウシ森林事務所☎0156-65-3054、新得町観光協会（新得町産業課）☎0156-64-0522

秘奥／36m 西側の駐車スペース

秘奥／滝の入口

東大雪の道・ぬかびら源泉郷
ひがしたいせつのみち・ぬかびらげんせんきょう

十勝管内上士幌町　標高535m

登山口概要／糠平湖の南岸、国道273号沿いまたは町道沿い。東大雪の道（北海道自然歩道）や小鳥の村遊歩道の起点。
緯度経度／［43°21′55″］［143°11′54″］（鉄道資料館）
マップコード／679 399 488*58（鉄道資料館）
アクセス／道東道音更帯広ICから国道241、273号、町道経由で53km、約1時間20分。または旭川紋別道（国道450号）上川層雲峡ICから国道39、273号、町道経由で84km、約2時間6分。
駐車場／鉄道資料館やひがし大雪自然館などに駐車場があり、ハイカーの利用可。鉄道資料館の駐車場＝11台・28×20m・舗装・区画あり。また三の沢や五の沢、メトセップにも駐車場があり、東大雪の道の起点にできる。
駐車場混雑情報／お盆休みや紅葉シーズン休日は混雑する。
ひがし大雪自然館／東大雪の自然や歴史を紹介する施設。水曜休（祝日の場合は翌日）・9〜17時（7〜8月は8〜18時）・☎01564-4-2323。
トイレ／ひがし大雪自然館前の駐車場や湖畔園地などにある。ひがし大雪自然館前駐車場のトイレ＝水洗。水道・TPあり。評価☆☆☆。
携帯電話／ドコモ📶通話可、au📶通話可、SB📶通話可。
その他／上士幌町鉄道資料館＝4〜10月・月曜休（7〜8月は無休）・9〜16時・入館料100円・☎01564-4-2041。
取材メモ／東大雪の道は、ぬかびら源泉郷の鉄道資料館から糠平湖西岸を抜けてメトセップまでの旧国鉄士幌線跡8km区間が開通して散策が可能。それ以外の計画区間は未整備。鉄道資料館で散策地図を販売している。また「東大雪の道」のように地区を限定する地名では、「だいせつ」と濁らずに「たいせつ」とすることが多いようだ。
立ち寄り湯／ぬかびら源泉郷の各宿で可能。例えば①「湯

東大雪／ひがし大雪自然館と駐車場・トイレ

東大雪／同館内の展示

東大雪／駐車場のトイレ内部

元館」=不定休・8〜20時（冬期は〜19時）・入浴料500円・☎01564-4-2121。②「糠平温泉ホテル」=不定休・9〜21時・入浴料500円・☎01564-4-2001。③ほかの宿も可能（入浴料400〜1000円）。

問合先／ひがし大雪自然館☎01564-4-2323、上士幌町観光協会☎01564-7-7272、上士幌町商工観光課☎01564-2-4291

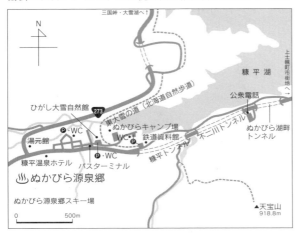

東大雪／鉄道資料館の駐車場

東大雪／上士幌町鉄道資料館

白樺峠／道道沿いの駐車帯

白樺峠／千畳崩れ

白樺峠／登山道入口

東ヌプカウシヌプリ・白樺峠
ひがしぬぷかうしぬぷり・しらかばとうげ

十勝管内鹿追町　標高905m

登山口概要／東ヌプカウシヌプリの北西側、道道85号沿い。白樺峠コースを経由する東ヌプカウシヌプリの起点。
緯度経度／〔43°15′08″〕〔143°05′35″〕
マップコード／702 296 889*58
アクセス／道東道十勝清水ICから国道274、38、274号、道道85号経由で42km、約1時間3分。
駐車場／道道の両側路肩に駐車帯がある。約40台・250×5mなど2面・舗装・区画なし。
トイレ／鹿追市街地からアクセスする場合、手前の扇ヶ原展望台（P232）にある。簡易水洗。水道なし。TPあり。評価☆☆。また近くの然別湖畔温泉の公共駐車場入口（P313）にもある。水洗。水道・TPあり。評価☆☆☆。
携帯電話／ドコモ📶通話可、au📶通話可、SB圏外。
登山届入れ／登山道入口にある。
取材メモ／峠にある「千畳崩れ」は、溶岩由来の岩がゴロゴロと堆積した岩場で、ナキウサギが生息している。
立ち寄り湯／近くの然別湖畔温泉の「ホテル風水」で可能。無休・正午〜17時・入浴料1000円・☎0156-67-2211。
問合先／鹿追町観光協会（鹿追町商工観光課観光振興係）☎0156-66-4034

ピセナイ山・静内ダムコース登山口
びせないやま・しずないだむこーすとざんぐち

日高管内新ひだか町　標高510m

ピセナイ／静内ダムを渡る

登山口概要／ピセナイ山の北西側、ピセナイ林道終点。静内ダムコースを経由するピセナイ山の起点。
緯度経度／〔42°25′05″〕〔142°37′21″〕
マップコード／697 585 754*48
アクセス／日高道日高門別ICから国道237、235号、道道71、111号、町道、東の沢左岸林道、ピセナイ林道（静内ダム手前から未舗装。町道と東の沢左岸林道ともに路面評価★★★。部分的に★★）経由で57km、約1時間39分。道道から9km、約27分。東の沢左岸林道入口から3.5km、約10分。
駐車場／林道終点に駐車場がある。6～8台・26×14m・小石＋土＋草・区画なし。
携帯電話／ドコモ圏外、au圏外、SB圏外。
登山届入れ／登山道入口に入林届箱がある。
その他／国有林からのお願い看板。
立ち寄り湯／①新ひだか町市街地から国道235号で三石方面へ。6km先を左折すると「静内温泉」がある。月曜休（祝日の場合は翌日）・10～22時・入浴料500円・☎0146-44-2111。②日高町の国道235号沿いに「門別温泉・とねっこの湯」がある。第3月曜休（祝日の場合は翌日）・10～22時・入浴料500円・☎01456-3-4126。
問合先／日高南部森林管理署☎0146-42-1615、新ひだか町観光情報センター「ぽっぽ」（新ひだか観光協会）☎0146-42-1000、新ひだか町商工労働観光課☎0146-43-2111

ピセナイ／東の沢左岸林道

ピセナイ／ピセナイ林道入口

日高山脈・イドンナップ岳
　→P38 イドンナップ岳・サツナイ沢西尾根コース登山口　札内右股作業道入口

日高山脈・神威山荘→P80 神威岳・神威山荘

日高山脈・北戸蔦別岳
　→P90 北戸蔦別岳・二岐沢出合

日高山脈・北日高岳
　→P95 北日高岳・岡春部沢コース登山口

日高山脈・笹山登山口
　→P123 笹山・オニシベツ林道入口

日高山脈・チロロ岳
　→P200 チロロ岳・曲り沢二ノ沢コース登山口

日高山脈・剣山→P204 剣山・剣山神社

日高山脈・十勝幌尻岳
　→P214 十勝幌尻岳・オピリネップ川コース登山口

ピセナイ／登山口に続くピセナイ林道

ピセナイ／林道終点の駐車場

日高山脈・とよぬか山荘
　→P303 幌尻岳・とよぬか山荘

日高山脈・ピセナイ山
　→（前項）ピセナイ山・静内ダムコース登山口

日高山脈・ピパイロ岳
　→P287 伏美岳・芽室山の会コース登山口①
　　伏美小屋
　→P288 伏美岳・芽室山の会コース登山口②
　　林道終点

日高山脈・伏美岳
　→P287 伏美岳・芽室山の会コース登山口①
　　伏美小屋
　→P288 伏美岳・芽室山の会コース登山口②
　　林道終点

日高山脈・ペテガリ岳
　→P379 ペテガリ岳・ペテガリ山荘
　→P80 神威岳・神威山荘

日高山脈・ペラリ山→P295 ペラリ山・御園登山口

日高山脈・ペンケヌーシ岳
　→P296 ペンケヌーシ岳・六ノ沢コース登山口

日高山脈・幌尻岳→P301 幌尻岳・イドンナップ山荘
　→P303 幌尻岳・とよぬか山荘

日高山脈・芽室岳→P328 芽室岳・山小屋芽室岳

日高山脈・横山中岳→P351 横山中岳・三石登山口

日高山脈・楽古岳→P358 楽古岳・楽古山荘

日高山脈・リビラ山
　→P379 リビラ山・ヌモトル林道登山口

ピッシリ山・羽幌登山口→P379
ピッシリ山・蕗の台登山口→P379

比布岳（ぴっぷだけ）→P174 大雪山系・愛山渓温泉

美唄山・奈井江川コース登山口
びばいやま・ないえがわこーすとざんぐち

美唄市・空知管内奈井江町　標高330m

登山口概要／美唄山の北西側、奈井江林道沿い。奈井江川

ピセナイ／登山道入口

ピセナイ／登山道入口の入林届箱

ピセナイ／静内温泉

ピセナイ／同温泉の浴室

奈井江／この三叉路を左に入る

コースを経由する美唄山の起点。
緯度経度／［43°25′01″］［142°01′11″］（作業小屋前）
［43°24′57″］［142°02′04″］（登山道入口）
マップコード／ 860 872 684*15（作業小屋前）
860 874 557*15（登山道入口）
アクセス／道央道奈井江砂川ICから道道114、1130、529号、奈井江林道（路面評価★★★★〜★★★）経由で17km、約40分。奈井江林道手前から未舗装になり、道道終点から7.7km、15分先の三叉路で左に入る（写真参照）。そこから4km、14分で作業小屋が立つ駐車スペースに着く。本来は登山道入口まで入れるようだが、2017年9月の取材時は倒木のため作業小屋の先で通行不可だった。ちなみに作業小屋〜倒木地点までの路面評価★★★〜★★。
駐車場／作業小屋前に駐車スペースがある。約6台・土＋泥＋小石＋ぬかるみ・区画なし。
携帯電話／ドコモ圏外、au圏外、SB圏外。
その他／作業小屋。
立ち寄り湯／奈井江砂川ICの1km東側に「ないえ温泉ホテル・北乃湯」がある。無休・7〜22時・入浴料520円・☎0125-65-3232。
問合先／奈井江町ふるさと商工観光課☎0125-65-2118

美唄山・美唄川コース登山口→P379

ピパイロ岳
　→P287 伏美岳・芽室山の会コース登山口①
　　伏美小屋
　→P288 伏美岳・芽室山の会コース登山口②
　　林道終点

美笛・巨木の森入口
びふえ・きょぼくのもりいりぐち

千歳市　標高265m

登山口概要／美笛・巨木の森の西側、道道78号のゲート前。美笛の「巨木の森」の入口。※遊歩道は閉鎖されたが、キャンプ場に続く未舗装道沿いを歩いて、森を見ることは可能。
緯度経度／［42°43′52″］［141°15′15″］
マップコード／ 545 810 418*51
アクセス／札幌市街地（道庁前）から国道230号、真駒内通、国道453、276号、道道78号経由で70km、約1時間45分。または道央道千歳ICから道道77号、国道36号、道道16号、国道453、276号、道道78号経由で43km、約1時間5分。あるいは道央道伊達ICから道道519、981号、国道453、276号、道道78号経由で57km、約1時間26分。国道276号の交差点に立つ「美笛野営場」の標識を目印に斜め右前方にのびる道道78号へ。美笛橋を渡って、キャンプ場に続く未舗装道を右に見送ると、すぐ前方に道道のゲートがある。道道78号の開通期間は5月上旬〜11月上旬。

奈井江／登山口に続く奈井江林道

奈井江／作業小屋

奈井江／同小屋前の駐車スペース

美笛／国道から道道へ

美笛／ゲート前路肩の駐車スペース

駐車場／道道78号のゲート前路肩に寄せれば駐車可。3〜4台・砂利・区画なし。
携帯電話／ドコモ 📶〜📶通話可、au 📶通話可、SB圏外。
取材メモ／ゲート手前の三叉路から美笛キャンプ場まで未舗装道が続くが、その沿線に広がるのが「巨木の森」。樹齢300年といわれるミズナラやカツラ、シナノキなどの巨木が並ぶ。ゲート前路肩に車を停めて、あとは三叉路からキャンプ場に向けて未舗装道を歩いて「巨木の森」を楽しむことになる。美笛キャンプ場に入場する場合は有料（日帰り一人500円）。
立ち寄り湯／①湖の対岸にある支笏湖温泉「休暇村支笏湖」で可能。無休・11〜16時（火・水曜は13時〜）・入浴料720円・☎0123-25-2201。②また湖を大きく迂回すると「丸駒温泉旅館」でも可能。無休・10〜15時・入浴料1000円・☎0123-25-2341。
問合先／支笏湖ビジターセンター☎0123-25-2404、千歳市観光事業課☎0123-24-0366、千歳駅観光案内所☎0123-24-8818

美笛／道道78号のゲート

美笛／ゲート手前の三叉路

美笛の滝入口→P379

比麻良山登山口→（次々項）

ピヤシリ山・下川サンルコース登山口
ぴやしりやま・しもかわさんるこーすとざんぐち
上川管内下川町　標高555m

美笛／休暇村支笏湖・浴場

アクセス道路通行止

登山口概要／ピヤシリ山の南東側、ピヤシリ林道終点。下川サンルコースを経由するピヤシリ山の起点。※2016年の豪雨災害のため、御車沢林道は通行止。復旧時期は未定だが、今後、開通した時のために2013年の取材結果を参考までに掲載しておく。
緯度経度／［44°25′07″］［142°36′24″］
マップコード／832 283 848*26
入林申請／御車沢林道のゲートは通常、施錠されているので、あらかじめ上川北部森林管理署に入林承認申請書を提出し許可をもらう。申請の方法についてはP382参照。ゲートの鍵ナンバーが書かれた用紙を忘れずに持参すること。問い合わせは、上川北部森林管理署☎01655-4-2551または☎050-3160-5735へ。
アクセス／道央道士別剣淵ICから国道40号、市道、国道239号、道道60号、町道、御車沢林道（路面評価★★★★〜★★）、ピヤシリ林道（路面評価★★★。一部★★★★または★★）経由で63km、約1時間40分。国道から13.3kmで町道へ左折するが、交差点に標識がないので注意。そこから1.8kmでゲートがあり、その手前を右折し御車沢林道へ。ほどなく未舗装となり、道道から6.5km、約10分で施錠されて

ピヤシリ／国道から町道へ

ピヤシリ／御車沢林道のゲート

いるゲートに着く。入手した鍵ナンバーで開けたら、必ず閉めておくこと。ゲートから4kmの三叉路を左折しピヤシリ林道へ。道道から12.6km、約25分。※上川北部森林管理署では、詳しいアクセス道路の案内パンフレットを配布している。
駐車場／林道終点の120m手前に駐車スペースがある。5～6台・18×5m・小石＋土＋草・区画なし。※駐車スペースは傾斜があるので、タイヤを石で固定しておきたい。また林道終点にも車を置けるが、Uターンは厳しい。
携帯電話／ドコモ圏外、au圏外、SB圏外。
その他／ピヤシリ山案内板。
立ち寄り湯／下川町市街地から町道を南下すると「五味温泉」がある。月1回月曜休・10～22時・入浴料400円・☎01655-4-3311。
問合先／上川北部森林管理署☎01655-4-2551 または☎050-3160-5735、しもかわ観光協会☎01655-4-2718、下川町環境未来都市推進課環境未来都市推進グループ商工観光担当☎01655-4-2511

ピヤシリ／登山口に続く御車沢林道

ピヤシリ／林道終点手前の駐車スペース

平山（比麻良山）登山口
ひらやま（ひまらやま）とざんぐち

オホーツク管内遠軽町　標高1020m

登山口概要／平山の北東側、未舗装道の終点手前。白滝コースを経由する平山や比麻良山の起点。※2016年の台風被害で多少の路面洗掘があるが通行は可能（大型車は不可）。
緯度経度／[43°46′20″][143°02′28″]
マップコード／787 065 342*86
アクセス／旭川紋別道（国道450号）白滝ICから国道333号、道道558号、町道、支湧別本流林道（2013年取材時は、路面評価★★★★～★★★。終盤★★★だったが、台風被害で悪化）経由で21km、約35分。
駐車場／未舗装道の実質上終点（登山道入口までの100mは一般車通行禁止）の三叉路に駐車スペースがある。約15台・26×5m・細砂利＋土・区画なし。
携帯電話／ドコモ圏外、au通話可、SB圏外。
登山届入れ／登山道入口にある。
立ち寄り湯／①遠軽町市街地へ向かい、道道1070号を南下すると「丸瀬布温泉やまびこ」がある。火曜休（祝日の場合は翌日）・10～21時（11～3月は11時～）・入浴料500円・☎0158-47-2233。②また同じく遠軽町市街地へ向かい瀬戸瀬駅付近の交差点を右折し、道道493号を南下すると「瀬戸瀬温泉」もある。水曜休（祝日の場合は営業）・8～20時・入浴料500円・☎0158-44-2021。
問合先／遠軽町白滝総合支所産業課☎0158-48-2212、えんがる町観光協会白滝支部☎0158-48-2099、遠軽町商工観光課観光担当☎0158-42-4819

平山／登山口に続く未舗装道

平山／実質終点の駐車スペース

平山／登山道入口に続く道

美利河丸山・奥美利河温泉
ぴりかまるやま・おくぴりかおんせん

檜山管内今金町　標高220m

奥美利河／登山口に続く道道999号

登山口概要／美利河丸山の南側、道道999号終点。奥美利河温泉コースを経由する美利河丸山、ピリカ地区生活環境保全林遊歩道の起点。※奥美利河温泉は、休業中。
緯度経度／［42°32′19″］［140°15′03″］
マップコード／521 120 315*71
アクセス／道央道国縫ICから国道230号、道道999号経由で20km、約30分。ピリカ湖畔から道道へ右折。少し手前の三叉路は標識に従って左折。途中、「奥ピリカ温泉山の家あと○km」の標識あり。国道から9.8km、約15分。道道999号の開通期間は4月下旬～10月末。
駐車場／道道終点に駐車場がある。14台・36×24m・舗装・区画あり。またその手前にも約10台分の駐車場がある。さらにその手前に点々と3カ所ほどの駐車場（計約15台分）があるほか、900m手前の三叉路を直進すると美利河山の家公園にも駐車場（15台・30×14m・舗装・区画あり）がある。
駐車場混雑情報／混雑することはない。
携帯電話／ドコモ圏外、au圏外、SB圏外。
その他／奥美利河温泉（休業中）、ピリカ地区生活環境保全林案内板、美利河・二股自然休養林案内板。
立ち寄り湯／道道を下り、ピリカ湖畔で国道に出た付近に「クアプラザピリカ」がある。無休・10～22時（月～火曜は正午～。祝日等に入浴開始時間の変更あり）・入浴料500円・☎0137-83-7111。
問合先／今金町まちひと交流課まちひと交流グループ☎0137-82-0111

奥美利河／少し手前の三叉路は左折

奥美利河／美利河山の家公園駐車場

奥美利河／道道終点の駐車場

奥美利河／温泉（手前）と山の家（奥）

美利河丸山・二股らぢうむ温泉
びりかまるやま・ふたまたらぢうむおんせん

渡島管内長万部町　標高206m

登山口概要／美利河丸山の北西側、舗装道終点。二股コースを経由する美利河丸山の起点。
緯度経度／［42°34′39″］［140°14′21″］
マップコード／981 299 003*71
アクセス／道央道長万部ICから国道5号、道道842号、舗装道経由で17km、約25分。または道央道黒松内JCTから黒松内新道（国道5号）、国道5号、道道842号、舗装道経由で29km、約44分。道道はほとんど2車線だが、1車線区間もある。道道終点で温泉の看板に従って左折すぐ。
駐車場／二股らぢうむ温泉前の駐車場は温泉客専用だが、すぐ手前の道路沿いに2カ所ある駐車スペースは登山者が利用してもよいとのこと。計7～8台・砂利＋草・区画なし。
駐車場混雑情報／丸山に登る人は稀にしかいないようだ。
携帯電話／ドコモ圏外、au📶だが通話可、SB圏外。
取材メモ／美利河丸山の登山道は、二股らぢうむ温泉の建物を右手に見て沢へ一旦下るように続いている。
立ち寄り湯／「二股らぢうむ温泉」で可能。通年営業・無休・7～21時（受付は～19時）・入浴料1100円・☎01377-2-4383。
問合先／長万部観光協会☎01377-6-7331、長万部町産業振興課商工観光係☎01377-2-2455

二股／すぐ手前の駐車スペース

二股／二股らぢうむ温泉

ピンネシリ・北尾根コース登山口
ぴんねしり・きたおねこーすとざんぐち

日高管内様似町　標高435m

登山口概要／ピンネシリの北東側、様似大泉林道の途中。北尾根コースを経由するピンネシリの起点。
緯度経度／［42°09′26″］［143°02′44″］
マップコード／712 560 507*45
アクセス／日高道日高門別ICから国道237、235、336号、道道233号、松岡奥新宮林道（路面評価★★★★～★★★）、様似大泉林道（路面評価★★★）経由で102km、約2時間40分。道道から2.6km先の三叉路は直進。道道から3.4km先の三叉路は右へ。道道から7.6km、約17分。
駐車場／登山道入口前に駐車スペースがある。2～3台・細砂利＋草・区画なし。
駐車場混雑情報／混雑することはない。
携帯電話／ドコモ圏外、au圏外、SB圏外。
登山届入れ／登山道入口にある。
立ち寄り湯／沸かし湯だが、国道336号でアポイ岳南麓のアポイ山麓自然公園に向かうとすぐ近くの「アポイ山荘」で入浴できる。無休・5時～8時30分＋10～22時（第2火曜は17時～）・入浴料500円・☎0146-36-5211。

北尾根／登山口に続く松岡奥新宮林道

北尾根／登山道入口前の駐車スペース

北尾根／登山道入口

問合先／アポイ岳ジオパークビジターセンター☎0146-36-3601、様似町商工観光課☎0146-36-2119

砂金沢／惣富地林道途中の入林届出箱

ピンネシリ・砂金沢登山口
ぴんねしり・さきんさわとざんぐち

空知管内新十津川町　標高270m

登山口概要／ピンネシリの北東側、砂金沢林道の途中。砂金沢コースを経由するピンネシリの起点。
緯度経度／［43°30′34″］［141°45′29″］
マップコード／360 301 762*07
アクセス／道央道奈井江砂川ICから道道114号、国道12号、道道283号、国道275号、惣富地林道（舗装）、砂金沢林道（路面評価★★★★～★★★）経由で25km、約42分。または道央道滝川ICから国道38、451号、道道625号、町道、惣富地林道（舗装）、砂金沢林道（上と同じ）経由で21km、約38分。そっち岳スキー場の先の三叉路を左折して「惣富地林道」（林道標識あり）に進み、200m先の三叉路は左の砂金沢林道へ。この三叉路から未舗装となり、ここから5.3km、約14分。付近の道道などに「そっち岳スキー場」や「ピンネシリ登山道」の標識あり。
駐車場／登山道入口の100m先に駐車スペースがある。約15台・62×7～5m・草・区画。
携帯電話／ドコモ圏外、au圏外、SB圏外。
登山届入れ／惣富地林道途中にある。
その他／ピンネシリ登山コース案内板。
立ち寄り湯／近くのふるさと公園にある「新十津川温泉・ホテルグリーンパークしんとつかわ」で可能。無休・8～20時・入浴料500円・☎0125-76-4000。
問合先／新十津川町産業振興課商工観光グループ☎0125-76-2134

砂金沢／100m先の駐車スペース

砂金沢／登山道入口

敏音知岳・道の駅ピンネシリ
ぴんねしりだけ・みちのえきぴんねしり

宗谷管内中頓別町　標高65m

登山口概要／敏音知岳の南西側、国道275号沿い。敏音知コースを経由する敏音知岳の起点。
緯度経度／［44°52′38″］［142°12′47″］
マップコード／684 731 871*23
アクセス／道央道士別剣淵ICから国道40号、名寄バイパス（国道40号）、国道40、275号経由で99km、約2時間29分。国道に道の駅の大きな標識があるほか、向かいの「ピンネシリ温泉」の看板も目立つ。
道の駅ピンネシリ／無休・9～17時・☎01634-7-8510。交流プラザ館内に売店とコインランドリーあり。ほかオートキャンプ場、ふるさと生活体験館など。

敏音知／道の駅ピンネシリの駐車場

敏音知／交流プラザ

駐車場／道の駅駐車場は登山者の利用可とのこと。12台＋大型・104×12m・舗装・区画あり。
駐車場混雑情報／6月第3日曜に行われる山開きの時は満車になる。それ以外の時期で混雑することはないが、もし満車になった場合は登山道入口にも駐車スペースがある。
トイレ／道の駅交流プラザ館内にある。水洗。水道・TPあり。評価☆☆☆。
携帯電話／ドコモ通話可、au通話可、SB通話可。
ドリンク自販機／交流プラザ外側にある（PBも）。
登山届入れ／交流プラザ入口入って右側に登山届帳がある。早朝でも記帳可。
その他／ピンネシリ岳案内板、ヴィレッジファームパーク案内板。
立ち寄り湯／国道の向かいに「ピンネシリ温泉・ホテル望岳荘」がある。第2、4月曜休（祝日の場合は翌日）・10時30分〜21時・入浴料380円・☎01634-7-8111。
問合先／道の駅ピンネシリ（中頓別町観光協会）☎01634-7-8510、中頓別町まちづくり推進課まちづくり推進グループ☎01634-6-1111

ピンネシリ・道民の森一番川登山口→P379

風蓮湖・道の駅スワン44ねむろ
ふうれんこ・みちのえきすわん44ねむろ
根室市　標高7m

登山口概要／風蓮湖の南東岸、国道44号沿い。風蓮湖畔や森にのびる散策コースの起点。付近の森は、白鳥台保健保安林とも呼ばれる。
緯度経度／［43°15′41″］［145°26′19″］
マップコード／734 353 033*40

敏音知／同施設内のトイレ

敏音知／登山道入口

敏音知／ホテル望岳荘・浴室

風蓮湖／道の駅駐車場

風蓮湖／道の駅スワン44ねむろ

アクセス／道東道阿寒ICから国道240、38、44号経由で194km、約2時間9分。
道の駅スワン44ねむろ／売店・レストラン・インフォメーションコーナー・展望台。無休（11〜4月は月曜休、祝日の場合は翌日）・9〜17時（レストランは11時〜15時30分。どちらも月によって変動）・☎0153-25-3055。
駐車場／70台・276×30m・舗装・区画あり。
駐車場混雑情報／お盆休みや9月に行われる食のイベント時は混雑する。
トイレ／道の駅にトイレがある。水洗。水道・TPあり。評価☆☆☆。
携帯電話／ドコモ📶通話可、au📶通話可、SB📶通話可。
公衆電話／道の駅にカード・コイン式公衆電話ボックス。
ドリンク自販機／道の駅にある（PBも）。
その他／郵便ポスト、展望台、散策コース案内板、白鳥台保健保安林案内板。
取材メモ／道の駅から湖畔まで短い散策コースが整備されている。森に続く遊歩道は、現在通行止。開通時期は未定。
問合先／道の駅スワン44ねむろ☎0153-25-3055、根室市観光協会☎0153-24-3104、根室市商工観光課☎0153-23-6111

風蓮湖／同館内のトイレ

望湖台／道道の案内標識

ふうれん望湖台自然公園
ふうれんぼうこだいしぜんこうえん

名寄市　標高162m

登山口概要／忠烈布湖（ちゅうれっぷこ。忠烈布貯水池）の北岸、道道758号沿い。ふうれん望湖台自然公園を一巡する遊歩道の起点。
緯度経度／[44°16′58″][142°31′38″]（最奥駐車場）
マップコード／572 693 592*25（最奥駐車場）
アクセス／道央道士別剣淵ICから国道40号、市道、道道758号経由で28km、約41分。道道758号の開通期間は4月中旬〜11月初旬。
ふうれん望湖台自然公園／4月下旬〜10月末・期間中散策自由・☎01655-3-2755。
駐車場／園内に3カ所駐車場がある。運動広場横の駐車場＝30〜40台・54×26m・砂利＋草・区画なし。風扇館前の駐車場＝14台・15×15m・舗装・区画あり。最奥駐車場＝40〜50台・40×36m・舗装・区画なし。
駐車場混雑情報／混雑することはない。
トイレ／オートキャンプ場と風扇館隣にある。オートキャンプ場トイレ＝水洗。水道・TPあり。風扇館横のトイレ＝水洗。水道・TPあり。評価☆☆☆。
携帯電話／ドコモ📶通話可、au📶通話可、SB圏外。
ドリンク自販機／管理棟と風扇館にある（PBも）。
その他／ふうれん望湖台自然公園案内板、オートキャンプ場、バーベキューハウス風扇館。
取材メモ／ふうれん望湖台自然公園のエゾノリュウキンカは5月上旬〜中旬、エゾヤマザクラは5月中旬、スズラン

望湖台／運動広場横の駐車場

望湖台／風扇館隣のトイレ

望湖台／同トイレ内部

は6月初旬が見ごろ。

立ち寄り湯／①名寄ピヤシリスキー場に行くと「なよろ温泉サンピラー」がある。無休・10〜22時（第3月曜は17時〜。祝日の場合は翌日）・入浴料400円・☎01654-2-2131。②士別市北部、瑞穂駅の西5kmに「士別市日向保養センター」がある。無休・10〜21時・入浴料420円・☎0165-26-2021。
問合先／ふうれん望湖台自然公園管理棟☎01655-3-2755、なよろ観光まちづくり協会☎01654-9-6711、名寄市営業戦略室営業戦略課☎01654-3-2111

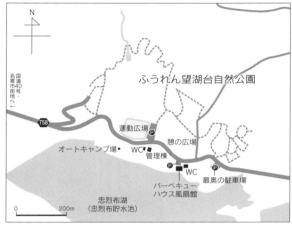

望湖台／最奥の駐車場

望湖台／遊歩道入口

伏美岳・芽室山の会コース登山口①　伏美小屋
ふしみだけ・めむろやまのかいコースとざんぐち　ふしみごや

十勝管内芽室町　標高696m

小屋／登山口に続くトムラウシ沢林道

アクセス道路通行止

登山口概要／伏美岳の北東側、トムラウシ沢林道の途中。芽室山の会コースを経由する伏美岳やピパイロ岳の起点。林道沿いに伏美小屋（伏美岳避難小屋、伏美岳登山者救護所）がある。通常は、さらに400m奥の林道終点（次項）まで進入する方が便利。※2016年の豪雨災害のため、トムラウシ沢林道は通行止。復旧の見通しは立っていないが、今後、開通した時のために2013年の取材結果を参考までに掲載しておく。
緯度経度／［42°47′27″］［142°47′37″］
マップコード／834 425 530*43
アクセス／帯広広尾道芽室帯広ICから国道38号、道道62、317、55号、町道、トムラウシ沢林道（路面評価★★★★〜★★★）経由で39km、約57分。付近の町道に「伏美岳」の標識あり。美生ダム方面を目指し、ダム手前で直角に左に折れる（直進道路はゲート閉鎖）。800m先の案内板が立つ

小屋／小屋前の駐車スペース

小屋／伏美小屋

三叉路は「伏美岳登山口」の標識に従って左に進むと、ここから未舗装となる。道道から17.5km、約26分。
駐車場／伏美小屋前に駐車スペースがある。約3台・砂利＋草・区画なし。
トイレ／伏美小屋の奥にある。非水洗。水道なし。TPなし。評価☆☆～☆。
携帯電話／ドコモ圏外、au圏外、SB圏外。
水場／伏美小屋前にある。
登山届入れ／伏美小屋前にある。
その他／伏美小屋（無人小屋。通年利用可。宿泊自由・無料。問い合わせは、芽室町商工観光課☎0155-62-9736）、倉庫。
立ち寄り湯／①道道55号に出て5kmほど北上すると「国民宿舎新嵐山荘」で入浴ができる。無休・10時30分～21時30分・入浴料270円・☎0155-65-2121。②帯広市街地では「朋の湯温泉（とものゆおんせん）」がある。場所はわかりにくいが、緑ヶ丘公園の北側にあり、道道216号の西12南17交差点を直進北上し西12南15交差点を右折する。月曜休・13～23時・入浴料440円・☎0155-24-1238。
問合先／芽室町観光物産協会☎0155-66-6522、芽室町商工観光課☎0155-62-9736

小屋／同小屋内部

小屋／伏美小屋奥のトイレ

伏美岳・芽室山の会コース登山口② 林道終点
ふしみだけ・めむろやまのかいこーすとざんぐち　りんどうしゅうてん

十勝管内芽室町　標高730m

林道／手前の道路沿いの案内標識

> アクセス道路通行止

登山口概要／伏美岳の北東側、トラムウシ沢林道終点。芽室山の会コースを経由する伏美岳やピパイロ岳の起点。手前の伏美小屋は、前項参照。※2016年の豪雨災害のため、トムラウシ沢林道は通行止。復旧の見通しは、立っていないが、今後、開通した時のために2013年の取材結果を参考までに掲載しておく。
緯度経度／［42°47′30″］［142°47′21″］
マップコード／834 425 634*76
アクセス／帯広広尾道芽室帯広ICから国道38号、道道62、317、55号、町道、トムラウシ沢林道（路面評価★★★★～★★★）経由で39.5km、約58分。付近の町道に「伏美岳」の標識あり。美生ダム方面を目指し、ダム手前で直角に左に折れる（直進道路はゲート閉鎖）。800m先の案内板が立つ三叉路は「伏美岳登山口」の標識に従って左に進むと、ここから未舗装となる。道道から18km、約27分。
駐車場／林道終点に駐車スペースがある。約20台・66×14m・砂利＋草・区画なし。
駐車場混雑情報／満車の場合は手前の伏美小屋前に3台分の駐車スペースがある。
トイレ／手前の伏美小屋の奥にある。非水洗。水道なし。TPなし。評価☆☆～☆。
携帯電話／ドコモ圏外、au圏外、SB圏外。

林道／林道終点の駐車スペース

林道／登山道入口

水場／手前の伏美小屋前にある。
登山届入れ／手前の伏美小屋前と登山道入口にある。
その他／大雪日高緑の回廊案内板。
立ち寄り湯／①道道55号に出て5kmほど北上すると「国民宿舎新嵐山荘」で入浴ができる。無休・10時30分〜21時30分・入浴料270円・☎0155-65-2121。②帯広市街地では「朋の湯温泉（とものゆおんせん）」がある。場所はわかりにくいが、緑ヶ丘公園の北側にあり、道道216号の西12南17交差点を直進北上し西12南15交差点を右折する。月曜休・13〜23時・入浴料440円・☎0155-24-1238。
問合先／芽室町観光物産協会☎0155-66-6522、芽室町商工観光課☎0155-62-9736

二股岳／国道から下二股林道へ

二股岳／登山口に続く下二股林道

二股岳・下二股沢コース登山口
ふたまただけ・しもふたまたさわこーすとざんぐち

北斗市　標高252m

登山口概要／二股岳の南側、下二股林道のゲート前。下二股沢コースを経由する二股岳の起点。
緯度経度／［41°57′13″］［140°32′38″］
マップコード／490 125 110*44
アクセス／道央道大沼公園ICから道道149号、国道5号、道道96号、国道227号、下二股林道（路面評価★★★。最後の200mは★★★★）経由で26km、約41分。または函館市街地（函館駅前）から国道5、227号、下二股林道（上と同じ）経由で29km、約45分。国道から1km、約4分。
駐車場／ゲート前の林道路肩2カ所に駐車スペースがある。計約5台・砂利＋土＋草・区画なし。また林道入口付近の国道沿いにも広い待避帯（58×10m）がある。
携帯電話／ドコモ▄▄▄〜▄▄通話可、au▄〜▄だが通話可、SB圏外。
取材メモ／林道入口には「この山は命にかかわる事故多発」の注意看板が立っている。
立ち寄り湯／国道を下ると北斗総合分庁舎近く（分庁舎の南西500m）、道道96号と道道756号の間に「北斗市健康センター・せせらぎ温泉」がある。月曜休（祝日の場合は営業）・10〜22時・入浴料300円・☎0138-77-7070。
問合先／檜山森林管理署☎0139-64-3201、北斗市観光課☎0138-73-3111、北斗市観光協会☎0138-77-5011

二股岳／ゲート前の駐車スペース

風不死／登山道入口に続く未舗装道入口

風不死岳・北尾根コース登山口
ふっぷしだけ・きたおねこーすとざんぐち

千歳市　標高298m（登山道入口）

登山口概要／風不死岳の北東側、国道276号沿い。北尾根コースを経由する風不死岳の起点。
緯度経度／［42°44′04″］［141°21′56″］（登山道入口）

風不死／登山道入口の駐車スペース

［42°44′07″］［141°21′56″］（国道沿い駐車スペース）
マップコード／545 824 759*68（登山道入口）
545 824 849*68（国道沿い駐車スペース）
アクセス／札幌市街地（道庁前）から国道230号、真駒内通、国道453、276号、未舗装道（路面評価入口付近のみ★★。以降は★★★）経由で58km、約1時間27分。または道央道千歳ICから道道77号、国道36号、道道16号、国道453、276号、未舗装道（上と同じ）経由で32km、約48分。登山道入口に続く未舗装道は、以前と比べて路面状況が改善しているが、車高が低い車は国道沿いの駐車スペースを利用する方が無難と思われる。

風不死／国道沿いの駐車スペース

駐車場／登山道入口に駐車スペースがある。7〜8台・40×10m・小石＋土・区画なし。また未舗装道入口の240m西側国道沿いにも駐車スペースがある。8〜10台・42×5m・細砂利＋土＋草・区画なし。
携帯電話／登山道入口＝ドコモ📶通話可、au📶通話可、SB📶通話可。国道沿い駐車スペース＝ドコモ📶〜📶通話可、au📶通話可、SB📶通話可。
登山届入れ／登山道入口にある。

風不死／登山道入口

立ち寄り湯／①近くの支笏湖温泉にある「休暇村支笏湖」で可能。無休・11〜16時（火、水曜は13時〜）・入浴料720円・☎0123-25-2201。②また湖の対岸にある「丸駒温泉旅館」でも可能。無休・10〜15時・入浴料1000円・☎0123-25-2341。
問合先／支笏湖ビジターセンター☎0123-25-2404、千歳市観光事業課☎0123-24-0366、千歳駅観光案内所☎0123-24-8818

風不死／休暇村支笏湖・浴場

ブナの森100年観察林（殿様街道入口）→P379

富良野岳
　→P215 十勝連峰・原始ヶ原登山口（ニングルの森）
　→P219 十勝連峰・吹上温泉

富良野西岳・北の峰散策コース登山口
ふらのにしだけ・きたのみねさんさくこーすとざんぐち

富良野市　標高225m

登山口概要／富良野西岳の北東側、市道終点付近。北の峰散策コースなどを経由する富良野西岳の起点。
緯度経度／［43°20′43″］［142°21′39″］
マップコード／450 058 142*73

北の峰／散策コース入口付近の駐車場

アクセス／道東道占冠ICから国道237、38号、道道800号、市道経由で52km、約1時間18分。または道央道滝川ICから国道38号、道道800号、市道経由で53km、約1時間20分。国道にある「富良野スキー場」標識を目印に道道800号へ。「北の峰ターミナル」がある突き当たりを右折。
駐車場／北の峰散策コース入口付近などに駐車場や駐車スペースがあり、登山者の利用可とのこと。約50台以上・42

北の峰／北の峰に続く林道入口

×36mなど3面・砂利など・区画なし。
携帯電話／ドコモ通話可、au通話可、SB通話可。
立ち寄り湯／①2km南側の「新富良野プリンスホテル」に「紫彩の湯」がある。無休・13時～深夜0時・入浴料1540円・☎0167-22-1111。②芦別市との市境寄りに「ラベンダーの森・ハイランドふらの」がある。無休（メンテナンス休あり）・6～23時・入浴料510円・☎0167-22-5700。③中富良野町の国道237号沿いにある「スパ&ホテルリゾート・ふらのラテール」でも可能。無休・10～22時・入浴料980円・☎0167-39-3100。
問合先／富良野市商工観光課☎0167-39-2312、ふらの観光協会・富良野美瑛広域観光センター☎0167-23-3388

北の峰／富良野西岳山頂

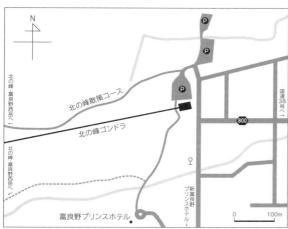

北の峰／新富良野プリンスホテル・紫彩の湯

山麓駅／山麓駅奥の駐車場

富良野西岳・富良野ロープウェー山麓駅
ふらのにしだけ・ふらのろーぷうぇーさんろくえき

富良野市　標高322m

登山口概要／富良野西岳の北東側、市道終点。富良野ロープウェイやスキー場コース、沢コース（四線川登山道コース）を経由する富良野西岳の起点。
緯度経度／［43°19′31″］［142°21′15″］
マップコード／919 552 688*73
アクセス／道東道占冠ICから国道237、38号、道道706、985号、市道経由で49km、約1時間13分。または道央道滝川ICから国道38号、道道800号、市道経由で57km、約1時間26分。付近の道道に「富良野ロープウェー」の標識あり。
駐車場／山麓駅前や奥に駐車場がある。山麓駅前駐車場＝10台以上・38×32m・舗装・区画あり。奥の駐車場＝200台以上・140×50mなど3面・砂・区画なし。
トイレ／山麓駅や山頂駅にある。山麓駅トイレ＝水洗・水道・TPあり。評価☆☆☆。

山麓駅／富良野ロープウェー山麓駅

山麓駅／同駅舎のトイレ

携帯電話／ドコモ通話可、au通話可、SB通話可。
ドリンク自販機／山麓駅と山頂駅にある（PBも）。
登山届入れ／登山道入口と山頂駅内にある。
富良野ロープウェー／6月17日〜10月15日・8〜16時（時期により変動）・往復1900円、片道1300円（以上、2017年度の参考データ。2018年度は改訂予定）・☎0167-22-1111。
その他／山麓駅＝売店、登山案内板など。山頂駅＝パノラマデッキなど。
立ち寄り湯／①隣接する「新富良野プリンスホテル」に「紫彩の湯」がある。無休・13時〜深夜0時・入浴料1540円・☎0167-22-1111。②芦別市との市境寄りに「ラベンダーの森・ハイランドふらの」がある。無休（メンテナンス休あり）・6〜23時・入浴料510円・☎0167-22-5700。③中富良野町の国道237号沿いにある「スパ＆ホテルリゾート・ふらのラテール」でも可能。無休・10〜22時・入浴料980円・☎0167-39-3100。
問合先／富良野市商工観光課☎0167-39-2312、ふらの観光協会・富良野美瑛広域観光センター☎0167-23-3388

山麓駅／新富良野プリンスホテル・紫彩の湯

フレペ／知床自然センター駐車場

フレペの滝・知床自然センター（ホロベツ園地）
ふれぺのたき・しれとこしぜんせんたー（ほろべつえんち）
オホーツク管内斜里町　標高155m

登山口概要／フレペの滝の南東側、国道334号と道道93号の交差点付近。フレペの滝遊歩道の起点。
緯度経度／［44°05′26″］［145°01′22″］
マップコード／757 603 516*73
アクセス／道東道足寄ICから国道242号、道道51号、国道240、334号経由で189km、約4時間43分。または旭川紋別道（国道450号）瀬戸瀬ICから国道333、39、334号経由で168km、約4時間12分。

フレペ／知床自然センター

フレペ／鳥獣保護区管理センター

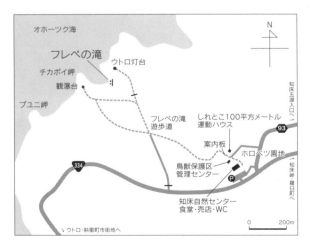

フレペ／しれとこ100平方メートル運動ハウス

駐車場／知床自然センターに駐車場がある。約120台＋大型・76×34mなど2面・舗装・区画あり。
駐車場混雑情報／GWは混雑する程度だが、お盆休みは満車になり駐車待ちも発生。別途、臨時駐車場が用意されることもある。
知床自然センター／知床の自然を大型映像ダイナビジョンやミニギャラリーで紹介する施設。売店・レストランあり。無休・8時～17時40分（10月21日～4月19日は9～16時）・☎0152-24-2114。
トイレ／知床自然センター内にある。水洗。水道・TPあり。評価☆☆☆。
携帯電話／ドコモ通話可、au通話可、SB通話可。
ドリンク自販機／知床自然センター内にある（PBも）。
その他／知床自然センター案内板、知床国立公園・ホロベツ園地案内板、鳥獣保護区管理センター、しれとこ100平方メートル運動ハウス。
取材メモ／フレペの滝は海岸の断崖に懸かる落差60mの滝で、知床自然センターから観瀑台まで片道約20分。フレペの滝周辺の紅葉は10月上旬～中旬が見ごろ。
立ち寄り湯／①近くのウトロ温泉に「夕陽台の湯」がある。6月1日～10月31日・期間中無休・14～20時・入浴料500円・☎0152-24-2811。②またウトロ温泉の各宿でも可能だが、時期によって入浴できないこともある。例えば「ホテル知床」＝4月下旬～10月末・期間中無休・15～20時・入浴料800円・☎0152-24-2131。
問合先／知床自然センター☎0152-24-2114、知床斜里町観光協会☎0152-22-2125、斜里町商工観光課☎0152-23-3131

フレペ／フレペの滝に続く遊歩道入口

フレペ／フレペの滝の観瀑台

フレペ／夕陽台の湯

ペケレベツ岳・日勝峠コース登山口
ぺけれべつだけ・にっしょうとうげこーすとざんぐち

十勝管内清水町　標高806m

登山口概要／ペケレベツ岳の北東側、国道274号沿い。日勝峠コースを経由するペケレベツ岳の起点。
緯度経度／［42°57′47″］［142°47′05″］
マップコード／608 169 258*76
アクセス／道東道十勝清水ICから国道274号経由で13km、約20分。日勝第1展望台駐車場を過ぎて、除雪ステーションのすぐ先。駐車スペース入口に立つ携帯電話基地局が目印。少し奥に標識もある。
駐車場／登山道入口に駐車スペースがある。8～10台・20×20m・砂利＋草＋石・区画なし。
トイレ／清水町側手前の日勝第1展望台駐車場にある。水洗。水道・TPあり。評価☆☆☆。
携帯電話／ドコモ通話可、au通話可、SB通話可。
登山届入れ／登山道入口にある。
その他／携帯電話基地局、大雪・日高緑の回廊案内板。
立ち寄り湯／新得町方面では、①JR新得駅前に「新得町営浴場」がある。無休・14～22時・入浴料420円・☎0156-64-

日勝峠／登山道入口の標識

日勝峠／登山道入口の駐車スペース

4156。②また新得町市街地の佐幌川対岸には「新得温泉ホテル」がある。無休・15〜21時・入浴料300円・☎0156-64-5837。
問合先／清水町観光協会（清水町商工観光課）☎0156-62-5042（一般的な観光情報のみ）

辺計礼山・奥春別登山口
べけれやま・おくしゅんべつとざんぐち

釧路管内弟子屈町　標高250m

日勝峠／日勝第1展望台駐車場のトイレ

登山口概要／辺計礼山の南東側、札友内（さつともない）林道沿い。奥春別コースを経由する辺計礼山の起点。
緯度経度／［43°28′42″］［144°21′18″］
マップコード／731 223 092*66
アクセス／道東道阿寒ICから国道240、241号、札友内林道（路面評価ゲートまで★★★★。ゲート以降★★★★。部分的に★★★）経由で68km、約1時間47分。国道に立つ「辺計礼山登山口」の案内看板に従って左折。500mほどの三叉路を右折。すぐエゾシカゲートがあるので、開けたら閉めておくこと。さらに札友内林道を進むと登山道入口と駐車スペースがある。国道から1.8km、約7分。
駐車場／登山道入口に駐車スペースがある。路面悪い部分もある。約8台・22×18m・土＋枝＋木片・区画なし。
トイレ／近くの弟子屈市街地に「道の駅摩周温泉」がある。
携帯電話／ドコモ📶〜📶通話可、au圏外、SB圏外。
登山届入れ／登山道入口にある。
その他／熊出没注意看板、国有林からのお願い看板。
立ち寄り湯／弟子屈市街地に向かうと摩周温泉で可能。例えば①「亀の湯」＝共同浴場。毎月5、15、25日休・7〜20時・入浴料300円・☎015-482-2233。②「泉の湯」＝共同浴場。火曜休・13〜21時・入浴料200円・☎015-482-2623。③ほか「ホテル摩周」や「ペンションBirao」などでも可能。
問合先／根釧西部森林管理署☎0154-41-7126 または☎050-3160-5785、摩周湖観光協会☎015-482-2200

辺計礼／札友内林道入口

辺計礼／札友内林道のエゾシカゲート

辺計礼／登山道入口の駐車スペース

ペテガリ岳・ペテガリ山荘→P379

ベニヤ原生花園入口
べにやげんせいかえんいりぐち

宗谷管内浜頓別町　標高5m

登山口概要／クッチャロ湖の東側、町道沿い。ベニヤ原生花園を一巡する遊歩道の起点。
緯度経度／［45°08′49″］［142°22′10″］
マップコード／644 839 354*57
アクセス／道央道士別剣淵ICから国道40号、名寄バイパス（国道40号）、国道40、275、238号、町道経由で137km、約3時間25分。

ベニヤ／原生花園の駐車場

駐車場／原生花園入口に駐車場がある。12台＋大型・62×14m・舗装・区画あり。
駐車場混雑情報／5月中旬～8月末頃のフラワーシーズン中は、大型バスの駐車が重なると満車になることも。
トイレ／駐車場そばに立つ展望塔一階にある。水洗・水道・TPあり。評価☆☆☆。
携帯電話／ドコモ📶通話可、au📶通話可、SB📶通話可。
その他／花・花ハウス（案内所）。6月1日～9月末・無休、6月と9月は月曜休・9～16時）、ベニヤ原生花園案内板、テーブル・ベンチ、展望塔。
取材メモ／ベニヤ原生花園のスズランは6月上旬～下旬、エゾスカシユリとエゾカンゾウは6月中旬～7月上旬、ハマナスは6月中旬～8月中旬、エゾクガイソウは7月中旬～8月中旬が見ごろ。なお花・花ハウスでは、希望すればフラワーガイドによる花のガイド（無料）をしてくれる。ベニヤ原生花園の遊歩道は所要20分～1時間30分。
立ち寄り湯／近くのクッチャロ湖畔に公共温泉宿泊施設の「はまとんべつ温泉ウィング」がある。無休・11～21時・入浴料550円（11～14時は400円）・☎01634-2-4141。
問合先／浜頓別町観光協会（浜頓別町産業振興課商工観光係）☎01634-2-2346

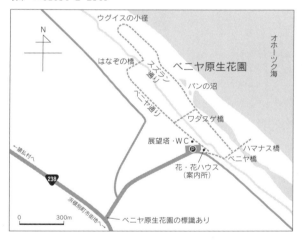

ベニヤ／展望塔

ベニヤ／同施設内のトイレ

ベニヤ／花・花ハウス

ベニヤ／原生花園の遊歩道

ペラリ山・御園登山口
ぺらりやま・みそのとざんぐち

日高管内新ひだか町　標高198m

登山口概要／ペラリ山の北西側、未舗装道の途中。御園コースを経由するペラリ山の起点。
緯度経度／［42°23′20″］［142°31′44″］
マップコード／697 483 327*31
アクセス／日高道日高門別ICから国道237、235号、道道71号、

ペラリ／手前の三叉路。ここは右へ

町道、未舗装道（路面評価★★★）経由で45km、約1時間8分。
駐車場／登山道入口に駐車スペースがある。5～6台・32×5ｍ・砂+小石・区画なし。
携帯電話／ドコモ📶通話可、au📶通話可、SB📶通話可。
取材メモ／登山コースは、すぐ先の右手にのびる林道。
立ち寄り湯／①新ひだか町市街地から国道235号で三石方面へ。6km先を左折すると「静内温泉」がある。月曜休（祝日の場合は翌日）・10～22時・入浴料500円・☎0146-44-2111。②日高町の国道235号沿いに「門別温泉・とねっこの湯」がある。第3月曜休（祝日の場合は翌日）・10～22時・入浴料500円・☎01456-3-4126。
問合先／新ひだか町商工労働観光課☎0146-43-2111、新ひだか町観光情報センター「ぽっぽ」（新ひだか観光協会）☎0146-42-1000

ペラリ／登山道入口の駐車スペース

ペラリ／登山道入口の標識

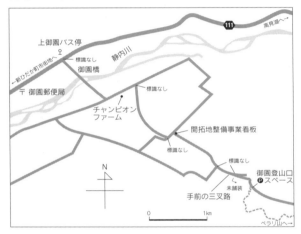

ペラリ／静内温泉・浴室

ペンケヌーシ岳・六ノ沢コース登山口
ぺんけぬーしだけ・ろくのさわこーすとざんぐち

日高管内日高町　標高667ｍ

アクセス道路通行止

登山口概要／ペンケヌーシ岳の南東側、パンケヌーシ支線林道終点。六ノ沢コースを経由するペンケヌーシ岳の起点。
※2016年の豪雨災害のため、パンケヌーシ支線林道は通行止。今後、開通した時のために参考までに2013年の取材結果を掲載しておく。
入林申請／パンケヌーシ林道は、秋の狩猟期間に入ると施錠されるので、あらかじめ森林管理署に入林申請すること。申請の方法はP383参照。問い合わせは日高北部森林管理署☎01457-6-3151または☎050-3160-5705。

ペンケ／国道から町道へ

ペンケ／登山口に続くパンケヌーシ支線林道

緯度経度／［42°52′38″］［142°41′44″］
マップコード／1061 128 897*76
アクセス／道東道占冠ICから国道237、274号、町道、パンケヌーシ林道（路面評価★★★★。所々★★★。チロロ岳登山口以降は★★★）、パンケヌーシ支線林道（路面評価★★★。一部★★）経由で45km、約1時間16分。国道に立つ「チロロ岳・ペンケヌーシ岳登山口入口」の標識に従って町道へ。800m先から未舗装のパンケヌーシ林道となり、チロロ岳登山口（P200）を見送り、三叉路は左のパンケヌーシ支線林道へ（三叉路の本線にはロープが張ってある）。国道から19.5km、約38分。

駐車場／林道終点に駐車スペースがある。約8台・30×12m・石＋砂・区画なし。

トイレ／手前のチロロ岳登山口（P200）に簡易トイレが1基ある。TPなし。評価☆☆。

携帯電話／ドコモ圏外、au圏外、SB圏外。
登山届入れ／パンケヌーシ林道入口にある。
その他／熊出没注意看板。
立ち寄り湯／日高町日高地区市街地に「沙流川温泉・ひだか高原荘」がある。無休・6〜9時＋10〜21時（月曜は13〜21時）・入浴料500円・☎01457-6-2258。

問合先／日高北部森林管理署☎01457-6-3151または☎050-3160-5705、日高町観光協会☎01457-6-2211、日高総合支所地域経済課観光・農林グループ☎01457-6-2008

ペンケ／林道終点の駐車スペース

ペンケ／ひだか高原荘・大浴場

坊主山・穂別稲里コース登山口
ほうずやま・ほべついなさとこーすとざんぐち

胆振管内むかわ町　標高528m

登山口概要／坊主山の南側、坊主山林道の途中。穂別稲里コースを経由する坊主山の起点。

緯度経度／［42°50′22″］［142°13′41″］
マップコード／567 612 414*67
アクセス／道東道むかわ穂別ICから道道1165号、国道274号、道道74号、町道、坊主山林道（路面評価前半★★★★。後半★★★★〜★★★。所々★★）経由で12km、約17分。または日高道鵡川ICから道道10号、国道235号、道道74、59、74号、町道、坊主山林道（上と同じ）経由で53km、約1時間23分。道道の「下沢橋」標識を目印に町道へ。1.5km、約2先で「坊主山登山道入口」の標識に従って左折し、坊主山林道へ入る。道道から7km、約15分。

駐車場／登山道入口に駐車スペースがある。8〜10台・20×7m・細砂利＋土＋草・区画なし。

携帯電話／ドコモ📶〜📶通話可（2017年9月の再取材時はつながらなかった）、au📶通話可、SB📶〜📶通話可。

登山届入れ／登山道入口にある。
立ち寄り湯／①道道74号を北上し、国道274号に出る手前を左折すると、すぐ「樹海温泉はくあ」がある。4〜12月・火曜休（祝日の場合は翌日。7〜8月は無休）・11時30分〜

坊主山／町道から坊主山林道へ

坊主山／登山口に続く坊主山林道

坊主山／登山道入口の駐車スペース

297

19時（時期により変動）・入浴料520円・☎0145-45-2003。
②一方、むかわ町市街地へ出ると、「むかわ温泉・四季の館」（併設して道の駅むかわ四季の館あり）がある。無休（年に1日休館日あり）・10～22時・入浴料520円・☎0145-42-4171。
問合先／むかわ町産業振興課経済グループ☎0145-42-2416、むかわ町観光協会☎0145-47-2480

北鎮岳→P179 大雪山系・黒岳ロープウェイ層雲峡駅
　　　→P180 大雪山系・層雲峡駐車場

北稜岳・斗満川登山口（北稜岳山小舎）
ほくりょうだけ・とまむがわとざんぐち（ほくりょうだけやまごや）

十勝管内陸別町　標高675m

北稜岳／町道から奥斗満林道へ

登山口概要／北稜岳の東側、奥斗満林道終点。斗満川コースを経由する北稜岳の起点。
緯度経度／［43°29′19″］［143°29′18″］
マップコード／815 554 302*50
アクセス／道東道足寄ICから国道242号、道道772号、町道、奥斗満林道（路面評価★★★★～★★★。入口から6～7kmあたりはガタガタだが、路面評価★★★）経由で54km、約1時間25分。または旭川紋別道（国道450号）瀬戸瀬ICから国道333、242号、道道502号、町道、奥斗満林道（上と同じ）経由で113km、約2時間53分。「北稜岳」の標識を目印に奥斗満林道に入ると、すぐにエゾシカゲートがあり、開けたら閉めておく。林道入口から1km先の三叉路は左へ。林道入口から11km、約20分。

北稜岳／林道終点の駐車場

駐車場／林道終点の北稜岳山小舎前に駐車場がある。約15台・26×18m・砂利＋草・区画なし。
トイレ／山小舎の裏手に簡易トイレが2基ある。TPあり。評価☆☆。近くの陸別町市街地に「道の駅オーロラタウン93りくべつ」もある。
携帯電話／ドコモ圏外、au圏外、SB圏外。
水場／山小舎の裏手にある。
登山届入れ／登山道入口にある。

北稜岳／北稜岳山小舎

その他／北稜岳山小舎（無人小屋。12～4月は閉鎖される。宿泊自由・無料。問い合わせは陸別町産業振興課☎0156-27-2141）。
取材メモ／1回目の取材時は、奥斗満林道路面上に何カ所もヒグマの糞が落ちていた。

北稜岳／同小舎内部

立ち寄り湯／置戸町方面では道道1050号沿いに「おけと勝山温泉ゆぅゆ」がある。無休・10時30分～22時・入浴料500円・☎0157-54-2211。
問合先／陸別町観光協会（陸別町産業振興課）☎0156-27-2141

北海岳→P179 大雪山系・黒岳ロープウェイ層雲峡駅
　　　→P180 大雪山系・層雲峡駐車場

北稜岳／同小舎裏手の簡易トイレ

ボッケ遊歩道→P25 阿寒湖・ボッケ遊歩道入口

北方原生花園入口
ほっぽうげんせいかえんいりぐち

根室市　標高10m

登山口概要／北方原生花園の北側、道道35号沿い。北方原生花園に続く桟道の起点。
緯度経度／［43°23′02″］［145°41′26″］
マップコード／423 773 670*44
アクセス／道東道阿寒ICから国道240、38、44号、道道35号経由で161km、約2時間42分。道道に「北方原生花園駐車場」の大きな標識がある。
駐車場／10台＋大型・130×3mなど2面・舗装・区画あり。
トイレ／駐車場にある。水洗。水道・TPあり。評価☆☆☆。
携帯電話／ドコモ📶通話可、au📶通話可、SB📶通話可。
取材メモ／北方原生花園には全長約1kmの桟道があり、往復約20〜30分で散策できる。シーズン中は花園内でポニーが放牧されているので、入口扉のカギをかける。北方原生花園のヒオウギアヤメは、7月上旬〜下旬が見ごろ。
問合先／根室市観光協会☎0153-24-3104、根室市商工観光課☎0153-23-6111

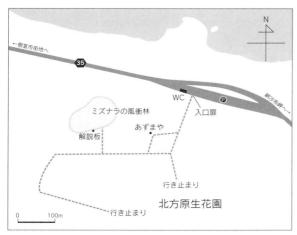

北方／原生花園の駐車場

北方／同駐車場のトイレ

北方／同トイレ内部

北方／原生花園に続く桟道

北邦野草園入口
→P33 嵐山公園(嵐山神居自然休養林)・北邦野草園入口

幌岩山・西登山口（道の駅サロマ湖）
ほろいわやま・にしとざんぐち（みちのえきさろまこ）

オホーツク管内佐呂間町　標高40m

幌岩西／道の駅サロマ湖駐車場

登山口概要／幌岩山の西側、国道238号沿い。道の駅サロマ湖の遊歩道や幌岩山、サロマ湖展望台の起点。
緯度経度／［44°05′58″］［143°49′23″］
マップコード／955 054 577*06
アクセス／旭川紋別道（国道450号）瀬戸瀬ICから国道333号、道道103、961号、国道238号経由で47km、約1時間15分。国道に道の駅の大きな標識がある。
道の駅サロマ湖／無休・9〜18時（10月中旬〜4月中旬は〜17時）・☎01587-5-2828。
駐車場／道の駅の駐車場は登山者の利用可とのこと。50台＋大型・72×38m・舗装・区画あり。
駐車場混雑情報／GWやお盆休み、11月第3日曜に道の駅で行われる牡蠣（かき）まつりの日は朝早くから満車になる。満車の場合は、東登山口（次項）から登ればよい。
トイレ／道の駅の物産館内にある。水洗。水道・TPあり。評価☆☆☆。
携帯電話／ドコモ通話可、au通話可、SB通話可。
公衆電話／物産館内にカード・コイン式公衆電話がある。
ドリンク自販機／物産館前にある（PBも）。
その他／物産館「みのり」（売店・軽食・休憩コーナー）、ふれあい牧場、観光農園、宿泊研修施設「悠林館」、バーベキューハウス。
取材メモ／幌岩山のサロマ湖展望台までは、徒歩約1時間。
問合先／道の駅サロマ湖☎01587-5-2828、佐呂間町観光物産協会（佐呂間町経済課商工観光係）☎01587-2-1200

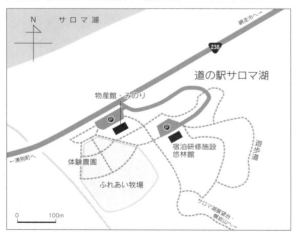

幌岩西／物産館みのり

幌岩西／同館内のトイレ

幌岩西／道の駅案内板

幌岩東／登山者用駐車場

幌岩東／同駐車場のトイレ

幌岩山・東登山口
ほろいわやま・ひがしとざんぐち

オホーツク管内佐呂間町　標高40m

登山口概要／幌岩山の北東側、国道238号から少し入った場

所。幌岩山やサロマ湖展望台の起点。
緯度経度／［44°06′04″］［143°51′02″］
マップコード／955 057 766*06
アクセス／旭川紋別道（国道450号）瀬戸瀬ICから国道333号、道道103、961号、国道238号、町道経由で50km、約1時間20分。国道に立つ「幌岩山登山道入口」の標識に従って右折し、町道を100m上がる。
駐車場／町道終点に登山者用の駐車場がある。31台・24×16mなど2面・舗装・区画あり。
駐車場混雑情報／混雑することはない。
トイレ／駐車場にある。水洗。水道（飲用不可）・TPあり。評価☆☆☆～☆☆。
携帯電話／ドコモ📶通話可、au📶通話可、SB📶通話可。
取材メモ／幌岩山のサロマ湖展望台までは、徒歩約1時間。
問合先／佐呂間町観光物産協会（佐呂間町経済課商工観光係）☎01587-2-1200

幌岩東／同トイレ内部

山荘／新冠林道起点に立つ注意看板

幌尻岳・イドンナップ山荘
ぽろしりだけ・いどんなっぷさんそう

日高管内新冠町　標高425m

登山口概要／幌尻岳（日本百名山）の南西側。幌尻岳新冠陽希コースを経由する幌尻岳の起点。※イドンナップ山荘前に林道ゲートが設置されたため、奥新冠発電所前ゲートの駐車スペースは利用不可。代わりに本項・イドンナップ山荘横の駐車場を利用する。
緯度経度／［42°40′32″］［142°35′04″］
マップコード／1010 310 708*52
アクセス／日高道日高門別ICから国道235号、道道209、71号、町道、新冠林道（路面評価★★★★。部分的に★★。新冠ダムからの終盤は★★★★～★★★。一部★★）経由で経由で約69km、約2時間7分。泉町道ゲート以降は狭い未舗装の新冠林道となり、道道から約42km、約1時間27分でイドンナップ山荘に着く。岩清水ダムからは26km、約1時間。町道や新冠林道には幌尻岳やイドンナップ山荘の標識は一切ない。また新冠林道は年に何度か通行止めになることがある。
駐車場／イドンナップ山荘横に駐車場がある。約30台・36×22mなど・土＋草・区画なし。※山荘前は大型車両の旋回場所なので通年駐停車禁止。林道路肩も工事用トレーラーやクレーン車などの超大型車両が往来するので通年駐停車禁止。
駐車場混雑情報／7～8月の土・日曜、休日は混雑する。それ以外で混雑することはない。
トイレ／イドンナップ山荘1階奥にある。非水洗。水道あるが水出ず。TPなし。微生物で発酵させているため、使用後は水と微生物の投入をすること。
携帯電話／ドコモ圏外、au圏外、SB圏外。
登山届入れ／イドンナップ山荘前にある。

山荘／新冠ダム

山荘／登山口に続く新冠林道

山荘／イドンナップ山荘

その他／イドンナップ山荘（素泊まり利用1泊1名1000円）。幌尻岳新冠陽希コース起点及び命名記念モニュメント、日高山脈中央森林生態系保護地域案内板、国有林からのお願い看板。

取材メモ／奥新冠発電所前ゲート付近では、心無い登山者がゲート前に車を放置して北海道電力や森林管理署の大型車両が通行できなくなることが多くなってきたことや、ゲート付近にトイレがないので、糞尿、ティッシュの投げ捨てがひどくなってきたため、やむを得ずイドンナップ山荘前にゲートが設置された。なお、幌尻岳新冠陽希コースの8合目にある通称・お花畑では、7～8月にヒダカキンバイソウ、チングルマ、エゾコザクラ、エゾツツジなどの数多くの高山植物が見られる。このコースでは、7月15日前後まで雪渓が残り、1650m付近の水場のトラバース地点で落石が多いため、アイゼン、ピッケル、ヘルメットは必携。全行程約23kmのロングコースなので、2泊3日の登山計画が一般的。晴天であれば登頂後、山頂から往復1時間程度の、七つ沼カールが見えるところまで足をのばすのもお勧めだ。

立ち寄り湯／①新冠町市街地の東側に「新冠温泉レ・コードの湯」がある。国道から少し入る。不定休・5～8時＋10～22時・入浴料500円・☎0146-47-2100。②日高町の国道235号沿いに「門別温泉・とねっこの湯」がある。第3月曜休（祝日の場合は翌日）・10～22時・入浴料500円・☎01456-3-4126。

問合先／日高南部森林管理署☎0146-42-1615、新冠ポロシリ山岳会（電子メールのみ対応）tu-hide-zipang@north.hokkai.net

山荘／同山荘横の駐車場

山荘／同山荘内のトイレ

山荘／登山届入れや案内板

山荘／イドンナップ山荘前ゲート

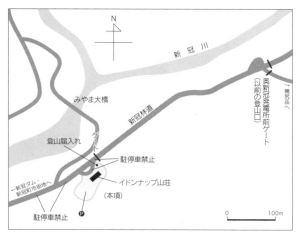

幌尻岳・奥新冠発電所前ゲート
　→（前項）幌尻岳・インドナップ山荘

山荘／発電所前ゲート

幌尻岳・とよぬか山荘
ぽろしりだけ・とよぬかさんそう

日高管内平取町　標高225m

とよぬか／「幌尻岳」の案内標識

登山口概要／幌尻岳（日本百名山）の西側、道道638号と町道の交差点付近。額平川コースを経由する幌尻岳の中継地点。とよぬか山荘に車を置き、町営シャトルバスに乗り換え、幌尻林道第1ゲートへと向かう。
緯度経度／［42°42′22″］［142°24′16″］
マップコード／811 438 419*75
アクセス／道東道占冠ICから国道237号、道道638号、町道経由で44km、約1時間5分。付近の道道に「とよぬか山荘」の標識あり。
駐車場／とよぬか山荘に駐車場がある。約30台・32×30mなど2面・草・区画なし。※とよぬか山荘正面は駐車禁止。また駐車場での野営、車中泊は禁止。
トイレ／とよぬか山荘内にある。温水洗浄便座付き水洗。水道・TPあり。評価☆☆☆。
携帯電話／ドコモ📶通話可、au圏外、SB📶通話可。
ドリンク自販機／とよぬか山荘内にある（PBも）。
とよぬか山荘／完全予約制の宿泊・登山情報提供施設。宿泊・売店・コインランドリー。☎01457-3-3568。
町営シャトルバス／とよぬか山荘〜第2ゲートを結ぶ。7月1日〜9月30日・1日4便（天候により運休されることもある）・所要1時間・往復4000円、片道2000円。予約・問い合わせは、とよぬか山荘☎01457-3-3568へ。
幌尻山荘／7月1日〜9月30日。期間中は管理人常駐。宿泊は予約制。予約は平取町山岳会事務所☎01457-3-3838へ。
取材メモ／とよぬか山荘、町営シャトルバス、幌尻山荘についての最新情報は、平取町の行政サイトを参照のこと。また幌尻岳のキバナシャクナゲは7月中旬〜下旬、チングルマとヒダカキンバイソウ、エゾノハクサンイチゲは7月中旬〜8月上旬、エゾツツジとエゾコザクラは7月下旬〜8月中旬が見ごろ。
立ち寄り湯／①にぶたに湖へ向かうと「びらとり温泉ゆから」がある。無休・10〜22時・入浴料420円・☎01457-2-3280。②また日高町日高地区市街地には「沙流川温泉・ひだか高原荘」がある。無休・6〜9時+10〜21時（月曜は13〜21時）・入浴料500円・☎01457-6-2258。
問合先／とよぬか山荘☎01457-3-3568、平取町観光協会（平取町観光商工課）☎01457-3-7703、平取町山岳会事務所☎01457-3-3838

とよぬか／とよぬか山荘標識

とよぬか／とよぬか山荘駐車場

とよぬか／とよぬか山荘

とよぬか／同山荘のトイレ

ポロト自然休養林入口（ポロト湖）
ぽろとしぜんきゅうようりんいりぐち（ぽろとこ）

胆振管内白老町　標高15m

登山口概要／ポロト湖の北西側上流、町道終点。ポロト自

然休養林に続く各遊歩道の起点。ポロト湿原の入口。
緯度経度／［42°34′24″］［141°21′01″］
マップコード／545 252 464*57
アクセス／道央道白老ICから道道86号、町道経由で5.5km、約10分。
駐車場／ポロト自然休養林入口に駐車場がある。32台・38×34m・砂利・区画あり。
トイレ／自然休養林内に4カ所ある。評価☆☆☆〜☆☆。
携帯電話／ドコモ📶通話可、au📶通話可、SB📶通話可。
その他／ビジターセンター（ポロト自然休養林の情報提供）、ポロト自然休養林案内板、キャンプ場。
取材メモ／自然休養林は利用可能だが、現在、ポロト湖周辺では2020年民族共生象徴空間整備に伴い工事等が進行中。ポロト湿原のミズバショウは4月下旬〜5月上旬、湖畔やもみじ平の紅葉は10月下旬が見ごろ。
立ち寄り湯／①国道36号を室蘭方向に進むと、登別市街地に入る手前左手に「虎杖浜温泉ホテル」がある。無休・6〜23時・入浴料600円・☎0144-82-8267。②同じ虎杖浜温泉の「ホテルいずみ」でも可能。無休・12〜22時（日曜と木曜は10時〜。土曜と祝前日は12〜17時。繁忙期は変更になることも）・入浴料530円・☎0144-87-2621。
問合先／白老ふるさと2000年ポロトの森ビジターセンター☎0144-85-2005、白老観光協会☎0144-82-2216、胆振東部森林管理署☎0144-82-2161、白老町経済振興課観光振興グループ☎0144-82-8214

ポロト／自然休養林入口の駐車場

ポロト／自然休養林の標識

ポロト／自然休養林案内板

ポロト／ビジターセンター

ホロホロ山・白老登山口
ほろほろやま・しらおいとざんぐち

胆振管内白老町　標高625m

登山口概要／ホロホロ山の東側、とどまつ沢林道ゲート前。

ホロホロ／道道に立つ標識

白老コースを経由するホロホロ山や徳舜瞥山（とくしゅんべつやま）の起点。
緯度経度／［42°37′59″］［141°10′20″］
マップコード／603 771 603*51
アクセス／道央道白老ICから道道86号、とどまつ沢林道（路面評価前半★★★★〜★★★。後半★★★〜★★）経由で20km、約35分。道道に立つ「ホロホロ山登山道入口」の標識に従い、とどまつ沢林道へ左折。そこから4.4km、12分。
駐車場／ゲート前に駐車スペースがある。約8台・32×10m・石＋小石・区画なし。
トイレ／アクセス途中の道道86号沿い、ホロケナシ駐車公園にトイレがある。詳細不明。
携帯電話／ドコモ圏外、au📶通話可、SB圏外。
登山届入れ／登山道入口にある。
その他／登山者にお願い看板。
立ち寄り湯／①国道36号を室蘭方向に進むと、登別市街地に入る手前左手に「虎杖浜温泉ホテル」がある。無休・6〜23時・入浴料600円・☎0144-82-8267。②同じ虎杖浜温泉の「ホテルいずみ」でも可能。無休・12〜22時（日曜と木曜は10時〜。土曜と祝前日は12〜17時。繁忙期は変更になることも）・入浴料530円・☎0144-87-2621。
問合先／胆振東部森林管理署☎0144-82-2161、白老観光協会☎0144-82-2216、白老町経済振興課観光振興グループ☎0144-82-8214

ホロホロ山・日鉄鉱山跡登山口
　→P222 徳舜瞥山・日鉄鉱山跡登山口

ポンヤオロマップ岳・ペテガリ橋
ぽんやおろまっぷだけ・ぺてがりばし
十勝管内大樹町　標高355m

アクセス道路通行止

登山口概要／ポンヤオロマップ岳の北東側、歴舟川支流林道の終点。ペテガリ岳東尾根コースを経由するポンヤオロマップ岳の起点。※2016年の豪雨災害のため、歴舟川支流林道は通行止。復旧時期は未定だが、今後、開通した時のために2013年の取材結果を参考までに掲載しておく。
緯度経度／［42°31′32″］［142°58′57″］
マップコード／945 673 670*40
アクセス／帯広広尾道更別ICから道道716、472、55号、歴舟川支流林道（路面評価★★★★〜★★★。部分的に★★）経由で30km、約58分。道道の3.6km先から未舗装となり、6.7km先の三叉路は左へ。道道から16.5km、約38分。
駐車場／登山道入口に駐車スペースがある。6〜7台・草・区画なし。
携帯電話／ドコモ圏外、au📶つながらず、SB圏外。
登山届入れ／登山道入口にある。

ホロホロ／道道からとどまつ沢林道へ

ホロホロ／ゲート前の駐車スペース

ホロホロ／登山道入口

ポン／6.7km先の三叉路

ポン／登山口に続く歴舟川支流林道

取材メモ／歴舟川支流林道は過去に一時的に閉鎖されたこともあり、今後、工事の予定もあるようだ。通行止になると北海道森林管理局のサイトに掲載される。または十勝西部森林管理署☎0155-24-6118に確認のこと。

立ち寄り湯／①隣の更別村役場近くの老人保健福祉センター内に「福祉の里温泉」がある。月曜休（臨時営業あり）・13～22時・入浴料400円・☎0155-53-3500。②少し離れているが、同じ大樹町内の太平洋岸のホロカヤントウと生花苗沼の間に「晩成温泉」がある。無休（10～3月は火曜休）・8～21時（時期により変動）・入浴料500円・☎01558-7-8161。

問合先／十勝西部森林管理署☎0155-24-6118 または☎050-3160-5795、大樹町商工観光課商工観光係☎01558-6-2114

ポン／登山道入口の駐車スペース

ポン／登山道入口

ま行

マクンベツ湿原入口
まくんべつしつげんいりぐち

石狩市　標高2.5m

登山口概要／石狩川の河口付近、道道508号沿い。マクンベツ湿原に続く遊歩道や桟道の起点。
緯度経度／〔43°13′29″〕〔141°21′17″〕
マップコード／514 193 600*06
アクセス／札樽道札幌北ICから国道231号、道道508号経由で17km、約26分。
駐車場／湿原の南西側を通る道道508号沿いに3ヵ所駐車場（計約100台）がある。西側の駐車場＝34台・66×24m・舗装・区画あり。真ん中の駐車場＝20〜30台・88×10m・舗装・区画なし。
トイレ／西側の駐車場にある。水洗。水道・TPあり。評価☆☆。
携帯電話／ドコモ通話可、au通話可、SB通話可。
その他／石狩川マクンベツ湿原案内板。
取材メモ／マクンベツ湿原のミズバショウは4月中旬〜5月上旬が見ごろ。
立ち寄り湯／石狩灯台方面に向かうと「石狩温泉・番屋の湯」がある。無休・10〜24時・入浴料650円・☎0133-62-5000。
問合先／石狩観光協会☎0133-62-4611、石狩市商工労働観光課観光担当☎0133-72-3167

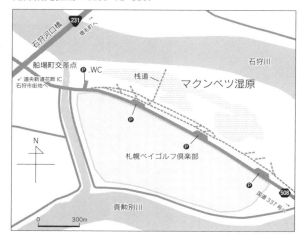

摩周岳→P82 カムイヌプリ・摩周第一展望台

マクンベツ／西側の駐車場

マクンベツ／同駐車場のトイレ

マクンベツ／同トイレ内部

マクンベツ／湿原の案内板

マクンベツ／マクンベツ湿原

松山湿原・天竜沼駐車場
まつやましつげん・てんりゅうぬまちゅうしゃじょう

上川管内美深町　標高598m

登山口概要／松山湿原の北側、松山林道の途中。松山湿原や天竜沼に続く登山道や遊歩道の起点。
緯度経度／［44°30′27″］［142°35′49″］
マップコード／832 612 543*26
アクセス／道央道士別剣淵ICから国道40号、名寄バイパス（国道40号）、道道49号、松山林道（全線舗装）経由で68km、約1時間42分。道道49号の東郷橋を渡った先で「松山湿原」の標識と大きな案内看板に従って右折して松山林道に進む。途中の三叉路は直進（松山湿原と天竜沼の標識あり）。松山林道の開通期間は6月中旬～10月末。
駐車場／登山道入口の手前に天竜沼駐車場がある。20～30台・54×24m・舗装・区画なし。
駐車場混雑情報／6月下旬～7月上旬の土曜日に1日開催される「松山湿原とニウプ自然探勝」のイベント時は、満車になるため、マイカー利用は控えるよう呼びかけられている。開催日は美深町観光協会のサイトに掲載される。
トイレ／駐車場にある。非水洗。水道なし。TPあり。評価☆☆。
携帯電話／ドコモ圏外、au通話可、SB圏外。
登山届入れ／駐車場の案内板横にある。
その他／松山湿原案内板、あずまや、松山の鐘、熊出没注意看板。
取材メモ／松山湿原は25haの高層湿原。駐車場から松山湿原まで登り約30分。湿原内の木道一周約20分。湿原やその周辺にはエゾイチゲ、タチギボウシ、ワタスゲなどが生育する。また天竜沼の周囲にも桟道があり散策できる。
立ち寄り湯／①美深町市街地に出て国道40号を北上すると、森林公園美深アイランドに「びふか温泉」がある。無休・

松山／天竜沼駐車場

松山／同駐車場のトイレ

松山／同トイレ内部

松山／松山湿原案内板

松山／登山道入口

11〜21時・入浴料400円・☎01656-2-2900。②また名寄市郊外の名寄ピヤシリスキー場に行くと「なよろ温泉サンピラー」がある。無休・10〜22時（第3月曜は17時〜。祝日の場合は翌日）・入浴料400円・☎01654-2-2131。
問合先／美深町観光協会☎01656-9-2470、美深町企画グループ商工観光係☎01656-2-1617

松山／風穴

迷沢山・上平沢登山口
まよいさわやま・かみひらさわとざんぐち

札幌市南区　標高410m

登山口概要／迷沢山の南西側、道道1号沿い。上平沢コースを経由する迷沢山の起点。
緯度経度／［43°02′11″］［141°07′31″］
マップコード／493 135 074*62
アクセス／札幌市街地（道庁前）から国道230号、道道1号経由で38km、約57分。または札樽道朝里ICから道道1号経由で20km、約30分。あるいは道央道虻田洞爺湖ICから国道230号、道道1号経由で99km、約2時間30分。
駐車場／上平沢林道入口の南側に駐車スペースがある。7〜8台・14×14m・砂利＋土・草・区画なし。
携帯電話／ドコモ📶通話可、au📶通話可、SB📶通話可。
取材メモ／付近には迷沢林道入口もあるので紛らわしい。上平沢林道入口には林道名の標識が立っている。
その他／携帯電話基地局。
立ち寄り湯／定山渓温泉の温泉宿で立ち寄り湯ができる。①「ホテル鹿の湯」＝休前、祝前日は立ち寄り湯は休み・15〜20時（日曜、祝日は〜17時）・入浴料820円・☎011-598-2311。②「ホテル山水」＝不定休・正午〜19時（休前日は〜15時）・入浴料640円・☎011-598-2301。③「悠久の宿・白糸」＝無休・正午〜19時（休前日は〜15時）・入浴料600円・

松山／松山湿原

迷沢山／駐車スペース入口

迷沢山／駐車スペース

迷沢山／上平沢林道ゲート

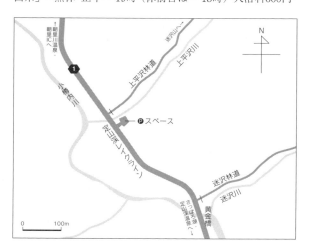

☎011-598-3351。④ほかの多くの宿でも立ち寄り湯は可能（入浴料700～1500円）。一方、道道1号で小樽方面に向かうと朝里川温泉がある。⑤「かんぽの宿小樽」＝無休・10時30分～20時・入浴料600円・☎0134-54-8511。⑥「ホテル武蔵亭」＝無休・9～22時・入浴料600円・☎0134-54-8000。
問合先／石狩森林管理署☎050-3160-5710または☎011-563-6111、石狩森林管理署定山渓森林事務所☎011-598-4351、定山渓まちづくりセンター☎011-598-2191

丸山（塩谷）
　→P134 塩谷丸山・穴滝登山口
　→P135 塩谷丸山・おたる自然の村入口
　→P136 塩谷丸山・小樽天狗山山頂駐車場
　→P137 塩谷丸山・小樽天狗山ロープウェイ山麓駅
　→P137 塩谷丸山・ＪＲ塩谷駅奥
　→P138 塩谷丸山・最上コース登山口

丸山（知内）→P157 知内丸山・矢越山荘

丸山（当別）→P212 当別丸山・トラピスト修道院

丸山（美利河）→P282 美利河丸山・奥美利河温泉
　　　　　　　　→P283 美利河丸山・二股らぢうむ温泉

迷沢山／ホテル鹿の湯・露天風呂

三国山・三国トンネル
みくにやま・みくにとんねる

上川管内上川町　標高1120m

登山口概要／三国山の西側、国道273号沿い。三国トンネルコースを経由する三国山の起点。
緯度経度／［43°35′42″］［143°07′34″］
マップコード／743 345 108*53
アクセス／道東道音更帯広ICから国道241、273号経由で86km、約2時間10分。または旭川紋別道（国道450号）上川層雲峡ICから国道39、273号経由で51km、約1時間16分。音更方面からは三国トンネルを抜けた先の右側、層雲峡方面からは三国トンネル手前の左側に駐車場がある。
駐車場／三国トンネル北口200m先に駐車場（三国峠駐車場とは別）がある。約40台・72×24m・舗装・区画なし。
トイレ／三国峠上士幌町側の三国峠駐車場にある。水洗。水道・TPあり。評価☆☆☆。上川側では大雪湖畔の「大雪防災ステーション」にある。水洗。水道・TPあり。評価☆☆。
携帯電話／ドコモ圏外、au圏外、SB圏外。
公衆電話／三国峠駐車場のトイレ向かって左側建物の壁面にカード・コイン式公衆電話がある。
ドリンク自販機／三国峠駐車場の「三国峠cafe」店内にある（PBも）。

三国山／トンネル北口の駐車場

三国山／三国峠駐車場の三国峠cafe

三国山／同駐車場のトイレ

三国山／同トイレ内部

水道設備／三国峠駐車場にある。
取材メモ／三国山登山道は、三国トンネル北口（上川側）向かって左側わきから続いている。
その他／三国峠駐車場＝「三国峠cafe」（喫茶・軽食。4月下旬〜10月下旬・不定休・8時30分〜16時30分）。
立ち寄り湯／①幌加温泉の「湯元鹿の谷（かのや）」で可能。通年営業・無休・9〜20時・入浴料500円・☎01564-4-2163。あるいはぬかびら源泉郷の各宿でも可能。例えば②「湯元館」＝不定休・8〜20時（冬期は〜19時）・入浴料500円・☎01564-4-2121。③「糠平温泉ホテル」＝不定休・9〜21時・入浴料500円・☎01564-4-2001。④ほかの宿もほとんど可能（入浴料400〜700円）。⑤一方、上川方面では層雲峡温泉に公共の立ち寄り湯「黒岳の湯」がある。無休（11〜4月は水曜休、祝日の場合は営業）・10時〜21時30分・入浴料600円・☎01658-5-3333。⑥ほか層雲峡温泉の各宿でも可能（入浴料600〜1000円）。
問合先／上川町産業経済課☎01658-2-4058

三国山／登山道入口

三国山／道道から紅葉山施業道へ

三森山・矢別ダム南尾根コース登山口
みつもりやま・やべつだむみなみおねこーすとざんぐち

函館市　標高600m

登山口概要／三森山の東側、紅葉山施業道の途中。矢別ダム南尾根コースを経由する三森山の起点。
緯度経度／［41°52′57″］［140°53′12″］
マップコード／582 751 535*28
アクセス／函館市街地（函館駅前）から国道278号、道道83号、紅葉山施業道（路面評価★★★〜★★。一部区間★★〜★）経由で28km、約1時間7分。または道央道大沼公園ICから道道149号、国道5号、函館新道（国道5号）、国道5号、道道100、83号、紅葉山施業道（上と同じ）経由で55km、約1時間45分。道道83号の矢別トンネルを抜けてすぐ左折し、紅葉山施業道へ。取材時は、施業道入口から900m先など2カ所に河床路（沢を横断する）があり、2カ所目の方は傾斜間隔が狭いために取材車両のお尻を少しこすった。その先は雨溝とぬかるみが所々にあり、7km先からの200m区間は石がゴロゴロし、道の両端に雨でできた深い雨溝もある悪路だが、そこを過ぎると、比較的安定した。道道から8km、約37分。ちなみに施業道とは道有林における林道よりも格下の未舗装道路のことで、一般には林道と同様の認識でよい。※かなりの悪路なので、あまりお勧めしない。進入するとしても車高が高い四輪駆動車が最低限の条件となる。
駐車場／登山道に続く道との三叉路に駐車スペースがある。5〜6台・草・区画なし。
携帯電話／ドコモ圏外、au圏外、SB圏外。
登山届入れ／紅葉山施業道入口に入林届箱がある。
立ち寄り湯／①道道83号を北上して山麓へ下ると「川汲温泉旅館（かっくみおんせんりょかん）」で可能。第1、3

三森山／紅葉山施業道入口の入林届箱

三森山／登山口に続く紅葉山施業道

三森山／三叉路の駐車スペース

火曜休・7時〜20時30分・入浴料400円・☎0138-25-3330）。また函館市街地へ戻る途中、湯の川温泉の各宿でも可能。例えば②「ホテル雨宮館」＝無休・6〜23時・入浴料400円・☎0138-59-1515。③ほかの宿でも可能（400〜1000円）。
問合先／北海道渡島総合振興局東部森林室☎0138-83-7282、函館市南茅部支所産業建設課☎0138-25-5111

緑岳→P181 大雪山系・大雪高原温泉（大雪高原山荘）

緑のふるさと森林公園
　　→P55 恵庭渓谷・緑のふるさと森林公園

三森山／登山道に続く道

南クマネシリ岳・芽登温泉コース登山口
みなみくまねしりだけ・めとうおんせんこーすとざんぐち

十勝管内足寄町　標高968m

登山口概要／南クマネシリ岳の南西側、糠南支線林道（ぬかなんしせんりんどう）終点。芽登温泉コースを経由する南クマネシリ岳の起点。2016年の豪雨災害のため、しばらく通行止だったが、その復旧工事は2017年11月に終了している。
緯度経度／［43°28′56″］［143°14′05″］
マップコード／679 823 529*53
アクセス／道東道足寄ICから国道242、241号、道道88号、町道（未舗装。路面評価★★★★。所々★★★）、糠南支線林道（路面評価★★★★〜★★★。部分的に★★）経由で50km、約1時間20分。道道88号の「芽登温泉」の標識に従って未舗装の町道へ。芽登温泉に続く道を右に見送り、鹿紅橋を渡った先の三叉路（南クマネシリ岳の標柱あり）を直進する。道道から19.6km、約35分。
駐車場／林道終点に駐車スペースがある。4〜5台・22×12m・砂利＋草・区画なし。
携帯電話／ドコモ圏外、au圏外、SB圏外。
登山届入れ／登山道入口にある。
立ち寄り湯／①道道へ出る途中の「芽登温泉ホテル」で可能。不定休・10時30分〜20時・入浴料520円・☎0156-26-2119。②一方、道道88号を北上して置戸町に向かうと道道1050号沿いに「おけと勝山温泉ゆ〜ゆ」がある。無休・10時30分〜22時・入浴料500円・☎0157-54-2211。
問合先／十勝東部森林管理署☎0156-25-3161 または☎050-3160-5790、あしょろ観光協会☎0156-25-6131、足寄町林業商工観光室☎0156-25-2141

南クマ／鹿紅橋を渡った先の三叉路

南クマ／登山口に続く糠南支線林道

南クマ／林道終点の駐車スペース

南暑寒別岳・雨竜沼湿原ゲートパーク
　　→P50 雨竜沼湿原・雨竜沼湿原ゲートパーク

南暑寒別岳・ペンケペタン川コース登山口
　　→P50 雨竜沼湿原・雨竜沼湿原ゲートパーク

南クマ／芽登温泉ホテル

南ペトウトル山・然別湖畔温泉
みなみぺとうとるやま・しかりべつこはんおんせん

十勝管内鹿追町　標高816m

登山口概要／南ペトウトル山の南東側、道道85号沿い。然別湖畔温泉コースを経由する南ペトウトル山の起点。
緯度経度／［43°16′25″］［143°06′16″］
マップコード／702 388 480*58
アクセス／道東道十勝清水ICから国道274、38、274号、道道85号経由で45km、約1時間6分。
駐車場／然別湖畔温泉に公共駐車場がある。約130台・50×36mなど3面・舗装・区画あり。
駐車場混雑情報／夏と秋に計50日間開催されるイベント「グレートフィッシング」の時は、釣り客の車で混雑する。
トイレ／駐車場入口にある。水洗。水道・TPあり。評価☆☆☆。
携帯電話／ドコモ📶通話可、au📶通話可、SB📶通話可。
ドリンク自販機／付近のホテル前などにある（PBも）。
登山届入れ／登山道入口にある。
立ち寄り湯／然別湖畔温泉の「ホテル風水」で可能。無休・正午〜17時・入浴料1000円・☎0156-67-2211。
問合先／鹿追町観光協会（鹿追町商工観光課観光振興係）
☎0156-66-4034

然別湖／然別湖畔温泉の公共駐車場

然別湖／駐車場入口のトイレ

然別湖／同トイレ内部

然別湖／登山道入口

無意根山・薄別登山口①（第1ゲート）
むいねやま・うすべつとざんぐち

札幌市南区　標高390m

登山口概要／無意根山の東側、宝来沢林道の第1ゲート前。薄別コースを経由する無意根山の起点。第1ゲートは施錠

第1／国道から宝来沢林道へ

されているが、入林申請すれば第2ゲート（次項）まで進入できる。入林申請の方法はP381参照。
緯度経度／［42°56′27″］［141°07′26″］
マップコード／708 660 549*54
アクセス／札幌市街地（道庁前）から国道230号、宝来沢林道（路面評価★★★★～★★★）経由で30km、約46分。または道央道虻田洞爺湖ICから国道230号、宝来沢林道（上と同じ）経由で72km、約1時間50分。あるいは札樽道朝里ICから道道1、230号、宝来沢林道（上と同じ）経由で41km、約1時間。林道入口に「無意根山登山口」の標識がある。そこから200m、約1分半。
駐車場／第1ゲート前に駐車スペースがある。4～5台・18×10m・砂利+砂+草・区画なし。
トイレ／定山渓温泉の西側、国道230号沿いの定山渓パーキングにトイレがある。自動ドア。水洗。水道・TPあり。評価☆☆☆。
携帯電話／ドコモ📶～📶 通話可、au📶～📶 通話可、SB圏外。
その他／ゲート前＝無意根周辺植物群落保護林案内板。林道入口＝薄別バス停（道南バス）。
立ち寄り湯／①札幌市街地へ戻る途中、定山渓交差点を右折すれば「豊平峡温泉（ほうへいきょうおんせん）」で可能。無休・10時～22時30分・入浴料1000円・☎011-598-2410。または定山渓温泉の温泉宿でも立ち寄り湯ができる。②「ホテル鹿の湯」＝休前、祝前日は立ち寄り湯は休み・15～20時（日曜・祝日は～17時）・入浴料820円・☎011-598-2311。③「ホテル山水」＝不定休・正午～19時（休前日は～15時）・入浴料640円・☎011-598-2301。④「悠久の宿・白糸」＝無休・正午～19時（休前日は～15時）・入浴料600円・☎011-598-3351。⑤ほかの多くの宿でも立ち寄り湯は可能（入浴料700～1500円）。
問合先／石狩森林管理署☎050-3160-5710 または☎011-563-6111、石狩森林管理署定山渓森林事務所☎011-598-4351、定山渓まちづくりセンター☎011-598-2191

第1／国道に立つ登山口の標識

第1／第1ゲート前の駐車スペース

第1／第1ゲート

無意根山・薄別登山口②（第2ゲート）
むいねやま・うすべつとざんぐち（だいにげーと）

札幌市南区　標高706m

登山口概要／無意根山の東側、宝来沢林道の第2ゲート前。薄別コースを経由する無意根山の起点。第1ゲート（前項）は施錠されているが、入林申請すれば本項・第2ゲートまで進入できる。
緯度経度／［42°56′20″］［141°05′43″］
マップコード／989 071 356*54
入林申請／宝来沢林道の第1ゲートは施錠されているので、あらかじめ石狩森林管理署に入林申請し許可をもらう。申請の方法はP381参照。ゲートの鍵ナンバーが書かれた用紙を忘れずに持参すること。問い合わせは、石狩森林管理署

第2／登山口に続く宝来沢林道

第2／第2ゲート前の駐車場

☎050-3160-5710 または☎011-563-6111へ。

アクセス／札幌市街地（道庁前）から国道230号、宝来沢林道（路面評価★★★★〜★★★）経由で34km、約55分。または道央道虻田洞爺湖ICから国道230号、宝来沢林道（上と同じ）経由で75.5km、約2時間。あるいは札樽道朝里ICから道道1、230号、宝来沢林道（上と同じ）経由で45km、約1時間10分。道道沿いに「無意根山登山口」の標識がある。途中、第1ゲートで申請で入手したナンバーで鍵を開ける。ゲートを開けたら、必ず再び施錠しておくこと。道道から3.6km、10分。

駐車場／第2ゲート前に駐車場がある。約20台・28×18m・砂＋土＋草・区画なし。

トイレ／定山渓温泉の西側、国道230号沿いの定山渓パーキングにトイレがある。自動ドア。水洗。水道・TPあり。評価☆☆☆。

携帯電話／ドコモ圏外、au圏外、SB圏外。

登山届入れ／入林申請が登山届の代わりになる。

その他／ゲート前＝無意根周辺植物群落保護林案内板。林道入口＝薄別バス停（道南バス）。

立ち寄り湯／①札幌市街地へ戻る途中、定山渓交差点を右折すれば「豊平峡温泉（ほうへいきょうおんせん）」で可能。無休・10時〜22時30分・入浴料1000円・☎011-598-2410。または定山渓温泉の温泉宿でも立ち寄り湯ができる。②「ホテル鹿の湯」＝休前、祝日は立ち寄り湯は休み・15〜20時（日曜・祝日は〜17時）・入浴料820円・☎011-598-2311。③「ホテル山水」＝不定休・正午〜19時（休前日は〜15時）・入浴料640円・☎011-598-2301。④「悠久の宿・白糸」＝無休・正午〜19時（休前日は〜15時）・入浴料600円・☎011-598-3351。⑤「湯の花・定山渓殿」＝無休・10〜22時・入浴料800円・☎011-598-4444。⑥ほかの多くの宿でも立ち寄り湯は可能（入浴料700〜1500円）。

問合先／石狩森林管理署☎050-3160-5710 または☎011-563-6111、石狩森林管理署定山渓森林事務所☎011-598-4351、定山渓まちづくりセンター☎011-598-2191

無意根山・元山登山口
むいねやま・もとやまとざんぐち

札幌市南区　標高600m

登山口概要／無意根山の北側、道道95号終点の少し先。元山コースを経由する無意根山の起点。

緯度経度／［42°58′46″］［141°02′34″］

マップコード／989 215 227*54

アクセス／札幌市街地（道庁前）から国道230号、道道95号経由で39km、約1時間。または道央道虻田洞爺湖ICから国道230号、道道95号経由で91km、約2時間16分。あるいは札樽道朝里ICから道道1、95号経由で45km、約1時間8分。

駐車場／登山道入口に駐車スペースがある。60台以上・82×24m、58×12m、40×10〜6m・泥＋砂＋土＋草・小石・

第2／第2ゲート

第2／定山渓パーキングのトイレ

第2／豊平峡温泉・内風呂

元山／元山地区最初の三叉路。左折する

元山／続く三叉路。ここも左折

315

区画なし。
携帯電話／ドコモ圏外、au圏外、SB圏外。
立ち寄り湯／定山渓温泉の温泉宿で立ち寄り湯ができる。①「ホテル鹿の湯」＝休前、祝前日は立ち寄り湯は休み・15〜20時（日曜・祝日は〜17時）・入浴料820円・☎011-598-2311。②「ホテル山水」＝不定休・正午〜19時（休前日は〜15時）・入浴料640円・☎011-598-2301。③「悠久の宿・白糸」＝無休・正午〜19時（休前日は〜15時）・入浴料600円・☎011-598-3351。④ほかの多くの宿でも立ち寄り湯は可能（入浴料700〜1500円）。一方、道道1号で小樽方面に向かうと朝里川温泉がある。⑤「かんぽの宿小樽」＝無休・10時30分〜20時・入浴料600円・☎0134-54-8511。⑥「ホテル武蔵亭」＝無休・9〜22時・入浴料600円・☎0134-54-8000。

問合先／石狩森林管理署☎050-3160-5710 または☎011-563-6111、石狩森林管理署定山渓森林事務所☎011-598-4351、定山渓温泉観光協会☎011-598-2012、定山渓まちづくりセンター☎011-598-2191

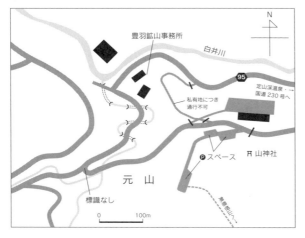

元山／手前の駐車スペース

元山／奥の駐車スペース

元山／登山道入口

元山／ホテル鹿の湯・露天風呂

武華山・東尾根登山口
むかやま・ひがしおねとざんぐち

北見市　標高1145m

アクセス道路通行止

登山口概要／武華山（武華岳）の南東側、武華岳林道終点。東尾根コースを経由する武華山の起点。※2016年豪雨災害により、武華岳林道が通行止。復旧時期は未定だが、今後、開通した時のために2013年の取材結果を参考までに掲載しておく。

緯度経度／［43°41′23″］［143°10′27″］

武華山／国道から武華岳林道へ

マップコード／743 681 431*86
アクセス／旭川紋別道（国道450号）上川層雲峡ICから国道39号、武華岳林道（路面評価前半★★★★、後半★★★）経由で50km、約1時間15分。石北峠を越えた先で「武華岳登山道入口」の標識に従って左折する。ここから3.3km、約7分。林道途中の三叉路は右折。
駐車場／武華岳林道終点に駐車スペースがある。計8〜10台・32×5mなど3面・砂利＋草・区画なし。※満車になった場合、転回は困難。
トイレ／近くの石北峠にトイレがある。詳細不明。
携帯電話／ドコモ圏外、au圏外、SB圏外。
水場／登山道入口にある。
登山届入れ／登山道入口にある。
その他／武華岳登山案内板、入林者のみなさんへ。
立ち寄り湯／①層雲峡温泉に公共の立ち寄り湯「黒岳の湯」がある。無休（11〜4月は水曜休、祝日の場合は営業）・10〜21時30分・入浴料600円・☎01658-5-3333。②ほか層雲峡温泉の各宿でも可能（入浴料600〜1000円）。③例えば「層雲閣グランドホテル」＝無休・12〜16時・入浴料1000円・☎01658-5-3111。一方、国道39号で北見市街地方面に向かうと滝の湯温泉もある。例えば④「滝の湯センター・夢風泉」＝無休・11〜20時・入浴料400円・☎0157-67-4126。
問合先／網走中部森林管理署☎0157-52-3011 または☎050-3160-5770、北見市観光振興室観光振興課☎0157-25-1244

武華山／登山口に続く武華岳林道

武華山／林道終点の駐車場

武華山／登山道入口

武佐岳・第1登山口
むさだけ・だいいちとざんぐち
根室管内中標津町　標高244m

登山口概要／武佐岳の南東側、シュキップベツ林道入口。武佐コースを経由する武佐岳の起点。通常はさらに奥にある登山道入口（次項）まで車で入る方が便利。
緯度経度／［43°38′34″］［144°54′00″］
マップコード／658 183 764*75
アクセス／道東道足寄ICから国道242、241、240、241、243号、道道885、150号、北19号線、クテクンベツ林道（路面評価★★★★〜★★★）経由で149km、約3時間43分。北19号線に立つ「武佐岳登山口」の標識に従い左折。1.7km先から未舗装になり、その300m先の三叉路を標識に従って右折する（写真参照）。北19号線から2.9km、約6分。
駐車場／林道の交差点に駐車スペースがある。35〜40台・54×18m、76×18など3面・草・区画なし。
トイレ／駐車スペースにある。簡易水洗。TPあり。評価☆☆。
携帯電話／ドコモ📶〜📶通話可、au📶通話可、SB📶通話可。
登山届入れ／シュキップベツ林道入口にある。
立ち寄り湯／中標津町市街地にある各温泉宿で可能。①「トーヨーグランドホテル」＝無休・10〜23時・入浴料550円・☎0153-73-1234。②「中標津保養所温泉旅館」＝無休・6時30分〜22時・入浴料500円・☎0153-72-0368。③「ホ

第1／北19号線に立つ標識

第1／300m先三叉路は右折する

テルマルエー温泉俵橋」＝無休・6～22時・入浴料500円・☎0153-78-7888。
問合先／中標津町観光案内所☎0153-73-4787、なかしべつ観光協会☎0153-77-9733、根釧東部森林管理署☎0153-82-2202 または☎050-3160-6675

第1／登山口に続くクテクンベツ林道

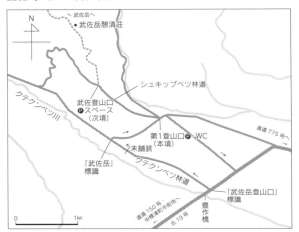

第1／駐車スペースとトイレ

第1／同トイレ内部

武佐岳・武佐登山口
むさだけ・むさとざんぐち

根室管内中標津町　標高333m

登山口概要／武佐岳の南東側、シュキップベツ林道の途中。武佐コースを経由する武佐岳の起点。手前の第1登山口と詳細図は前項参照。
緯度経度／［43°38′55″］［144°53′20″］
マップコード／658 212 484*75
アクセス／道東道足寄ICから国道242、241、240、241、243号、道道885、150号、北19号線、クテクンベツ林道（路面評価★★★★～★★★）、シュキップベツ林道（路面評価★★★）経由で150km、約3時間46分。北19号線に立つ「武佐岳登山口」の標識に従い左折。1.7km先から未舗装になり、その300m先の三叉路を標識に従って右折する。北19号線から2.9km、約6分で第1登山口。さらにシュキップベツ林道に進入し1.2km、約3分。シュキップベツ林道は、行き違い困難な狭い道だが、途中、数カ所に行き違いスペースがある。
駐車場／登山道入口前に駐車スペースがある。約5台・18×6m・砂利＋草・区画なし。
トイレ／手前の第1登山口にある。簡易水洗。TPあり。評価☆☆。
携帯電話／ドコモ📶～📶通話可、au📶通話可、SB📶だが通話可。
登山届入れ／シュキップベツ林道入口にある。

武佐／シュキップベツ林道入口

武佐／登山口に続くシュキップベツ林道

立ち寄り湯／中標津町市街地にある各温泉宿で可能。①「トーヨーグランドホテル」＝無休・10〜23時・入浴料500円・☎0153-73-1234。②「中標津保養所温泉旅館」＝無休・6時30分〜22時・入浴料500円・☎0153-72-0368。③「ホテルマルエー温泉俵橋」＝無休・6〜22時・入浴料500円・☎0153-78-7888。
問合先／中標津町観光案内所☎0153-73-4787、なかしべつ観光協会☎0153-77-9733、根釧東部森林管理署☎0153-82-2202 または☎050-3160-6675

武佐／登山道入口前の駐車スペース

武利岳・丸瀬布登山口
むりいだけ・まるせっぷとざんぐち
オホーツク管内遠軽町　標高797m

> アクセス道路通行止

登山口概要／武利岳の東側、未舗装道の途中。丸瀬布コースを経由する武利岳の起点。※通常は林道終点の土場まで入れるが、取材時は倒木などのために1.3km手前でロープが張られ、この先は徒歩でしか入れないようになっていた。さらに2016年豪雨災害により、道道および林道の崩落等のためアクセス不可になった。復旧時期は未定。今後、開通した時のために2013年の取材結果を参考までに掲載しておく。
緯度経度／［43°44′10″］［143°13′10″］（取材時の通行止地点）。［43°44′05″］［143°12′48″］（終点の土場）
マップコード／743 866 054*86（取材時の通行止地点）743 836 782*86（終点の土場）

武佐／登山道入口

アクセス／旭川紋別道（国道450号）丸瀬布ICから国道333号、道道1070号、滝雄厚和大規模林道（全線舗装）、武利本流林道、未舗装道（路面評価★★★・部分的に★★★★）経由で39km、約1時間。滝雄厚和大規模林道から「武利岳登山道入口」「武利本流林道」の標識に従って斜め右の林道へ。2.8km先の三叉路は右へ（「武利岳」の標識あるが消えかけ）。道道1070号の開通期間は5月末〜11月末。
駐車場／取材時は、通行止地点に駐車スペースがあった。約6台・26×5m・草＋砂利・区画なし。林道終点の土場にも駐車スペースがあるようだ。
トイレ／丸瀬布ICを降りてすぐ「道の駅まるせっぷ」がある。
携帯電話／ドコモ圏外、au圏外、SB圏外。
立ち寄り湯／①国道へ出る途中、道道1070号沿いに「丸瀬布温泉やまびこ」がある。火曜休（祝日の場合は翌日）・10〜21時（11〜3月は11時〜）・入浴料500円・☎0158-47-2233。②一方、滝雄厚和大規模林道で北見市へ抜けると滝の湯温泉でも可能。例えば「滝の湯センター・夢風泉」＝無休・11〜20時・入浴料400円・☎0157-67-4126。
問合先／えんがる町観光協会丸瀬布支部（遠軽町丸瀬布総合支所産業課）☎0158-47-2213、遠軽町商工観光課観光担当☎0158-42-4819、根釧西部森林管理署☎0154-41-7126 または☎050-3160-5785

丸瀬布／武利本流林道入口

丸瀬布／2.8km先の三叉路

丸瀬布／通行止地点の駐車スペース

室蘭海岸線トレッキングコース・潮見公園（イタンキ浜）
むろらんかいがんせんとれっきんぐこーす・しおみこうえん（いたんきはま）

室蘭市　標高10m

登山口概要／地球岬の北東側、市道沿い。潮見公園（イタンキ浜）から地球岬に至る室蘭海岸線トレッキングコース（仮称）の起点。
緯度経度／［42°20′01″］［141°01′16″］
マップコード／159 287 689*56
アクセス／道央道室蘭ICから道道127号、国道37、36号、道道919号、市道経由で11.5km、約17分。
駐車場／潮見公園の駐車場がある。約50台・98×26m・舗装・区画消えている。
トイレ／イタンキ浜海水浴場にある。詳細不明。
携帯電話／ドコモ通話可、au通話可、SB通話可。
その他／室蘭汐見海岸環境整備事業案内板、イタンキ浜の鳴り砂解説板、ビオトープイタンキ案内板。
取材メモ／室蘭海岸線トレッキングコースは、今回掲載にあたって便宜上付けた仮称。潮見公園駐車場から地球岬（P199）までの海岸断崖の尾根道を歩くコースで、所要1時間30分〜2時間。海岸美はもちろん室蘭岳や羊蹄山などの眺めもよい。
立ち寄り湯／地球岬から絵鞆（えとも）半島の北西端に向かうと道の駅みたら室蘭近くに「むろらん温泉ゆらら」がある。第3木曜休・11〜22時・入浴料600円・☎0143-27-4126。
問合先／室蘭観光協会☎0143-23-0102、室蘭市観光課☎0143-25-3320

潮見／潮見公園駐車場

潮見／ビオトープ案内板

潮見／鳴り砂解説板

潮見／イタンキ浜

潮見／トレッキングコース入口

室蘭岳・かつら広場（北尾根登山口）
むろらんだけ・かつらひろば（きたおねとざんぐち）

登別市　標高210m

かつら／道道から林道へ

登山口概要／室蘭岳（鷲別岳）（新花の百名山）の北側、幌別鉱山線林道牛舎奥支線の終点。北尾根コースを経由する室蘭岳の起点。
緯度経度／［42°27′22″］［141°00′26″］
マップコード／159 736 399*56
アクセス／道央道登別室蘭ICから道道144号、市道、道道327号、幌別鉱山線林道牛舎奥支線（路面評価★★★。部分的に★★。一部★★★★）経由で14km、約27分。道道327号の鉱山橋を渡った先で左折するが、林道入口には支柱から外れた川又温泉の案内板しかない（写真参照）。林道途中の三叉路は「川又温泉」の道標に従って右へ。道道327号から3.3km、約10分。
駐車場／林道終点に駐車スペースがある。約6台・26×10m・砂利＋草・区画なし。
携帯電話／ドコモ圏外、au📶～📶通話可、SB圏外。
立ち寄り湯／登別温泉の温泉宿で可能。例えば①「登別石水亭」＝無休・11～19時・入浴料800円・☎0143-84-2255。②「花鐘亭はなや」＝無休・11～19時・入浴料850円・☎0143-84-2521。③また隣の室蘭市に行くと道の駅みたら室蘭近くに「むろらん温泉ゆらら」がある。第3木曜休・11～22時・入浴料600円・☎0143-27-4126。
問合先／登別観光協会☎0143-84-3311、登別市観光振興グループ☎0143-84-2018、後志森林管理署☎0136-22-0145または☎050-3160-5805

かつら／幌別鉱山線林道牛舎奥支線

かつら／林道終点の駐車スペース

室蘭岳・だんパラ公園（室蘭岳山麓総合公園）
むろらんだけ・だんぱらこうえん（むろらんだけさんろくそうごうこうえん）

室蘭市　標高403m

登山口概要／室蘭岳（鷲別岳）（新花の百名山）の南側、市道の終点。南尾根コースや西尾根コースを経由する室蘭岳の起点。水元沢を経由するカヌイヌプリの起点。
緯度経度／［42°24′45″］［141°00′05″］
マップコード／159 585 198*56
アクセス／道央道室蘭ICから道道107号、市道経由で7km、約12分。道道107号の「だんパラスキー場」「室蘭岳山麓総合公園入口」「室蘭岳登山口」などの標識に従って左折。ここから2.4km、約3分。
駐車場／だんパラ公園の最上部に駐車場がある。147台・82×32m・舗装・区画あり。
駐車場混雑情報／取材した2013年6月30日は、晴れの日曜日ということもあってか、到着した正午前の時点で7～8割程度埋まっていた。キャンプ場や公園利用者も多いようだった。

だんパラ／だんパラ公園の駐車場

だんパラ／駐車場北側のトイレ

トイレ／駐車場の北側にある。簡易水洗。水道・TPあり。評価☆☆。
携帯電話／ドコモ📶通話可、au📶通話可、SB📶通話可。
その他／登山案内板、だんパラ公園案内板、キャンプ場、携帯電話基地局、ロッジ。
取材メモ／水元沢を経由してカムイヌプリに向かうコースでは、春のエゾエンゴサクやオオサクラソウ、夏はイチヤクソウやクルマユリなどの花が多い。
立ち寄り湯／地球岬から絵鞆（えとも）半島の北西端に向かうと道の駅みたら室蘭近くに「むろらん温泉ゆらら」がある。第3木曜休・11〜22時・入浴料600円・☎0143-27-4126。
問合先／室蘭観光協会☎0143-23-0102、室蘭市観光課☎0143-25-3320

だんパラ／同トイレ内部

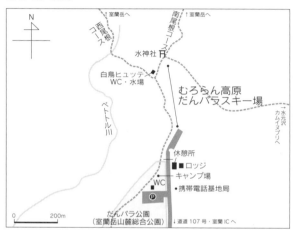

だんパラ／登山案内板

だんパラ／休憩所とロッジ

雌阿寒岳・オンネトー野営場
めあかんだけ・おんねとーやえいじょう

十勝管内足寄町　標高643m

登山口概要／雌阿寒岳（日本百名山・花の百名山）の西側、道道949号から少し入った場所。オンネトーコースを経由する雌阿寒岳の起点。
緯度経度／［43°22′50″］［143°58′21″］
マップコード／783 762 335*65
アクセス／道東道足寄ICから国道242、241号、道道949号、未舗装道（道道と駐車場を結ぶ短い距離のみ。路面評価★★★★）経由で50km、約1時間15分。道道949号の開通期間は4月中旬〜12月中旬。
駐車場／オンネトー野営場の駐車場は、登山者の利用可とのこと。約50台・80×42m・細砂利＋砂＋草・区画なし。
駐車場混雑情報／9月最終日曜日に行われるオンネトー祭

野営場／野営場の標識

野営場／野営場の駐車場

りでは満車になるが、満車になると隣接する湯の滝駐車場に誘導され、停められないことはない。それ以外で満車になることはない。

トイレ／野営場管理棟にあり、登山者の利用可。水洗。水道・TPあり。評価☆☆☆。
携帯電話／ドコモ圏外、au圏外、SB圏外。
登山届入れ／登山道入口にある。
その他／野営場管理棟、オンネトー野営場案内板、登山案内板、登山情報掲示板、熊出没注意看板、登山者に火山活動に注意を促す看板。
取材メモ／雌阿寒岳は現在も活動が続いている活火山なので、火山活動による危険もあることを理解した上で、足寄町サイトで情報を確認してから入山すること。火山活動の異常を知らせるサイレンが聞こえたら、すみやかに下山する。なお雌阿寒岳のメアカンキンバイは7月上旬〜下旬、メアカンフスマは6月下旬〜8月中旬が見ごろ。
立ち寄り湯／①近くの「山の宿野中温泉」で可能。不定休・9〜20時・入浴料350円・☎0156-29-7321。②また「野中温泉」でも可能。不定休・7〜19時（秋と冬は8〜17時）・入浴料200円・☎0156-29-7454。※「景福」は、休業中。
問合先／あしょろ観光協会☎0156-25-6131、足寄町林業商工観光室☎0156-25-2141

野営場／野営場管理棟

野営場／同施設内のトイレ

野営場／登山道入口

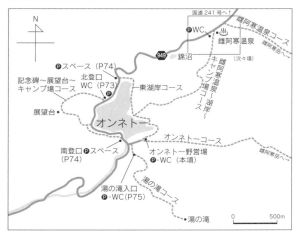

フレベツ／国道からフレベツ白水林道へ

雌阿寒岳・フレベツ白水林道
めあかんだけ・ふれべつしらみずりんどう

釧路市　標高737m

登山口概要／雌阿寒岳（日本百名山・花の百名山）の北東側、フレベツ白水林道の途中。阿寒湖畔コースを経由する雌阿寒岳の起点。※2017年9月の再取材時は、200m手前の路面に生じた雨溝のため進入断念。登山道入口付近の状況は未

フレベツ／登山口の標識

確認。2013年の取材写真を参考までにそのまま掲載しておく。詳細図はP258「白湯山自然観察路・阿寒湖畔スキー場」の項参照。

緯度経度／［43°24′33″］［144°03′43″］
マップコード／739 247 747*68
アクセス／道東道足寄ICから国道242、241、240号、フレベツ白水林道（路面評価★★★〜★★、一部★★★★★）経由で62km、約2時間20分。国道に立つ「雌阿寒岳登山口」の標識に従って林道へ右折する。入口から5km、14分。
駐車場／登山道入口まで進入できれば、その40m手前に駐車場がある。10台・36×6m・砂利＋草・区画あり。
駐車場混雑情報／休日は混雑し、満車になることもある。
携帯電話／ドコモ圏外、au圏外、SB圏外。
登山届入れ／登山道入口にある。
その他／登山者に注意を促す看板、熊出没注意看板、入山者カウンター。
取材メモ／雌阿寒岳は現在も活動が続いている活火山なので、火山活動による危険もあることを理解した上で、足寄町サイトで情報を確認してから入山すること。火山活動の異常を知らせるサイレンが聞こえたら、すみやかに下山する。また人目につかない場所だけに年に1〜2件、車上荒らし被害が報告されている。雄阿寒岳・滝口登山口よりも市街地から離れているため、よりリスクは高いとのことだ。警察の巡回も行われているが、過去には窓ガラスが割られて車内のものが盗られる被害があったようだ。特に道外ナンバー車両（車に貴重品がある可能性が高い）は要注意。なお雌阿寒岳のメアカンキンバイは7月上旬〜下旬、メアカンフスマは6月下旬〜8月中旬が見ごろ。
立ち寄り湯／①近くの阿寒湖温泉に共同浴場の「まりも湯」がある。無休（冬期は第2、4水曜休）・9〜21時・入浴料500円・☎0154-67-2305。②ほか「ホテル阿寒湖荘」＝不定休・13〜15時・入浴料1000円・☎0154-67-2231など。
問合先／阿寒観光協会☎0154-67-3200、釧路市阿寒観光振興課☎0154-67-2505

フレベツ／登山口に続くフレベツ白水林道

フレベツ／40m手前の駐車場

フレベツ／登山道入口

雌阿寒岳・雌阿寒温泉
めあかんだけ・めあかんおんせん

十勝管内足寄町　標高715m

登山口概要／雌阿寒岳（日本百名山・花の百名山）の北西側、道道949号沿い。雌阿寒温泉コースを経由する雌阿寒岳、オンネトーに続く遊歩道「雌阿寒温泉〜湖岸〜キャンプ場コース」の起点。
緯度経度／［43°23′41″］［143°58′56″］
マップコード／783 823 070*68
アクセス／道東道足寄ICから国道242、241号、道道949号経由で48km、約1時間12分。道道949号の開通期間は4月中旬〜12月中旬。
駐車場／雌阿寒温泉に公共駐車場がある。60台・48×38m・

雌阿寒／雌阿寒温泉の公共駐車場

雌阿寒／登山道入口の駐車スペース

舗装・区画あり。また山の宿野中温泉の北側に駐車スペース、登山道入口に4台分の駐車スペースがある。
駐車場混雑情報／登山シーズンの土・日曜、祝日は混雑する。
トイレ／公共駐車場にある。センサーライト付き。水洗。水道・TPあり。評価☆☆☆。
携帯電話／ドコモ📶通話可、au📶通話可、SB📶通話可。
水道設備／駐車場にある。
登山届入れ／登山道入口にある。
その他／雌阿寒岳周辺案内図、車上荒らし注意看板、オンネトー周辺案内板、登山者に注意を促す看板。
取材メモ／雌阿寒岳は現在も活動が続いている活火山なので、火山活動による危険もあることを理解した上で、足寄町サイトで情報を確認してから入山すること。火山活動の異常を知らせるサイレンが聞こえたら、すみやかに下山する。また近年、登山者一名が車一台で来ることが多いために駐車場の収納能力を超えることが増えて、いろいろな支障や問題が発生。なるべく乗り合わせで訪問してほしいとのことだ。なお雌阿寒岳のメアカンキンバイは7月上旬〜下旬、メアカンフスマは6月下旬〜8月中旬が見ごろ。
立ち寄り湯／①「山の宿野中温泉」で可能。不定休・9〜20時・入浴料350円・☎0156-29-7321。②また隣接する「野中温泉」でも可能。不定休・7〜19時(秋と冬は8〜17時)・入浴料200円・☎0156-29-7454。※景福は休業中。
問合先／あしょろ観光協会☎0156-25-6131、足寄町林業商工観光室☎0156-25-2141

雌阿寒／公共駐車場のトイレ

雌阿寒／同トイレ内部

雌阿寒／雌阿寒岳周辺案内図

雌阿寒／登山道入口

雌阿寒／山の宿野中温泉

メグマ沼湿原西側入口
めぐまぬましつげんにしがわいりぐち

稚内市　標高8m

登山口概要／メグマ沼湿原の西側、市道沿い。メグマ沼畔

に広がるメグマ沼湿原を一巡する木道の起点。メグマ沼自然公園とも呼ばれる。詳細図は、次項参照。
緯度経度／［45°23′52″］［141°48′19″］
マップコード／353 832 423*53
アクセス／道央道士別剣淵ICから国道40号、名寄バイパス（国道40号）、国道40号、道道1059号、市道経由で196km、約4時間28分。
駐車場／市道沿いに駐車スペースがある。約10台・18×16m・砂利・区画なし。
携帯電話／ドコモ通話可、au通話可、SB通話可。
取材メモ／メグマ沼湿原は約77.5haの中間・高層湿原で、エゾカンゾウやヒオウギアヤメなどが咲く。全長3.5kmの木道も整備されている。
立ち寄り湯／①稚内市街地に向かい、稚内駅手前の宗谷本線のガードをくぐる手前で右折すると稚内副港市場2階に「稚内天然温泉・港のゆ」がある。不定休・10〜22時・入浴料700円・☎0162-22-1100。②ノシャップ岬近くの稚内西海岸には「稚内市健康増進センター　稚内温泉・童夢」がある。半島の西側、道道254号沿い。毎月1回休館日あり（4月と10月は月2回休み。要問い合わせ）・10〜22時・入浴料600円・☎0162-28-1160。
問合先／稚内振興公社（メグマ沼自然公園の指定管理者）☎0162-23-2121、稚内観光協会☎0162-24-1216、稚内市観光交流課☎0162-23-6468

西側／市道沿いの駐車スペース

西側／木道入口

メグマ沼湿原・稚内カントリークラブ
めぐまぬましつげん・わっかないかんとりーくらぶ

稚内市　標高22m

登山口概要／メグマ沼湿原の南東側、市道終点。メグマ沼畔に広がるメグマ沼湿原を一巡する木道の起点。メグマ沼自然公園とも呼ばれる。
緯度経度／［45°23′51″］［141°48′52″］
マップコード／353 833 396*53
アクセス／道央道士別剣淵ICから国道40号、名寄バイパス（国道40号）、国道40号、道道1059号、市道経由で197km、約4時間30分。
駐車場／稚内カントリークラブの駐車場は、ハイカーの利用可。約170台・150×46m・舗装＋砂利・区画なし。
携帯電話／ドコモ通話可、au通話可、SB通話可。
その他／メグマ沼自然公園案内板。
取材メモ／メグマ沼湿原は約77.5haの中間・高層湿原で、エゾカンゾウ（ゼンテイカ）やヒオウギアヤメなどが咲く。全長3.5kmの木道も整備されている。
立ち寄り湯／①稚内市街地に向かい、稚内駅手前の宗谷本線のガードをくぐる手前で右折すると稚内副港市場2階に「稚内天然温泉・港のゆ」がある。不定休・10〜22時・入浴料700円・☎0162-22-1100。②ノシャップ岬近くの稚内西海岸には「稚内市健康増進センター　稚内温泉・童夢」が

クラブ／カントリークラブ駐車場

クラブ／メグマ沼湿原入口

クラブ／木道案内板

ある。半島の西側、道道254号沿い。毎月1回休館日あり（4月と10月は月2回休み。要問合せ）・10～22時・入浴料600円・☎0162-28-1160。
問合先／稚内振興公社（メグマ沼自然公園の指定管理者）☎0162-23-2121、稚内観光協会☎0162-24-1216、稚内市観光交流課☎0162-23-6468

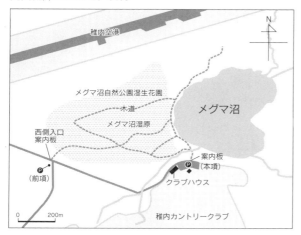

クラブ／駐車場からメグマ沼望む

クラブ／メグマ沼湿原

クラブ／稚内温泉・童夢の浴場

目国内岳・新見峠駐車場
めくんないだけ・にいみとうげちゅうしゃじょう

後志管内蘭越町　標高740m

登山口概要／目国内岳（新花の百名山）の東側、道道268号沿い。新見峠コースを経由する目国内岳、白樺山コースを

新見峠／新見峠駐車場

新見峠／目国内岳登山道入口

経由するシャクナゲ岳などの起点。
緯度経度／［42°53′46″］［140°32′53″］
マップコード／398 516 216*52
アクセス／道央道黒松内JCTから黒松内新道（国道5号）、国道5号、道道229、268号経由で40km、約1時間。または札樽道小樽ICから国道5、276号、道道877、66、268号経由で72km、約1時間48分。道道66号の開通期間は4月下旬～10月下旬。道道268号の開通期間は6月1日～10月下旬。
駐車場／登山道入口のすぐ北側に新見峠駐車場がある。16台・26×18m・舗装・区画あり。
駐車場混雑情報／取材した2013年6月26日は、登山日和の水曜日だったが、到着した午後2時の時点でほぼ満車だった。
携帯電話／ドコモ通話可、au～だが通話可、SB圏外。
登山届入れ／目国内岳とシャクナゲ岳の登山道入口にある。
その他／ニセコ山系歩道案内板、小屋。
立ち寄り湯／蘭越町側へ4km下ると「新見温泉」があるが、2017年6月末日より休業中。
問合先／蘭越町観光案内センター「街の茶屋」☎0136-57-5239、蘭越町商工労働観光課☎0136-57-5111

新見峠／シャクナゲ岳登山道入口

芽室岳／町道の三叉路。直進する

芽室岳・山小屋芽室岳
めむろだけ・やまごやめむろだけ

十勝管内清水町　標高607m

アクセス道路通行止

登山口概要／芽室岳の北側、オマベツ林道終点。芽室川・北尾根コースを経由する芽室岳の起点。※2016年の豪雨災害のため、町道とオマベツ林道は通行止。復旧の見通しは立っていないが、今後、開通した時のために2013年の取材結果を参考までに掲載しておく。
緯度経度／［42°54′01″］［142°47′50″］
マップコード／834 816 663*76
アクセス／道東道十勝清水ICから国道274号、道道55号、町道、オマベツ林道（路面評価★★★★～★★★）経由で17km、約28分。付近の町道に「芽室岳」の標識あり。町道の三叉路から未舗装になり、しばらく右側に電柱と電線が続くオマベツ林道を進む。やがて標識のない三叉路で電柱と電線は左の林道に移るが、それを見送り直進すればいい。未舗装となる町道との三叉路から4.7km、約10分。
駐車場／林道終点に駐車場がある。16～20台・28×15～10m、22×10m・草＋砂・区画なし。
トイレ／山小屋芽室岳内にある。非水洗。水道なし。TPなし。評価☆☆。
携帯電話／ドコモ通話可、au～通話可、SB～圏外つながらず。
水場／山小屋芽室岳の前にあずまや付きの手洗い所（飲用不可）がある。
登山届入れ／山小屋芽室岳の前にある。

芽室岳／登山口に続くオマベツ林道

芽室岳／林道終点の駐車場

芽室岳／山小屋芽室岳

その他／山小屋芽室岳（無人小屋。通年利用可。宿泊自由・無料。問い合わせは清水町都市施設課都市施設グループ☎0156-62-2113）、大雪日高緑の回廊案内板、熊出没注意看板。
立ち寄り湯／新得町方面では、①JR新得駅前に「新得町営浴場」がある。無休・14～22時・入浴料420円・☎0156-64-4156。②また新得町市街地の佐幌川対岸には「新得温泉ホテル」がある。無休・15～21時・入浴料300円・☎0156-64-5837。③芽室町方面では、芽室町市街地にあるJR芽室駅前の道道715号を東へ約1km進むと「スーパー銭湯　鳳乃舞　芽室」がある。無休・6～22時（月～木曜の10～14時は入浴不可）・入浴料410円・☎0155-62-8668。
問合先／清水町観光協会（清水町商工観光課）☎0156-62-5042、十勝西部森林管理署☎0155-24-6118または☎050-3160-5795

藻岩山・旭山記念公園
もいわやま・あさひやまきねんこうえん

札幌市中央区　標高125m

登山口概要／藻岩山の北西側、市道沿いや市道終点。旭山記念公園コースを経由する藻岩山、旭山記念公園を一巡する遊歩道の起点。
緯度経度／［43°02′12″］［141°18′44″］（第2駐車場）
マップコード／9 427 117*62（第2駐車場）
アクセス／札幌市街地（道庁前）から国道230号、旭山公園通、市道（界川本通）経由で5km、約7分。
旭山記念公園／通年・6～22時・☎011-200-0311（旭山記念公園管理事務所）。
駐車場／開園時間のみ利用可なので、時間外に駐車場に入ることはできない。第2駐車場＝冬期閉鎖。55台・76×40m・舗装・区画あり。第1駐車場＝64台・78×32m・舗装・

旭山／旭山記念公園第2駐車場

旭山／同駐車場入口のトイレ

旭山／同トイレ内部

旭山／藻岩山登山道入口

旭山／第1駐車場

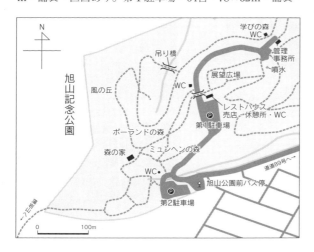

区画あり。※自然歩道入口に近いのは第2駐車場。
駐車場混雑情報／5月上旬〜中旬のサクラシーズンと10月下旬の紅葉シーズンの土・日曜、祝日は満車になり、100m程度の駐車待ちが発生する。それ以外の季節でも突発的に混雑する日はある。
トイレ／第2駐車場入口のトイレ＝水洗。水道・TPあり。評価☆☆☆。レストハウスのトイレは10〜17時。水洗。水道・TPあり。評価☆☆☆。第1駐車場奥のトイレ＝水洗。水道あり。TPなし。評価☆☆☆。
携帯電話／ドコモ通話可、au通話可、SB通話可。
ドリンク自販機／第2駐車場入口のトイレやレストハウスにある（PBも）。
水道設備／第2駐車場入口のトイレなどにある。
その他／旭山記念公園レストハウス、旭山記念公園案内板、札幌周辺自然歩道藻岩山ルート案内板、マムシ出没看板、マダニ注意看板、熊出没注意看板。
問合先／旭山記念公園管理事務所☎011-200-0311（公園に関して）、札幌市みどりの管理課☎011-211-2522（自然歩道に関して）

旭山／旭山記念公園レストハウス

北の沢／この道路を入る

藻岩山・北の沢入口
もいわやま・きたのさわいりぐち

札幌市南区　標高230m

登山口概要／藻岩山の南西側、市道終点。藻岩山自然歩道を経由する藻岩山の起点。
緯度経度／［43°01′07″］［141°18′39″］
マップコード／9 337 892*62
アクセス／札幌市街地（道庁前）から国道230号、道道82号、市道経由で11km、約17分。藻岩山観光道路入口を見送った900m先で禅宗寺を目印（写真参照）に右折した突き当たり。
駐車場／自然歩道入口の左手。最奥左側の民家のすぐ上、林道路肩に寄せれば駐車可能。この民家の方に確認すると、普段も時々、登山者が車を停めており、登山者の駐車は可能とのことだった。ただし、林道に入る車の進行に支障がないように停めたい。
駐車場混雑情報／民家の方によると、登山者の車が停められていても、せいぜい2台くらいで、混雑することはないとのことだった。
携帯電話／ドコモ通話可、au通話可、SB通話可。
その他／藻岩山ルート案内板、熊出没注意看板、マダニ注意看板、自転車通行止看板。
問合先／札幌市みどりの管理課☎011-211-2522、石狩森林管理署☎011-563-6111または☎050-3160-5710

北の沢／林道路肩に寄せれば駐車可

北の沢／自然歩道入口

藻岩山・慈啓会病院入口
もいわやま・じけいかいびょういんいりぐち

札幌市中央区　標高75m

慈啓会／自然歩道入口

登山口概要／藻岩山の北側、市道終点。藻岩山の自然歩道を経由する藻岩山の起点。
緯度経度／［43°02′11″］［141°19′19″］
マップコード／9 429 062*62
アクセス／札幌市街地（道庁前）から国道230号、道道124、453号、市道経由で4.5km、約7分。
駐車場／公共の駐車場はない。自然歩道入口向かって右手にある駐車場は、観音寺参拝者用駐車場。同駐車場に停めたい場合は応相談。停められない日もある（観音寺☎011-561-7672）。※自然歩道入口右手のスペースは駐車禁止。
トイレ／自然歩道入口左手にある。水洗。水道あり。TPなし。評価☆☆☆〜☆☆。
携帯電話／ドコモ📶通話可、au📶通話可、SB📶通話可。
その他／藻岩山ルート案内板、熊出没注意看板、掲示板、マダニ注意看板など。
問合先／札幌市みどりの管理課☎011-211-2522、石狩森林管理署☎011-563-6111または☎050-3160-5710

慈啓会／同入口左手のトイレ

慈啓会／同トイレ内部

藻岩山・市民スキー場入口
もいわやま・しみんすきーじょういりぐち

札幌市南区　標高165m

登山口概要／藻岩山の南東側、市道終点。藻岩山自然歩道を経由する藻岩山の起点。
緯度経度／［43°00′46″］［141°20′00″］
マップコード／9 340 223*62
アクセス／札幌市街地（道庁前）から国道230号、市道経由で8km、約12分。
駐車場／すぐ上にある札幌藻岩山スキー場の駐車場が利用可能。80台以上・90×40mなど2面・舗装・区画なし。※雪友荘周辺の駐車は禁止。

市民／スキー場駐車場

市民／同駐車場のトイレ

市民／同トイレ内部

トイレ／駐車場にある。水洗。水道（飲用不可）あり。TPなし。評価☆☆☆。
駐車場混雑情報／満車になることはない。
携帯電話／ドコモ📶通話可、au📶通話可、SB📶通話可。
その他／藻岩山ルート案内板、天然記念物注意看板。
問合先／札幌市みどりの管理課☎011-211-2522、石狩森林管理署☎011-563-6111または☎050-3160-5710

市民／自然歩道入口

藻岩山・もいわ山ロープウェイもいわ山麓駅
もいわやま・もいわやまろーぷうぇいもいわさんろくえき

札幌市中央区　標高65m

登山口概要／藻岩山の北東側、市道沿い。もいわ山ロープウェイを経由する藻岩山の起点。
緯度経度／〔43°01′55″〕〔141°20′00″〕
マップコード／9 400 493*62
アクセス／札幌市街地（道庁前）から国道230号、道道89号、市道経由で5km、約8分。
駐車場／山麓駅前に無料立体駐車場がある。約120台・50×30mなど2面。舗装・区画あり。

山麓駅／駅前の立体駐車場

駐車場混雑情報／GW、お盆休み、紅葉シーズンは混雑し、GWと夏場は満車になることも。
トイレ／山麓駅にある。温水洗浄便座付き水洗。水道・TPあり。評価☆☆☆。ほか中腹駅と山頂駅にもそれぞれある。
携帯電話／ドコモ📶通話可、au📶通話可、SB📶不安定。
札幌もいわ山ロープウェイ／通年営業・無休（11月下旬にメンテナンス休10日間あり。悪天候時は運休することもある）・施設営業時間10時30分～22時（12月1日～3月31日は11時～）・15分間隔・所要5分・片道600円、往復1100円・もいわ山ロープウェイ＋もーりすカー片道900円、往復1700円・☎011-561-8177。

山麓駅／もいわ山麓駅

もーりすカー／ロープウェイの駆動方式を利用したミニケーブルカー。通年営業・無休（11月下旬にメンテナンス休10日間あり。悪天候時は運休することもある）・施設営業時間10時30分～22時（12月1日～3月31日は11時～）・15分間隔・所要1分40秒・片道300円、往復600円・☎011-561-8177。
ドリンク自販機／山麓、中腹、山頂それぞれにある。
その他／もいわ山麓駅＝周辺案内板。もいわ中腹駅＝売店。もいわ山頂駅＝展望レストラン（11時30分～21時、冬季は12時～20時、☎011-513-0531）、スターホール（プラネタリウム）。山頂＝展望台、登山者休憩施設。
問合先／札幌もいわ山ロープウェイ☎011-561-8177

山麓駅／同駅舎内のトイレ

藻岩山・もいわ山ロープウェイもいわ中腹駅
もいわやま・もいわやまろーぷうぇいもいわちゅうふくえき

札幌市南区　標高456m

山麓駅／もいわ山ロープウェイ

登山口概要／藻岩山の東側直下、藻岩山観光道路終点。自然学習歩道や「もーりすカー」を経由する藻岩山の最短登山口。

緯度経度／［43°01′19″］［141°19′32″］

マップコード／9 369 315*62

アクセス／札幌市街地（道庁前）から国道230号、市道、藻岩山観光道路経由で13km、約20分。もいわ中腹駅から山頂まで続く管理用道路は一般車通行禁止。

藻岩山観光道路／4月中旬〜11月中旬・10時30分〜22時（上り閉門21時30分）・通行料金往復660円・☎011-571-7131。

駐車場／もいわ中腹駅前に無料駐車場がある。約80台＋大型・66×50m・舗装・区画あり。

駐車場混雑情報／GW、お盆休み、紅葉シーズンは混雑し、GWと夏場は満車になることも。満車になった場合は、藻岩山観光道路入口で駐車待ちをすることになる。

トイレ／もいわ中腹駅やもいわ山頂駅にある。水洗。水道・TPあり。評価☆☆☆。

携帯電話／もいわ中腹駅前＝ドコモ📶通話可、au📶〜📶やや不安定もしくはつながらず、SB📶〜📶通話可だが不安定。

札幌もいわ山ロープウェイ／通年営業・無休（11月下旬にメンテナンス休10日間あり。悪天候時は運休することもある）・施設営業時間10時30分〜22時（12月1日〜3月31日は11時〜）・15分間隔・所要約5分・片道600円、往復1100円・もいわ山ロープウェイ＋もーりすカー片道900円、往復1700円・☎011-561-8177。

もーりすカー／ロープウェイの駆動方式を利用したミニケーブルカー。通年営業・無休（11月下旬にメンテナンス休10日間あり。悪天候時は運休することもある）・施設営業時間10時30分〜22時（12月1日〜3月31日は11時〜）・15分間隔・所要1分40秒・片道300円、往復600円・☎011-561-8177。

ドリンク自販機／山麓、中腹、山頂それぞれにある。

中腹駅／藻岩山観光道路料金所

中腹駅／もいわ中腹駅前の駐車場

中腹駅／もいわ中腹駅

中腹駅／もいわ山頂・中腹案内板

中腹駅／もーりすカー

その他／もいわ中腹駅＝売店。もいわ山頂駅＝展望レストラン（11時30分〜21時・☎011-513-0531）、スターホール（プラネタリウム）。山頂＝展望台、登山者休憩施設。
問合先／札幌もいわ山ロープウェイ☎011-561-8177、藻岩山観光道路☎011-571-7131（観光道路に関して）

モケウニ／村道終点の駐車スペース

モケウニ沼探勝路入口
もけうにぬまたんしょうろいりぐち

宗谷管内猿払村　標高13m

登山口概要／モケウニ沼の南東側、村道終点。モケウニ沼探勝路の起点。
緯度経度／［45°12′05″］［142°16′18″］
マップコード／869 693 812*51
アクセス／道央道士別剣淵ICから国道40号、名寄バイパス（国道40号）、国道40、275、238号、村道経由で148km、約3時間42分。付近の国道と村道の交差点などに「モケウニ沼」の標識あり。
駐車場／村道終点に駐車スペースがある。15〜20台・30×22mなど2面・草・区画なし。
トイレ／駐車スペースにある。非水洗。水道なし。TPあり。評価☆☆。
携帯電話／ドコモ▊通話可、au▊通話可、SB▊通話可。
取材メモ／モケウニ沼探勝路は駐車場から湖畔に向けて続く一本道。湖畔の湿原ではモウセンゴケやワタスゲ、ノハナショウブなどが咲く。
立ち寄り湯／①沸かし湯だが、国道238号を北上すると「道の駅さるふつ公園」内の「憩いの湯」で入浴できる。※かつては温泉が出ていたが、枯渇してしまったので、現在は沸かし湯。不定休・13〜21時・入浴料300円・☎01635-2-2311。②また浜頓別町に向かうとクッチャロ湖畔に公共温泉宿泊施設の「はまとんべつ温泉ウィング」がある。無休・11〜21時・入浴料550円（11〜14時は400円）・☎01634-2-4141。
問合先／猿払村観光協会（猿払村産業課観光係）☎01635-2-2211

モケウニ／同スペースのトイレ

モケウニ／モケウニ沼探勝路

小清水／ハイランド小清水駐車場

藻琴山・ハイランド小清水725
もことやま・はいらんどこしみず725

オホーツク管内小清水町　標高725m

登山口概要／藻琴山の東側、町道終点。スカイライン遊歩道を経由する藻琴山の起点。
緯度経度／［43°42′13″］［144°21′11″］
マップコード／638 447 145*60
アクセス／道東道足寄ICから国道242、241、240、241、391号、道道102号、町道経由で130km、約3時間15分。または旭川紋別道（国道450号）瀬戸瀬ICから国道333、242、333、39、

小清水／同駐車場のトイレ

334号、道道102号、町道経由で168km、約3時間40分。道道から900m。道道102号の開通期間は4月下旬〜11月1日。
駐車場／ハイランド小清水725に駐車場があり、登山者の利用可。36台＋大型・62×36m・舗装・区画あり。
駐車場混雑情報／満車になることはない。
トイレ／駐車場にある。水洗。水道・TPあり。評価☆☆☆。
携帯電話／ドコモ📶〜📶通話可、au📶通話可、SB圏外。
その他／ハイランド小清水725（レストラン・売店・展望室。5月1日〜10月31日・9〜17時、9月は10〜17時、10月は10〜16時・☎090-311-96080）、藻琴山自然休養林利用案内板、藻琴山案内板、車上荒らし注意看板、展望案内板。
立ち寄り湯／屈斜路湖側に下ると川湯温泉の温泉宿で可能。例えば①「名湯の森ホテル・きたふくろう」＝不定休・14〜18時・入浴料600円・☎015-483-2960。②「お宿・欣喜湯（きんきゆ）」＝無休・正午〜20時・入浴料700円・☎015-483-2211。③また大空町東藻琴市街地に下ると「ふれあいセンターフロックス」がある。木曜休（祝日の場合も休）・11〜22時・入浴料420円・☎0152-66-2070。④一方、小清水町市街地には「小清水温泉ふれあいセンター」がある。第3水曜休・10〜22時・入浴料400円・☎0152-62-3020。
問合先／小清水町産業課商工観光係☎0152-62-4481、小清水町観光協会☎0152-62-3217

小清水／同トイレ内部

小清水／ハイランド小清水725

小清水／スカイライン遊歩道入口

藻琴山・東藻琴登山口（銀嶺荘・銀嶺水）
もことやま・ひがしもこととざんぐち（ぎんれいそう・ぎんれいすい）

オホーツク管内大空町　標高807m

登山口概要／藻琴山の北側、銀嶺荘管理道路終点（八合目）。東藻琴コースを経由する藻琴山、銀嶺水遊歩道の起点。
緯度経度／［43°42′42″］［144°19′48″］
マップコード／638 475 092*60
アクセス／道東道足寄ICから国道242、241、240、241、243、391号、道道102号、藻琴林道（路面評価★★★★）、銀嶺荘管理道路（路面評価★★★。部分的に★★）経由で125km、約3時間10分。また旭川紋別道（国道450号）瀬戸瀬ICから国道333、242、333、39、334号、道道102号、藻琴林道（上と同じ）、銀嶺荘管理道路（上と同じ）経由で143km、3時間36分。道道102号の「藻琴山登山道入口」の標識に従って左折。藻琴高原荘を見て藻琴林道に入ると600m先にエゾシカゲートがあり、開けたら閉めておくこと。3.3km先の大山神の鳥居と祠がある六合目広場から少し狭い銀嶺荘管理道路へ。道道から4.8km、約10分。
駐車場／銀嶺荘管理道路終点に駐車スペースがある。約20台・42×14m・細砂利＋小石＋砂＋草・区画なし。1.5km手前の六合目広場にも約20台分の駐車スペースがある。
トイレ／銀嶺荘の裏手にある。バイオ式。水道なし。TPあり。評価☆☆☆〜☆☆。また六合目広場にもある。水道なし。TPあり。評価☆☆。
携帯電話／ドコモ📶通話可、au📶通話可、SB📶通話可。

東藻琴／鳥居が目印の六合目広場

東藻琴／六合目広場のトイレ

水場／銀嶺荘前に銀嶺水がある。
登山届入れ／登山道入口に入林届箱がある。
その他／六合目広場＝藻琴山鳥瞰図。登山口＝銀嶺荘（無人小屋。宿泊自由・無料。問い合わせは網走南部森林管理署☎0152-62-2211 または☎050-3160-5775）、藻琴山自然休養林利用案内板、藻琴山自然休養林利用ご利用のお願い、藻琴山案内板、ベンチ。
立ち寄り湯／①大空町東藻琴市街地に下ると「ふれあいセンターフロックス」がある。木曜休（祝日の場合も休）・11～22時・入浴料420円・☎0152-66-2070。②小清水町市街地には「小清水温泉ふれあいセンター」がある。第3水曜休・10～22時・入浴料400円・☎0152-62-3020。一方、屈斜路湖側に下ると川湯温泉の温泉宿で可能。例えば③「名湯の森ホテル・きたふくろう」＝不定休・14～18時・入浴料600円・☎015-483-2960。④「お宿・欣喜湯（きんきゆ）」＝無休・正午～20時・入浴料700円・☎015-483-2211。
問合先／オホーツク大空町観光協会☎0152-74-4323、大空町産業課☎0152-74-2111、網走南部森林管理署☎0152-62-2211 または☎050-3160-5775

元山・サダサ川コース登山口
もとやま・さだざがわこーすとざんぐち

檜山管内江差町　標高237m

登山口概要／元山の南側、町道豊川笹山線（未舗装）終点。サダサ川コースを経由する元山、お稲荷さんコースを経由する笹山、稲荷尾根を経由する八幡岳の起点。
緯度経度／［41°51′47″］［140°11′53″］
マップコード／482 399 215*43
アクセス／道央道落部ICから国道5号、道道67号、国道227号、町道豊川笹山線（最初だけ舗装。あとは未舗装。路面

東藻琴／管理道路終点の駐車スペース

東藻琴／銀嶺荘裏手のバイオトイレ

東藻琴／同トイレ内部

東藻琴／銀嶺荘

東藻琴／同小屋内部

評価前半★★★★～★★★。後半★★★。水道施設以降の終盤★★★～★★）経由で64km、約1時間40分。または函館市街地（函館駅前）から国道5、227号、町道（上と同じ）経由で78km、約2時間。国道の1.8km先、「北酒販」前から町道は未舗装となり、笹山・お稲荷さんコース登山口（P123）でもある笹山稲荷神社の赤い鳥居が立つ三叉路を左へ。水道施設を見送ると、町道終点に着く。国道から6km、約17分。手前の笹山・お稲荷さんコース登山口から2.5km、約10分。

駐車場／町道終点に駐車スペースがある。約5台・22×10m・草・区画なし。

携帯電話／ドコモ圏外（過去に📶〜📶通話可だったことも）、au📶通話可、SB圏外。

登山届入れ／笹山登山道入口にある。

その他／笹山風景林歩道案内板、クマ出没注意看板。

取材メモ／駐車スペースの先、左側に元山登山道入口、その奥に笹山登山道入口がある。また秋には、元山山頂でススキが群生する。

立ち寄り湯／①江差町市街地へ下り、緑丘地区に向かうと「えさし温泉・みどりヶ丘の湯っこ」がある。水、木曜休・15～20時・入浴料390円・☎0139-52-6310。②国道227号へ出て、これを北上すると、道の駅江差の先に「繁次郎温泉（しげじろうおんせん）」がある。無休・平日と祝日は17～22時、土・日曜は正午～・入浴料300円・☎0139-54-5454。

問合先／江差町追分観光課観光係☎0139-52-6716、江差観光コンベンション協会☎0139-52-4815

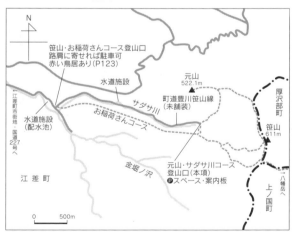

茂辺地自然観察教育林→P379

紅葉谷散策路入口→P170 層雲峡・紅葉谷散策路入口

元山／町道途中で水道施設を見送る

元山／未舗装の町道

元山／町道終点の駐車スペース

元山／元山登山道入口

元山／笹山登山道入口

紋別岳・支笏湖駐車場
もんべつだけ・しこつこちゅうしゃじょう

千歳市　標高275m

支笏湖／支笏湖駐車場

登山口概要／紋別岳の南側、国道453号沿い。NTT車道コースを経由する紋別岳、支笏湖野鳥の森に続く遊歩道の起点。
※支笏湖野鳥の森は、災害のため園内の大部分が通行止。
緯度経度／〔42°46′26″〕〔141°24′16″〕
マップコード／867 063 539*68
アクセス／札幌市街地（道庁前）から国道230号、真駒内通、国道453号経由で48km、約1時間12分。または道央道千歳ICから道道77号、国道36号、道道16号、国道453号経由で27km、約40分。
駐車場／有料1日1回410円（12月1日〜3月末日は乗用車無料）。係員が滞在する営業時間は9〜17時だが、時間外も駐車は可能。第5駐車場は9〜17時のみ。620台・舗装・区画あり。駐車場の問い合わせは自然公園財団支笏湖支部☎0123-25-2453へ。※紋別岳登山道入口付近は、登山者の駐車禁止。
駐車場混雑情報／7月の連休、お盆休み、10月中旬の日曜日は混雑し、5〜10分程度の駐車待ちが発生。駐車場を管理する自然公園財団のサイトに詳しい混雑予想カレンダーが掲載されている。
http://www.bes.or.jp/shikotsu/parking.html
トイレ／第2駐車場や小鳥広場、ビジターセンター内など各所にある。水洗。水道・TPあり。評価☆☆☆など。
支笏湖ビジターセンター／支笏湖周辺の自然や動植物を紹介する施設。無休（12〜3月は火曜休。祝日の場合は翌日）・9時〜17時30分（12〜3月は9時30分〜16時30分）・入館無料・☎0123-25-2404。
携帯電話／ドコモ📶通話可、au📶通話可、SB📶通話可。
ドリンク自販機／駐車場周囲の商店などにある（PBも）。

支笏湖／支笏湖ビジターセンター

支笏湖／同センター内部の展示

支笏湖／同センター付近の食堂

支笏湖／休暇村支笏湖・浴場

その他／支笏湖温泉案内板、テーブル・ベンチ、車上荒らし注意表示。
取材メモ／支笏湖畔のサクラは5月上旬、紅葉は10月上旬〜中旬が見ごろ。
立ち寄り湯／①すぐ南側にある「休暇村支笏湖」で可能。無休・11〜16時（火、水曜は13時〜）・入浴料720円・☎0123-25-2201。②湖の対岸にある「丸駒温泉旅館」でも可能。無休・10〜15時・入浴料1000円・☎0123-25-2341。
問合先／支笏湖ビジターセンター☎0123-25-2404、千歳市観光事業課☎0123-24-0366、千歳駅観光案内所☎0123-24-8818

紋別岳・太陽の園登山口
　　→P196 伊達紋別岳・太陽の園登山口

紋別岳／国道から市道へ

紋別岳／その入口に立つ標識

や行

焼尻島・羽幌町焼尻支所
やぎしりとう・はぼろちょうやぎしりししょ

留萌管内羽幌町　標高15m

支所／焼尻島フェリーターミナル

登山口概要／焼尻島自然林（オンコ原生林）の東側、町道沿い。焼尻島自然林（オンコ原生林）に続く遊歩道の起点。
緯度経度／［44°26′23″］［141°25′30″］
マップコード／929 381 433*48
アクセス／焼尻港から道道や町道経由で450m、徒歩約7分。
駐車場／なし。
携帯電話／ドコモ📶通話可、au📶通話可、SB📶通話可。
その他／羽幌町焼尻支所、会津藩士の墓、焼尻の自然林案内板。
取材メモ／焼尻島の自然林は、国の天然記念物に指定され、中でもオンコ（イチイ）が多いのが特徴。
問合先／焼尻島観光案内所☎01648-2-3993、羽幌町焼尻支所☎01648-2-3131

支所／羽幌町焼尻支所

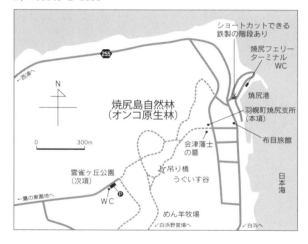

支所／同支所前の自然林入口

支所／うぐいす谷の吊り橋

焼尻島・雲雀ヶ丘公園
やぎしりとう・ひばりがおかこうえん

留萌管内羽幌町　標高15m

登山口概要／焼尻島自然林（オンコ原生林）の西側、町道終点。焼尻島自然林（オンコ原生林）に続く遊歩道の起点。詳細図は、前項参照。

雲雀／町道終点の駐車場

緯度経度／［44°26′08″］［141°25′01″］
マップコード／929 350 884*48
アクセス／焼尻港から道道255号、町道経由で4km、約6分。
駐車場／町道終点にある。3台＋大型・22×10m・舗装・区画あり。
トイレ／駐車場にあるが、取材時は閉鎖されていた。
携帯電話／ドコモ 📶～📶 通話可、au 📶～📶 通話可、SB 📶 通話可。
取材メモ／焼尻島の自然林は、国の天然記念物に指定され、中でもオンコ（イチイ）が多いのが特徴。
問合先／焼尻島観光案内所☎01648-2-3993、羽幌町焼尻支所☎01648-2-3131

ヤンカ山登山口→P379

雲雀／同駐車場のトイレ

湧洞沼（湧洞湖）原生花園入口
ゆうどうぬま（ゆうどうこ）げんせいかえんいりぐち

十勝管内豊頃町　標高6m

登山口概要／湧洞沼の湧洞浜側、道道1051号沿い。湧洞沼（湧洞湖）原生花園散策の起点。
緯度経度／［42°36′01″］［143°32′57″］（東岸駐車場）
［42°34′49″］［143°31′47″］（南岸駐車場）
マップコード／699 351 641*28（東岸駐車場）
699 289 271*28（南岸駐車場）
アクセス／道東道池田ICから国道242号、道道73号、国道38、336号、道道1051号経由で61km、約1時間32分。東岸駐車場から2.6km、約3分で道道1051号終点にある南岸の駐車場に着く。
駐車場／道道1051号沿いに2カ所、駐車場がある。東岸駐車場＝約40台・94×86m・砂利＋草・区画なし。南岸駐車

湧洞沼／東岸駐車場

湧洞沼／展望台入口

湧洞沼／沼畔に続く道道

湧洞沼／南岸駐車場

場＝約15台・36×20m・舗装・区画なし。
携帯電話／ドコモ📶通話可、au📶通話可、SB📶通話可（東岸駐車場）。ドコモ圏外、au📶通話可、SB📶通話可（南岸駐車場）。
その他／湧洞湖畔野生植物群落の禁止看板、展望台。
取材メモ／畔には原生花園が広がり、湧洞湖畔野生植物群落として町の天然記念物に指定されている。
立ち寄り湯／隣の大樹町に行くと太平洋岸に「晩成温泉」がある。無休（10～3月は火曜休）・8～21時（時期により変動）・入浴料500円・☎01558-7-8161。
問合先／豊頃町観光協会（豊頃町企画課）☎015-574-2216

大夕張／左股橋

夕張岳・大夕張コース登山口（夕張岳ヒュッテ）
ゆうばりだけ・おおゆうばりこーすとざんぐち（ゆうばりだけひゅって）

夕張市　標高560m（左股橋付近駐車場）

登山口概要／夕張岳（日本二百名山・花の百名山・新花の百名山）の西側、鹿島林道終点。大夕張コース（冷水コース・馬の背コース）を経由する夕張岳の起点。※鹿島林道の一部崩落のため2013年度より登山道入口の7km手前に臨時駐車場が設けられ、その後さらに崩落が発生して9km手前から歩く必要があったが、2018年度から通常の左股橋付近の駐車場まで入れるようになる予定とのことだ。
緯度経度／［43°06′36″］［142°11′31″］（左股橋）
マップコード／845 668 824*78（左股橋）
アクセス／道東道夕張ICから国道274、452号、鹿島林道（路面評価前半★★★★～★★★。舗装区間混在。後半★★★）経由で36km、約1時間。または道央道三笠ICから道道116号、国道452号、鹿島林道（上と同じ）経由で59km、約1時間35分。国道から14.8km、約30分で左股橋付近駐車場。鹿島林道の開通期間は6月下旬～9月末。
駐車場／左股橋付近駐車場＝計約15台・20×3mなど4面・草＋砂利・区画なし。
駐車場混雑情報／登山シーズン中の休日、左股橋付近駐車場は早くから満車になり、路肩に車が並ぶようだ。
トイレ／左股橋すぐ手前に簡易トイレ（評価★★。TPなし）、夕張岳ヒュッテにチップ制バイオ式トイレ（評価は控えるが、普通に使える。TPあり）がある。また三笠方面からアクセスする場合は桂沢湖畔の桂沢除雪ステーションにトイレがある。24時間利用可。水洗。水道・TPあり。評価☆☆☆。
携帯電話／臨時駐車場＝ドコモ📶～📶通話可、au圏外、SB圏外。
水場／夕張岳ヒュッテにある。
その他／夕張岳ヒュッテ（6月下旬～8月末の毎日と9月の土・日曜は管理人が常駐。期間外は避難小屋として利用可。宿泊。問い合わせは夕張市教育委員会☎0123-52-3166へ）。ほか登山口に夕張岳登山道案内板あり。
取材メモ／夕張岳のユウバリソウやユウパリコザクラは6月下旬～7月上旬、シソバキスミレやシラネアオイは6月

大夕張／ゲート前駐車場①

大夕張／ゲート前駐車場②

大夕張／冷水コース登山道入口

大夕張／夕張岳ヒュッテ

下旬〜7月中旬、ユウバリツガザクラは8月上旬〜中旬が見ごろ。

立ち寄り湯／①夕張市街地に行くと、ホテルマウントレースイ内に「レースイの湯」がある。不定休・10時〜20時30分・入浴料600円・☎0123-52-3456。※「ユーパロの湯」は、休業中。②三笠方面では桂沢湖から三笠市街地へ下る途中に「湯の元温泉」がある。無休・10〜21時・入浴料500円・☎01267-6-8518。

問合先／夕張市まちづくり企画室まちづくり企画係☎0123-52-3128、ゆうばり観光協会0123-53-2588、空知森林管理署☎0126-22-1940 または☎050-3160-5715

大夕張／夕張岳とガマ岩を望む

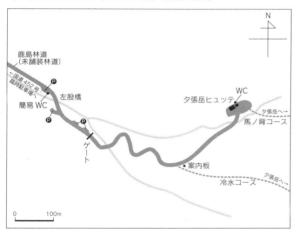

大夕張／桂沢除雪ステーションのトイレ

大夕張／ホテルマウントレースイ

夕張岳・金山登山口
ゆうばりだけ・かなやまとざんぐち

上川管内南富良野町　標高380m（登山道入口）

登山口の2km手前でアクセス道路通行止

登山口概要／夕張岳（日本二百名山・花の百名山・新花の百名山）の東側、金山林道の通行止地点。金山コースを経由する夕張岳の起点。※2016年の台風災害のため、登山口の2km手前で車両通行止。ここからは徒歩となり、登山は可能。今後、林道復旧工事の予定はない。写真は2013年の取材時のもので、林道や登山道入口の状況は変わっている可能性もある。

緯度経度／［43°06′53″］［142°19′20″］（登山道入口）［43°08′10″］［142°20′49″］（通行止地点）

マップコード／845 714 423*78（通行止地点）

アクセス／道東道占冠ICから国道237号、町道、金山林道（路面評価★★。以前の路面状態は良好だったが、台風被害で悪化）経由で33km、約55分。国道に立つ「夕張岳登山口」

大夕張／湯の元温泉

金山／登山口に続く金山林道

の標識に従って町道へ。3km先から未舗装となり、途中、エゾシカゲートがあるので開けたら閉めておくこと。その先の三叉路は左に。三叉路から1.5km、約5分。国道から8km、約17分で通行止地点に着く。
駐車場／通行止地点に5〜6台分の駐車スペースがあるようだ。詳細不明。
駐車場混雑情報／混雑することはない。
トイレ／金山登山口方面に続く町道との交差点付近の国道沿い公園にある。水洗。水道・TPあり。評価☆☆☆。
携帯電話／ドコモ圏外、au圏外、SB圏外。
登山届入れ／以前は登山道入口にあったが、現状は不明。
その他／奥十梨別雨量観測所。
立ち寄り湯／道道465号でかなやま湖へ行くと、沸かし湯だが「かなやま湖保養センター」で入浴できる。無休・10〜21時・入浴料400円・☎0167-52-2223。
問合先／南富良野町産業課商工観光係☎0167-52-2178、南富良野まちづくり観光協会☎0167-39-7000、上川南部森林管理署☎0167-52-2772 または☎050-3160-5750

金山／登山道入口

金山／国道沿い公園のトイレ

金山／同トイレ内部

夕日岳・定山渓温泉
ゆうひだけ・じょうざんけいおんせん

札幌市南区　標高295m

登山口概要／夕日岳の西側、市道終点。定山渓神社コースを経由する夕日岳の起点。
緯度経度／〔42°57′50″〕〔141°09′45″〕（定山渓温泉公共駐車場）
マップコード／708 754 358*54（定山渓温泉公共駐車場）
アクセス／札幌市街地（道庁前）から国道230号、市道経由で27km、約40分。ホテルミリオーネのすぐ先、定山渓温泉東3交差点を「公共駐車場」の標識に従って右折する。

夕日岳／スポーツ公園の公共駐車場

夕日岳／定山渓出張所

駐車場／国道230号から少し入ったスポーツ公園に定山渓温泉の日帰り利用者用公共駐車場があり、登山者の利用可とのこと。正確な位置は詳細図参照。約50台・45×42m・砂地・区画なし。
携帯電話／ドコモ📶通話可、au📶通話可、SB📶通話可。
登山届入れ／神社裏手の登山道入口にある。
その他／定山渓出張所・定山渓まちづくりセンター。
取材メモ／以前、定山渓神社入口付近にあった定山渓まちづくりセンターは、公共駐車場付近に移転した。
立ち寄り湯／定山渓温泉の温泉宿で立ち寄り湯ができる。①「ホテル鹿の湯」＝休前・祝前日は立ち寄り湯は休み・15〜20時（日曜、祝日は〜17時）・入浴料820円・☎011-598-2311。②「ホテル山水」＝不定休・正午〜19時（休前日は〜15時）・入浴料640円・☎011-598-2301。③「悠久の宿・白糸」＝無休・正午〜19時（休前日は〜15時）・入浴料600円・☎011-598-3351。④ほかの多くの宿でも立ち寄り湯は可能（入浴料700〜1500円）。
問合先／定山渓出張所・定山渓まちづくりセンター☎011-598-2191、定山渓温泉観光協会☎011-598-2012、石狩森林管理署☎050-3160-5710または☎011-563-6111、石狩森林管理署定山渓森林事務所☎011-598-4351

夕張岳／定山渓神社

夕日岳／ホテル鹿の湯・内湯

遊楽部岳・左股コース登山口
ゆうらっぷだけ・ひだりまたこーすとざんぐち

檜山管内せたな町　標高235m

登山口概要／遊楽部岳の北西側、未舗装道の途中。左股コースを経由する遊楽部岳の起点。
緯度経度／［42°16′06″］［139°59′53″］
マップコード／467 045 815*76
アクセス／道央道八雲ICから国道277号、道道42号、未舗装道（路面評価★★★一部★★）経由で28km、約42分。道道から700m、約2分。
駐車場／登山道入口の少し先に駐車スペースがある。3〜4台・16×8m・草・区画なし。また林道入口付近の2ヵ所に駐車スペースがある。
携帯電話／ドコモ圏外、au📶〜📶通話可、SB圏外。
登山届入れ／登山道入口にある。
その他／遊楽部岳登山案内板、熊出没注意看板。
立ち寄り湯／①せたな町役場近くに公共温泉宿の「温泉ホテルきたひやま」で立ち寄り湯ができる。無休（10月上旬に2日間休あり）・11〜21時・入浴料400円・☎0137-84-4120。②せたな総合支所近くには町営の立ち寄り湯施設「やすらぎ館」がある。第1、3月曜休・10〜21時・入浴料400円・☎0137-87-3841。③国道229号をさらに南下すると、「湯とぴあ臼別温泉」や「国民宿舎あわび山荘」でも可能。④一方、八雲IC近くには「天然温泉銭湯・和の湯（やわらぎのゆ）」もある。国道に看板がある。無休（祝日の場合は翌日）・0時30分〜21時30分・入浴料440円・☎0137-64-2626。

遊楽部／道道から未舗装道へ

遊楽部／登山口に続く未舗装道

遊楽部／登山道入口先の駐車スペース

問合先／せたな観光協会☎0137-84-6205、せたな町まちづくり推進課商工労働観光係☎0137-84-5111

ユニ石狩岳
　→P36 石狩岳・シュナイダーコース登山口
　→P67 音更山・十石峠コース登山口
　→P379 ユニ石狩岳・由仁石狩川コース登山口

遊楽部／登山道入口

余市岳・キロロリゾート
よいちだけ・きろろりぞーと

後志管内赤井川村　標高550m

登山口概要／余市岳（日本三百名山・花の百名山）の北西側、村道終点付近。赤井川コースを経由する余市岳の起点。
緯度経度／［43°04′13″］［140°59′21″］
マップコード／164 269 124*87
アクセス／札樽道小樽ICから国道5、393号、村道経由で27km、約40分。または道央道黒松内JCTから黒松内新道（国道5号）、国道5、393号、村道経由で97km、約2時間26分。国道に大きな「KIRORO」の看板がある。
駐車場／キロロリゾートに広い駐車場がある。キロロリゾート利用者優先なので、端の方に置かせてもらう。100台以上・144×64mなど3面・舗装・区画あり。
キロロゴンドラ／9〜15時（下り最終15時30分）／片道1000円、往復1500円／キロロリゾート☎0135-34-7111。
携帯電話／ドコモ📶通話可、au📶通話可、SB📶通話可。
登山届入れ／登山道入口にある。
その他／車上荒らし注意看板、熊出没注意看板。
立ち寄り湯／①キロロリゾートに「キロロ温泉」がある。無休・15〜23時（土・日曜、祝日は13時〜。夏休みは13時〜。時期によっても変動する）・入浴料1100円・☎0135-34-7111。②赤井川村役場近くに「赤井川カルデラ温泉・赤井川村保養センター」がある。月曜休（祝日の場合は翌日）・10〜21時・入浴料400円・☎0135-34-6441。
問合先／キロロリゾート☎0135-34-7111、赤井川村産業課産業係☎0135-34-6211

余市岳・白井二股→P152 定山渓天狗岳・白井二股

余市岳／キロロリゾートの入口標識

余市岳／キロロリゾートの駐車場

羊蹄山・喜茂別登山口
ようていざん・きもべつとざんぐち

後志管内喜茂別町　標高355m

登山口概要／羊蹄山（後方羊蹄山・しりべしやま）（日本百名山）の南東側、施業道ゲート前。喜茂別（留産）コースを経由する羊蹄山の起点。
緯度経度／［42°48′36″］［140°51′24″］

喜茂別／道道から施業道へ

喜茂別／登山口に続く施業道

マップコード／385 493 817*53
アクセス／札幌市街地（道庁前）から国道230、276号、道道97号、施業道（路面評価★★★～★★。雨の溝が所々にあり）経由で74km、約1時間50分。または札樽道小樽ICから国道393、276号、道道97号、施業道（上と同じ）経由で79km、約2時間。あるいは道央道豊浦ICから国道37号、道道97号、施業道（上と同じ）経由で43km、約1時間5分。道道から500m、約3分。施業道入口に「羊蹄山登山道入口」の標識があるが、夏は草に覆われて見えにくい。ちなみに施業道とは、道有林における林道よりも格下の未舗装道路のことで、一般には林道と同様の認識でよい。
駐車場／施業道ゲート前に駐車スペースがある。5～6台・14×5mなど2面・砂利＋草・区画なし。林道に入ってすぐ左側にも1～2台分の駐車スペースがある。
携帯電話／ドコモ通話可、au通話可、SB圏外。
登山届入れ／林道ゲートわきにある。
その他／熊出没注意看板。
取材メモ／羊蹄山のシラネアオイは6月中旬～7月上旬、キバナシャクナゲは6月中旬～7月下旬、エゾタンポポ（オダサムタンポポ、エゾフジタンポポ）は6月下旬～7月上旬、ゼンテイカ（ニッコウキスゲ）は7月中旬～下旬、イワブクロは7月中旬～8月上旬が見ごろ。
立ち寄り湯／①真狩村へ向かい道道230号に進むと、その先に「真狩村温泉保養センター・まっかり温泉」がある。月曜休（祝日の場合は翌日）・10～22時（10～3月は11～21時）・入浴料500円・☎0136-45-2717。②また京極町に向かうと「道の駅名水の郷きょうごく」の向かいに「京極ふれあい交流センター・京極温泉」がある。第2月曜休（祝日の場合は翌日）・10～21時・入浴料600円・☎0136-42-2120。
問合先／なし

喜茂別／施業道ゲート前の駐車スペース

喜茂別／まっかり温泉・大浴場

喜茂別／京極温泉・露天風呂

羊蹄山・京極登山口
ようていざん・きょうごくとざんぐち

後志管内京極町　標高415m

登山口概要／羊蹄山（後方羊蹄山・しりべしやま）（日本百名山）の北東側、町道沿い。京極コースを経由する羊蹄山の起点。
緯度経度／［42°50′40″］［140°51′17″］
マップコード／385 643 330*53
アクセス／札幌市街地（道庁前）から国道230、276号、道道97号、町道経由で78km、約1時間57分。または札樽道小樽ICから国道393、276号、道道97号、町道経由で72km、約1時間48分。あるいは道央道豊浦ICから国道37号、道道97号、町道経由で50km、約1時間15分。道道97号の町道交差点には、「羊蹄山京極コース登山口」の大きな標識がある。国道から5.3km、約7分半。
駐車場／町道沿いに登山者用駐車場がある。約15台・46×10m・砂利＋草＋土・区画なし。

京極／町道沿いの駐車場

京極／登山届入れと羊蹄山

駐車場混雑情報／7〜8月の休日は満車になり、付近の町道路肩に車が並ぶこともある。
トイレ／近くに「道の駅名水の郷きょうごく」がある。
携帯電話／ドコモ 通話可、au 通話可、SB 〜 通話可。
登山届入れ／駐車場入口にある。
その他／車上荒らし注意看板。
取材メモ／羊蹄山のシラネアオイは6月中旬〜7月上旬、キバナシャクナゲは6月中旬〜7月下旬、エゾタンポポ（オオダサムタンポポ、エゾフジタンポポ）は6月下旬〜7月上旬、ゼンテイカ（ニッコウキスゲ）は7月中旬〜下旬、イワブクロは7月中旬〜8月上旬が見ごろ。
立ち寄り湯／「道の駅名水の郷きょうごく」の向かいに「京極ふれあい交流センター・京極温泉」がある。第2月曜休（祝日の場合は翌日）・10〜21時・入浴料600円・☎0136-42-2120。
問合先／京極町企画振興課☎0136-42-2111

京極／羊蹄山山頂の父釜

京極／京極温泉と羊蹄山

京極／京極温泉・浴室

羊蹄山・倶知安コース
　→（次項）羊蹄山・倶知安ひらふコース登山口

羊蹄山・倶知安ひらふコース登山口（半月湖野営場）
ようていざん・くっちゃんひらふこーすとざんぐち（はんげつこやえいじょう）
後志管内倶知安町　標高349m

倶知安／登山口の案内看板

登山口概要／羊蹄山（後方羊蹄山・しりべしやま）（日本百名山）の西側、町道終点。倶知安ひらふコースを経由する羊蹄山の起点。
緯度経度／［42°50′45″］［140°45′32″］
マップコード／385 631 195*53
アクセス／札幌市街地（道庁前）から国道230号、道道66号、

倶知安／野営場の駐車場

国道5号、町道経由で95km、約2時間20分。または札樽道小樽ICから国道393、5号、町道経由で69km、約1時間42分。あるいは道央道黒松内JCTから黒松内新道（国道5号）、国道5号、町道経由で53km、約1時間18分。

駐車場／野営場に駐車場がある。約30台・36×28m・舗装・区画なし。
駐車場混雑情報／7月の連休やお盆休みは満車になる可能性がある。
トイレ／駐車場にある。簡易水洗。水道・TPあり。評価☆☆。
携帯電話／ドコモ📶通話可、au📶通話可、SB📶〜📶通話不可。
水道設備／駐車場にある。
登山届入れ／登山道入口にある。
その他／半月湖野営場（5月下旬〜10月下旬開設・無料）、登山案内板、掲示板、あずまや。
取材メモ／羊蹄山のシラネアオイは6月中旬〜7月上旬、キバナシャクナゲは6月中旬〜7月下旬、エゾタンポポ（オダサムタンポポ、エゾフジタンポポ）は6月下旬〜7月上旬、ゼンテイカ（ニッコウキスゲ）は7月中旬〜下旬、イワブクロは7月中旬〜8月上旬が見ごろ。
立ち寄り湯／近くのひらふ温泉で可能。①「湯元ニセコプリンスホテルひらふ亭」＝不定休・7時〜10時30分＋13〜23時・入浴料800円・☎0136-23-2239。②「ホテルニセコアルペン」＝5月中旬〜11月初旬営業・期間中無休・13〜22時・入浴料1000円・☎0136-22-1105。③またニセコ駅前には「綺羅乃湯」がある。水曜休（祝日の場合は翌日）・10時〜21時30分・入浴料500円・☎0136-44-1100。④倶知安町市街地には「くっちゃん温泉ホテルようてい」もある。不定休・10〜22時・入浴料800円・☎0136-22-1164。
問合先／倶知安観光協会☎0136-22-3344、倶知安町観光課☎0136-23-3388

倶知安／同駐車場のトイレ

倶知安／同トイレ内部

倶知安／キャンプ場あずまや

倶知安／登山道入口

倶知安／ホテルニセコアルペン・大浴場

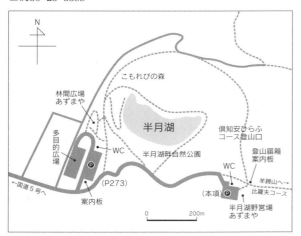

羊蹄山・真狩登山口（羊蹄山自然公園）
ようていざん・まっかりとざんぐち（ようていざんしぜんこうえん）

後志管内真狩村　標高362m

真狩／羊蹄山自然公園の駐車場

登山口概要／羊蹄山（後方羊蹄山・しりべしやま）（日本百名山）の南西側、村道終点。真狩コースを経由する羊蹄山の起点。
緯度経度／〔42°47′40″〕〔140°47′06″〕
マップコード／385 454 049*53
アクセス／札幌市街地（道庁前）から国道230号、道道66号、村道経由で83km、約2時間5分。または札樽道小樽ICから国道393、5号、道道66号、村道経由で82km、約2時間5分。あるいは道央道豊浦ICから国道37号、道道97、66号、村道経由で40km、約1時間。
駐車場／羊蹄山自然公園に登山者用駐車場がある。約50台・48×38m・舗装・区画なし。※駐車場は、冬期も除雪されている。
駐車場混雑情報／山開きが行われる6月第3日曜日は満車になる。7～8月の休日も混雑し、時に満車になることもある。
トイレ／真狩キャンプセンター（羊蹄山登山センター）内のトイレ＝センサーライト付き。水洗。水道・TPあり。評価☆☆☆。森林学習展示館前のトイレ＝水洗。水道・TPあり。評価☆☆☆～☆☆。また羊蹄山自然公園入口の道道66号沿いの駐車公園にもトイレがある。水洗。水道・TPあり。評価☆☆☆。
携帯電話／ドコモ📶通話可、au📶通話可、SB📶～📶通話可。
水場・水道設備／キャンプ場内3カ所ある炊事場にある。また手前の道道66号沿いに「羊蹄山の湧き水」があり、専用の駐車場もある。
登山届入れ／登山道入口にある。

真狩／真狩キャンプセンター

真狩／同センター内の展示

真狩／同センター内のトイレ

真狩／キャンプ場入口

その他／真狩キャンプセンター（羊蹄山登山センター。中に羊蹄山の登山・自然情報の展示あり）、真狩キャンプ場（5月1日～10月末日開設）、キャンプ場案内板、森林学習展示館（森林に関する展示やクラフト製作体験。5月1日～10月末日・月曜休（祝日の場合は翌日）、祝日の場合は翌日・8時45分～5時30分・☎0136-45-2955）。
取材メモ／羊蹄山のシラネアオイは6月中旬～7月上旬、キバナシャクナゲは6月中旬～7月下旬、エゾタンポポ（オダサムタンポポ、エゾフジタンポポ）は6月下旬～7月上旬、ゼンテイカ（ニッコウキスゲ）は7月中旬～下旬、イワブクロは7月中旬～8月上旬が見ごろ。
立ち寄り湯／道道230号を目指して南下したあたりに「真狩村温泉保養センター・まっかり温泉」がある。月曜休（祝日の場合は翌日）・10～22時（10～3月は11～21時）・入浴料500円・☎0136-45-2717。
問合先／羊蹄山自然公園森林学習展示館☎0136-45-2955、真狩村総務企画課商工観光係☎0136-45-3613

真狩／森林学習展示館

真狩／まっかり温泉・露天風呂

横山中岳・三石登山口
よこやまなかだけ・みついしとざんぐち

日高管内新ひだか町　標高98m

登山口概要／横山中岳の南側、未舗装道の入口とその途中。三石コースを経由する横山中岳の起点。
緯度経度／［42°18′51″］［142°35′19″］
マップコード／697 221 332*31
アクセス／日高道日高門別ICから国道237、235号、道道796、1025号、未舗装道（路面評価★★★～★★）経由で53km、約1時間21分。付近の道路や未舗装道入口に「横山中岳」の小さな標識が立っている。道道1025号の一部区間は冬期通行止（12月初旬～3月末）。
駐車場／未舗装道途中に駐車スペースがある。約4台・草・区画なし。また未舗装道入口にも1～2台の駐車スペースがある。状況によっては、さらに林道を奥に入れる。
携帯電話／ドコモ📶通話可、au📶通話可、SB圏外。
立ち寄り湯／①国道235号に出ると、「道の駅みついし」に隣接して「みついし昆布温泉・蔵三（くらぞう）」がある。無休・10～22時・入浴料440円・☎0146-34-2300。②新ひだか町市街地方面に戻る途中、「静内温泉」がある。月曜休（祝日の場合は翌日）・10～22時・入浴料500円・☎0146-44-2111。③日高町の国道235号沿いに「門別温泉・とねっこの湯」がある。第3月曜休（祝日の場合は翌日）・10～22時・入浴料500円・☎01456-3-4126。
問合先／新ひだか町観光情報センター「ぽっぽ」（新ひだか観光協会）☎0146-42-1000、新ひだか町商工労働観光課☎0146-43-2111

横山／未舗装道入口の駐車スペース

横山／未舗装道の入口

横山／未舗装道途中の駐車スペース

義経山・本別公園
よしつねやま・ほんべつこうえん

十勝管内本別町　標高72m

登山口概要／義経山の西側、道道658号沿い。義経山や神居山の起点。
緯度経度／［43°07′36″］［143°37′25″］（義経の館前駐車場）
マップコード／725 735 819*56（義経の館前駐車場）
アクセス／道東道本別ICから国道242号、道道658号経由で5km、約8分。
駐車場／本別公園に駐車場がある。義経の館前の駐車場＝107台・132×26m・舗装・区画あり。源広場横の駐車場＝100台・74×32m・舗装・区画あり。
トイレ／園内各所にある。義経の館横のトイレ＝水洗。水道・TPあり。評価☆☆☆〜☆☆。平広場と源広場駐車場のトイレ＝どちらもセンサーライト付き。水洗。水道・TPあり。評価☆☆☆
携帯電話／ドコモ通話可、au通話可、SB通話可。
その他／義経の館（本別公園の案内・休憩、各種受付施設。4月1日〜12月30日・9〜17時・☎0156-22-4441）、義経の里本別公園案内板、静山キャンプ場など。
取材メモ／平広場のサクラは4〜5月、紅葉は9〜10月、研修センター登山道入口のエゾオオサクラソウは4月中旬〜5月が見ごろ。義経山の登山道は通年で登山可能。
立ち寄り湯／本別町市街地の道道770号沿いに「本別温泉グランドホテル」がある。無休・13〜22時・入浴料500円・☎0156-22-3101。
問合先／義経の館☎0156-22-4441、本別町企画振興課商工観光・元気まち担当☎0156-22-2141

義経山／義経の館前の駐車場

義経山／同駐車場のトイレ

義経山／義経の館

義経山／源広場の駐車場

義経山／同駐車場のトイレ内部

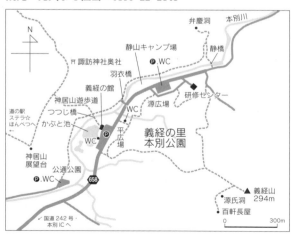

呼人探鳥遊歩道・半島先入口
よびとたんちょうゆうほどう・はんとうさきいりぐち

網走市　標高28m

登山口概要／網走湖の呼人半島先端付近、未舗装の市道終点。呼人探鳥遊歩道の起点。
緯度経度／［43°59′26″］［144°12′14″］
マップコード／305 549 358*07
アクセス／旭川紋別道（国道450号）瀬戸瀬ICから国道333、242、333、39号、市道（最後の2kmは未舗装。路面評価★★★）経由で93km、約2時間20分。または道東道足寄ICから国道242号、道道51号、国道240、39号、市道（上と同じ）経由で115km、約2時間52分。付近の市道交差点に「呼人探鳥遊歩道」の標識あり。
駐車場／市道終点に駐車スペースがある。約3台・土＋草＋砂利＋落ち葉・区画なし。
トイレ／近くの網走スポーツトレーニングフィールドにトイレがあり、ハイカーの利用可。
携帯電話／ドコモ📶通話可、au📶通話可、SB📶通話可。
その他／呼人探鳥遊歩道案内板、熊出没注意看板、国有林からのお願い看板、ベンチ。
取材メモ／呼人探鳥遊歩道は所要約2時間15分（一巡する場合の市道区間は含まず）。遊歩道の途中、呼人市街地入口近くにミズバショウ群生地があり、4月中旬が見ごろ。網走市観光課が運営する「旅なび！網走」の「トップページ→どこ行く？→呼人探鳥遊歩道」のページに探鳥遊歩道の地図（PDFファイル）がある。
http://abashiri.jp/tabinavi/
立ち寄り湯／①呼人半島の東側、網走湖畔温泉の「温泉旅館もとよし」で可能。不定休・正午〜22時・入浴料350円・☎0152-48-2241。②網走湖南岸の女満別温泉・湯元「ホテル山水」の「美肌の湯」で可能。無休・11〜23時・入浴料390円・☎0152-74-2343。
問合先／網走市観光課☎0152-44-6111、網走市観光協会☎0152-44-5849

呼人探鳥遊歩道・呼人市街地入口
よびとたんちょうゆうほどう・よびとしがいちいりぐち

網走市　標高5m

登山口概要／網走湖東岸の呼人地区、市道沿い。呼人探鳥遊歩道の起点。
緯度経度／［43°58′16″］［144°12′53″］
マップコード／305 491 217*07
アクセス／旭川紋別道（国道450号）瀬戸瀬ICから国道333、242、333、39号、市道経由で90km、約2時間17分。または道東道足寄ICから国道242号、道道51号、国道240、39号、市道経由で112km、約2時間48分。

半島先／「呼人探鳥遊歩道」の標識

半島先／遊歩道入口に続く未舗装の市道

半島先／市道終点の駐車スペース

市街地／市道沿い空き地の駐車場

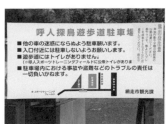
市街地／駐車場案内板

駐車場／遊歩道入口の30m西側の市道沿い空き地がハイカー用駐車場として用意されている。ただし駐車場案内板が指定する部分に車を停めること。それ以外は駐車不可。7〜8台・32×10m・土＋草・区画なし。
トイレ／近くの網走スポーツトレーニングフィールドにトイレがあり、ハイカーの利用可。
携帯電話／ドコモ📶通話可、au📶通話可、SB📶通話可。
その他／呼人探鳥遊歩道駐車場案内板、呼人探鳥遊歩道案内板、熊出没注意看板。
取材メモ／呼人探鳥遊歩道は所要約2時間15分（一巡する場合の市道区間は含まず）。遊歩道の途中、呼人市街地入口近くにミズバショウ群生地があり、4月中旬が見ごろ。網走市観光課が運営する「旅なび！網走」の「トップページ→どこ行く？→呼人探鳥遊歩道」のページに探鳥遊歩道の地図（PDFファイル）がある。
http://abashiri.jp/tabinavi/
立ち寄り湯／①呼人半島の東側、網走湖畔温泉の「温泉旅館もとよし」で可能。不定休・正午〜22時・入浴料350円・☎0152-48-2241。②網走湖南岸の女満別温泉・湯元「ホテル山水」の「美肌の湯」で可能。無休・11〜23時・入浴料390円・☎0152-74-2343。
問合先／網走市観光課☎0152-44-6111、網走市観光協会☎0152-44-5849

市街地／呼人探鳥遊歩道入口

市街地／呼人探鳥遊歩道案内板

ら行

雷電山・朝日鉱泉→P379

来馬岳・オロフレ峠→P72 オロフレ山・オロフレ峠

来馬岳・鉱山町登山口
らいばだけ・こうざんちょうとざんぐち

登別市　標高268m

登山口概要／来馬岳の南西側、幌別タイライの沢林道終点。鉱山町コースを経由する来馬岳の起点。
緯度経度／［42°29′21″］［141°03′35″］
マップコード／159 862 378*56
アクセス／道央道登別室蘭ICから道道144号、市道、道道327号、舗装道、幌別タイライの沢林道（路面評価★★★）経由で14km、約25分。道道327号で鉱山町の鉱山橋を渡る手前、「鉱山森林愛護組合見張所」の看板が掲げられた小屋（写真参照）を目印に右折。ここから舗装道を2.3km、3分進み、案内板を目印に未舗装の幌別タイライの沢林道に左折する。1.3km、約7分で登山道入口。
駐車場／林道途中に駐車スペースがある。約6台・22×8mなど2面・砂利＋草・区画なし。
携帯電話／ドコモ📶通話可、au圏外、SB圏外。
登山届入れ／登山道入口にある。
その他／沢水を飲まないように注意を促す看板、山菜採り遭難事故多発注意看板。
立ち寄り湯／登別温泉の温泉宿で可能。例えば①「登別石水亭」＝無休・11～19時・入浴料800円・☎0143-84-2255。②「花鐘亭はなや」＝無休・11～19時・入浴料850円・☎0143-84-2521。③また隣の室蘭市に行くと道の駅みたら室蘭近くに「むろらん温泉ゆらら」がある。第3木曜休・11～22時・入浴料600円・☎0143-27-4126。
問合先／登別観光協会☎0143-84-3311、登別市観光振興グループ☎0143-84-2018

来馬岳・サンライバスキー場（カルルス温泉）
らいばだけ・さんらいばすきーじょう（かるるすおんせん）

登別市　標高345m

登山口概要／来馬岳の東側、市道終点。カルルス温泉コースを経由する来馬岳の起点。
緯度経度／［42°31′14″］［141°06′19″］
マップコード／603 373 152*56
アクセス／道央道登別東ICから道道2号、市道、未舗装道（路面評価★★★★～★★★）経由で12km、約18分。道道の「カ

鉱山／この小屋を目印に右折

鉱山／幌別タイライの沢林道に左折する

鉱山／登山口に続く幌別タイライの沢林道

鉱山／林道途中の駐車スペース

サンライバ／スキー場の駐車場

ルルス温泉」の標識に従って左折。
駐車場／サンライバスキー場の駐車場が利用できる。100台以上・180×54m・砂＋草地・区画なし。
トイレ／道道沿いのカルルス温泉駐車場にある。
携帯電話／ドコモ▇通話可、au▇通話可、SB▇通話可。
登山届入れ／登山道入口にある。
その他／登山案内板、携帯電話基地局。
取材メモ／登山道入口は、登山案内板や入林届箱前にあるが、標識が反対側を向いているので注意。
立ち寄り湯／カルルス温泉の各宿で可能。例えば①「ホテル岩井」＝無休・11時30分～19時・入浴料500円・☎0143-84-2281。②「鈴木旅館」＝無休・13～20時・入浴料500円・☎0143-84-2285。ほか③「湯元オロフレ荘」（入浴料500円）、④「森の湯山静館」（入浴料600円）でも可能。
問合先／登別観光協会☎0143-84-3311、登別市観光振興グループ☎0143-84-2018

サンライバ／登山道入口

サンライバ／登山コース案内板

サンライバ／来馬岳に続く登山道

羅臼湖入口→（次項）羅臼湖・知床峠

羅臼湖・知床峠
らうすこ・しれとことうげ

オホーツク管内斜里町・根室管内羅臼町　標高740m（知床峠）、標高675m（羅臼湖歩道入口）

登山口概要／羅臼湖の北東側、国道334号沿い。羅臼湖歩道入口付近には駐車場や駐車スペースはなく路上駐車も禁止なので、本項・知床峠の駐車場に車を置き、路線バスか徒歩で歩道入口へ向かう。
緯度経度／［44°03′14″］［145°06′17″］（知床峠）［44°02′07″］［145°06′14″］（羅臼湖歩道入口）
マップコード／757 493 151*73（知床峠）

知床峠／知床横断道路と羅臼岳

知床峠／知床峠の駐車場

757 402 868*73（羅臼湖歩道入口）

アクセス／道東道足寄ICから国道242、241、240、243号、道道13号、国道272、244、335、334号経由で228km、約5時間42分。または旭川紋別道（国道450号）瀬戸瀬ICから国道333、39、334号経由で178km、約4時間27分。国道334号の開通期間は11月上旬〜4月下旬。
駐車場／峠に駐車場がある。66台＋大型・200×30m・舗装・区画あり。
駐車場混雑情報／満車になることはない。
トイレ／駐車場にある。簡易水洗。水道（飲用不可）あり。TPなし。評価☆☆☆。※羅臼湖・四の沼の手前に携帯トイレブースがあり、携帯トイレを持参すれば利用可。使用済みの携帯トイレは歩道入口の回収ボックスに捨てる。
携帯電話／ドコモ📶〜📶通話可、au📶通話可、SB圏外。
その他／知床峠＝知床峠バス停（阿寒バス）、ハイマツ解説板、羅臼岳案内板、北方領土方向指示板。羅臼湖歩道入口＝羅臼湖入口バス停（阿寒バス）、携帯トイレ回収ボックス。
取材メモ／知床峠から羅臼湖の歩道入口までは路線バス（阿寒バス）を利用する。徒歩の場合は3km、約50分。歩道入口は2012年から位置が変更されているので注意。歩道入口から羅臼湖までは往復3時間。ぬかるみがあるので登山靴よりも長靴が望ましい。
立ち寄り湯／羅臼側では、①ビジターセンターの手前に無料の露天風呂「羅臼温泉・熊の湯」がある。無休・24時間可（毎朝5〜7時の清掃時間除く）・入浴料無料・問い合わせは羅臼町産業課☎0153-87-2126へ。その先の羅臼温泉の各宿でも可能。②「らうす第一ホテル」＝無休・13〜21時・入浴料500円・☎0153-87-2259。③「ホテル峰の湯」＝無休・13〜21時・入浴料500円・☎0153-87-3001。④一方、斜里側に下るとウトロ温泉に「夕陽台の湯」がある。6月1日〜10月31日・期間中無休・14〜20時・入浴料500円・☎0152-24-2811。⑤ウトロ温泉の各宿でも可能だが、時期により入浴できないこともある。例えば「ホテル知床」＝

知床峠／同駐車場のトイレ

知床峠／同トイレ内部

知床峠／北方領土の碑

知床峠／羅臼湖入口バス停

知床峠／羅臼湖歩道入口

4月下旬～10月末・期間中無休・15～20時・入浴料800円・☎0152-24-2131。
問合先／羅臼ビジターセンター☎0153-87-2828、知床羅臼町観光協会☎0153-87-3360、羅臼町産業課☎0153-87-2126、知床斜里町観光協会☎0152-22-2125、斜里町商工観光課☎0152-23-3131

羅臼岳→P164 知床連山・熊の湯駐車帯
　　　→P165 知床連山・羅臼温泉駐車場
　　　→P166 知床連山・羅臼ビジターセンター

楽古岳／登山口に続く未舗装の町道

楽古岳・楽古山荘
らっこだけ・らっこさんそう

日高管内浦河町　標高355m

登山口概要／楽古岳の南西側、楽古岳林道の途中。メナシュンベツ川コースを経由する楽古岳の起点。
緯度経度／［42°15′26″］［143°04′28″］
マップコード／1001 024 491*46
アクセス／日高道日高門別ICから国道237、235、236号、町道（300m先から未舗装。路面評価★★★★）、楽古岳林道（路面評価★★★★。部分的に★★★）経由で104km、約2時間40分。国道から「楽古岳入口」の標識に従って右折し、ここから8.9km、約18分。
駐車場／楽古山荘前に駐車場がある。約15台・36×28m・砂利＋草・区画なし。手前の橋右側たもとにも3台分の駐車スペースがある。

楽古岳／楽古山荘と駐車場

駐車場混雑情報／満車になったという話は、聞いたことがないとのことだ。
トイレ／楽古山荘内にある。非水洗。水道なし。TPなし。評価☆☆。また国道から町道へ右折せずに800mほど進むとトイレ付きの駐車公園がある。水洗。水道・TPあり。評価☆☆☆。
携帯電話／ドコモ圏外、au圏外、SB圏外。
水道設備／楽古山荘前にある。
登山届入れ／登山道入口にある。
その他／楽古山荘（無人小屋。宿泊自由・無料。団体利用の場合は事前に申請する必要あり。問い合わせ・申請は浦河町ファミリースポーツセンター☎0146-22-3953）、山魂の石碑。
取材メモ／町道入口には「楽古岳入口5.2km」という標識が立っているが、ここから楽古山荘までの実際の距離は8.9kmある。

楽古岳／同山荘内部

立ち寄り湯／①国道235号で新ひだか町に向かうと「道の駅みついし」に隣接して「みついし昆布温泉・蔵三（くらぞう）」がある。無休・10～22時・入浴料440円・☎0146-34-2300。②その先、静内浦和地区で右折すると「静内温泉」がある。月曜休（祝日の場合は翌日）・10～22時・入浴料500円・☎0146-44-2111。③また日高町の国道235号沿いには「門別温泉・とねっこの湯」がある。第3月曜休（祝日の場合

楽古岳／同山荘のトイレ

楽古岳／登山道入口

は翌日)・10～22時・入浴料500円・☎01456-3-4126。
問合先／浦河町ファミリースポーツセンター☎0146-22-3953、日高振興局森林室☎0146-22-2451

ラルマナイの滝→P56 恵庭渓谷・ラルマナイの滝駐車場

利尻山・北麓野営場
りしりざん・ほくろくやえいじょう

宗谷管内利尻富士町　標高205m

北麓／野営場の駐車場

登山口概要／利尻山（日本百名山・花の百名山・新花の百名山）の北西側、町道終点。鴛泊コースを経由する利尻山、甘露泉水ハイキングコースの起点。
緯度経度／［45°13′22″］［141°12′44″］
マップコード／714 490 447*73
アクセス／鴛泊港から町道、道道105号、町道経由で3.5km、約5分。
駐車場／北麓野営場に駐車場があり、登山者の利用可。計31台＋大型・66×24m、36×28m・舗装・区画あり。
駐車場混雑情報／混雑することは滅多にない。
トイレ／野営場管理棟にある。建物向かって左側面に入口があり、時間外も利用可。水洗。水道・TPあり。評価☆☆☆。
携帯電話／ドコモ📶通話可、au📶通話可、SB📶通話可。
ドリンク自販機／野営場管理棟にある（PBも）。
登山届入れ／野営場管理棟にある。
その他／利尻北麓野営場管理棟（中にシャワー室あり）、利尻北麓野営場総合案内板、あずまや、携帯トイレ回収ボックス、炊事棟、掲示板、靴洗い場。
取材メモ／利尻山では、環境保護のため、以下のルールを定めている。①携帯トイレを持って入山すること。各コースに何カ所か携帯トイレブースが設置されている。携帯トイレは

北麓／野営場管理棟

北麓／同管理棟のトイレ

北麓／甘露泉水

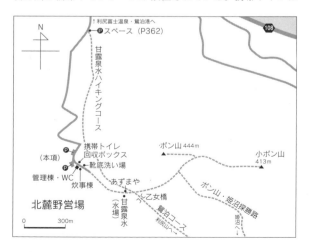

北麓／利尻山6.5合目の携帯トイレブース

島のコンビニや観光案内所などで販売されている（1個400円）。下山後は登山口に置かれている回収ボックスに捨てればよい。②ストックには先端部分にキャップをして、登山道の浸食軽減に協力する。また沓形コースとの合流地点から上部では極力使用を控える。③落石事故につながるため、頂上では小さな石でも沢など下方向へ落とさないようにする。以上、協力したい。なお利尻山のボタンキンバイは7月上旬〜8月上旬、リシリリンドウは7月中旬〜8月下旬、リシリヒナゲシは7月上旬〜8月上旬が見ごろ。

立ち寄り湯／①鴛泊のふれあい公園内に「利尻富士温泉保養施設」がある。無休（11〜4月は月曜休）・正午〜21時（6〜8月は11時〜21時30分）・入浴料500円・☎0163-82-2388。②一方、利尻町沓形地区に向かうと、町営のホテル利尻に「利尻ふれあい温泉」がある。通年営業（ホテルは冬期休業）・不定休・13〜21時・入浴料550円・☎0163-84-2001。

問合先／利尻富士町観光協会☎0163-82-2201、利尻富士町産業振興課商工観光係☎0163-82-1114

北麓／利尻富士温泉保養施設・露天風呂

利尻山・見返台園地
りしりざん・みかえりだいえんち

宗谷管内利尻町　標高425m

登山口概要／利尻山（日本百名山・花の百名山・新花の百名山）の西側、町道終点。沓形コースを経由する利尻山の起点。

緯度経度／［45°10′58″］［141°11′31″］

マップコード／714 338 614*73

アクセス／鴛泊港から町道、道道105号、町道経由で18km、約27分。利尻町役場前から5.5km、約9分。最後の4kmは狭い舗装道路。道道などに「見返台園地」の標識あり。

見返台／登山口に続く町道

駐車場／町道終点（登山道入口の100m奥）の見返台園地に駐車場がある。10台＋大型・44×36m・舗装・区画あり。

駐車場混雑情報／混雑することはない。

トイレ／見返台園地にある。循環式水洗。水道（飲用不可）・TPあり。評価☆☆☆。※トイレ内に登山情報掲示板あり。

携帯電話／ドコモ通話可、au通話可、SB通話可。

公衆電話／トイレ横にコイン式公衆電話ボックスがある。

ドリンク自販機／公衆電話ボックス横にある（PBも）。

水道設備／園地に手洗い所（飲用不可）がある。

登山届入れ／トイレ内と登山道入口の道標にある。

その他／利尻礼文サロベツ国立公園見返台園地案内板、見返台園地展望台、テーブル・ベンチ、スズメバチ注意看板。ほか登山道入口に携帯トイレ回収ボックスあり。

取材メモ／利尻山では、環境保護のため、以下のルールを定めている。①携帯トイレを持って入山すること。各コースに何カ所か携帯トイレブースが設置されている。携帯トイレは島のコンビニや観光案内所などで販売されている（1個400円）。下山後は登山口に置かれている回収ボックスに捨てれ

見返台／見返台園地の駐車場

見返台／同園地のトイレ

見返台／トイレ内の登山届入・情報掲示板

ばよい。②ストックには先端部分にキャップをして、登山道の浸食軽減に協力する。また沓形コースとの合流地点から上部では極力使用を控える。③落石事故につながるため、頂上では小さな石でも沢など下方向へ落とさないようにする。以上、協力したい。なお利尻山のボタンキンバイは7月上旬〜8月上旬、リシリリンドウは7月中旬〜8月下旬、リシリヒナゲシは7月上旬〜8月上旬が見ごろ。

立ち寄り湯／①利尻町沓形地区に下ると、町営のホテル利尻に「利尻ふれあい温泉」がある。通年営業（ホテルは冬期休業）・不定休・13〜21時・入浴料550円・☎0163-84-2001。②一方、鴛泊のふれあい公園内には「利尻富士温泉保養施設」がある。無休（11〜4月は月曜休）・正午〜21時（6〜8月は11時〜21時30分）・入浴料500円・☎0163-82-2388。

問合先／利尻町観光案内所☎0163-84-2349、利尻町観光協会☎0163-84-3622、利尻町まち産業推進課商工観光振興係☎0163-84-2345

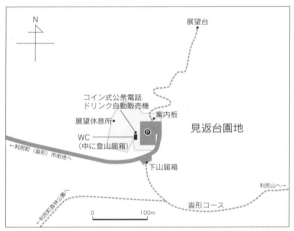

利尻山・利尻北麓野営場→（前々項）利尻山・北麓野営場

利尻島・オタトマリ沼園地駐車場
りしりとう・おたとまりぬまえんちちゅうしゃじょう

宗谷管内利尻富士町　標高5m

登山口概要／オタトマリ沼の南側、町道終点。オタトマリ沼の畔を一巡する遊歩道の起点。
緯度経度／［45°07′04″］［141°17′08″］
マップコード／714 109 801*70
アクセス／鴛泊港から町道、道道108号、町道経由で22km、約31分。
駐車場／オタトマリ沼園地に駐車場がある。27台＋大型・52×50m・舗装・区画あり。

見返台／同トイレ内部

見返台／公衆電話とドリンク自販機

見返台／登山道入口

見返台／利尻ふれあい温泉・露天風呂

オタトマリ／オタトマリ園地駐車場

駐車場混雑情報／観光バスが多い時に混雑する程度。
トイレ／駐車場にある。簡易水洗。水道・TPあり。評価☆☆☆～☆☆。
携帯電話／ドコモ📶通話可、au📶通話可、SB圏外（改善している可能性あり）。
その他／沼浦湿原解説板、利尻礼文サロベツ国立公園オタトマリ沼案内板、利尻富士町レストハウス（売店）、利尻亀一（売店）。
取材メモ／オタトマリ沼の遊歩道は一周約30分。またオタトマリ沼と隣接する三日月沼を含む一帯を沼浦湿原と呼ぶ。面積は29haもあり、利尻富士町の天然記念物に指定されている。なおオタトマリ沼のリシリアザミは7月下旬～8月下旬が見ごろ。
立ち寄り湯／①鴛泊のふれあい公園内に「利尻富士温泉保養施設」がある。無休（11～4月は月曜休）・正午～21時（6～8月は11時～21時30分）・入浴料500円・☎0163-82-2388。②一方、利尻町沓形地区に向かうと、町営のホテル利尻に「利尻ふれあい温泉」がある。通年営業（ホテルは冬期休業）・不定休・13～21時・入浴料550円・☎0163-84-2001。
問合先／利尻富士町観光協会☎0163-82-2201、利尻富士町産業振興課商工観光係☎0163-82-1114

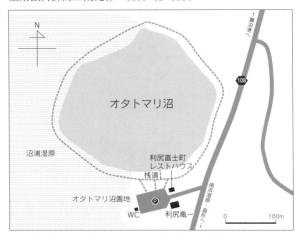

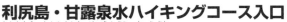

利尻島・甘露泉水ハイキングコース入口
りしりとう・かんろせんすいはいきんぐこーすいりぐち

宗谷管内利尻富士町　標高82m

登山口概要／利尻北麓野営場の北側手前、町道沿い。甘露泉水ハイキングコース（旧登山道）の起点。詳細図は、P359「利尻山・北麓野営場」の項参照。
緯度経度／［45°14′03″］［141°12′50″］
マップコード／714 521 753*73

オタトマリ／同駐車場のトイレ

オタトマリ／同トイレ内部

オタトマリ／利尻富士町レストハウス

オタトマリ／利尻亀一

オタトマリ／オタトマリ沼と利尻山

アクセス／鴛泊港から町道、道道105号、町道経由で2.2km、約3分。入口に「甘露泉水ハイキングコース」の標識あり。
駐車場／ハイキングコース入口に駐車スペースがある。約5台・砂利＋草・区画なし。
トイレ／町道終点の北麓野営場管理棟にある。建物向かって左側面に入口があり、時間外も利用可。水洗。水道・TPあり。評価☆☆☆。
携帯電話／ドコモ📶〜📶通話可、au📶〜📶通話可、SB📶通話可。
取材メモ／甘露泉水ハイキングコースは、町道沿いの本項入口から北麓野営場の奥にある甘露泉水に続く道。
立ち寄り湯／①鴛泊のふれあい公園内に「利尻富士温泉保養施設」がある。無休（11〜4月は月曜休）・正午〜21時（6〜8月は11時〜21時30分）・入浴料500円・☎0163-82-2388。②一方、利尻町沓形地区に向かうと、町営のホテル利尻に「利尻ふれあい温泉」がある。通年営業（ホテルは冬期休業）・不定休・13〜21時・入浴料550円・☎0163-84-2001。
問合先／利尻富士町観光協会☎0163-82-2201、利尻富士町産業振興課商工観光係☎0163-82-1114

利尻島・沼浦湿原入口
　→（前々項）利尻島・オタトマリ沼園地駐車場

甘露／コース入口の駐車スペース

甘露／ハイキングコースの案内標識

利尻島・姫沼園地駐車場
りしりとう・ひめぬまえんちちゅうしゃじょう
宗谷管内利尻富士町　標高132m

登山口概要／姫沼の東側、町道終点。姫沼の畔を一周する遊歩道や姫沼ポン山探勝路の起点。
緯度経度／［45°13′37″］［141°14′53″］
マップコード／714 495 876*73
アクセス／鴛泊港から町道、道道108号、町道経由で4.5km、約6分。道道の「姫沼入口」の標識に従って右折する。
駐車場／姫沼園地にある。14台＋大型・70×36m・舗装・区画あり。手前の姫沼展望台にも5台分の駐車場がある。
駐車場混雑情報／観光バスが多い時に混雑する程度。
トイレ／駐車場にある。水洗。水道（飲用不可）・TPあり。評価☆☆☆。
携帯電話／ドコモ📶〜📶だがつながらず、au📶通話可、SB圏外（改善している可能性あり）。
水場／姫沼の畔に姫沼湧水がある。
その他／姫沼ポン山探勝路案内図、休憩舎。
取材メモ／姫沼は一周約20分。姫沼ポン山探勝路は北麓野営場（P359）まで続く所要3〜4時間のコース。途中、携帯トイレブースも設置されている。
立ち寄り湯／①鴛泊のふれあい公園内に「利尻富士温泉保養施設」がある。無休（11〜4月は月曜休）・正午〜21時（6〜8月は11時〜21時30分）・入浴料500円・☎0163-82-2388。②一方、利尻町沓形地区に向かうと、町営のホテル利

姫沼／姫沼園地駐車場

姫沼／同駐車場のトイレ

姫沼／同トイレ内部

尻に「利尻ふれあい温泉」がある。通年営業（ホテルは冬期休業）・不定休・13～21時・入浴料550円・☎0163-84-2001。
問合先／利尻富士町観光協会☎0163-82-2201、利尻富士町産業振興課商工観光係☎0163-82-1114

姫沼／姫沼入口

姫沼／姫沼と利尻山

姫沼／利尻富士温泉保養施設・内湯

利尻島・南浜湿原入口
りしりとう・みなみはましつげんいりぐち

宗谷管内利尻富士町　標高5m

登山口概要／南浜湿原の南側、道道108号沿い。南浜湿原を一巡する木道の起点。
緯度経度／［45°06′37″］［141°16′15″］
マップコード／714 077 898*70
アクセス／鴛泊港から町道、道道108号経由で24km、約35分。入口に大きな「南浜湿原」の標識がある。
駐車場／入口に駐車スペースがある。4～5台・砂利＋草・区画なし。
駐車場混雑情報／駐車可能台数が少ないので、夏はタイミングによっては混雑することもある。
トイレ／駐車スペースにある。バイオ式。水道・TPあり。評価☆☆。
携帯電話／ドコモ📶通話可、au📶だが通話可、SB圏外（改善している可能性あり）。
その他／南浜湿原解説板、南浜湿原案内板、南浜バス停（宗谷バス）。
取材メモ／南浜湿原は面積約6haで、利尻富士町の天然記念物に指定。木道で一巡できる。なお南浜湿原のミズバショウは4月下旬～5月中旬、イソツツジとワタスゲ果穂は6月上旬～下旬、リシリアザミは7月下旬～8月下旬、タチギボウシは7月下旬～8月中旬、サワギキョウは8月下旬

南浜／入口の駐車スペース

南浜／同スペースのバイオトイレ

〜9月上旬が見ごろ。
立ち寄り湯／①鴛泊のふれあい公園内に「利尻富士温泉保養施設」がある。無休（11〜4月は月曜休）・正午〜21時（6〜8月は11時〜21時30分）・入浴料500円・☎0163-82-2388。②一方、利尻町沓形地区に向かうと、町営のホテル利尻に「利尻ふれあい温泉」がある。通年営業（ホテルは冬期休業）・不定休・13〜21時・入浴料550円・☎0163-84-2001。
問合先／利尻富士町観光協会☎0163-82-2201、利尻富士町産業振興課商工観光係☎0163-82-1114

南浜／同トイレ内部

南浜／南浜湿原と利尻山

南浜／利尻ふれあい温泉・浴室

利尻島・利尻山→P359 利尻山・北麓野営場
　　　　　　→P360 利尻山・見返台園地

リビラ山・ヌモトル林道登山口→P379

流星の滝入口→P171 層雲峡　流星・銀河の滝双瀑台入口

竜仙峡・夕張滝の上自然公園
りゅうせんきょう・ゆうばりたきのうえしぜんこうえん

夕張市　標高115m

登山口概要／竜仙峡がある夕張滝の上自然公園入口。園内の遊歩道の起点。
緯度経度／［42°54′42″］［141°58′16″］
マップコード／320 296 119*61
アクセス／道東道夕張ICから国道274号、市道経由で6.5km、約10分。
夕張滝の上自然公園／4月下旬〜11月初旬・散策自由。
駐車場／公園入口に広い駐車場がある。300台・84×36mなど3面・舗装・区画あり。

竜仙峡／自然公園駐車場

竜仙峡／滝の上発電所

トイレ／駐車場のトイレ＝水洗。水道・TPあり。評価☆☆☆～☆☆。千鳥橋手前のトイレ＝水洗。水道・TPあり。評価☆☆☆。
携帯電話／ドコモ📶通話可、au📶通話可、SB📶通話可。
その他／売店、滝の上発電所とその解説板、ゆうばり滝の上自然公園案内板、ゆうばりまるごとタウンマップ、あずまや。
取材メモ／竜仙峡は、夕張川の浸食によりできた渓谷で、一帯は夕張滝の上自然公園として整備され、遊歩道を散策しながら渓谷美を楽しめる。
立ち寄り湯／夕張市街地に行くと、ホテルマウントレースイ内に「レースイの湯」がある。不定休・10時～20時30分・入浴料600円・☎0123-52-3456。※「ユーパロの湯」は、休業中。
問合先／夕張市まちづくり企画室まちづくり企画係☎0123-52-3128、ゆうばり観光協会☎0123-53-2588

竜仙峡／公園案内板

竜仙峡／千鳥橋手前のトイレ

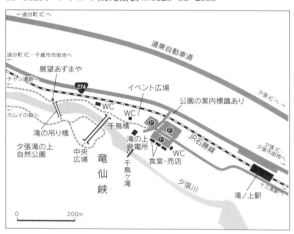

竜仙峡／千鳥橋

両古美山→P213 当丸山・トーマル峠付近

竜仙峡／千鳥ヶ滝

冷水山・ホテルマウントレースイ
れいすいざん・ほてるまうんとれーすい

夕張市　標高300m

登山口概要／冷水山の西側、道道38号沿い。レースイスキー場コースを経由する冷水山の起点。
緯度経度／［43°03′07″］［141°58′08″］
マップコード／320 776 861*61
アクセス／道東道夕張ICから国道274、452号、道道38号経由で18km、約27分。または道央道岩見沢ICから国道234号、道道3、38号経由で38km、約57分。
駐車場／ホテルマウントレースイ向かって左端の駐車場は、登山者が利用してもよいとのこと。20～30台・50×34～

冷水山／ホテル左端の駐車場

14m・舗装・区画なし。
携帯電話／ドコモ通話可、au通話可、SB通話可。
ドリンク自販機／駐車場の向かいにコンビニのセイコーマートがある。
登山届入れ／ゴンドラ駅舎前にある。
立ち寄り湯／ホテルマウントレースイ内に「レースイの湯」がある。不定休・10時～20時30分・入浴料600円・☎0123-52-3456。
問合先／夕張市まちづくり企画室まちづくり企画係☎0123-52-3128、ゆうばり観光協会☎0123-53-2588

冷水山／ホテルマウントレースイ

礼文岳・内路登山口
れぶんだけ・ないろとざんぐち
宗谷管内礼文町　標高8m

登山口概要／礼文岳（花の百名山・新花の百名山）の北東側、道道40号沿い。内路コースを経由する礼文岳の起点。
緯度経度／［45°23′23″］［141°03′12″］
マップコード／854 501 475*16
アクセス／香深港から町道、道道40号経由で11km、約16分。入口に立つ「礼文岳登山口」の大きな標識が目印。
駐車場／登山道入口に駐車場がある。約12台・26×16m・砂利＋草・区画なし。
駐車場混雑情報／混雑することはない。
トイレ／道道を挟んだ向かいにある。水洗。水道・TPあり。評価☆☆☆。内路郵便局の前にもあるが、取材時は使用不可になっていた。
携帯電話／ドコモ通話可、au通話可、SB通話可。
公衆電話／内路郵便局前にカード・コイン式公衆電話。
ドリンク自販機／駐車場に隣接する商店にある（PBも）。
その他／あずまや、入山者カウンター、商店、内路バス停（宗

礼文岳／登山道入口の駐車場

礼文岳／駐車場向かいのトイレ

礼文岳／同トイレ内部

礼文岳／登山道入口

谷バス)。

立ち寄り湯／香深フェリーターミナルのすぐ北側町道沿いに「礼文島温泉・うすゆきの湯」がある。無休・正午〜22時（10〜3月は13〜21時）・入浴料600円・☎0163-86-2345。
問合先／礼文島観光案内所☎0163-86-2655、礼文島観光協会（礼文町産業課）☎0163-86-1001

礼文島・宇遠内歩道入口→P373 礼文島・礼文林道入口

礼文岳／うすゆきの湯・内風呂

礼文島・久種湖周遊道入口
れぶんとう・くしゅこしゅうゆうどういりぐち

宗谷管内礼文町　標高6m

登山口概要／久種湖の南側、町道沿い。久種湖周遊道の起点。
緯度経度／［45°25′25″］［141°02′20″］
マップコード／854 620 513*16
アクセス／香深港から町道、道道40号、町道経由で16km、約24分。礼文高校の先で左折し町道を進む。
駐車場／周遊道入口に駐車場がある。16台＋大型・64×16m・舗装・区画あり。また200m北側の町道沿いにも6台分の駐車スペースがある。
携帯電話／ドコモ通話可、au通話可、SB通話可。
その他／久種湖周辺案内図。
取材メモ／久種湖畔のミズバショウは4月中旬〜5月中旬、エゾノリュウキンカは4月下旬〜5月下旬が見ごろ。
立ち寄り湯／香深フェリーターミナルのすぐ北側町道沿いに「礼文島温泉・うすゆきの湯」がある。無休・正午〜22時（10〜3月は13〜21時）・入浴料600円・☎0163-86-2345。
問合先／礼文島観光案内所☎0163-86-2655、礼文島観光協会（礼文町産業課）☎0163-86-1001

久種湖／周遊道入口の駐車場

久種湖／町道沿いの駐車スペース

久種湖／久種湖周辺案内図

久種湖／久種湖周遊道入口

礼文島・知床地区
れぶんとう・しれとこちく

宗谷管内礼文町　標高4m

登山口概要／元地灯台の南東側、道道40号終点。桃岩展望台コースの起点。
緯度経度／［45°16′27″］［141°01′30″］
マップコード／854 078 583*73
アクセス／香深港から町道、道道40号経由で4.5km、約6分。道道40号の知床地区より奥の開通期間は5月中旬〜11月上旬。
駐車場／知床地区を過ぎた道道40号終点にある。8〜10台・30×5m・舗装・区画なし。
トイレ／手前の知床バス停付近に公衆トイレがある。
携帯電話／ドコモ通話可、au通話可、SB通話可。
その他／知床バス停（宗谷バス）。
取材メモ／知床地区の桃岩展望台コース入口付近には駐車場はないので、道道40号終点にある本項駐車場を利用する。駐車場から桃岩展望台コース入口までは約900m。なお桃岩展望台コースのエゾノハクサンイチゲは5月中旬〜6月中旬、クロユリは6月上旬〜下旬、レブンキンバイソウは6月中旬〜7月上旬、レブンウスユキソウは6月中旬〜7月下旬、レブンソウは6月中旬〜8月下旬が見ごろ。
立ち寄り湯／香深フェリーターミナルのすぐ北側町道沿いに「礼文島温泉・うすゆきの湯」がある。無休・正午〜22時（10〜3月は13〜21時）・入浴料600円・☎0163-86-2345。
問合先／礼文島観光案内所☎0163-86-2655、礼文島観光協会（礼文町産業課）☎0163-86-1001

知床／道道40号終点の駐車場

知床／桃岩展望コースの道標と元地灯台

知床／うすゆきの湯

礼文島・スコトン岬
れぶんとう・すことんみさき

宗谷管内礼文町　標高22m

登山口概要／礼文島の最北端、道道507号終点。江戸屋山道（えどやさんどう）を経由する岬めぐりコースや8時間コースの起点。
緯度経度／［45°27′44″］［140°58′05″］
マップコード／854 761 198*16
アクセス／香深港から町道、道道40、507号経由で26km、約38分。
駐車場／岬に駐車場がある。18台＋大型・64×22m・舗装・区画あり。
駐車場混雑情報／混雑することはない。
トイレ／駐車場の奥に「日本最北限のトイレ」がある。水洗。水道・TPあり。評価☆☆☆。
携帯電話／ドコモ通話可、au通話可、SB通話可。
その他／島の人（レストラン・売店。冬期休・7〜18時・☎0163-87-2198）、ベンチ、スコトンバス停（宗谷バス。岬よりも手前の須古頓地区にある）。

スコトン／岬の駐車場

スコトン／日本最北限のトイレ

取材メモ／岬めぐりコースは、スコトン岬からゴロタ岬と澄海岬を経由して浜中バス停に出る所要5時間30分のコース。その区間のひとつ江戸屋山道入口は、スコトン岬よりも手前の須古頓地区にある。なお岬めぐりコースのチシマフウロは6月上旬〜7月中旬、レブンシオガマは6月中旬〜7月中旬、エゾカンゾウは6月中旬〜7月中旬、エゾカワラナデシコは7月上旬〜8月中旬が見ごろ。
立ち寄り湯／香深フェリーターミナルのすぐ北側町道沿いに「礼文島温泉・うすゆきの湯」がある。無休・正午〜22時（10〜3月は13〜21時）・入浴料600円・☎0163-86-2345。
問合先／礼文島観光案内所☎0163-86-2655、礼文島観光協会（礼文町産業課）☎0163-86-1001

スコトン／同トイレ内部

スコトン／島の人

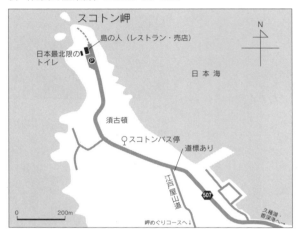

スコトン／スコトン岬とトド島

スコトン／江戸屋山道入口

礼文島・西上泊駐車場
れぶんとう・にしうえどまりちゅうしゃじょう

宗谷管内礼文町　標高10m

登山口概要／礼文島西海岸の澄海岬の東側、町道沿い。岬めぐりコースの起点。
緯度経度／［45°24′43″］［140°59′17″］
マップコード／854 584 150*16
アクセス／香深港から町道、道道40号、町道経由で23km、約34分。
駐車場／西上泊漁港の少し手前に駐車場がある。11台＋大型・52×32m・舗装・区画あり。
トイレ／駐車場にニシウエントマリトイレがある。簡易水洗。水道・TPあり。評価☆☆☆。
携帯電話／ドコモ📶通話可、au📶通話可、SB圏外。
取材メモ／岬めぐりコースは、スコトン岬からゴロタ岬と澄海岬を経由して浜中バス停に出る所要5時間30分のコース。本項駐車場は、その途中地点にあり、起点にすること

西上泊／西上泊駐車場

も可能。なお、岬めぐりコースのチシマフウロは6月上旬～7月中旬、レブンシオガマは6月中旬～7月中旬、エゾカンゾウは6月中旬～7月中旬、エゾカワラナデシコは7月上旬～8月中旬が見ごろ。
立ち寄り湯／香深フェリーターミナルのすぐ北側町道沿いに「礼文島温泉・うすゆきの湯」がある。無休・正午～22時(10～3月は13～21時)・入浴料600円・☎0163-86-2345。
問合先／礼文島観光案内所☎0163-86-2655、礼文島観光協会（礼文町産業課）☎0163-86-1001

礼文島・8時間コース入口
　　→（前々項）礼文島・スコトン岬

礼文島・岬めぐりコース入口
　　→（前々項）礼文島・スコトン岬

礼文島・桃岩展望台コース入口
　　→P369 礼文島・知床地区
　　→（次項）礼文島・桃岩展望台駐車場

礼文島・桃岩展望台駐車場
れぶんとう・ももいわてんぼうだいちゅうしゃじょう

宗谷管内礼文町　標高195m

登山口概要／桃岩の東側、町道終点。桃岩展望台コースの起点。
緯度経度／［45°17′50″］［141°02′07″］
マップコード／854 169 380*73
アクセス／香深港から町道、道道40、765号、町道経由で3.5km、約6分。礼文町役場のすぐ先の交差点を左折し、元地方面へ。桃岩トンネルの手前で「桃岩展望台」の標識に従って斜め右の細い町道へ。この先は行き違い困難な狭い道（所々に待避スペースはある）で、ほどなく桃岩展望台駐車場に着く。道道から1km、約3分。
駐車場／町道終点に駐車場がある。12台・40×5m・舗装・区画あり。
駐車場混雑情報／混雑することはない。
トイレ／駐車場の奥にある。簡易水洗。水道・TPあり。評価☆☆☆。
携帯電話／ドコモ📶通話可、au📶通話可、SB📶通話可。
その他／桃岩レンジャーハウス、礼文島桃岩周辺一帯の野生植物解説板、桃岩展望台コース・桃岩展望台付近に咲く花案内板。
取材メモ／桃岩展望台コースは、本項駐車場から桃岩展望台と元地灯台を経て知床バス停に下る1時間55分のコース。なお、桃岩展望台コースのエゾハクサンイチゲは5月中旬～6月中旬、クロユリは6月上旬～下旬、レブンキンバイソウは6月中旬～7月上旬、レブンウスユキソウは6月中旬～7月下旬、レブンソウは6月中旬～8月下旬が見ごろ。

西上泊／同駐車場のトイレ

西上泊／同トイレ内部

桃岩／桃岩トンネル手前から細い町道へ

桃岩／桃岩展望台駐車場

桃岩／同駐車場奥のトイレ

立ち寄り湯／香深フェリーターミナルのすぐ北側町道沿いに「礼文島温泉・うすゆきの湯」がある。無休・正午〜22時（10〜3月は13〜21時）・入浴料600円・☎0163-86-2345。
問合先／礼文島観光案内所☎0163-86-2655、礼文島観光協会（礼文町産業課）☎0163-86-1001

桃岩／同トイレ内部

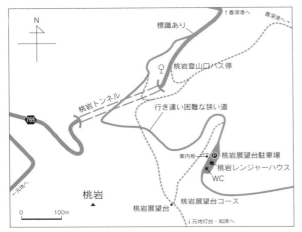

桃岩／桃岩展望台コース入口

桃岩／桃岩展望台コース

礼文島・レブンアツモリソウ群生地入口
れぶんとう・れぶんあつもりそうぐんせいちいりぐち

宗谷管内礼文町　標高33m

登山口概要／久種湖の西側、町道沿い。レブンアツモリソウ群生地を一巡する遊歩道の起点。
緯度経度／［45°25′33″］［141°00′12″］
マップコード／854 615 775*16
アクセス／香深港から町道、道道40、507号、町道経由で21km、約31分。
駐車場／入口に駐車場がある。10台＋大型・66×20m・舗装・区画あり。
駐車場混雑情報／混雑することはない。
トイレ／管理棟にあるが、取材時は閉園中だったので不明。
携帯電話／ドコモ📶通話可、au📶通話可、SB📶通話可。
その他／管理棟、レブンアツモリソウ群生地解説板、ベンチ。
取材メモ／レブンアツモリソウは5月下旬〜6月下旬が見ごろ。群生地内は一巡10〜15分。
立ち寄り湯／香深フェリーターミナルのすぐ北側町道沿いに「礼文島温泉・うすゆきの湯」がある。無休・正午〜22時（10〜3月は13〜21時）・入浴料600円・☎0163-86-2345。
問合先／礼文島観光案内所☎0163-86-2655、礼文島観光協会（礼文町産業課）☎0163-86-1001

礼文島・礼文滝入口→（次項）礼文島・礼文林道入口

レブン／入口の駐車場

レブン／管理棟と案内標識

礼文島・礼文岳→P367 礼文岳・内路登山口

礼文島・礼文林道入口
れぶんとう・れぶんりんどういりぐち

宗谷管内礼文町　標高20m

林道／町道終点の駐車スペース

登山口概要／礼文林道の香深井側（北側）入口。町道終点。礼文林道や宇遠内歩道（うえんないほどう）、礼文滝歩道、レブンウスユキソウ群生地などの起点。
緯度経度／［45°20′30″］［141°02′08″］
マップコード／854 319 681*16
アクセス／香深港から町道、道道40号、町道経由で6km、約9分。香深井で左折する。
駐車場／町道終点に駐車スペースがある。約10台・40×6m・舗装・区画なし。
駐車場混雑情報／混雑することはない。
トイレ／道道沿いの礼文駐車公園にある、水洗。水道・TPあり。評価☆☆☆。また礼文林道沿いのレブンウスユキソウ群生地にもある。詳細不明。
携帯電話／ドコモ📶通話可、au📶通話可、SB📶通話可。
その他／礼文林道案内板、礼文町除雪機械格納庫。
取材メモ／礼文林道は、行き違い困難な狭い道なので、車による通行を自粛するように求める注意書きがある。またレブンウスユキソウ群生地のレブンウスユキソウは6月中旬～7月中旬が見ごろ。
立ち寄り湯／香深フェリーターミナルのすぐ北側町道沿いに「礼文島温泉・うすゆきの湯」がある。無休・正午～22時（10～3月は13～21時）・入浴料600円・☎0163-86-2345。
問合先／礼文島観光案内所☎0163-86-2655、礼文島観光協会（礼文町産業課）☎0163-86-1001

林道／礼文林道入口

林道／礼文駐車公園のトイレ

林道／同トイレ内部

林道／うすゆきの湯・露天風呂

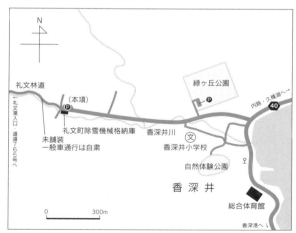

わ行

ワイスホルン
　→P245 ニセコ山系・ワイスホルン登山口
　　（ニセコ林道終点）

稚咲内／稚咲内園地の駐車場

稚咲内園地入口
わかさかないえんちいりぐち

宗谷管内豊富町　標高5m

登山口概要／ペンケ沼の北西側、道道106号沿い。稚咲内園地に続く木道の起点。
緯度経度／［45°05′14″］［141°37′48″］
マップコード／736 601 181*71
アクセス／道央道士別剣淵ICから国道40号、名寄バイパス（国道40号）、国道40号、道道972、106号経由で163km、約4時間4分。道道444号との交差点から道道106号を300mほど北上した場所にある。
駐車場／稚咲内園地に駐車場がある。21台＋大型・100×30m・舗装・区画あり。
トイレ／駐車場にある。水洗。水道・TPあり。評価☆☆☆。
携帯電話／ドコモ通話可、au通話可、SB圏外。
その他／利尻礼文サロベツ国立公園稚咲内園地案内板、稚咲内の花ごよみ案内板。
取材メモ／稚咲内園地には長さ100mほどの短い桟道が整備されている。なお、稚咲内園地のハマニガナは6月中旬〜7月下旬、エゾカンゾウ（ゼンテイカ）は6月中旬〜7月上旬、エゾスカシユリは6月中旬〜8月上旬、ハマナスは6月下旬〜8月中旬が見ごろ。
立ち寄り湯／豊富町市街地を抜けて道道84号を東進すると町営の日帰り温泉施設「豊富温泉ふれあいセンター」がある。無休・8時30分〜21時・入浴料510円・☎0162-82-1777。
問合先／豊富町観光協会☎0162-82-1728、豊富町商工観光課商工観光係☎0162-82-1001

稚咲内／同駐車場のトイレ

稚咲内／同トイレ内部

和琴半島自然探勝路入口
　　→P109 屈斜路湖・和琴半島自然探勝路入口

ワサビ沼入口→P26 旭岳温泉・ワサビ沼入口

鷲別岳→P321 室蘭岳・かつら広場
　　→P321 室蘭岳・だんパラ公園

稚咲内／稚咲内園地の桟道

ワッカ原生花園入口（サロマ湖ワッカネイチャーセンター）
わっかげんせいかえんいりぐち（さろまこわっかねいちゃーせんたー）

北見市　標高1m

稚咲内／豊富温泉ふれあいセンター・浴場

374

登山口概要／ワッカ原生花園の東側、市道終点。ワッカ原生花園に続く竜宮街道、Aコース、Bコースの起点。
緯度経度／［44°07′58″］［143°57′50″］
マップコード／525 761 574*06
アクセス／旭川紋別道（国道450号）瀬戸瀬ICから国道333、242、333号、道道103号、国道238号、道道442号、市道経由で59km、約1時間28分。
駐車場／ワッカ原生花園入口に駐車場がある。150台・100×48m・舗装・区画あり。
駐車場混雑情報／6〜7月の休日は混雑するが、満車になることはない。
サロマ湖ワッカネイチャーセンター／ワッカ原生花園の自然を紹介する施設。休憩コーナー・売店あり。4月29日〜10月体育の日・期間中無休・8〜17時（6〜8月は〜18時）・☎0152-54-3434。
レンタサイクル／サロマ湖ワッカネイチャーセンターの開館時間と同じ。センターでレンタルできる。1回650円。
トイレ／サロマ湖ワッカネイチャーセンター内にある。詳細不明。またワッカの森に向かうAコースの途中にもある。簡易水洗。水道なし。TPあり。評価☆☆。
携帯電話／ドコモ通話可、au通話可、SB通話可。
公衆電話／サロマ湖ワッカネイチャーセンター内にカード・コイン式公衆電話がある。
ドリンク自販機／サロマ湖ワッカネイチャーセンター内にある（PBも）。
水場／ワッカの森に「花の聖水ワッカの水」がある。
その他／ドリームワッカ（観光馬車）＝水曜休・9〜17時・往復40分・1500円・問い合わせはサロマ湖ワッカネイチャーセンター☎0152-54-3434。
取材メモ／ワッカ原生花園のセンダイハギは6月上旬〜下旬、クロユリは6月上旬〜7月上旬、エゾスカシユリは6月中旬〜7月上旬、ハマナスは6月中旬〜8月下旬、アッケシソウ紅葉は9月下旬〜10月中旬が見ごろ。

ワッカ／原生花園の駐車場

ワッカ／ワッカネイチャーセンター

ワッカ／観光馬車乗り場

ワッカ／観光馬車ドリームワッカ

ワッカ／竜宮街道のあずまや

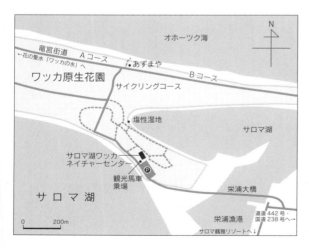

立ち寄り湯／道道442号でサロマ湖畔を南下すると「サロマ湖鶴雅リゾート」がある。無休・正午〜18時・入浴料1000円・☎0152-54-2000。
問合先／サロマ湖ワッカネイチャーセンター☎0152-54-3434、常呂町観光協会☎0152-54-2140、北見市観光振興課☎0157-25-1244

ワッカ／Aコース途中のトイレ

ワッカ／同トイレ内部

ワッカ／花の聖水ワッカの水

本文で紹介しなかった登山口

掲載候補に挙げていたものの通行止等の理由で本文に掲載できなかった登山口は
以下の通りです。

イドンナップ岳・サツナイ沢西尾根コース登山口　札内右股作業道終点／日
高管内新冠町／札内右股作業道入口でゲート閉鎖され、車での進入不可。

浮島湿原・滝上側入口／オホーツク管内滝上町／登山道通行止。

ウペペサンケ山・菅野温泉西コース登山口／十勝管内鹿追町／台風災害のた
め林道通行止。復旧時期未定。

ウペペサンケ山・菅野温泉東コース登山口／十勝管内鹿追町／台風災害のた
め林道通行止。復旧時期未定。

ウペペサンケ山・糠平登山口／十勝管内上士幌町／台風災害のため林道通行止。
復旧時期未定。

エサオマントッタベツ岳・6号堰堤／帯広市／台風災害のため林道通行止。復
旧時期未定。

恵山・高原コース登山口／函館市／恵山の南側。旧恵山モンテローザ下の市道
沿い。駐車場＝50台以上。トイレ＝恵山温泉旅館手前のつつじ公園駐車場にある。
問合先＝函館市恵山恵山支所産業課☎0138-85-2331

黄金の滝（おうごんのたき）入口／十勝管内浦幌町／滝に続く道が通行止。

桂岳・亀川登山口／渡島管内木古内町／林道通行止。

カニカン岳・南東尾根コース登山口／檜山管内今金町／災害のため道道通行止。

カムイエクウチカウシ岳・コイカクシュサツナイ沢南尾根コース登山口／十
勝管内中札内村／道道通行止。

キムンドの滝入口／壮瞥町／遊歩道閉鎖。

霧吹の滝入口／十勝管内新得町／遊歩道通行止。

屈斜路湖・仁伏半島入口／釧路管内弟子屈町／適当な駐車場がない。

国見山自然観察教育林／十勝管内音更町／取材時は駐車場が閉鎖されていた。

隈根尻山・道民の森一番川登山口／石狩管内当別町／損壊のため道路通行止。一番地区キャンプ場（チェーンゲート地点に砂利敷きの駐車スペースあり）から登山口までの約4ｋｍは徒歩のみ通行可。ただし待根山〜隈根尻山間の縦走路は非常に荒廃しており、十分な注意が必要。熊の痕跡も多数。

コイカクシュサツナイ岳・コイカクシュサツナイ沢南尾根コース登山口／十勝管内中札内村／道道通行止。

駒ヶ岳・銚子口（大岩園地）／渡島管内森町・七飯町／駒ヶ岳登山規制により登山道が通行禁止。

砂原岳・望洋の森公園／渡島管内森町／登山規制中（解除時期未定）のため。

庄司山・蒜沢南面コース登山口／函館市／林道が狭くなる場所の畑わきに駐車スペースがあるが、駐車可否不明。悪路だが、さらに奥に入ることも可能のようだ。

白水岳（しろみずだけ）・平田内登山口／渡島管内八雲町／登山道が荒廃。

大雪山系・クチャンベツ登山口／上川管内上川町／林道通行止。

大雪山系・ヌプントムラウシ温泉奥／十勝管内新得町／台風災害のため林道通行止。復旧時期未定。

天宝山・糠平登山口／十勝管内上士幌町／不二川トンネル横通行止。

砺波ヶ丘遊歩道入口／名寄市／散策路閉鎖。

七ツ岳・湯ノ岱コース登山口／檜山管内上ノ国町／林道通行止。

袴腰岳・横津岳コース登山口／渡島管内七飯町／函館新道七飯大川ICから3ｋｍ先で町道が通行止。

八剣山・西口／札幌市南区／登山口に適当な駐車場がない。

ピッシリ山・羽幌登山口／留萌管内羽幌町／林道通行止。

ピッシリ山・蕗の台登山口／上川管内幌加内町／道道528号は通行止だが、道道688号からアクセスが可能となった。

美唄山・美唄川コース登山口／美唄市／工事のため林道通行止。

美笛の滝入口／千歳市／大雨被害のため林道通行止。

ピンネシリ・道民の森一番川登山口／石狩管内当別町／損壊のため林道通行止。一番地区キャンプ場から登山口までの約4kmは徒歩のみ通行可。ただし待根山〜隈根尻山間の縦走路は非常に荒廃しており、十分な注意が必要。熊の痕跡も多数。

ブナの森100年観察林（殿様街道入口）／渡島管内福島町／殿様街道探訪ウォークのイベント時のみ散策可。

ペテガリ岳・ペテガリ山荘／日高管内新ひだか町／道道111号が通行止（神威山荘側から入るルートがある）。

茂辺地自然観察教育林／北斗市／遊歩道通行止。

紋別岳・支笏湖畔登山口／千歳市／登山口の駐車スペースは登山者の駐車禁止。

ヤンカ山登山口／渡島管内八雲町／林道の路面状態（路面評価★）が悪く取材断念。

ユニ石狩岳・由仁石狩川コース登山口／上川管内上川町／台風災害のため林道通行止。復旧時期未定。

雷電山・朝日鉱泉／後志管内岩内町／登山道通行止。

リビラ山・ヌモトル林道登山口／日高管内平取町／林道通行止。

礼文島・礼文滝入口／宗谷管内礼文町／礼文林道の車両通行自粛要請のため断念。

入林申請方法

◆国有林の入林申請

　林野庁北海道森林管理局が管理する国有林に入林（入山）したい場合、事前に申請が必要な場合がある。目的地により様々なケースがあるので、まずは管轄の森林管理署（支署）に確認を。入林申請が必要な場合は、北海道森林管理局のウェブサイトの中段、キーワード欄の「国有林への入林」のページから「1. 国有林への入林（入山）を希望される皆様へ」のページへ。このページにある入林承認申請書をダウンロードし、出力した用紙に必要事項を記入し、入林希望日の7日前までに入林を希望する管轄の森林管理署に郵送またはファックスで提出する。一方、各森林管理署（支署）に直接出向いて申請する場合は次頁以降を参照。

●申請時の注意事項

　申請書の連絡先には、必ず電話番号、入林箇所の具体的な箇所名を記入すること。また複数名での入林及び複数台での車両入林の際は、「入林者名簿」に氏名及び車種・車両番号を記入して提出する。レンタカーによる車両で入林する場合も、車種・車両番号が決まり次第、森林管理署（支署）に連絡すること。申請内容は審査の上、支障ない場合は入林承認証が発行される。受領方法については各署（支署）に問い合わせを。

●ゲートの解錠

　ゲートの解錠方法等については入林承認証交付時に伝えられるので、それを山行時に忘れずに持参する。なお、ゲートを開けたあとは、必ず閉めて施錠すること。

●林道の通行規制情報

　なお登山に関係する林道の通行規制等については、下記、北海道森林管理局ウェブサイトの中段、キーワード欄の「国有林への入林」ページ内の「登山等に関する通行規制等について」ページに掲載されるので、あらかじめ確認しておきたい。

北海道森林管理局ウェブサイト　http://www.rinya.maff.go.jp/hokkaido/

◆道有林の入林について

　道有林でゲートにより施錠されている林道は、路面状態が悪い箇所があるなど車両の通行に適さないためで、鍵の貸し出しは行っておらず徒歩による入林となる。施錠をせず解放している林道は車両の乗り入れが可能。ゲート付近に入林届簿が置かれている場合は記入してから入林する必要がある。これは本書で取り扱った道有林の林道すべてに共通している。

北海道道有林課ウェブサイト　http://www.pref.hokkaido.lg.jp/sr/dyr/

　※ページ中ほどの「道有林とは」リンク→「道有林とは」ページ下の方に森林室リンクがあり、各振興局森林室ごとのページを参照のこと。例えば、渡島総合振興局西部森林室のページには、大千軒岳アクセス道路の最新情報が掲載されている。

石狩森林管理署
いしかりしんりんかんりしょ

入林申請が必要な該当登山口／無意根山・薄別登山口②（第2ゲート）
注意事項／上記登山口まで車両を乗り入れる場合に入林申請が必要。入林申請前に北海道森林管理局ウェブサイト、もしくは電話で通行規制を確認すること。
住所／〒064-0809 札幌市中央区南9条西23丁目1番10号
電話／☎ 011-563-6111 または ☎ 050-3160-5710　FAX 011-563-6113
申請受付時間／平日の8時30分〜12時と13〜17時
申請方法／郵送かFAXで申請する場合は前頁も参照。直接、森林管理署に出向く場合は、上記の申請受付可能時間内に2階事務室で申請する。印鑑も忘れずに持参すること。交付される入林承認証は、申請書にFAX番号を記載すればFAXで届くが、FAXがない場合は返信用の切手（定形郵便物25g以内）を添えて申請すれば郵送で届く。

上川北部森林管理署
かみかわほくぶしんりんかんりしょ

入林申請が必要な該当登山口／ウェンシリ岳・下川登山口、ピヤシリ山・下川サンルコース登山口

注意事項／上川北部森林管理署管轄の各登山口へ通じる林道の通行規制については、北海道森林管理局ウェブサイトに掲載していないことから電話等で事前に確認した方がよい。また登山歩道については、維持管理している下川町役場に問い合わせのこと。

住所／〒098-1202 上川郡下川町緑町21番地4

電話／☎01655-4-2551 または ☎050-3160-5735　FAX 01655-4-2553

申請受付時間／平日の8時30分〜12時と13時〜17時15分

申請方法／郵送かFAXで申請する場合はP380も参照。また直接、上川北部森林管理署に出向き、玄関右手にある入林届に記帳する方法も可能。壁に貼り出してある図面と入林可能林道一覧を確認の上、注意書きに書いてあるゲート鍵ナンバーをメモしておく。早朝でも入林届の記帳は可能なので当日朝でもよい。

日高北部森林管理署
ひだかほくぶしんりんかんりしょ

入林申請が必要な該当登山口（2016年の台風被害で、以下の登山口は全てアクセス不可）／沙流岳・日勝峠コース登山口（沙流岳越林道）、ペンケヌーシ岳・六ノ沢コース登山口（パンケヌーシ林道）、チロロ岳・曲り沢二ノ沢コース登山口（パンケヌーシ林道）、ルベシベ山登山口（パンケヌーシ林道）、ヌカビラ岳、北戸蔦別岳・二岐沢出合（チロロ林道）

注意事項／上記各登山口に通じる林道が、復旧した際は、融雪後、通行可能となる時期から狩猟時期まで開放されるので、この場合は入林申請は不要。林道入口に設置されている入林ボックス内の名簿に記名すること。

住所／〒055-2303 沙流郡日高町栄町東2丁目258-3
電話／☎ 01457-6-3151 または ☎ 050-3160-5705　FAX 01457-6-3152
申請受付時間／平日の8時30分〜12時と13〜17時
申請方法／郵送かＦＡＸで申請する場合はP380も参照。直接、森林管理署に出向く場合は、上記の申請受付可能時間内に事務室受付で申請する。印鑑も忘れずに持参すること。

調査・編集／全国登山口調査会

全国各地の登山口調査を目的とする。本書の姉妹本として『信州登山口情報400』（信濃毎日新聞社）、『東北登山口情報500』（無明舎出版）、『関東周辺登山口情報800上・下』（双峰社）、『関西登山口ガイド上・下』（神戸新聞出版センター）、『東海登山口情報300』（風媒社）、『九州の登山口401』（西日本新聞社）、『新潟県登山口情報300』（新潟日報事業社）がある。現在、ほかの地方の登山口調査も順次進行中。
URL＝http://tozanguchi.halfmoon.jp/

企画・構成／日野　東

自然や山岳関係を専門とするフォトライター。著書に『滝めぐり信州＋県境の名瀑120選』、『日本湿原紀行』、『信州高原トレッキングガイド　増補改訂版』（以上、信濃毎日新聞社）、『森林浴の森とうほくガイド』（無明舎出版）など多数。
URL＝http://naturelog.main.jp/
メールアドレス＝way@mx8.ttcn.ne.jp

編集協力：各市町村役場観光課、観光協会、森林管理署

写真協力：各温泉施設、索道会社、市町村役場観光課、観光協会

新版　北海道登山口情報 400

2018 年 4 月 25 日　初版第 1 刷発行

編　者　全国登山口調査会

発行者　鶴井　亨

発行所　北海道新聞社
　　　　〒 060-8711　札幌市中央区大通西 3 丁目 6
　　　　出版センター（編集）☎ 011-210-5742
　　　　　　　　　　　（営業）☎ 011-210-5744
　　　　　　　　　　　http://shopping.hokkaido-np.co.jp/book/

印　刷　中西印刷㈱

製　本　石田製本㈱

落丁、乱丁本は出版センター（営業）にご連絡くだされば、お取り換えいたします。
ⓒ全国登山口調査会　2018, Printed in japan
ISBN 978-4-89453-903-7